예일대 지성사 강의

European Intellectual History from Rousseau to Nietzsche

예일대
지성사 강의

감정과 의지, 이성으로 풀어 쓴 정신의 발전사

프랭크 터너 지음 | 리처드 로프트하우스 엮음 | 서상복 옮김

책세상

프랭크 터너Frank M. Turner(1944~2010)를 기리며

"창조주가 처음 몇몇 형태 또는 한 형태에 숨을 불어넣은 생명이 저마다 힘을 발휘하여, 우리의 행성이 고정된 중력 법칙에 따라 순환하는 동안, 그 생명이 아주 작은 것에서 시작하여 아름답고 경이롭기 그지없는 형태로 끝도 없이 진화했고 진화하고 있다는 견해에는 장엄함이 깃들어 있다."

_찰스 다윈, 《종의 기원》

"이제 내가 좀 더 쓸모 있는 사람이 되면 좋지 않을까요?" 처음 교제하던 시기 어느 날 아침, 도로시아는 약혼자에게 말했다. "밀턴의 딸들이 무슨 뜻인지 이해하지 못하면서 아버지에게 읽어드렸듯, 나도 라틴어와 그리스어를 배워 당신에게 소리 내어 읽어주면 안 되나요?"

커소번 씨는 미소를 지으며 말했다. "당신이 지루하고 피곤할까봐 걱정이라오. 사실, 내 기억이 맞는다면, 당신이 말한 밀턴의 딸들은 아버지에게 반항하려고 모르는 언어를 소리 내어 읽었을 텐데."

"그래요. 밀턴의 딸들은 아주 짓궂은 소녀들이긴 했어도 아버지를 돌보는 일이 자랑스러웠을 테지요. 어쩌면 몰래 따로 공부해서 그 구절이 무슨 뜻인지 이해했을지도 몰라요. 그러면 흥미를 느꼈을 테죠. 당신이 나를 짓궂고 바보 같은 여자로 생각하지 않으면 좋겠어요."

_조지 엘리엇, 《미들마치》

"따라서 문제는 귀족 정치 사회를 어떻게 재건하느냐가 아니라 신이 우리를 위해 마련한 민주 정치 사회, 민주 국가에서 어떻게 자유를 증진하느냐이다."

_알렉시 드 토크빌, 《미국의 민주주의》

    이 책은 원래 프랭크 터너 교수가 예일 대학교 학부생들에게 강의한 열다섯 강좌의 내용을 엮은 것이다. 그는 예일 대학교에 설립된 존 헤이 휘트니 재단의 지원을 받아 여러 해에 걸쳐 지성사 과목을 가르쳤다. 떠올리기만 해도 흐뭇한 '역사 271'은 사학과에서 개설한 과목의 약칭으로, 수많은 신청자들이 몰리는 알짜배기 수업이었다. 수강생이 100인을 초과해서 적어도 대학원생 여섯 사람이 수업 진행을 도왔는데, 나도 그 가운데 하나였다. 이런 수업은 영국을 비롯해 유럽 학생들에게는 낯설겠지만 미국 학생들에게는 익숙한 방식이다. 먼저 교수가 전체 수강생을 대상으로 주별 강의를 한 다음, 박사 과정 대학원생 조교들이 수강생들을 소규모로 나누어 수업을 진행했다. 수업은 때로는 작은 강의실에서, 때로는 저녁시간에 다른 장소에서 하기도 했다. 프랭크 터너 교수는 수업 조교를 모두 장래의 동료 학자로 대우하면서, 소규모 집중 강의에서 조교가 수강생들을 어떻게 가르쳤는지 비공식 경로로 의견도 듣고 평가했다. 이것이 대형 강의인데도 수업 만족도가 높게 유지되는 비결이었다. 그는 일주일에 한 번씩 수업 조교들과 요크 가에 있는 '요크사이드 피자'라는 구식 식당에서 점심을 같이 먹곤 했다. 늘 음식 값을 내던 그는 이런 농담을 던진 적이 있었다. "자네들은 예의를 차리느라, 아니면 오늘이 내가 계산하는 마지막 날이 되는 불상사를 막으려고 참치 샐러드를 주문할 테지. 그런데 자네들 가운데 눈치 안 보고 튀긴 닭고기 샌드위치와 감자튀김 큰 것, 아마 후식까지 주문하는 사람이 하나는 있을 걸세." 지금 소개한 일화에서 늘 음식 값을 지불한 터너 교수의 후한 인심뿐 아니라 익살스러운 면을 볼 수 있다. 이 특별한 수업이 개설된 시기는 1990년대였는데, 조지 부시와 빌 클린턴 같은 예일 대학교 출신 대통령이 배출되면서 예일 대학교 대학원생들의 정치 참여가 걱정스러운 수준에 이른 때였다.

프랭크 터너는 예일 대학교 사학과가 지켜오던 특별히 엄격하고 철저한 학문 전통을 이어받았다. 이런 전통은 터너가 학부를 마친 버지니아 주의 유서 깊은 윌리엄 앤 메리 대학을 포함한 북미 인문 교양학부 어느 곳에나 퍼져나갔다. 이런 전통의 핵심은 특정한 전공 분야에 앞서 광범위한 사상을 전달할 때, 쉽게 접근하면서도 학자다운 태도를 유지하는 능력이었다. 예일 대학교에 이런 지성사 전통을 만든 정확한 기원은 숨어 있어 잘 드러나지 않지만, 프랭크 터너의 직속 선배이자 박사 학위 지도 교수였던 프랭클린 보머Franklin le Van Baumer, 1913~1990는 당연히 언급해야 한다. 그는 20세기 중반까지 지성사의 지형을 아우르며 지금까지도 가치와 권위를 인정받는 명저《서양 사상의 주류Main Currents of Western Thought》(1952년 초판, 1978년 제4판)의 편저자이자, 예일 대학교 특유의 학문 전통을 세운 인물이었다. 그는 지성사에 쏠린 갑작스러운 인기를 의심했으며 직접 그렇게 말하기도 했다. 프랭클린 보머의 부고를 쓴 기자는 출처를 밝히지 않고 이렇게 썼다. "그는 특정한 역사 철학을 신봉하는 견해에 정중히 거부 의사를 밝혔고, 학생들에게 일차 문헌 자료만 제공하면서 스스로 자신의 철학을 세우라고 격려했다." 터너는 보머와 거의 같은 기질을 이어받아 기회가 닿을 때마다 어김없이, 지성사에서 언제나 지성보다 역사가 강조되곤 했다고 신랄하게 비꼬았다. 그는 이 책에 엮은 강좌에서도 일차 문헌이 지닌 특권을 계속 강조하면서 자신의 목소리를 내기보다 거리낌 없이 길게 원전을 인용했다.

더욱이 프랭크 터너는 역사 속 현실이 담긴 삽화로 슬라이드를 충분히 준비해 보여주었는데, 특히 13강에서 다룬 성 역할을 생동감 넘치게 묘사하려고 애썼다. 예술 작품을 사용할 때도 그림 자체에 접근해 심미안을 갖추고 어떤 점이 아름다운지 스스로 평가하라고 자극했다. 바그너Richard Wagner, 1813~1883에 관해 가르칠 때는 그저 음악이 어떻다고 묘사하는 데 그쳐서는 안 된다고 생각했다. 그래서 작은 휴대용 시디플레이어를 가져와서 때에 맞춰 음악을 틀고, 커다란 강의실에 소리가 제대로 퍼지지 않으면《탄호이저Tanhäuser》나 비슷한 다른 음악에 담긴 섬세하고 미묘할뿐더러 신경증 발작에 가까운 악절에 풍기는 느낌을 전달하려 소리를 크게 높였다. 그의 기록에 따르면, 초기에 수업을 들었던 학생들은 이런 기발한 효과를 자주 언급하며 좋게 기억했다.

또박또박 강의록을 작성하고 긴 시간 끊이지 않고 거듭거듭 수정하며 진행된 아주 우수한 강좌의 특징은 바로 꼼꼼하고 빈틈없는 성실성이다. 프랭크 터너는 교육과 예능을 혼동하지 않았을뿐더러 균형과 적용 범위는 무시한 채 학자로서 갖춘 능력으로만 강의를 채우지도 않았다. 예컨대 자신이 2002년에 출판한 기념할 만한 전기의 주인공이자 지식인이었던, 영국 국교회 개혁을 주도한 옥스퍼드 운동의 핵심 인물 존 헨리 뉴먼John Henry Newman, 1801~1890은 아주 간략히 다루지만, 마르크스Karl Marx, 1818~1883 사상은 자세하게 다룬다. 그는 강의에서 이 독일 철학자에 대해 반감을 전혀 드러내지 않는다. 유일한 관심은 마르크스가 죽은 다음 출몰한 마르크스주의의 유령들에게서 마르크스가 원래 말하려던 사상을 구해내는 것이었다. 그는 악명 높거나 난해한 여러 사상가를 다룬 강의에서도, 언제나 사상가들이 살았던 시대의 맥락 속에서 정말로 무슨 말을 하려고 했는지를 정확하게 살펴야 진짜 의미도 파악할 수 있다고 생각했다. 그래서 늘 이렇게 농담을 던지곤 했다. "여러분은 니체Friedrich Nietzsche, 1844~1900에 관해 좋을 대로 말할 수 있습니다. 그러나 니체를 결코 어머니가 계신 집으로 데려다줄 수는 없을 겁니다."

그렇지만 프랭크 터너의 해박한 지식은 이 책에도 얼마간 드러난다. 특히 6강에서 다룬 자연의 역사화를, 7강에서 다룬 다윈Charles Darwin, 1809~1882의 진화론이 등장하는 데 필요한 지성사의 전조로 해석한 점이 두드러진다. 그는 6강과 7강에서 다윈이 일평생 윌리엄 페일리William Paley, 1743~1805와 친하게 지냈으므로 자연 신학에 정통했다고 설명한 다음, 이런 사실이 모두 너무 쉽게 잊히고 버려졌다고 해석한다.

주의를 기울여 들으면, 프랭크 터너의 전설적인 무심한 재치가 강의 곳곳에서 드러난다. 승승장구하는 바그너의 일대기와 숭배 열풍이 요약된 짧지만 정신이 퍼뜩 들게 만드는 강의를 따라가노라면, 우리는 "이듬해 바그너는 지금은 시립 도박장으로 바뀐 베네치아의 한 건물에서 죽었다"는 사실도 알게 된다. 베네치아를 여행하며 이런 평범한 세부 사실을 관찰하고 기뻐했을 그의 모습을 누구라도 상상할 수 있을 터이다. 다른 경우와 마찬가지로 어떤 사실과 다른 사실을 아무렇지도 않게 나란히 놓아 청중은 빙긋이 웃게 되지만, 그는 결코 편향성을 드러내지 않는다. 그가 알아보았듯이, 역사를 탐구하는 문제는 심각하고 중대하므로 경박하게 접근해서는 안 되었다. 하지만 그는 강의를 듣는 청중이 사춘기에서 막 벗어난 청년들이라는 점도 잊지 않고, 인간 사회의 부조리를 일부러 보여주곤 했다.

반짝반짝 빛나는 눈은 서슬이 푸르렀다. 예를 들어 우리는 첫 강의에서 일찌감치 다음과 같은 특별한 논평에 당혹스러워하며 멈칫한다. "자신이 나고 자란 문화에 품은 혐오감을 교양인의 입장으로 바꾼 인물이 바로 루소Jean-Jacques Rousseau, 1712~1778였다." 문화 보수주의 입장과 반대되는 이러한 논평에는, 강의를 듣는 학생들이 당시 유행하던 여러 이론과 갖가지 운동에 휩쓸리지 않고 경계하기를 바라는 뜻이 담겨 있다. 프랭크 터너의 견해에 따르면, 역사가의 역할은 현재와 과거 시대의 무익한 잡동사니를 헤치고 나아가 무의미한 헛소리를 걷어내고 주제를 있는 그대로 드러내는 것이다.

2010년 갑작스러운 죽음으로 프랭크 터너의 훌륭한 경력은 멈추었다. 생전에 기획한 연속 출판물 《예일 서양 지성사The Yale Intellectual History of the West》를 완결하지 못해 정말로 안타깝고 슬프다. 서유럽 지식인의 생활과 사상의 발전을 연대별로 초기 중세부터 현대까지 다룬 연속 출판물은 콜리시Marcia L. Colish, 바우스머William J. Bouwsma, 버로J. W. Burrow가 각각 400~1400년, 1550~1640년, 1848~1914년까지를 나눠 맡아 세 권으로 출간하는 풍성한 성과를 냈다. 터너가 맡은 부분은

'1750~1860년 혁명 시대의 지식인'이었다. 혁명 시대를 살았던 여러 지식인을 연결하려는 시도가 지나치게 사변적인 인상을 주지만 이제 영원히 완성할 수 없는 책에 들어갈 내용은, 틀림없이 이 책에 엮은 강좌에서 끌어냈으리라 생각한다. 기획했던 책은 이제 출판할 수 없지만 터너가 작성한 이 강의록의 가치는 헤아릴 수 없을 만큼 높다.

이 책 앞에 실은 제사題詞는 유명해서 누구나 공감할 만하다. 프랭크 터너는 다윈을 깊이 존경했는데, 여러 분야에서 심오한 변화를 이끈 지성사의 중요한 발견 가운데서도 최고 문명 수준을 대표하는 가장 튼튼한 발판이었던 까닭이다. 조지 엘리엇George Eliot, 1819~1880의 작품에서 따온 인용문은 프랭크 터너가 일평생 여성과 소수자의 권리를 옹호하는 투사로 헌신했다는 사실도 보여준다. 그는 성별gender을 주제로 강의할 때는 언제나 청중에게 아주 최근의 생생한 기억 속에서도 똑같은 장소가 남성들로만 채워졌다는 점을 떠올리게 했다. 격의 없는 말투로, 놀라워하는 기색을 숨기지 않으면서 말이다. 끝으로 그는 정말로 현실에 가까운 민주주의의 가능성을 모색한 토크빌Alexis de Tocqueville, 1805~1859의 지혜로운 감각도 칭송했다. 터너에 따르면 토크빌이 말하는 민주주의는 냉전의 종식과 소비에트 연방의 붕괴에 뒤따라 새로운 반향을 불러일으켰다.

프랭크 터너는 2003년부터 2004년 사이에 강의록을 마지막으로 고쳤다. 강의록에 담긴 그의 목소리와 내용은 이 책에 그대로 실었지만, 주요 인용문은 전부 찾아내 정식으로 절차를 밟아 각주에서 밝혔고, 출처와 번역문은 필요한 경우 최근 판으로 바꾸었다. '더 읽을 자료'는 최근 학문 발전을 반영해 추가했다. 물론 학생들과 학자들, 일반 독자들에게 다양한 사상을 폭넓게 이해하고 해석할 기회를 제공하겠다는 1차 목표도 잊지 않았다. 다양한 사상을 폭넓게 이해하지 못하면, 우리가 살아가는 21세기를 넓은 안목으로 살펴 이해할 수도 없을 터이다.

이 책을 내려고 준비할 때 옥스퍼드 대학교에서 연구하는 두 학자가 많이 도와주었는데, 헨리 미드Henry Mead 박사와 존폴 매카시John-Paul Mc-Carthy 박사에게 고마운 마음을 전한다. 용기를 북돋우고 영감을 준 옥스퍼드 대학교 밸리올 학부의 사이먼 스키너Simon Skinner 박사에게도 감사한다. 뉴 헤이븐 대학교에서 연구하는 이전 예일 대학교 박사 과정 대학원생이자 좋은 친구인 팔리 애그녀Parley Agner도 정말 고마웠다. 애그녀는 스털링 기념 도서관에 소장된 예일 대학교 사학과 기록물을 검토하고, 프랭클린 보머에게 지도받은 이전 박사 과정 대학원생이자 프랭크 터너의 동료였던 페어필드 대학교 총장, 존경하는 제프리 악스Jeffrey P. von Arx 신부의 회상으로 프랭클린 보머의 언행을 전해주었다. 프랭크 터너 교수의 미망인, 존경하는 앨런 틸롯슨Ellen Tillotson에게 깊이 감사한다. 그녀가 컴퓨터 하드 드라이브에 저장된 강의록을 찾아낸 덕분에, 이런저런 절차에 맞닥뜨려 번거롭고 귀찮아질 때마다 용기를 냈고 자유롭게 편집 작업을 할 수 있었다. 끝으로 예일 대학교 출판부와 런던 지부장인 로버트 밸덕Robert Baldock에게 특별히 감사한다. 그는 책을 만드는 순간순간 용기를 북돋우며 여러모로 도와주었다.

2014년 런던에서
리처드 로프트하우스

옮긴이 서문

모든 것에는 역사가 있다. 우주와 자연, 국가와 사회, 인간과 개인이 모두 고유한 역사를 지니듯 지성에도 역사가 있다. 지성사는 인간의 정신이 밟아온 역사, 곧 인간의 정신에서 비롯한 관념과 사상의 역사이다. 이 책은 18세기와 19세기에 유럽 지식인들의 정신이 펼쳐낸 각양각색의 관념과 사상이 당대 사회를 어떻게 변화시켰으며, 20세기를 지나 현재까지 현대인의 생활 방식에 어떤 영향을 미쳤는지 이해하기 쉽게 설명한다.

18세기와 19세기는 서양 문명이 획기적으로 발전한 시기였다. 저자인 프랭크 터너의 해석에 따르면 이런 발전의 원동력은 17세기에 시작되어 18세기와 19세기에 꽃을 피운 '주체성'이라는 개념이었다. 18세기 이전까지 유럽의 지성사와 문화사가 대부분 외부 세계, 외부에 존재하는 진리를 강조한 데 비해, 18세기에 일어난 방향 전환은 주체성의 권위를 받아들였다. 18세기와 19세기 지식인들은 주체성을 경험과 관점, 가치관을 평가하는 기준으로 삼았다. 주체의 내면적인 경험, 그러니까 개인의 이성, 감정과 의지가 성실성과 진지함, 관점과 주장의 올바름, 도덕 가치를 평가하는 가장 확실한 징표라고 믿었다.

프랭크 터너의 지성사 강의에서 우선 눈에 띄는 점은 주체의 내면에서 이성보다 감정과 의지를 중심으로 풀어나간다는 사실이다. 지성사에서 이성이 핵심 역할을 담당한다는 점은 누구나 인정한다. 이성으로 추론하고 증명해야 보편타당하고 객관적인 지식이 가능하기 때문이다. 그러나 이성 말고 감정과 의지에서 비롯된 수많은 관념과 사상이 지성사를 수놓았을뿐더러, 상상력의 역할도 두드러지게 나타난다.

주체라는 개념에 대한 탐구는 17세기 유럽 대륙의 합리론과 영국의 경험론에서 시작되어 계몽주의가 발전한 토대였다. 17세기에 르네 데카르트는 "나는 생각한다. 그러므로 존재한다"고 단언했다. 여기서 데카르트가 말한 '생각하는 나'는 정신의 다양한 능력 가운데 이성을 대표한다. 계몽주의는 바로 이성의 힘을 믿고, 이성으로 인간의 삶을 개선하고 사회 문제를 해결하려고 했다. 그 영향으로 18세기에 자유주의, 민주주의, 산업 자본주의가 발전했고, 19세기에도 경제학과 공리주의, 실증주의, 진화론, 과학기술의 발전이 이어졌다.

그런데 한편에서는 그런 흐름에 맞서 낭만주의, 민족주의, 사회주의, 개신교 복음주의와 감정 신학이 등장했다. 이는 18세기와 19세기 동안 인간의 정신이 이성뿐 아니라 감정과 의지, 상상력의 측면에서도 발전했음을 보여준다. 18세기 유럽의 지식인들은 감정과 직관에 근거해 "나는 느낀다. 그러므로 확신한다"고 공개적으로 말하기 시작했다. 이런 사고 혁명은 인간의 정신 내부에 숨은 진짜 자기를 탐색하고 표현하려는 수많은 노력으로 이어졌다. "나는 상상한다. 그러므로 주체와 객체를 통일한다." "나는 직관한다. 그러므로 신성을 체험한다." "나는 욕구한다. 그러므로 생기 넘치는 현실에서 산다." "나는 의지한다. 그러므로 자유인이다." 이는 철학과 신학, 음악과 예술, 심리학과 문학을 비롯한 문화 전반에 걸친 혁명적인 변화를 몰고 왔다.

18세기와 19세기 동안 유럽의 지식인들이 주체성으로 방향을 틀면서 유럽의 지성사를 이끈 관념은 자유였다. 물론 자유와 해방으로 이끌 주체의 성격과 수단을 두고는 저마다 의견이 달랐다. 예컨대 루소는 인간을 경제 중심의 사고방식과 계몽주의의 오만에 사로잡힌 당대 시민 사회의 위선에서 해방시키고자 했다. 당대 개신교의 권위주의에 맞선 복음주의 각성 운동을 주도한 존 웨슬리는 모든 신앙인은 종교 제도에 얽매이지 않고 각자 자유롭게 내면의 종교 체험으로 신을 만나고 구원받을 수 있다는 복음을 전파했다. 이마누엘 칸트는 만인이 목적으로 대우받는 도덕적으로 자유로운 세상을 만들기 위해 개인으로서 인간의 존엄과 양심을 강조했다. 그 밖에 자유 민주주의 정치제도를 주창한 알렉시 드 토크빌, 개인의 자유를 옹호한 존 스튜어트 밀, 창조론의 권위에 도전한 찰스 다윈, 노동자 해방을 꿈꾼 카를 마르크스 등이 각자 다른 방식으로 자유를 주장했다. 예술가들은 상상력을 발휘하여 창조의 자유를 누렸고, 집 안에 갇혀 있던 여성들은 사회적, 정치적 자유를 획득해 남성들이 전유하던 영역에 진출하고자 했다.

자유를 설파한 지식인들은 대체로 이성의 힘을 앞세운 합리주의 전통을 형성하거나, 감정과 의지와 상상의 힘을 앞세운 비합리주의 전통을 형성했다. 프랭크 터너는 양측이 어떤 사상을 토대로 현실에 직면하고 사회 문제를 해결하면서 새로운 세상을 펼쳐냈는지 흥미진진하게 묘사한다. 독자들은 책장을 넘기면서 자유주의, 민주주의, 자본주의에 대한 반발로 사회주의, 민족주의, 인종주의가 출현하고, 계몽주의와 실증주의의 대척점에서 중세 취향과 낭만주의 경향이 대두하며, 역사주의와 진화론의 영향으로 지구를 비롯한 세계와 인류가 신과 상관없이 자연 질서 안에서 역사를 지니게 되고, 예술가의 역할이 모방에서 창조로 바뀌면서 예술가가 사회를 이끄는 지식인으로 떠오른 사연을 쉽게 이해할 수 있다. 특히 자유주의와 사회주의의 대립, 민족주의와 인종주의에서 비롯된 제국주의와 전체주의, 여성들이 스스로 권리를 주창한 여성주의, 신과 초월적 가치가 사라지면서 새로 생겨난 감정 신학과 허무주의 등 현대 사회의 형성에 막대한 영향을 미친 주제를 시의적절하게 조망했다는 점이 돋보인다. 합리주의 전통을 존중하면서 비합리주의 선동의 가치를 설득하고, 당대 유럽인들의 지성 생활을 좌우하며 이끌어간 주요 사상을 편향되지 않게 서술하는 냉철한 시각도 인상적이다. 지성사를 뒤흔든 위대한 사상가들의 삶의 궤적을 객관적으로 관찰해 그동안 간과되어온 면모를 새롭게 조명하기도 한다.

이 책이 장자크 루소에서 시작하여 프리드리히 니체로 끝난다는 점은 의미심장하다. 루소와 니체는 모두 과학에 근거한 실증주의와 자본가 계급 문화를 비판하고 인간을 해방시키고자 했다. 루소가 귀족 사회와 자본가 계급이 지배하는 사회에 내재한 문제를 알아보고 개탄하면서 내놓은 해결책은 급진적인 평등주의로 기울었다. 그는 일반 의지에 근거한 시민 종교를 세움으로써 만인의 자유가 보장되는 평등주의 사회를 계획했다. 그러나 니체는 루소의 통찰과 미래상을 모두 혐오했다. 니체는 평등이 아니라 우월한 개인의 자유를 찬미했으며, 루소에게서 플라톤과 세속화된 유대 그리스도교 전통의 냄새를 맡고 비판했다. 루소는 자연 상태에서 벗어난 인간을 스스로 본질적 성격을 구축해야 할 결정되지 않은 존재로 묘사했지만, 그런 통찰에 필요한 허무주의에서 물러나 뒷걸음쳤다. 니체는 신과 초월적 가치가 사라진 시대를 허무주의로 규정하고, 인간은 허무한 세상에서 살기 위해 현상을 해석할 따름이라고 단언했다.

이처럼 18세기와 19세기 사상가들이 다양하게 시도한 자유를 쟁취하려는 노력이 사회를 움직였고, 이들이 꿈꾼 자유로운 세상은 현대 사회의 밑거름이 되었다. 또한 당시 대립과 갈등을 빚은 사상들도 대부분 그대로 남아 영향을 미치고 있다. 여러 사상이 난무하는 현대 사회에서 개인은 주체성을 지닌 존재로서 현상을 해석하면서 세상의 주인이 되고자 분투하며 살아간다. 니체의 주장대로 인간의 본성은 결정되어 있지 않으므로, 누구나 스스로 인생과 세상을 펼쳐나가는 주체이자 주인공이다. 우리는 지금 이 순간을 충실하게 살고 미래로 자신을 던지며 사는 수밖에 없다. 적어도 이 책을 통해 현대 사회의 바탕이 된 지성의 흐름을 파악한 독자들은 시대적 맥락 속에서 생각하고 행동할 힘을 얻게 될 것이라 믿는다.

2016년 1월
서상복

일러두기

1. 미주는 원주이며, 각주는 옮긴이주이다.
2. 원서에서 이탤릭체로 강조한 부분은 고딕체로 표기했다.
3. 인물 설명은 원서를 토대로 했으나 옮긴이가 대폭 보완했다.

제1강

루소, 근대성에 도전하다

장자크 루소는 근대 유럽 사상의 원천이다. 이렇게 평가받을 유일한 인물은 아니더라도 후대에 영향을 크게 미친 지식인이다. 뉴턴Isaac Newton, 1642~1727은 확실히 과학 분야에서 훨씬 중요한 거물이었고, 볼테르Voltaire, 1694~1778는 날카로운 비판 이성으로 당대에 인간을 고통스럽게 짓누르던 여러 사회 제도에 맞서 신랄한 풍자를 쏟아냈다. 흄David Hume, 1711~1776은 경험주의 전통에 따라 확실하다고 단언하는 여러 주장을 의심했다. 몽테스키외Charles-Louis de Secondat Montesquieu, 1689~1755는 18세기 정치 철학의 발전에 획기적으로 기여한《법의 정신*De l'esprit des lois*》(1747)을 썼다. 앞으로 보겠지만 애덤 스미스Adam Smith, 1723~1790는 경제가 훨씬 더 중요하다는 정신으로《국부론*An Inquiry into the Nature and Causes of the Wealth of Nations*》을 썼다. 칸트Immanuel Kant, 1724~1804는 자신과 다른 사람들이 철학의 코페르니쿠스적 혁명으로 여긴 대과제를 수행했다. 하지만 18세기를 연구할 때 자주 떠오르고 논쟁도 끊이지 않는 인물은 바로 루소이다.

　루소는 과연 무엇을 했는가? 루소는 지식인intellectual이라는 말에 어떤 의미가 담겨 있고, 문화가 발전하는 과정에서 지식인이 어떤 역할을 하는지 밝혀냈다. 루소의 사상은 서양에 영향을 미쳤을 뿐만 아니라 세계 곳곳으로 퍼져 나갔다. 루소는 지식인을 단순히 영향력 있는 작가writer와 다르게 규정했다. 그는 지식인을 사회에 깊숙이 들어가 살면서도 사회에서 멀찍이 떨어진 비판자로 보고 지식인에게 특별한 사회적 역할과 기능을 부여했다. 그리스도교 목사와 사제, 유대교 랍비 들은 종교 율법이나 신의 섭리에 따라 세상이 죄와 악으로 가득하다고 단언했다. 루소는 세상 내부에서 세상을 판난하자고 외쳤다. 루소와 너불어 지식인이나 작가도, 비종교인으로서 사회가 좋은지 나쁜지 판단하고 사회에서 비롯된 악에 맞서 해결책을 제시할 권리와 의무가 있다고 주장하기 시작했다. 그들이 제시한 해결책은 위대한 종교 전통에서 비롯된 해결책 못지않게 급진성을 띠는 탈바꿈이었다. 루소가 주저 없이 단언한 탈바꿈transformation은 종교 전통과 대조를 보이는데, 역사 안에서 또는 영원의 맥락이 아닌 현세에서 일어나는 변화였다.

　지식인의 인격이 갖추어야 할 새로운 자세를 확립한 루소는 성실성sincerity의 아버지로 칭송할 만하다. 루소는 성실성이 지식인의 중요한 자질이라고 처음 역설한 사람은 아니지만, 다른 작가들과 달리 독자들의 감정에 호소하는 방법으로 성실성을 보여주었다. 이 성실성이라는 자질이 루소에게 권위를 부여하고 나중에 다른 작가들과 사회 비평가들에게 권위를 부여했다. 루소는 이런 성실성을 두 방식으로 확립했다. 첫째로 루소는 특히 《고백Les Confessions》에서 이전까지 유럽의 어떤 작가보다 더 자세하게 자신의 개인 생활을 숨기지 않고 드러낸다. 그는 독자들에게 어린 시절 이야기부터 성욕을 채운 경험까지 솔직하게 전달하고, 자신의 몸과 우정 관계, 정을 통한 여자들에 관해 시시콜콜 묘사하고, 자신이 어떤 때 배신하고 무엇을 두려워하며, 어떤 때 불확실하다는 느낌에 사로잡히고, 어떤 약점이 있는지도 자세하게 말한다. 심지어 자신을 둘러싼 어떤 일도 빠뜨리지 않고 보여주겠다고 공언한다. 루소는 독자들이 자신을 심판할 수 있는데도, 모든 것을 까발려 드러냈다. 둘째로 루소는 이성보다 감정을 옹호함으로써 성실성의 기반을 굳게 다진다. 그는 자신의 저술 어디에서나 처음부터 끝까지 자신이 겪은 수많은 감정 변화를 솔직하게 드러내고, 독자들의 이성이 아니라 감정에 호소했다.

그런데 아마도 루소가 노년으로 접어들 무렵 진정 사랑했을지도 모를 유일한 여인, 두드토Sophie d'Houdetot 백작 부인이 묘사한 이런 남자는 누구인가?

> 그는 성을 너무 잘 내서 나는 겁에 질리곤 했어요. 일상생활이 그에게서 매력을 빼앗아가고 말았지요. 하지만 감성이 풍부하고 연민을 자아내는 사람이어서, 나는 상냥하고 친절하게 대했어요. 그는 호기심을 불러일으키는 광인狂人이었다는 생각이 들어요.[1]

장 자크 루소는 1712년 제네바에서 태어났다. 그의 가족은 개신교도로 제네바 공화국의 시민이었는데, 제2논문으로 알려진 《인간 불평등 기원론Discours sur l'origine et les fondements de l'inégalité parmi les hommes》에서 소개하며 칭찬한 공화국이 바로 제네바였다. 그는 30대 후반까지 팔방미인처럼 무슨 일이든 잘했으나 어떤 일에서도 확실하게 성공하지 못한 허드레꾼이었다. 비서이자 음악가였으며, 악보를 필사하는 사람이자 하인이기도 했다. 또한 수많은 여자들과 사귀며 떠돌았는데, 이런 연애담을 《고백》에 자세히 묘사했다. 동시대인들은 분명히 당황스러웠을 터이다. 그는 이렇게 떠도는 동안에도 오랫동안 관계를 지속한 테레즈와의 사이에서 다섯 아이를 낳았으나 아이들을 모두 고아원으로 보냈다. 40세가 될 무렵 가극opera을 작곡해서 성공을 거두었고, 프랑스 왕의 찬사도 받았다. 이를 계기로 《백과전서L'Encyclopédie》의 편집장이던 디드로Denis Diderot, 1713~1784와 인연이 닿아 음악에 관한 여러 항목을 집필했다. 하지만 루소는 전반기 40년 인생이 게을렀고 진가를 인정받지 못한 데다 성공하지도 못했다고 자평했다. 실제로 그는 쉽게 흔들리는 허약한 인격의 소유자였다.

1750년 디드로는 뱅센에서 수개월 동안 옥살이를 한 적이 있었다. 루소는 디드로를 면회하러 뱅센으로 가는 도중 디종 아카데미 논문 공모전에 참가하기로 결심했다. 그는 제1논문으로 알려진 《학문 예술론Discours sur les sciences et les arts》을 제출하여 1등상을 받았다. 논문의 내용은 잠시 후에 짧지만 충분히 논의하겠다. 루소가 1등상을 받은 직후 유명해진 까닭은 예술과 과학을 비롯한 학문이 인류가 진보하는 데 기여하지 않았다고 주장했기 때문이다. 자신이 나고 자란 문화에서 상식으로 통하는 사상을 대부분 거부하겠다는 결심으로 인해 순식간에 명성을 얻은 것이다. 학자로서 주목받거나 대단한 평판을 얻지도 못한 사람이 어떻게 유명해지고 명성을 유지할 수 있는지 드디어 깨달은 순간이었다.

이후 12년 동안 루소는 당대와 후대에 영향을 크게 미친 책을 여러 권 썼다.

그때부터 루소는 단순한 생활 방식에 이끌렸다. 소박한 옷을 즐겨 입다가 마침내 여행할 때마다 입던 길고 품이 넓은 옷만 걸치고 다녔다. 또한 죽은 다음에 출판하려《고백》을 썼지만, 오랜 기간에 걸쳐 책에 포함된 내용을 대중 앞에서 낭독했다. 그렇게 그는 공인으로 탈바꿈했다. 뭇사람들에게 좋은 평판을 얻은 루소는 파리에서 이름난 살롱의 사교 모임 어디든 참석할 수 있었고, 영국으로부터 왕실 장려금을 비롯한 후원도 받았다. 그런데도 루소는 자신을 박해받는 자라고 여기며 도처에 적들이 있다는 망상에 시달렸다. 루소를 비판하는 사람들은 당연히 있었다. 주로 볼테르처럼 계몽주의the enlightenment를 주도하던 사람들이 그를 비판했지만, 루소는 루이 16세Louis XVI의 국무 대신이 자신을 제거하려 음모를 꾸미고 있다고 우겼다. 이런 편집 망상증은 가까이 지내는 지인들만 알았고, 유럽의 독자들에게 알려진 루소는 여러 저술에 투영된 가면을 쓴 인격persona, 곧 성실하고 감정이 풍부하고 진실한 사람이자 속세의 예언자로 알려졌다. 이렇게 책에 투영된 인격 덕분에 루소는 프랑스 대혁명 기간에 혁명 사상의 창조자라는 명예를 얻어, 사후 파리의 위인 묘지 팡테옹에 묻혔다. 18세기 후반 내내 숭배와 예찬이 끊이지 않은 대상도 책에 투영된 루소의 모습이었다. 책 속의 루소는 자신이 나고 자란 문화에 품은 혐오감을 교양인의 자세로 만든 사람이었다.

루소는 교육에 관해 소설 형식으로 쓴 긴 시론,《에밀Emile, ou de l'éducation》(1762)이 자신의 사상을 이해하는 열쇠라고 생각했다. 그러니까《에밀》

의 내용을 먼저 살펴본 다음, 초기 저작으로 되돌아가 18세기 중반 10
년 동안 루소가 얻은 통찰이 무엇인지 이해하는 방법이 최선일 듯하다.
이 시기에 오스트리아 왕위 계승 전쟁에 이어 잠시 불안한 평화가 유지
되다 7년 전쟁이 터졌다.* 루소는《에밀》1권에서 주저하지 않고 이렇
게 단언했다.

> 자연과 사회 제도 사이에서 투쟁하는 사람은 누구나 인간이 되느냐,
> 시민이 되느냐 사이에서 선택하지 않을 수 없다. 왜냐하면 누구든지
> 인간인 동시에 시민이 될 수는 없기 때문이다. ……자연인natural man
> 은 온전한 자신으로 존재한다. 그는 하나뿐인 통일체로서 오로지 자신
> 과 비교되는 절대 완전체이다. 시민civil man은 분모에 의존하는 분수
> 들이 지닌 통일성만 가질 따름이다. 시민의 가치는 사회 조직이라는
> 전체와 맺는 관계로 결정된다. 좋은 사회 제도는 인간의 타고난 성질
> 을 어떻게 바꿀지, 인간에게서 어떻게 절대 실존을 빼앗고 상대 실존
> 을 부여할지, 절대 실존으로서 나를 어떻게 공동체의 일원으로 만들지
> 아주 잘 안다. 그 결과 각 개인은 자신을 더는 유일무이한 존재가 아니
> 라 통일체의 일부라고 믿으며, 전체의 일부가 아니라면 더는 아무것도
> 느끼지 못한다. 로마 시민은 카이우스도 루시우스도 아니다. 로마 시

---

* 오스트리아 왕위 계승 전쟁(1740~1748)은 오스트리아 왕위 계승권을 놓고 유럽에서 벌어진
  전쟁이다. 1740년 프로이센의 프리드리히 왕이 오스트리아 합스부르크 왕가의 영토에 속한
  부유한 슐레지엔 지역을 침공하면서 시작되어, 1748년 체결된 엑스라샤펠 조약으로 끝났다.
  이 전쟁으로 슐레지엔 지역을 빼앗긴 오스트리아의 여제 마리아 테레지아는 군사력을 키우고
  프랑스와 러시아, 작센 등과 동맹을 맺고 슐레지엔 지역을 되찾기 위해 프로이센과 전쟁을 벌
  였다. 이 전쟁이 7년 전쟁(1756~1767)이다.

민은 로마인일 따름이다. ……시민 질서 안에서 자연에 품는 감정과 정취를 고스란히 간직하고 싶은 사람은 자신이 무엇을 원하는지 알지 못한다. 언제나 자신과 모순을 일으켜 갈등에 빠지고, 언제나 자신의 자연적 경향과 시민으로서 의무 사이에서 표류하므로, 인간이 되지도 못하고 시민이 되지도 못한 채 떠돈다. 그는 자신에게도 좋은 사람이 못 되고, 타인에게도 좋은 사람이 못 된다. 그는 우리 시대를 살아가는 사람들 가운데 한 시민, 그러니까 프랑스인, 영국인, 자본가가 될 터이다. 마침내 아무도 아닌 존재가 되리라.[2]

루소는 자신의 저작 여기저기에서 스스로 극복할 책임이 있다고 여긴 이원성의 계열을 만들어낸다. 인간과 시민, 자연과 시민 사회, 고대와 근대, 경향과 의무, 부분적 사회 실존과 전체적 사회 실존은 각각 대립한다. 루소에 따르면 근대 사회의 근본 특징은 이 대립하는 두 요소 사이에서 일어나는 갈등과 모순이었다. 우리는 모두 이런 범주에 상대적으로 익숙하다. 왜냐하면 우리를 비롯해 우리가 읽고 연구한 여러 작가와 철학자들이 모두 루소의 아이들이기 때문이다.

루소가 1750년대와 1760년대에 내놓아 논쟁을 불러일으킨 주장은 근대 서양 사상이 발전하는 디딤돌이었다. 루소의 주장은 상대적으로 아주 간단하게 진술할 수도 있다. 근대 사회에는 인간을 비인간화하거나 인간성의 실현을 방해하는 요인이 들어 있다. 이것은 근대 사상의 바탕을 이룬 사고방식이므로, 주장에 담긴 몇 가지 측면은 당연히 짚고 넘어가야 한다.

루소는 인간이 사회 속에서 관계를 맺으며 맞닥뜨리는 불행과 악을 종교, 특히 그리스도교 관점에서 설명하려는 시도를 어떤 것이든 단호히 거부한다. 로마 가톨릭교도든 개신교도든, 그리스도교를 믿는 작가들은 인간 사회에 따라다니는 부정과 잘못이 죄의 결과라고 설명한다. 인간은 최초 조상들부터 대대로 이어진 죄지을 수밖에 없는 본성 탓에, 서로 사이좋게 살지 못하고 하느님의 뜻을 완전히 따르며 살지도 못한다. 그리스도교 작가들은 죄가 인류에게 얼마나 퍼져 있고 얼마나 해를 끼쳤는지에 대해 저마다 생각이 달랐다. 그러나 인류의 문제가 죄를 타고난 데서 비롯한다는 점에서는 의견이 일치했다. 인간이 죄를 타고났으므로 반사회적 행동을 통제하고 지도할 강력한 통치가 답이라고, 다시 말해 그리스도교 교회가 사회 질서를 유지하는 도덕의 안내자로서 중요한 역할을 하며, 영원에 도달하는 과정에서는 신앙이 하는 역할이 더 크다고 생각했다. 이것이 대체로 루소와 같은 시대에 살았던 조너선 에드워즈Jonathan Edwards, 1703~1758나 존 웨슬리John Wesley, 1703~1792 같은 종교인들이 붙들린 사고방식이었다.

　루소는 인간이 만든 사회가 인류에게서 인간성을 빼앗는다고 역설했는데, 당대 유럽 사회에 새로 등장한 비非그리스도교 사상가들의 견해와도 대립했다. 이 문제는 다음 강의에서 애덤 스미스의 사상을 고찰할 때 충분히 논의하겠다. 당시 계몽 철학자들은 대부분 인간이 겪는 불화와 불행에서 벗어날 해결책이 있다고 생각했다. 이들은 공공생활에 이성이 퍼지고 과학이 보급되고 경제가 획기적으로 성장하면, 인간이 이전보다 건강하고 행복해져 서로 해치고 파괴하는 행동이 줄어들리라고 믿었다. 그러나 루소는 계몽 철학자들이 제안한 해결책도 거부했다. 말하자면 루소는 당대 종교인들의 사상에 반대했을 뿐만 아니라 당대의 세속적이며 비그리스도교적인 사상, 곧 계몽주의와도 대립했다.

루소의 이런 입장을 인지하는 것은 중요하다. 왜냐하면 바로 여기서 근대 지식인의 생활이 발전한 양상을 둘러싼 수많은 오해가 생겨나기 때문이다. 학자들과 평론가들은 오랫동안 근대인의 지성 생활과 문화 생활을, 종교적인 사고방식과 세속적인 사고방식 사이에서 벌어진 투쟁으로 해석했다. 그러나 이런 투쟁은 그림의 일부일 뿐이다. 근대 지식인들은 종교 사상계뿐만 아니라 세속 사상계 안에서도 갈등을 겪으며 투쟁했다. 루소는 두 전선에 모두 참여해 격렬하게 싸운 인물이므로 대단히 중요하다. 루소의 여러 저작은 각기 다른 때에, 때로는 한꺼번에 비난받고 공격당했다. 제네바와 파리의 그리스도교 당국이 책을 불태웠으며, 볼테르 같은 계몽 철학자들도 루소의 저술을 비난했다.

왜 이토록 모질게 공격당하고 비난받게 되었는지 알려면, 1750년에 루소가 다음과 같은 질문에 답변하려고 쓴 논문으로 돌아가야 한다. 학문과 예술의 부흥이 풍속mores의 정화에 기여했는가? 디종 아카데미가 이렇게 질문한 핵심 논점은 14세기 이후 유럽인의 지성 생활은 발전했는가, 다시 말해 우리가 문예 부흥 운동the renaissance이나 과학 혁명과 엮어 생각하는 발전이 실제로 유럽 사람들을 도덕 측면에서 더 나아지게 만들었느냐는 것이었다. 그리스도교 사고방식에 젖은 사람들을 비롯해 배운 축에 끼는 유럽인들은 대개 그렇다고 대답했을 법하다. 이어지는 강의에서 살펴보겠지만, 사실 모든 역사 이론은 그렇다는 전제에서 나왔다.

이전 수세기에 걸쳐 유럽의 지성과 사회가 발전하고 진보했다는 견해와 반대로, 루소는 도리어 퇴보했다는 견해를 내놓았다. 주목할 것은 루소가 살던 시대부터 현대에 이르기까지 역사가 퇴보했다는 견해가 서구인의 상상력을 한껏 자극하고 사로잡았다는 점이다. 루소는 근대에 물질 조건이 나아지고 시민 의식이 향상되면서 나타난 효과가 도덕의 쇠퇴와 어떤 관계가 있는지 뚜렷하게 밝혀냈다. 다시 말해 논쟁을 불러일으키는 용어로 다시 정의했다. 물질 조건의 개선과 시민 의식 향상이 도덕의 쇠퇴에 일조했거나 쇠퇴로 이끈 결정적 원인이라면, 사실은 전혀 진보한 것이 아니다. 덧붙여 루소는 시민 의식civility과 예의 바른 태도politeness, 과학을 비롯한 학문과 계몽이 출현하면서 도덕이 쇠퇴했다고 주장했다. 우리도 모르는 사이에 세련된 시민으로 바뀌는 과정을 거치기 전, "우리의 풍속은 촌스러웠으나 자연스러웠고, 행동의 차이는 언뜻 보아도 성격의 차이를 알려주었다."[3] 루소는 문명이 널 발진한 국가가 더 낫다고 믿지는 않았으나 더 건전하다고 생각했다. 국가는 문명이 덜 발전할수록 외양appearances과 진짜 현실realities의 차이로 생겨나는 모순도 적게 나타났다. 루소에게 사회는 거짓된 외양과 거짓으로 꾸민 태도, 겉치레로 가득한 세상이었다. 우리가 사회에서 인간관계를 맺을 때 아무도 믿을 수 없는 까닭은 실생활에서 관계를 맺는 사람들이 실제로 어떤 사람인지 알지 못하기 때문이다. 루소는 이렇게 설명했다.

불신으로 얼마나 많은 부덕이 생겨나는가! 성실한 우정을 더는 나누지 못하고, 진실한 마음으로 더는 존중하지 않고, 굳건한 자신감을 더는 얻지 못한다. 의심과 가해 행동, 두려움과 냉정한 태도, 속마음을 감추려고 삼가는 자세, 혐오와 배신은, 사람을 속이는 천편일률적인 예의바른 태도와 18세기를 풍미한 계몽 덕분에 익힌 뽐내며 으스대는

도회풍의 세련된 태도로 점점 더 가려질 터이다.[4]

사회적 지위에 따른 체면respectability은 도덕의 쇠퇴와 불성실을 초래한다. 루소는 '완벽을 향한 우리의 학문과 예술'의 진보에 뒤따른 부패와 타락으로 말미암아 거짓되고 불성실하며 외양을 중시하는 사회가 출현했다고 설명한다.[5] 심지어 이렇게 단언했다. "덕은 학문과 예술의 빛이 지평선 위로 떠오르는 것에 비례하여 사라졌으며, 똑같은 현상이 어느 때 어느 곳에서나 나타났다."[6] 루소는 도덕의 쇠퇴를 모든 시대와 모든 장소에서 찾아냈다.

하지만 계몽된 지식과 시민 의식으로 쇠퇴하지 않고 예외로 남은 나라가 하나 있었다. 루소는 고대 스파르타가 바로 그런 나라였다고 지적하며 이렇게 말했다.

> 고대 그리스의 아주 깊숙한 곳에 지혜로운 법률과 행복한 무지 상태로 유명한 도시가 세워졌다. 인간이라기보다 반신에 가까운 사람들이 모여 사는 공화국에서 덕은 인간성을 뛰어넘을 만큼 뛰어났으니 어찌 잊으랴! 오, 스파르타여! 헛된 학설이여, 영원히 부끄러워할지어다![7]

이 구절은 대부분의 사람들에게 놀라울 법하고, 스파르타가 무서운 교육 방식으로 전사들을 가르치고 길러냈다는 평판에 익숙한 현대 독자들에게 충격을 주고도 남을 터이다.

루소에 따르면 스파르타는 근대와 전혀 다른 방식으로 인간성을 실현했다. 스파르타인들은 노예 제도와 전사 조직, 공동체 생활, 심성을 무르고 나약하게 만드는 예술의 영향 거부, 학문 발달의 실패, 세간에 널리 퍼진 포악한 기계로 다른 시대와 비교할 수 없는 독특하고 인간다운 생활 방식을 만들어냈다. 그들은 외양과 진짜 현실이 동일하고, 인간이 공동체에 완전히 통합되는 사회가 실제로 존재할 수도 있음을 증명한다. 스파르타인들은 행복한 무지 상태에서 살았기에 근대인들이 예술과 학문, 이성을 맹신하고 사치스러운 생활에 빠져서 잃어버린 덕을 갖추고 있었다.

루소는 반성하는 정신과 철학에 열중하는 생활을, 공동체에 거의 기여하지 않거나 전혀 기여하지 못해 쓸모가 없어진 시민들과 연결지어 생각한다. 지성과 이성이 뛰어난 사람들은 공동체가 믿는 신앙과 도덕을 이해한답시고 허둥지둥 바쁘게 지성과 이성을 사용한다.

> 지성과 이성이 뛰어난 사람들은 조국과 종교처럼 구식이 되어버린 말을 업신여기며 거만하게 비웃고, 세인들이 성스럽다고 인정하는 모든 것을 파괴하고 격하시키는 일에 재능과 철학을 모두 바친다. 속으로는 덕이든 교리든 혐오하지 않는 그들은 민의를 거스르는 적일 뿐이다. 그들을 다시 제단 아래 무릎 꿇리려면 무신론자들 사이로 쫓아버리는 것으로 충분하리라.[8]

다음에 루소는 근대 비판의 핵심으로 넘어간다.

> 고대 정치인들은 끊임없이 도덕과 덕을 둘러싸고 고심하고 대화했으나, 우리 시대의 정치인들은 상업과 돈을 두고만 지껄인다.[9]

루소는 군인의 가치와 종교인의 가치를 우위에 두어 덕이 꽃피고 번성했던 고대 스파르타인의 세상과, 돈과 상업이라는 잣대로 모든 것의 가치를 매기는 부패하고 사치스러운 근대인의 세상을 명확하게 구분한다. 또한 근대 정치인들에게 "모든 것, 그러니까 도덕과 시민들까지도 돈으로 살 수 있는 세상이 되었음"[10]을 깨달으라고 다그치며, 동시대인들에게 덕이 정치와 사회 생활을 지도하던 훨씬 단순한 고대의 삶으로 돌아가자고 거듭 촉구한다. 근대 문명과 근대 교육으로 신체는 나약해지고, 도덕은 땅에 떨어져 부패하고, 군사 훈련과 군인다움의 가치를 잃어버리고, 의무도 소홀히 하게 되었다고 개탄한다. 루소는 근대의 문제를 다음과 같이 요약했다.

> 우리에게는 물리학자와 기하학자, 화학자, 시인과 음악가, 화가 들이 있으나, 더는 시민들이 존재하지 않는다. 아니면 몇몇 시민이 아직도 버려진 시골구석에 흩어져 살고 있다 한들, 그들은 멸시당하고 분개하다가 사라진다.[11]

루소는 자신의《학문 예술론》을 베이컨Francis Bacon, 1561~1626과 뉴턴 같은 위대한 천재들에게 찬사를 보내며 마무리하지만, 사실상 그들을 특수한 예외로 취급한다. 위대한 천재들은 일반 대중이 본받아야 할 모범이 아니었다. 수많은 사람들에게 목표는 도덕에 따라 행동하는 삶이지, 지성이나 이성에 따른 삶이어서는 안 되었다.

루소는 1754년《인간 불평등 기원론》을 썼다. 이 저작은 제2논문으로 알려졌다. 18세기에 나온 저술 가운데 급진성에서 단연 최고 자리에 놓이며 당대와 후대에 미친 영향력도 대단했다. 지성사를 강의하는 관점에서 보면,《인간 불평등 기원론》은 우리가 앞으로 살펴볼 여러 역사관 가운데 첫째 시각을 대표한다. 루소는 여기서 불평등이 어떻게 인간 사회에 생겨났는지 설명하는데, 인류가 순진무구한 자연 상태에서 온갖 악행과 비행으로 가득한 사회 상태로 타락했다고 말한다. 또 인류가 어떻게 연민의 정감이 흘러넘쳤던 창조물에서 허영심과 허위로 찌든 존재로 퇴보했는지 보여준다. 인류는 진실되게 존재하는 세상에서 쫓겨나 속고 속이는 외양뿐인 세상으로 떨어진다. 루소의 분석은 에덴동산에서 아담과 이브가 타락해 쫓겨났다는 그리스도교 관점의 세속화라고 해도 좋다.

이 주제는 나중 강의에서 다루고, 루소가 《인간 불평등 기원론》의 첫머리에서 불평등을 두 종류로 구별했다는 점만 짚고 넘어가겠다. 그는 자연이나 신체에 따른 불평등과 도덕이나 정치에 따른 불평등을 구별했다. 전자는 자연에 따라 확립되며, 나이와 건강, 신체의 강인함, 정신이나 영혼에 고유한 성질quality의 차이로 나타난다. 후자는 일종의 관례에 의존하며, 인간의 동의와 승인에 따라 확립되거나 적어도 권위를 부여받는다.[12] 루소는 다른 여러 저술에서 각양각색의 불평등 양상을 지지하기 위해 이런 구분을 사용했는데, 성별에 따른 불평등을 다룰 때 가장 두드러지게 나타난다.

루소는 신속하게 불평등을 두 종류로 구분한 다음, 아마도 그의 유명세에 가장 크게 기여했을 개념을 발전시켰다. 그것은 자연 상태에 대한 루소만의 해석이었다. 자연 상태라는 관념은 루소가 새로 만든 개념이 아니었다. 수많은 작가들이 인류가 과거 언젠가 살았을 자연 상태에 대해 논했다. 고대 신화에 따르면 황금시대나 아주 먼 옛날에 존재했다고 전한다. 루소가 살던 시대에 널리 퍼져 익숙한 자연 상태 관념은 홉스 Thomas Hobbes, 1588~1679가 《리바이어던*Leviathan*》(1650)에서 논의한 자연 상태와 로크John Locke, 1632~1704가 《제2정부론*Second Treatise of Government*》(1690)에서 윤곽을 그려낸 자연 상태였다.

로크는 자연 상태를 인간이 여러 사회 제도를 갖춘 환경 속에 거주하면서, 자연이 부여한 이성을 많든 적든 발휘하며 살아가는 시대로 그렸다. 로크가 묘사한 자연 상태에서 사는 인간은 일종의 중재 기구로서 정부가 필요했다. 말하자면 로크는 정부 제도가 확립되기 전의 인간은 사회를 이루긴 하지만 통제되지 않는다고 보았다.

홉스가 묘사한 자연 상태는 사정이 아주 달랐다. 홉스에 따르면 인간은 만족할 줄 모른 채 욕망을 채우려고 분투하는 창조물이다. 반사회적 본성을 타고난 인간은 필연적으로 서로 물고 뜯는 가혹한 갈등 상황으로 떨어진다. 그가 "불결하고, 야비하며, 수명이 짧다"[13]는 어구로 묘사한 삶이 바로 자연 상태이다. 홉스는 인간이 선천적으로 죽음에 대한 공포심을 지녔기 때문에 결국 신체와 재산의 안전을 보장받으려고 절대 정부를 세움으로써 반사회적 경향을 제어할 수 있다고 믿었다.

루소는 특히 홉스의 생각에 맞서 자연 상태를 바라보는 고유한 관점을 형성했다. 그가 썼듯이, "사회의 밑바탕을 검토했던 철학자들은 모두 자연 상태로 되돌아갈 필요를 느끼지 않았을 뿐만 아니라 아무도 자연 상태에 도달하지 못했다."[14] 루소는 홉스나 로크가 도달한 시기보다 훨씬 이른 시대의 인간 역사까지 파고들어 탐구했다. 그때 홉스와 로크가 자연 상태라고 말했던 상태를 거쳐서 더 먼 옛날까지 추적했다. 루소가 탐구한 바에 따르면, 홉스와 로크의 자연 상태는 말 그대로 자연 상태가 아니라 인류가 자연 상태에서 벗어나 밟은 역사 단계였다. 루소가 단언했듯이 "그들은 미개인savage man에 관해 말했으나, 시민civil man을 묘사했을 따름이었다."[15]

    루소에 따르면 어떤 인간 사회도, 얼마나 원시적이든 얼마나 '미개하든', 자연 상태의 인간이 어떤 존재였는지 보여주지 못한다. 이 점에 관한 루소의 자연 상태는 완전히 정치적인 목적으로 만들어낸 허구일 따름이다. 시민 사회에서 인간이 저지르는 악행을 대조적으로 돋보이게 할 지적인 장치였다. 루소가 생각하는 자연 상태에서 인간은 사실상 '사회 관계'로 묘사되는 상호 작용은 진혀 하지 않으며 고독한 개인으로서 어슬렁거리며 떠돌아다닌다. 그들은 아무렇지도 않게 그때그때 성관계를 맺어 아이들이 태어나기도 하지만, 부모들이 맺은 관계는 오래 지속되지 않는다. 따라서 루소가 가상으로 만든 자연 상태는 단순한 사회나 순진무구한 사회가 아니다. 그것을 사회라고 볼 수조차 없다는 점이 중요하다. 이런 상황에서 비롯되는 이점과 혜택은 많다. 자연 상태에서 인간은 어떤 의미로든 서로 의존하지 않으며, 완전히 독립적으로 살아간다. 그들은 건강하며 강인하다. 원시인들은 자기 보존을 빼고는 어떤 것에도 관심이 없다. 이렇게 사는 인간은 자유로운 행위자가 될 수 있는 역량이 있어 동물과 구별된다. 자연 상태에서 인간은 이성보다는 정념에 따라서 산다. 이런 점에서 루소는 동시대인 흄의 주장을 그대로 되풀이했다. 흄은 루소보다 몇 년 일찍 《인간 본성론A Treatise of Human Nature》에서 '이성은 정념의 노예'라고 역설했다. 게다가 자연 상태의 인간은 장래에 무슨 일이 일어날지 거의 생각하지 않는다. 실용적 목적만 지닌 자연 상태의 인간은, 우리가 인간의 본성으로 여기는 성격을 사실상 지니고 있지 않다. 자연 상태의 인간은 어떤 성격도 실제로 지니지 않고 잠재력만 지닌 창조물이다. 다시 말해 루소의 자연 상태에서, 인간의 본성은 바탕이 결정되어 있지 않다.

자연 상태의 인간은 타인을 불쌍하고 가엾게 여기는 마음, 곧 연민을 본능으로 타고나서 악행을 삼가는데, 이런 감정은 이성보다 앞선 본능이다. 인간은 연민이 있어 다른 창조물들이 놓인 상황을 동정할 줄 알며 그들을 감히 해치려 들지 않는다. 연민은 인간의 행동을 온건하게 하고 자기애를 누그러뜨린다. 더욱이 자연 상태에는 사회에서 비롯된 허영심과 경멸감, 분노 같은 여러 악이 존재하지 않는다. 사회악은 너의 것과 나의 것을 구별하는 데서 생긴다. 루소는 이렇게 설명한다.

어떤 미개인이 숲속에서 배회한다고 가정해보자. 숲에는 부지런히 해야 할 일도 없고, 언어도 없으며, 주거지도 필요 없다. 전쟁도 일어나지 않으며, 친족 관계도 맺지 않고, 동료가 전혀 필요하지 않으니 남을 해치려는 욕구도 없을 테고, 아마도 인간을 개별적 존재로 인식하는 일조차 없을 것이다. 아주 적은 정념에 지배당할 뿐인 미개인은 자급자족하며 그런 상태에 알맞은 정감만 느끼고 적당한 깨우침만 얻는다. 그는 진짜 필요한 것만 느끼며, 직접 보고 흥미를 느끼는 것에만 주목하고, 지성으로 진보를 앞세우지도 않고 허영심을 조장하지도 않는다. 우연히 무엇을 발견한다고 해도, 누가 자기 자식인지도 모르는 터라 후대에 전할 수 없었다. 기술은 발명자와 함께 소멸했다. 그곳에는 교육도 없고 진보도 일어나지 않았으며, 어떤 목적도 지향하지 않고 그저 세대가 이어졌을 뿐이다. 인간은 제각기 언제나 동일한 지점에서 시작했으므로, 수백년이 흘러도 처음 시대에 으레 따르는 조야한 상태로 계속 유지되었다. 수많은 종은 이미 늙었으나, 인간은 여전히 아이로 남아 있었다.[16]

인간은 이렇게 전혀 계몽되지 않고 진보하지 않은 상태에서는 자유롭고 순진무구했다.

그들은 아직 중요한 사회관계를 맺지 않아서 자유롭고 순진무구했다. 루소에 따르면 인류가 더없이 행복한 상태에서 벗어나 타락한 원인은 바로 사회였다. 하지만 우리에게 대부분, 또 이전의 다른 작가들에게 사회는 정상적이고 심지어 자연스러운 사회적 상호 작용이 일어나는 곳을 의미할 뿐이라는 점에 주목하라. 인류를 타락시킨 것은 충분히 발달된 사회가 아니다. 루소의 견해에 따르면 사회가 발전하면서 점점 더 불평등과 억압이 심화되기는 하지만, 인류는 사회화 과정의 초기부터 타락한다.

그러면 인류는 어떤 단계를 밟아 사회 상태로 타락하고 사회 속에서 자신의 본질인 인간성마저 부정하는 지경에 이르는가?[17]

첫째 단계에서 인간은 노동하고 일할 수밖에 없다고 알아차린다. 그들은 적어도 세계의 특정한 지역에 묻힌 자연 자원이 희소하며, 그 자원을 자기 보존에 필요한 것들로 바꾸려면 노동해야 한다는 점도 간파한다. 이런 과정이 인간을 초기 형태의 사회적 상호 작용으로 이끈다.

둘째 단계에서 기술 측면의 중요한 변화가 일어나 인간은 가족과 마을을 형성한다. 이렇게 형성된 여러 사회 조직은 다시 인간의 아주 기본적인 여러 가지 필요를 충족시키지만, 인간은 필요가 점점 늘어나며 사회 환경이 서로 비교하는 경향을 조장한다는 점도 알아차린다. 방금 말한 두 단계가 인간을 반성하는 사유 과정으로 이끈다. 인정 많고 자비심이 가득한 사회에서도 인간은 재빠르게 자신들의 기량, 소유물, 신체와 외모를 서로 비교하기 시작할 터이다. 이리하여 허영심의 씨앗이 뿌려졌다.

셋째 단계에서 우호적인 가부장제 사회는 사라지고 노동 분업이 더욱 체계적이고 폭넓게 발달한 사회로 넘어간다. 인간은 자급자족 경제에서 자신들이 필요한 것보다 더 많이 생산할 수 있는 새로운 경제로 이동한다. 이 과정에서 인간의 사치가 시작되었다. 루소는 이렇게 단언한다.

> 야금술과 농업 기술의 발명이 이 커다란 혁명을 만들어냈다. 인간을 문명인으로 만들어 인간 종을 파멸의 길로 이끈 것은, 시인의 입을 빌리면 금과 은이고, 철학자의 입을 빌리면 철과 밀이었다.[18]

노동하는 인간은 여러 단계를 밟아 자신에게 적합한 새로운 노동 양식을 만들어냄으로써 처음으로 노동 생산물의 소유권을 내세우고, 다음으로 노동하는 터전인 토지의 소유권을 주장했다. 이 단계가 로크의 자연 상태이며, 여기서 부지런한 자와 똑똑한 자가 토지 소유권과 재산권을 주장하고 나섰다. 그런데 루소에 따르면, 로크가 묘사한 행복하고 서로 어울려 지내는 자연 상태는 스쳐지나가는 국면이다. 재산을 둘러싼 분쟁은 폭력이 난무하는 갈등 상황으로 너무 빨리 바뀌는데, 홉스의 자연 상태와 흡사하다. 그렇게 끔찍한 갈등 상황에서 탈출하려고, 강자와 부자는 정부가 필요하다며 약자와 빈자, 무식자를 설득한다. 그렇게 세워진 정부는 이미 생겨나 뿌리내린 불평등을 보호한다. 재산권은 자연권이 아니고 사회가 형성되기 전에는 실제로 존재하지 않았으며, 재산을 소유한 부자들과 강자들이 만들어낸 창조물이자 발명품이다. 루소에 관해 깊이 연구한 탁월한 학자 장 스타로뱅스키Jean Starobinski, 1920~2019는 이렇게 말했다. "우리는 어리석은 계약의 상속자들이다. 이 계약으로 만인 대 만인의 전쟁은 멈추고 공공연한 폭력이 사라졌으나, 부자에게 유리한 협약에 따른 위선적인 폭력으로 대체되었을 따름이다."[19]

　이처럼 위선적인 폭력과 소요가 정치 생활과 경제 생활의 불평등을 만들어낸다. 그 결과로 악행과 부덕이 활개치고, 억압과 불성실, 진실하지 않은 외양이 지배하는 사회가 출현한다. 하지만 루소는 인간이 자연 상태로 돌아갈 수 있다고 믿지 않았고, 심지어 돌아가야 한다고 생각하지도 않았다. 자연 상태에서 벗어나 밟은 역사 과정은 그리스도교 관점에서 에덴동산에 살던 아담과 이브가 타락할 수밖에 없었던 것만큼이나 절대적이고 거역하지 못할 일이었다.
　루소는 자연의 상실을 값어치 있게 만들려면 인간 사회가 탈바꿈해야 한다고 역설했다. 인간은 정치를 탈바꿈시켜 자연 상태에 살던 존재만큼 선량할뿐더러 더 나은 존재가 되어야 한다. 더욱이 루소의 급진적 탈바꿈은 그리스도교의 관점과 달리 어떤 신성의 개입도 허용하지 않는다. 그러한 탈바꿈은 분명히 인간이 스스로 시작해야 하며, 역사 속에서 일어날 수밖에 없다.

　제2논문은 유럽 문화 비평에 영향을 크게 미친 독창적인 저작 가운데 하나로 우뚝 서 있다. 루소는 유럽 사회의 악에 대해 선언하는 데서 그치지 않고 그럴듯하면서 수사학적으로 설득력 있는 설명을 제시했는데, 이런 설명은 역사와 인류학에서 중요한 범주로 수용되었다. 그는 모든 독자에게 그들이 살면서 날마다 경험하는 불평등과 억압, 불성실의 실체를 적나라하게 보여주었다. 사실상 정치와 사회 측면에서 우리가 맞닥뜨리는 어떤 문제든 사회악이 얽혀 있다고 선언했다. 그리스도교 사상가들이 그리스도교 관점에서 근대 유럽 사회가 죄로 가득하다고 설파한 것과 마찬가지로, 세속 관점에서 근대 유럽 사회가 비열하고 부족하고 사악하다고 주장한 것이다. 더욱이 그러한 유럽 문화는 단순히 개선할 것이 아니라 근본부터 바뀌어야 했다.

　루소는 근대 상업 문화와 지성 문화에 도덕상 죄가 있다고 자신만의 방식으로 주장할 기틀을 마련했다. 루소가 죄가 있다고 주장할 대상의 범위는 얼마든지 늘어날 수 있었다. 그는 정치 부패에 맞서고, 귀족의 사치스러운 생활과 상업 발달로 생겨난 사치품에 등을 돌리며, 어떤 집단의 억압도 용납하지 않는다.

　루소는 1762년에 펴낸 두 저작에서 자신만의 해결책을 내놓았다. 바로 《사회 계약론*Du contrat social*》과 《에밀》이었다. 전자는 정치 이상향, 후자는 교육 이상향을 그렸다. 《에밀》에서 루소는 사회로 인해 타락하지 않은 교육 방식으로 젊은이를 가르칠 계획에 대해 아주 길게 논의했다. 짐작컨대 그것은 혼자서 하는 교육과 감수성을 강조하는 교육이었다. 이 저작의 자연스러운 흐름 속에서 루소는 성별과 종교에 대한 사상을 내놓았는데, 나중에 이어질 강의에서 다루겠다.

《사회 계약론》은 18세기만큼은 아니지만 19세기와 20세기에도 여전히 많은 사람들에 의해 읽힌다. 이 저작은 아주 많이 인용되는 유명한 문장으로 시작한다.

> 인간은 자유롭게 태어나지만 여기저기 쇠사슬로 묶여 있다. 자신이 다른 사람들의 주인이라고 믿는 자도 그들보다 더한 노예 상태에서 벗어나지 못한다. 이런 변화는 어떻게 일어났는가? 나는 모른다. 무엇이 그런 변화를 합법화할 수 있는가? 나는 이 질문에 답변할 수 있다고 믿는다.[20]

루소는 인간이 묶여 있는 쇠사슬을 옹호하고 정당성도 입증하려 한다. 그가 설명하듯이 "사회 질서는 다른 모든 권리의 토대가 되는 신성한 권리이다. 하지만 이런 권리는 자연에서 나오지 않으므로 협약에 근거한다."[21] 루소는 협약 목록을 작성할 때 참고해야 할 공식을 제시하고자 한다. 이 공식은 인간이 사회 생활에 필요한 법률에 복종하게 만드는 합법성의 기틀이 될 터이다. 그는 자신이 나고 자란 사회가 부패했으며 합법성에 근거하지도 않았다고 생각했다. 부패한 불법 사회를 물리치고 합법 사회와 합법 정부를 세우는 일은 어떻게 가능한가?

루소는 합법 사회만이 인간의 자유를 소중히 여기며 지켜줄 수 있다고 역설하며 주저 없이 이렇게 단언한다. "자유 포기는 인간으로서 존엄, 곧 인간성에 따른 권리와 의무를 포기하는 것이다."[22] 자유를 지켜줄 합법 사회를 세우려면, 적어도 한 번 모든 인간이 만장일치로 동의하는 지점이 있어야 한다. 루소는 모든 인간을 단순하게 모든 남자로 생각한 듯하지만, 어쨌든 사회 계약은 인간이 공동체의 일부가 되면서도 여전히 자유로운 개인이 되도록 허용해야 한다. 그는 사회 계약을 다음과 같이 설명했다.

> 우리는 저마다 공통으로 지닌 인격과 모든 힘을 일반 의지의 최고 지도 아래 두며, 구성원 한 사람 한 사람을 나눌 수 없는 전체의 일부로 받아들인다.[23]

바로 이런 계약이 개인들을 대신하여 집단적인 도덕 조직이나 도덕 공동체를 만들어낸다. 루소에 따르면 인간은 공동체의 일부가 되어 개인의 이익을 공동체의 이익에 복종시킴으로써만 진실로 도덕적인 존재로 거듭날 수 있다. 자유는 공동체의 일반 의지와 일치하는 선에서 제한된다. 구성원들이 저마다 특별한 개별 의지와 개인 이익을 내세울 때 공동체는 위험에 빠진다. 사회와 맺은 굳은 약속을 지키려면, 시민들이 저마다 지닌 개별 의지를 일반 의지에 복종시켜야 한다. 근대 유럽 사상을 대표하는 악명 높은 구절들 가운데 하나에서 루소는 이렇게 역설했다.

> 따라서 사회 계약이 공허한 약속이 되지 않으려면, 개인이 홀로 타인에게 강요할 수 없으므로, 누구든 일반 의지에 복종하지 않는 사람에게 전체의 이름으로 복종을 강요할 수 있다는 약속을 암묵적으로나마 반드시 포함해야 한다. 이것은 개인이 자유롭도록 강요된다는 뜻일 따름이다. 왜냐하면 일반 의지에 복종하지 않는 개인에게 전체의 이름으

로 복종을 강요할 수 있다는 약속은 시민 한 사람 한 사람을 조국에 양도함으로써 시민을 모든 대인 의존 관계에 맞서 보호하는 조건, 말하자면 정치 기구가 기능하고 집행할 뿐만 아니라 개인이 홀로 시민으로서 맺은 약속들에 합법성을 부여하는 조건이기 때문이다. 이런 조건이 없으면, 시민으로서 맺은 약속들은 가장 남용된 형태의 부조리하고 전제적인 종속일 터이다.[24]

루소에 따르면 일반 의지에 따른 집단의 강제를 합법화하는 것이, 자연 상태에서 시민 사회로 이행할 수 있게 만드는 탈바꿈이다. 시민 사회는 설령 부정의하고 부패하더라도, 인간다운 정의를 성취힐 가능성이 있는 무대이자 현장이다. 시민 사회에서 개인은 신체가 지닌 힘으로만 보호받을 수 있는 자연 상태의 자유를 일반 의지에 따라 보호받는 시민의 자유와 맞바꾼다. 시민으로서 인간이 도덕적으로 자유로울 수 있는 까닭은, 일반 의지에 참여하고 복종함으로써 스스로 규정한 법에 복종할 수 있기 때문이다. 더욱이 루소는 시민들이 정치 주권과 공동체에 참여하는 주권을, 분리된 정부나 행정 단위에 양도할 수 없다고 주장한다. 따라서 그는 급진적인 시민 민주주의를 내세웠다. 그런 민주주의 사회의 구성원들이 올바른 이성과 애국심으로 개인 이익이나 특수 이익, 기득권으로 보장된 이익을 모두 극복할 때, 일반 의지는 고유한 방식으로 기능한다. 루소는 이런 상황에서 일반 의지는 언제나 옳다고 단언한다.

루소는 급진적 시민 민주주의에 필요한 정부와 법률을 쉽게 자동으로 세우거나 제정할 수 있다고 생각하지 않았다. 이런 정치 체제는 결코 급진적 시민 민주주의 자체에서 나오지 않기 마련이다. 루소는 이전의 수많은 정치 철학자들과 마찬가지로 '입법자'라고 부른 인물로 관심을 돌렸는데, 입법자는 정치 체제 수립이라는 도전 과제를 수행하는 인물이다. 루소는 입법자가 무엇을 해야 하는지 범상치 않은 필력으로 뛰어나게 묘사한다.

> 인민을 위해 용감하게 체제를 수립하려는 자는 자신이 인간의 본성을 바꿀 수 있다고 생각해야 한다. 홀로 완벽하고 고독한 전체인 개인을 더 큰 전체의 일부로 탈바꿈시켜 어떤 점에서 개인에게 생명과 존재를 부여하고, 인간의 체질을 강하게 바꾸며, 우리가 모두 자연으로부터 받은 신체의 독립적 실존을 전체의 일부인 도덕적 실존으로 대체해야 한다. 한마디로 입법자는 인간에게 고유한 힘을 빼앗아 그에게 낯선, 곧 다른 시민들이 도와주지 않으면 도저히 쓸 수 없는 힘을 부여해야 한다. 자연에서 비롯된 힘이 점점 약해져 희미해지고, 사회에서 획득한 힘이 점점 커지고 오래갈수록, 사회 제도는 더욱 견고하고 완벽해진다. 따라서 시민이 저마다 홀로는 아무것도 아니며, 다른 시민들과 협력하는 방법 말고 아무 일도 하지 못하고, 전체의 일부가 됨으로써 획득한 힘이 모든 개인이 자연 상태에서 지닌 힘을 합친 양과 같거나 더 커지면, 법률 제정이 가능한 최고 완벽한 수준에 이르렀다고 말할 수 있다.[25]

루소가 "완벽한 신들이 법률을 제정하여 인간에게 줄 필요가 있다"고 믿었던 점은 조금도 이상한 일이 아니었다.[26]

입법자의 사명은 영혼의 위대함으로 증명되었다. 루소가 염두에 두었던 입법자의 모범은 스파르타의 리쿠르고스Lycurgos와 아테네의 솔론 Solon, 로마의 로물루스Romulus, 고대 이스라엘의 모세Moses, 자신의 고향 제네바의 칼뱅Jean Calvin이었다. 이러한 입법자들은 법률을 제정하는 일 뿐만 아니라 도덕과 관습, 여론의 권위를 세우는 비밀도 이해했다.

《사회 계약론》에서 마지막으로 언급할 가치가 있는 중요한 요소는 시민 종교라는 개념이다. 루소는 인간을 자유로우면서 도덕적인 존재 로 거듭나게 만들고 자연 상태에서 살 때보다 더 나은 존재로 만들어줄 정부를 보존하기 위해 이성도, 유용성이나 공리도, 어떤 형태의 계산 방 식도 믿지 않았다. 그는 시민 종교에 기대를 걸었다. 루소는 마키아벨리 Niccolò Machiavelli, 1469~1527와 마찬가지로, 그리스도교가 인간을 사회와 신에게 모두 응답하는 존재로 만들어서 좋은 사회의 생존을 해친다고 믿었다. 그리스도교를 믿는 시민은 사회와 신에게 모두 충성해야 한다. 사실 루소는 그리스도교 공화국이 용어상 모순을 담고 있다고 생각했 다. 시민들이 의무에 따르고 나라를 위해 살게 만드는 종교가 필요했다. 루소는 이렇게 역설했다.

순수하게 시민의 마음을 사로잡는 신앙이 있다. 주권자는 그런 신앙의 규약을 정확한 종교의 교리가 아니라 사회성 발달에 필요한 정감으로 확립한다. 이런 정감이 없으면, 좋은 시민이나 충실한 국민이 되는 일 은 불가능하다. 아무에게도 시민 종교를 믿어야 한다고 의무로 부과 할 수 없지만, 주권자는 믿지 않는 누구라도 국가에서 추방할 수 있다. 신앙심이 없다는 이유가 아니라, 사회성이 없고 성실하게 법과 정의 를 사랑할 능력이 없고 필요한 때에 의무를 다하기 위해 생명을 바칠

각오가 되어 있지 않다는 이유로 추방한다. 이런 시민 종교의 교리가 공공생활에서 인정된 다음에도 어떤 사람이 교리를 믿지 않는 것처럼 행동하면, 죽어 마땅하다. 왜냐하면 그는 극악한 범죄를 저질렀기 때문이다. 바로 법 앞에서 속임수를 쓰는 죄를 지었다.[27]

　시민 종교는 민주주의 공동체의 사회 연대를 끈끈하게 다지는 접착제로 기능할 터이다.

　루소는《사회 계약론》에서 플라톤Platon과 마키아벨리, 칼뱅 같은 지식인의 계승자로 우뚝 서 있다. 그의 사상의 기원을 밝히고, 이전 여러 정치 철학자와 사회 철학자의 사상을 어떻게 사용하고 오용하고 변형시켰는지 설명하려면 많은 주의가 필요하다. 그런데《사회 계약론》에는 제2논문과 마찬가지로 예언적인 측면이 있는데, 대단히 추상적이고 심지어 냉혹해 보인다. 미래의 세속 집단주의 이상향을 꿈꾸는 정치사상, 곧 민족주의nationalism, 사회주의socialism, 공산주의communism의 씨앗이 될 만한 요소가 많다. 이어지는 19, 20세기에 개인의 자유를 어떤 형태의 일반 의지에 종속시킴으로써 이상과 현실이 일치하는 공동체를 만들려는 시도들이 반복되었다. 18세기 말 이후의 자칭 근대 입법자들은, 루소의 말로 표현하면 인간성이나 인간성의 중요한 부분을 탈바꿈시키고자 했다. 19, 20세기에 걸쳐 시민 종교도 여러 형태로 거듭 나타났는데, 시민들의 충성심은 집단주의 공동체에 바치는 충성심에서 벗어날 수 없었다. 나는 18세기 말 이후 정치와 사회 상황이 이렇게 발전하게 된 책임이 모두 루소에게 있다고 생각하지는 않는다. 루소의 사상은 나중에 루소를 추종한 여러 신봉자나 일탈한 신봉자들보다 훨씬 복잡하고 미묘한 점이 있었다. 하지만 루소는 개인적인 불행과 편집증, 이중성 탓에, 우리가 앞으로 대면할 다른 사상가들이 거름을 주어 완전히 키워낼 씨앗을 뿌렸고, 그가 뿌린 씨앗을 키워낸 사상가들은 흔히 으스스한 공포감을 불러일으켰다. 루소의 추종자들이 공포감을 불러일으켰다는 사실은 전혀 놀랍지 않다. 루소가 솔직하게 밝힌 대로, 그는 스파르타와 로마의 전사들을 모범으로 삼았기 때문이다.

제2강

토크빌,
자유 민주주의를 설파하다

프랑스 혁명* 초기부터 제1차 세계 대전**의 공세가 일제히 시작된 시점까지, 세계는 거대한 변화의 소용돌이에 휘말려들었다. 이 시기는 서양의 과학자들이 두루 확고하게 수용한 뉴턴의 물리학과 더불어 시작되었고, 아인슈타인Albert Einstein, 1879~1955의 상대성 이론을 일찌감치 수용하면서 끝났다. 1789년에 물질 원자론은 아주 초보적인 형태로만 공식화되었고, 산소가 발견된 것도 불과 얼마 전이었다. 그러나 1914년 무렵 물리학 분야에서 물질의 최소단위로 여겨지던 원자는 그보다 작

---

* 1789년부터 1799년까지 프랑스에서 구체제를 무너뜨리고 신체제로 바꾸기 위해 일어난 사회 정치 혁명을 가리킨다. 1789년에 파리 군중이 왕의 폭정을 상징하는 바스티유를 점령하는 데 성공했고 곧이어 인간과 시민의 권리 선언을 선포함으로써 자유, 평등, 박애의 혁명 정신이 널리 퍼졌다. 그래서 프랑스 혁명은 1789 혁명이라 불리기도 한다.
** 1914년 7월 28일 시작되어 1918년 11월 11일에 끝났다. 유럽 중심으로 벌어진 세계 전쟁으로 전쟁 무기의 고도화 등 여러 요인으로 사상자가 가장 많았고, 참전국 내부에서 일어난 혁명을 비롯해 정치 변화가 크게 일어났다.

은 아원자 입자로 나뉘었고, 방사성 원소가 발견되었다. 1789년에 린네 Carl von Linné, 1707~1778가 확립한 분류 체계는 어떤 연구자도 손을 대지 않은 채 그대로 사용되던 터였으나, 1914년 무렵 각양각색의 진화 체계가 나오면서 과학자들 사이에서 두루 받아들여졌다. 1789년에는 로크의 관념 연상 심리학이 여전히 심리학계를 지배했으나, 1914년 무렵에는 프로이트Sigmund Freud, 1859~1939가 주요 심리 이론을 공식화했다.

사람들이 세상에 대해 생각하는 방식의 변화는 그들이 물리적인 환경과 맺는 관계의 변화 못지않게 급진성을 띠었다. 1789년 유럽과 미국 여행은 아무래도 어려웠다. 조지 워싱턴George Washington, 1732~1799은 대통령 취임식에 참석하려고 버지니아에서 뉴욕까지 이동하는 데 열흘이나 걸렸다. 그러나 1914년 무렵에는 철도가 미국 대륙을 횡단해 구석구석까지 뻗어나갔다. 시베리아 횡단철도가 건설되었고, 자동차와 자전거에 이어 비행기가 발명되었다. 전화, 대서양 해저 전선 구축, 무선 전파 방송은 통신 생활 세계에 일대 혁명을 일으켰다. 새로 등장한 운송과 통신 방식은 인간이 벼려서 만든 완전히 새로운 물리 환경 속에서 장관을 이루며 움직이는 불가결한 여러 요소들 가운데 일부였을 뿐이다. 새로운 물리 환경이란 영국 과학자 토머스 헉슬리Thomas Henry Huxley, 1825~1895가 언젠가 '사실에 입각한 과학으로 펼쳐낸 새로운 자연'[1]이라고 말한 환경이었다. 새로운 자연을 이룬 다른 요소는 지하철과 전등, 전화, 고급스러운 공동 주택, 백화점, 깨끗한 물을 공급하는 상수도 체계와 폐기물 제거 시설 들이었다.

19세기 유럽은 여러 분야에서 발전을 거듭했고 산업 기반도 갖추면서 전례 없는 새로운 문화 상황을 만들어냈다. 19세기 동안 유럽인들은 경제와 산업과 군사 측면에서 더욱 강한 힘을 쥐고, 유럽 내부에서 각축전을 벌이는 한편 역사 이래 어느 때보다 세계의 다른 여러 나라로 세력을 뻗쳐 권력을 행사했다.

19세기 정치사상을 두고 생각할 때 앞서 말한 여러 변화를 모두 놓치지 말고 명심해야 한다. 19세기는 수많은 '주의'가 분출한 위대한 세기였으며, 우리는 여전히 19세기에 출현한 여러 사상에서 비롯된 문제의 전철을 밟으며 살아간다.

유럽 정치사상은 앞에서 말한 모든 발전과 보조를 맞추며 바뀌었는데, 유럽이 10년에 걸친 프랑스 혁명으로 겪은 변화에 정치적으로 적응했던 시기와 맞물렸다. 이것은 유럽의 정치사상이 19세기 동안 근본적으로 방향을 재정립했다는 뜻이다. 이전 정치사상이 근거한 전제와 어휘는 대부분 더는 적용할 수 없게 되었다.

광범위하게 일어난 세 가지 변화가 서로 구분되지만 때로는 뒤얽힌 세 가지 정치사상을 낳았다. 이런 사상들을 세상에 내놓은 작가들이, 그런 사상이 드러낸 집단의 일원은 아니었다는 점도 중요하다. 아마도 19세기 정치 지배 이념political ideology은 인쇄 문화계에서 일생을 보낸 지식인 계급이나 전문 지식을 갖춘 사람들에 의해 생산되었을 것이다.

우선 상업과 농업, 산업의 확장으로 일어난 경제 성장이 점점 더 많은 부를 창출하여 생활 수준은 점차 높아지고 번영이 도래했다. 이러한 성장과 경제 변화가 맞물려 사회 구조에도 극심한 지각 변동이 일어났다. 고르지 않으나 사회 전반에 걸쳐 인구가 시골에서 빠져나와 도시로 흡수되는 움직임이 뚜렷해졌으며, 유럽에서 일어난 인구 이동은 오늘날까지 이어졌다. 재화의 불공정한 분배와 도시의 지독한 생활 조건은 사회주의가 발전할 여건을 조성했다.

둘째로 정치 결사의 성격에 관한 색다른 개념도 19세기에 출현했다. 정치 조직으로서 국가는 특별한 왕족 가문이나 왕조에게 바치는 충성이 아니라, 타민족과 구별되는 특별한 역사와 문화 정체성을 지닌 민족에게 바치는 충성으로 정의되었다. 민중people을 자체로 별개의 민족이나 국민으로 보게 된 까닭은 민족이나 국민이 공통된 언어와 역사, 종교, 문화유산을 지니기 때문이다. 이렇게 정의되는 정치적 독립체political entities에 충성을 바치는 민족주의가 19세기 동안 유럽 지도의 국경선을 완선히 뒤바꿔놓았다.

셋째로 민족주의와 사회주의는 둘 다 길게 보면 자유주의liberalism 덕에 역동적인 세력으로 성장할 수 있었다. 19세기로 접어들면서 자유주의는 독재 국가 사회주의fascism와 공산주의의 충격과 영향 아래서 세인들이 가장 경멸하고 비웃는 정치 신조로 전락했다. 아마도 자유주의는 가장 덜 이해되고 철저히 과소평가되었을 것이다. 자유주의가 스스로 방어할 때 드러낸 취약성은 바로 자유주의 안에 있었다. 자유주의를 추종한 지식인들이 중시한 신조는 구체제에서 자행된 정치, 종교, 경제 측면의 권력 남용을 공격하면서 분명히 드러났는데, 이후 자유주의자의 사고 습관에 따른 비판은 자유주의 자체에도 그대로 적용되었다. 더욱이 자유주의 신조는 근본적으로 개혁이었으므로, 개혁에 성공한 다음에는 흔히 주장할 것이 거의 없어지는 듯했다.

그런데 19세기 자유주의가 곤경에 빠질 수밖에 없었던 중요한 이유가 하나 더 있다. 자유주의는 사회주의나 민족주의, 독재 국가 사회주의나 공산주의와 달리 이상향에 도달하리라는 환상을 품지 않았다. 자유주의자들은 세계를 개혁하고자 했을 뿐, 세계를 완전히 바꾸거나 인간의 본성을 바꾸려고 애쓰지 않았다. 이상향을 꿈꾸는 정치 세력들과 경쟁하는 가운데, 자유주의는 언제나 단조롭고 지루해 보였을 뿐만 아니라 발견한 세상에 그대로 만족하는 것처럼 보였다. 더욱이 19세기 역사가 흘러가는 동안, 자유주의자들조차 일시적으로 또는 영구히 유토피아주의로 옮겨가기도 했다. 그들은 특히 민족주의에 매혹되었다.

19세기 자유주의자들은 무엇을 이루고자 애썼는가? 자유주의자들은 프랑스 혁명이 가져온 긍정적 방향의 거스를 수 없는 변화에 발맞추어 사회를 개혁하고자 했다. 그들은 공포 정권reign of terror*의 절대주의도, 민중 민주주의도 받아들이지 않고 주권재민을 제도적으로 실현할 방법을 모색했다. 그들은 재산도 있고 교육도 받은 사람들이 정부를 이끌고 지배하는 세상을 추구했을 뿐만 아니라 국가가 시민 사회의 조직과 결사도 보호하고 지속해주기를 바랐다. 우선 자유주의자들은 대부분 프랑스 혁명 이후 장기적인 정치 안정이 불가능하리라는 점을 이해하지 못했다. 프랑스 혁명으로 고삐가 풀린 온갖 힘이 여기저기 휘젓고 다니며 유럽의 정치 제도를 바꾸고 있었는데도 말이다. 둘째로 자유주의자

들은 산업화와 도시화의 힘이 시민 사회의 성격을 근본적으로 바꾸어 사회가 더욱 역동적으로 움직이며 본질적으로 불안정해졌다는 점도 알아채지 못했다. 정치적 자유주의 지배 이념은 대부분 17, 18세기 계몽주의에서 유래했으며, 아주 느리게 바뀌는 정치 질서와 경제 질서 아래서 생겨났다. 자유주의자들은 계몽주의에서 유래한 지배 이념과 어휘를, 끊임없이 빨리 바뀌는 19세기 상황에 적용하려고 애썼다.

구체적으로 말해 자유주의자들은 국내 경제에서 경제 활동의 자유를 최대한 보장하고 정부 개입은 최소한으로 줄이는 체제를 추구했으며, 국제 경제에서는 자유 무역을 선호했다. 그들은 책임 정부를 원했는데, 이는 군주국의 장관들이 군주가 아니라 의회와 입법 기관에 책임을 다해야 한다는 의미였다. 자유주의자들의 목표는 온건해 보이지만, 1830년 혁명* 이후 책임 정부는 유럽 국가에서 성공하지 못했다. 영국에서도 마찬가지였다. 더욱이 자유주의자들은 매우 제한된 유권자에게만 선거권을 주자는 견해에 찬성했으며, 민주주의를 못마땅한 눈초리로 흘겨보며 경계했다. 사실 자유주의자들은 근본적으로 반민주 성향을 띠었으며, 재산이 있는 사람들만을 정치에 참여시켜야 한다고 생각했다. 이

---

* 유럽 여러 나라에서 자유주의자들과 혁명가들이 1830년부터 1832년에 걸쳐 보수 정권에 맞서 일으킨 봉기를 통칭한다. 프랑스의 샤를 10세Charles X가 하원을 해산하고 언론의 자유를 금지하고, 선거법 개정으로 유권자의 수를 대폭 축소하자, 시민들이 저항해 7월 혁명을 일으켰다. 7월 혁명의 결과로 오를레앙 공작 루이 필리프Louis-Philippe가 '프랑스 국민의 왕'이 되겠다고 선언하면서 왕권을 이어받았고, 상원은 세습제 기구에서 선출제 기구로 바뀌었다. 이로써 유권자의 선거로 선출된 의원들로 구성된 의회가 국민을 대신하여 왕의 통치권을 견제하는 책임 정부가 들어섰다. 이를 계기로 유럽 각지에서 자유주의를 기치로 혁명이 일어났으나, 루이 필리프는 어떤 나라의 혁명도 지원하지 않았다. 결국 폴란드와 이탈리아, 독일의 여러 왕국에서 일어난 혁명은 모두 보수 정권에게 진압당함으로써 실패하고 말았다.

런 점에서 자유주의자들은 노동 계급에게 병적인 공포심을 품었다. 중앙 정부의 권력을 가능한 만큼 제한하고, 언론과 출판의 자유가 존중받기를 바랐다. 끝으로 자유주의자들은 영국 국교회가 군주와 귀족 계급을 지지한다고 노골적으로 의심하는 경향도 드러냈다. 온건한가 과격한가 하는 정도의 차이는 있었지만, 성직자의 권한에 반대하는 경향은 자유주의자들 사이에서 일반적으로 나타났다.

이렇게 종잡을 수 없는 길을 빙 돌아서 우리는 토크빌에게 이른다. 토크빌은 19세기 초 우후죽순처럼 생겨난 정치와 경제, 지배 이념들이 뒤엉킨 새로운 세상에서 어떤 일이 벌어졌는지 이해할 방법을 찾아낸 중요한 사상가로 지성사 속에 우뚝 서 있다. 우리는 《미국의 민주주의 *Democracy in America*》를 읽을 때, 익숙한 지역을 여행하는 듯한 느낌을 받는다. 그는 코네티컷과 오하이오, 켄터키, 뉴욕을 돌아다니며 연구한 결과를 글로 썼고, 아직도 미국을 지배하는 연방 헌법에 관해서도 논의한다. 토크빌은 미국 사람들이 대부분 조금은 아는 미국 헌법의 제정자들 founding fathers이 펴낸 저술과 그들의 생애를 언급하며 민주주의, 선거, 헌법, 자유 결사, 군구, 시의회처럼 지금도 우리가 쓰는 용어를 사용한다. 더욱이 미국과 유럽의 역사가 어떻게 나아갈지 정확히 이해한 것처럼 보이는 온갖 예언적인 구절들도 담겨 있다.

내 생각에 익숙한 느낌은 대체로 우리의 판단을 그르치게 하는 착각에 지나지 않는다. 우리는 익숙한 느낌을 무시할 수도 있고 그렇지 않을 수도 있지만, 착각에 지나지 않는 익숙함은 혼란을 야기한다. 사실 미국인들은 《미국의 민주주의》 본문을 읽을 때 자기 집에 있는 듯 익숙한 느낌을 받는데, 모두 150년 전 미국을 방문한 젊은 프랑스 정치가의 관점으로 미국 사회와 정치를 분석함으로써 성취한 기념할 만한 업적이다. 토크빌은 이렇게 썼다. "정말로 새로운 세상에 어울리는 새로운 정치학이 필요하다."[2] 더욱이 토크빌은 이 책에서 미국에 새롭게 등장한 정치 상황을 이해하고 분석할 수 있는 새로운 개념을 제시하려 했다. 그의 작업이 우리에게 익숙한 느낌을 주는 까닭은, 지금 우리가 별다른 생각 없이 사용하는 범주를 공공 담론에서 사용하도록 가르친 19세기 작가들 가운데 한 사람이 바로 토크빌이기 때문이다.

나는 《미국의 민주주의》라는 책 제목에서 시작하고 싶다. 19세기 중반 이전, 정치 문제를 다루는 작가, 역사가, 철학자 들은 고대 그리스의 역사 속에 실존한 민주주의든 이론으로 다룬 민주주의 개념이든 정치적 민주주의에 대해 좋게 말하는 사람이 드물었다. 예부터 민중 정부는 어떤 형태든 대개 무질서와 동일시되었다. 특히 고대 아테네는 오래도록 각별한 경멸의 대상이었다. 영국의 흄은 정치 평론에서 아테네 민주주의에 따라다니는 소요를 되풀이해 지적했다. 다른 역사가들은 페리클레스Perikles, 기원전 495~429를 성공한 선동 정치가demagogue에 지나지 않는다고 폄하했다. 아테네는 민주주의 체제가 국내 정치를 안정시킬 수 없을뿐더러 대외적으로 성공한 제국의 건설에 적합하지 않음을 여실히 보여주었다. 아테네 민주 정부는 스파르타에 맞서 자신의 도시 국가를 지키지 못했으며, 최후에는 마케도니아의 알렉산드로스Alexandros, 기원전 356~323 대왕에게 정복당했다. 선거권의 확대를 요구했던 조지프 프리스틀리Joseph Priestley, 1733~1803 같은 영국의 정치 급진주의자들political radicals조차 모든 관계자에게 아테네 같은 민주주의 정부를 세우려는 생각은 없다고 서둘러 안심시켰다.

근대에 이르러서는 프랑스 혁명에 뒤따른 무절제와 방종이 민주주의의 위험과 소요를 확실히 보여주었다. 프랑스에서 1792년부터 1793년에 이르는 기간 동안, 자코뱅파는 덕이 지배하는 공화국을 세웠으나 실패했다. 이런 실패는 고대 스파르타, 아테네, 로마를 모범으로 유덕한 자가 다스리는 공화국을 세우려는 모든 근대 정치 지배 이념에 의구심을 품게 만들었다. 공포 정권과 연합한 수많은 프랑스 지도자들이 루소의 언어와 수사법을 빌려 호소했으므로, 근대에 민주주의 원리를 옹호하는 데 가장 앞장선 사상가의 머리 위로 먹구름이 끼었다. 프랑스 공화국이 나폴레옹Napoléon Bonaparte의 군사 독재로 무너지면서, 민주주의는 필연적으로 독재로 이어질 수밖에 없다는 신념이 한층 지지를 얻었다.

혁명 시대와 나폴레옹이 일으킨 전쟁을 겪으면서 유럽의 방방곡곡에 새로운 반동 보수주의 정치 철학이 출현했다. 에드먼드 버크Edmund Burke, 1729~1797가 이런 입장을 대표한 주창자로 나섰으며, 다른 보수주의 사상가도 많았다. 반동 보수주의를 대표하는 작가들은 근대 민주주의를 비판할 수 있는 이론을 제공했다. 이 점에서 보수주의 작가들은 프랑스 혁명 이전에는 막연하고 비공식적이었던 태도를 바꿔 경직되고 구체적으로 비판하는 입장에 섰다. 따라서 반동 보수주의가 자유 민주주의와 결합된 정치 철학보다 이후에 나타났다는 뜻으로 '현대'에 가깝다는 점을 알아채는 일이 중요하다. 우리가 반동 철학을 당대에 지나간 세상을 불러낸 사상이라고 생각하더라도, 보수주의 정치 철학은 바로 19세기 초에 등장한 여러 정치 지배 이념이 만들어낸 새로운 세상의 일부였다.

더욱이 반동은 그저 정치사상이나 지배 이념에 대한 문제만은 아니다. 1815년부터 1830년까지 프랑스 정치 생활에서 수많은 보수 반동 정치 지도자들이 권세를 부렸다. 1830년 자유주의 혁명이 일어난 다음에도, '과격파'로 불리던 보수 반동 정치가들은 혁명으로 세운 정부를 무너뜨리려고 계속 음모를 꾸몄다. 토크빌은 보수 반동으로 기운 사람들과 아주 친했으며, 보수 반동 정치인 친구의 변호를 맡은 적도 있었다.

이렇게 반동 정치에 가담한 인물들은 정치 생활이 이성 원리에 근거할 수 있다는 점을 부정했다. 그들에 따르면 정치는 너무 복잡해서 성문 헌법으로 적절히 표현하거나 심사숙고해야 할 문제이며, 사실상 안정과 질서를 위해 모든 정부는 입헌 군주제나 토지 귀족제, 국교회에 근거해야 했다. 특히 민주주의는 언제나 그리스도교나 그리스도교 도덕과 대립했으며 필연적으로 대립할 수밖에 없다고 생각했다.

토크빌의 천재성은 민주주의를 기존 맥락을 떠나서 인간에게 적합한 정부 형태로 고찰했다는 점에서 드러난다. 우선 그는 과감하게 민주주의를 고대 그리스와 로마 공화국의 역사와 프랑스 혁명으로 파장이 전부 알려진 문제가 아니라, 결말이 정해지지 않은 열린 문제이자 정치 문제로 생각했다. 미국은 그에게 민주주의 정치 구조를 고대 공화국이나 프랑스의 정치 생활과 정치 실험으로 입은 상처trauma에서 벗어나서 검토할 기회를 제공했다. 그런 맥락에서 토크빌은 다른 쪽 끝에서 지휘봉을 잡았다. 그는 민주주의를 제대로 확립하기 위해 아주 멀리서 조망하기로 결심하고 이렇게 설명했다.

나는 미국에서 미국보다 더 큰 나라를 보았다고 고백한다. 여기서 민주주의 자체의 모습, 바로 그 경향과 성격, 편견, 열정을 찾아내, 우리

가 민주주의로 진보하는 과정에서 무엇을 두려워하고 무엇을 희망해야 하는지 배우고자 했다.[3]

하지만 토크빌은 정치적 상상력을 발휘해 한층 더 도약했다. 그는 과격파 반동 보수주의자들을 설득하기로 마음먹었다. 첫째로 반동 보수주의자들에게 민주주의에 반대하는 입장을 포기하라고 촉구했다. 둘째로 그들이 민주주의와 결부시킨 악은 모두 민주주의에 본질적 요소가 아니라 우연히 나타난 현상일 뿐임을 알렸다. 끝으로 보수주의자들과 자유주의자들이 모두 민주주의에 잠재하는 진짜 악과 곤경이 무엇인지 이해하기를 바랐다.

아주 큰 범위에서 보면, 토크빌이 제시하고 싶은 논증과 논점의 성격은 과격파 보수 정치인들에게 자극받아 확립되었다. 그들은 토크빌의 관심사를 좌우하는 매개 변수였다. 또한 토크빌은 어느 정도 구조를 갖추고 통제할 수 있는 민주주의는 과격파 보수 정치인들의 확고한 정치적 목표와 양립할 수 있음을 증명해야 했으므로, 그들은 얼마간 토크빌이 내린 결론의 성격까지 결정했다.

토크빌이 종교와 민주주의에 관해 논의한 내용은 대부분 이 보수 정치인들이 사로잡힌 선입견에 좌우되었다. 토크빌은 서론에서 조건의 평등을 실현하고 정치적 자유가 더욱 보장되는 민주 정치 구조는 신의 섭리로 정해진 목적에 따른 결과라고 공들여 설명한다. 실제로 이후 민주주의의 샘은 서양의 역사를 관통하여 흐르게 된다. 역사 속에서 행동하는 사람들의 의도는 가려 드러나지 않지만 말이다. 역사는 신의 섭리가 다스리는 영역이고, 보수주의자들도 이렇게 주장하므로, 역사의 교훈은 민주주의가 신의 섭리에 따른 의도의 일부인 셈이다.

> 민족이 다양하게 발생하여 실존하는 상황은 세계 곳곳에서 민주주의
> 에 유리해졌다. 모든 인간이 분발하여 민주주의를 거들었다. 민주주의
> 라는 대의에 따르겠다는 의도를 가지고 노동한 사람들과 의도하지 않
> 았으나 민주주의에 봉사한 사람들, 곧 민주주의를 위해 싸웠던 사람
> 들, 스스로 민주주의에 반대한다고 단언한 사람들이 모두 같은 자취를
> 따라 걸었으며, 모두 한 가지 목적을 이루려고, 어떤 이는 아무것도 모
> 른 채 어떤 이는 마지못해 노동했다. 말하자면 모든 인간은 신의 손에
> 붙들린 눈먼 도구에 지나지 않았다.[4]

정치적 합법성의 원천이 되는 역사적 근원을 쟁점으로 삼고, 역사와
정치에서 신이 중요하다고 역설한 사람들은 바로 보수주의 작가들이었
다. 토크빌은 이런 논증을 이용하여 역사와 섭리에 따른 민주주의의 불
가피성을 지지한다. 하지만 민주주의를 신성한 명령에서 출발한 제도
로 소개하지는 않았다.

토크빌이 《미국의 민주주의》 여기저기에서 종교 제도와 종교적 정감
이 미국인의 사회 생활과 정치 생활에서 굉장히 큰 역할을 했다고 계속
논쟁한 부분도 다른 측면 못지않게 중요했다. 그는 경험에 근거하여 민
주주의와 종교가 양립할 수 있음을 증명하려 한다. 더욱이 《미국의 민
주주의》 2권에서 토크빌은 종교가 있으면 민주주의가 스스로 야기한
여러 가지 위험을 누그러뜨리는 힘으로 작용할 수 있다고 제안한다. 여
기서 다시 토크빌은 보수주의 논증을 채택하여 새로운 정치 세계를 수

용하라고 보수주의자들을 설득한다.

　마침내 토크빌은 애국심과 정치적 의무에 대한 보수주의 이론을 불현듯 떠올렸다. 그는 웅변조로 애국심을 신식과 구식으로 구분했다. 본능에서 비롯된 구식 애국심이 무엇인지 조사한 다음, 새롭고 합리적인 애국심과 대조시켜 설명했다. 그는 두 애국심을 이렇게 묘사한다.

　애착 형태의 애국심으로 분류되는 유형은 주로 본능에 가깝고 사욕이 없으며 정의하기 어려운 감정에서 우러난다. 이는 그가 태어난 곳에 대해 느끼는 애정과 연결된다. 자연스럽게 우러나는 좋은 감정은 옛 관습에 대한 선호나 과거 조상의 전통을 향한 존경과 통합된다. 이런 감정을 소중히 여기는 사람은 자신의 아버지가 소유한 저택을 사랑하듯 태어난 나라를 사랑한다. ……이런 애국심은 이따금 종교에 가까운 열광에 사로잡혀 엄청난 성과를 낼 수 있다. 애국심은 그것 자체가 일종의 종교이다. 그래서 이성이 아니라 신앙과 정감의 충동에 따라 행동한다.[5]

　이러한 견해는 정치적 의무를 버크식으로 해석하는 견해와 보수주의자들이 정치 생활의 핵심으로 보았던 비합리적 유대를 분명하고 간략하게 진술한다. 그러나 토크빌은 역사에 근거한 보수주의자의 논증을 사용하여 이런 애국주의 시대는 지나갔다고 단언한다.

　민족의 생존 과정에서 때때로 국민들이 따르던 옛 관습이 바뀌고 공중도덕이 무너지며 신앙심은 흔들리고 전통의 주문이 깨지지만, 지식이 아직 완벽하게 퍼지지 않아 공동체가 부여한 시민권이 제대로 보장되지 않거나 아주 좁은 범위로 국한되는 시기가 도래한다. ……이 때 나라는 국민들의 안중에 없고, 국민들은 나라에서 살지만 그 나라 자체의 특징도 다른 나라에서 빌려온 특징도 발견하지 못하고 협소한 이기주의를 따르는 흐릿한 영역으로 들어간다. 국민들은 이성의 승인을 받지 않고도 편견에서 해방된다. 해방된 국민들은 군주제 아래서 백성들이 본능에 따라 갖는 애국심으로도 공화제 아래서 시민들이 갖는 이성적인 애국심으로도 활기를 얻지 못한다. 그들은 두 애국심의 중간에 멈춰서 혼란스러워하고 고뇌한다.[6]

보수주의자들도 당대에 맞닥뜨린 곤경을 이렇게 인지했다. 그들은 전래된 편견의 한계에서 벗어나 탈출하는 길이 정치적 행위와 정치에 품는 애정이라고 여겼다.

하지만 토크빌은 재빨리 보수주의자들이 듣고 싶어 하지 않았으나 자신에게 찬성하도록 설득할 만한 논증을 제시한다. 토크빌의 주장에 따르면, 현 정치 상황에서 애국심을 일깨울 개연성이 제일 높은 방법은 행사할 수 있는 시민권의 범위를 확장하는 것이다. 결국 그는 보수주의자들에게 반대하는 선택이 애국심이 있는가 없는가, 애국심에 따라서 자기를 희생할 수 있는 개인의 자질이 있는가 없는가 하는 문제가 아니라, 궁극적으로 애국심에 이르기 위한 수단이라고 말한다. 또한 근대 시민의 덕, 곧 애국심과 정치 참여에서 생기는 공공 정신의 모범을 미국에서 찾아야 한다고 주장한다.

미국인은 자신의 나라에서 일어나는 모든 일에 참여했으므로, 자기 나라가 어떤 비난과 질책을 받든지 방어할 의무가 자신에게 있다고 생각한다. 왜냐하면 이런저런 일로 공격당하는 대상은 자기 나라일 뿐만 아니라 자기 자신이기도 하기 때문이다. 결론적으로 미국인의 국민적 자부심은 수많은 책략에 기대고 있으며, 개인의 허영심에 따른 사소한 속임수를 쓰는 것도 마다하지 않는다.[7]

이 점에서 토크빌은 자신의 보수주의자 친구들이 정치 생활의 수단과 목적을 구분하도록 이끌려 한다. 토크빌은 애덤 스미스처럼 자기 이익과 자기 이익 추구를 시민 생활과 연결함으로써 애국심과 시민 정신이 길러질 수도 있다고 믿는다. 그리고 자기 이익 추구가 극단으로 치우치는 현상을 종교의 영향으로 제한할 수 있으리라고 생각한다.

토크빌은 《미국의 민주주의》에서 정치에 관한 다른 대화를 계속 이어나가며, 다시 한 번 민주주의의 성격에 대해 제약 없이 깊게 생각하라고 요구한다. 그는 몽테스키외의 《법의 정신》을 붙들고 씨름하며 이해하려고 애썼다. 이 저작은 계몽 정치사상에 영향을 크게 미쳤는데, 몽테스키외의 사상 가운데 적어도 두 견해는 토크빌에게 매우 중요했다. 토크빌은 보수주의 사상과 관계가 있는 두 견해를 물리치기 위해 그것을 파악해야 했다.

첫째 견해는 기후와 지형이 정치의 바탕을 결정하는 중요한 요인이라는 강한 신념이었다. 토크빌은 몽테스키외의 이런 신념을 머릿속에 새기고 미국으로 갔다. 그는 그런 견해가 미국의 정치 생활에 드러난 성격을 설명해주지 못하자 아주 놀랐던 듯하다. 하지만 몽테스키외의 견해는 미국의 물리적 환경과 미국이 맺은 정치 관계에 대한 토크빌의 논의 면면에서 지배적으로 나타난다. 이 점을 고려하면, 누구든 토크빌이 미국인의 생활과 미국 사회를 설명하려고 끌어들인 주요 정치 이론에서 스스로 자유로워지는 작업 방식을 조망할 수 있다.

몽테스키외의 둘째 주요 견해는 정치 구조를 통해서, 특히 혼합 또는 균형 정치 체제mixed or balanced constitution 아래서 자유를 보장할 수 있다는 생각이었다.* 몽테스키외는 18세기 영국에 그런 정치 체제가 실제로 존재한다고 믿었다. 토크빌은 폴리비오스Polybios, 기원전 200~118 시대까지 거슬러 올라가는 혼합 정치 체제라는 개념에 대해 아주 잘 알았다. 하지만 토크빌은 혼합 성지 제제를 난호하세 거부한다.

> 나에게는 **혼합** 정부라는 형태가 언제나 한낱 키마이라** 같은 괴물이자 불가능한 희망에 지나지 않는 것처럼 보였다. 정확히 말하면 문자 그대로의 의미를 담은 혼합 정부는 존재하지 않는다. 왜냐하면 모든 공동체에서는 다른 행위 원칙들을 압도하는 원칙이 발견되기 때문이다.[8]

---

* 군주정, 귀족정, 민주정이 각각 전제정, 과두정, 무정부 상태로 타락하지 않도록 막을 수 있는 정부 형태를 가리킨다. 이런 타락을 막기 위해 권력을 왕, 귀족, 평민에게 분산시켜 균형을 잡으려는 정치 체제를 말한다. 고대 로마의 공화정에서 집정관은 군주정을, 원로원은 귀족정을 민회는 민주정을 대변하여 혼합 정치 체제를 구현했다. 근대 영국의 명예 혁명 이후 구성된 정부 형태가 혼합 정치 체제이다.
** 그리스 신화 속 키마이라는 머리는 사자, 몸통은 염소, 꼬리는 뱀 또는 용의 모양을 한 괴물이다.

다음에 토크빌은 영국에서 혼합 정부의 평판이 좋았는데도 실제로 승리를 거둔 것은 귀족 정치였다는 점에 주목했다.

혼합 정치 체제가 자유를 보장한다는 몽테스키외의 생각을 거부한 점은 대단히 중요한 의미가 있다. 왜냐하면 토크빌이 극우 보수주의 입장을 거부할 뿐만 아니라 새로운 시각으로 정치를 바라보게 했기 때문이다. 몽테스키외는 정치 구조와 법이 정치 생활을 지배하는 요인이자 자유를 보장하는 최선의 제도라고 믿는 경향이 짙었다. 토크빌도 제도와 법의 중요성을 의심하지 않았지만, 다른 요인을 정치 구조보다 훨씬 중요하게 생각한다.

이 쟁점은 역사에서 중요한 결과를 초래한 토크빌의 다수의 횡포tyranny of the majority라는 개념으로 이끈다. 다수의 횡포는 오늘날 우리가 매일 경험하는 정치 담론에서 자주 사용하는 개념이다. 우리는 토크빌이 말하는 다수의 횡포라는 개념이 어떤 중요한 의미를 지니는지 충분히 이해하지 않은 채 무심결에 사용한다. 토크빌은 근대 민주주의에 내재하는 실제 위험과 악이 어떤 성격을 띠는지 이전에 활동한 어느 작가보다 명확하게 파악했다. 고대부터 버크에 이르기까지 보수주의 작가들과 보수주의 집단은 민주주의가 정치 문제에서 결단이 쉽지 않고, 정치무정부 상태와 정치 무질서 같은 중대한 위험이 잠재한다고 주장했다. 토크빌 이전까지 민주주의는 소요와 혼란 같은 상태를 가리켰다. 토크빌은 어떤 프랑스인이든 증언할 수 있었듯이, 민주주의로 나아가는 정치 발전의 과도기에 무질서와 혼란이 훨씬 심했다는 점은 부정하지 않았다. 그러나 당시에 생각도 할 수 없었던 성숙한 민주주의와 실제로 기능이 안정된 정부를 두고 자유롭게 사고했던 토크빌은 색다른 위험을 알아보았다. 민주주의의 문제는 실제로 혼란과 소요가 아니라 질서를 지나치게 많이 추구할 때 발생한다는 것이었다. 무정부 상태anarchism가 아니라 바로 전제 정치despotism가 문제였다. 토크빌은《미국의 민주주의》에서 처음부터 끝까지 민주주의 정치 체제 아래서 전제 정치가 출현할 가능성에 주목하고 여러 전제 정치 형태를 해부한다. 그는 합법성을 지닌 전제 정치, 곧 관료 전제 정치와 강력한 지도자가 횡포를 부리는 전제 정치가 생겨나지 않을까 우려한다. 그런데 토크빌이 가장 중요할뿐더러 교활해서 방심할 수 없다고 생각한 전제 정치는 다수의 횡포였다. 다수의 횡포는 여론public opinion이라는 조용한 수단을 이용해 서서히 작동하고, 다음에는 정부 구조에도 영향을 미칠 수 있다. 전제 정치의 형태를 알아보고 해결책을 제안할 때, 토크빌은 또 한 번 선배 정치가들이 내놓은 저작과 사상을 넘어선다.

결국 토크빌은 극우 보수주의자들에게 잘못된 우려를 하고 있다고 말한다. 온건한 자유주의를 지지하는 지식인 세력을 대표하는 후대 몽테스키외 추종자들에게는 전제 정치의 문제에 대해 잘못된 해결책을 제시했다고 말한다. 몽테스키외의 전통은 강력한 군주의 전제 정치와 군주가 시민들에게 맞서 쓸 수 있는 다양한 무력에 대해 우려했다. 그들의 해결책은 균형 정치 체제이거나 혼합 정치 체제였다.

토크빌에 따르면 민주주의 국가에서 다수결주의에 따른 전제 정치의 실제 원천은 정치 구조에 있지 않을뿐더러 정치 구조로 막을 수도 없다. 다수결주의에 따라 전제 정치가 생겨나는 구조는 바로 사회에 깊이 뿌리박혀 있다. 바꿔 말하면 어떤 민주주의 국가의 국민에게 익숙한 사회생활 속에 도덕과 풍속, 관습으로 자리 잡고 있다. 평등에 대한 충동과 욕망을 조장하는 사회 상황에서는 그 욕망이 정치 생활의 자유를 얻으려는 욕망보다 우세할 것이다. 토크빌은 정치에 관심을 갖고 미국 여행에 나섰는데, 프랑스로 돌아갈 때는 사회에 대한 관심이 더 많아져 있었다. 이런 점에서 토크빌의 사고는 자유주의 사상의 중요한 개념이 어떻게 탈바꿈했는지 보여주는 대표 사례이다. 이전 자유주의 사상은 시민 사회와 국가에 관심을 두었다. 토크빌은 제3의 사회 개념, 곧 시민 사회의 상업 관계를 넘어서는 사회를 도입한다. 이런 사회는 상업 관계뿐만 아니라 수많은 가치와 관습, 염원을 포함하므로, 당연히 정치 구조와 시민 사회의 구조를 둘 다 극복할 수 있다.

토크빌이 다수결주의에 따른 전제 정치의 문제를 풀려고 내놓은 해결책은 대체로 사회에 집중한 해결책이다. 토크빌의 견해에 따르면, 개인의 사익과 국가 사이에 자리한 민간 조합이나 임의 결사가 완충 역할을 한다. 임의 결사들은 서로 경쟁하면서 사회와 정치에 필요한 활동력을 포섭함으로써 정부나 국가가 다수의 앞잡이로 전락하는 사태를 막아준다. 토크빌이 다수결주의에 따른 전제 정치의 유령에 맞서려고 내세운 대응책은 민주 다원주의democratic pluralism이다. 여기서 토크빌은 균형 정치 구조나 혼합 정치 구조가 가능하다는 생각을 거부하고, 서로 우위를 차지하려고 상대와 경쟁하는 대규모 사익 집단들이 필요하다는 사상을 전면에 내세운다. 이런 사상을 지지할 때 토크빌은 제임스 매디슨James Madison, 1751~1836이《연방주의자 논집The Federalist Papers》에서 다룬 당파 문제 논의에 신세를 졌지만, 토크빌과 매디슨은 둘 다 마키아벨리에게 신세를 지고 있다. 마키아벨리는《리비우스의 첫 열 권에 대한 강의Discorsi sopra la prima deca di Tito Livio》에서 로마 공화국에서 여러 계층

과 집단 사이에 벌어진 갈등이 자유와 안정을 둘 다 보장해주었다고 말했다.[9]

　이번 강의를 마무리하면서 나는 민주주의에 대해 제약 없이 자유롭게 생각하도록 용기를 낸 토크빌에게 나타나는 주목할 만한 다른 특징을 하나만 지적하고 싶다. 그는 이전에는 아무도 인정하지 못했던 점, 그러니까 정치 자유주의와 자유 민주주의 구조가 우세한 모든 국가에서 갈등이 계속 일어나리라는 점을 분명하게 의식했다. 그는 자유와 평등의 긴장을 알아보았다. 그리고 민주주의가 안고 있는 문제는 정치적 요구와 사회적 요구 사이에서 일어나는 긴장이라는 점도 분명하게 파악했다. 다른 작가들도 당연히 사회 문제와 노동 계급 문제에 관해 글을 썼다. 하지만 토크빌은 마르크스 이전에 벌써 자유 민주주의 제도의 맥락 안에서 수사와 분석을 동원해 사회 문제를 제기했다. 길게 보면 이것이야말로 토크빌의 진짜 위대한 면모일 것이다. 그의 저술은 예언이 아니라, 프랑스 혁명 이후 정치 세계에 나타난 쟁점을 두고 어떻게 말하고 써야 하는지를 우리에게 가르쳐주었다. 그는 근대 정치 생활의 새로운 문제를 논의할 때 필요한 개념과 어휘를 처음으로 제공했다. 바로 그런 점에서 토크빌은 마르크스 이후 세상의 현대 유럽인들에게도 비슷한 개념을 제공할 수 있을 터이다.

제3강

밀,
개인의 자유를 옹호하다

존 스튜어트 밀John Stuart Mill은 1806년에 태어났다. 아버지 제임스 밀James Mill은 스코틀랜드인으로 한때 칼뱅파 개신교 성직자였으며, 출생지를 떠나 런던 남부 지역으로 이주했다. 그는 19세기 초 영국 정치의 급진주의를 대표한 중요한 인물이었다. 제임스 밀을 비롯한 정치 급진주의자들은 영국의 헌법을 민주주의 정신에 더욱 가깝게 개혁하고자 했다. 실제로 제임스 밀은 모든 성인에게 참정권을 확대하자는 주장에 거의 근접했다. 그는 영국의 정치 법률 개혁가 제러미 벤담Jeremy Bentham, 1748~1832의 사상을 신봉하고 전파한 일급 사상가였다. 벤담이 창시했다고 여겨지는 영국 공리주의british utilitarianism는 혹독하게 비난받았을 뿐만 아니라 오해도 많이 받았다. 사람들은 공리주의를 으레 최대 다수의 최대 행복을 지지하는 이론이라고 단순하게 말하곤 한다. 벤담은 현실에 참여하면서《정부론 단편The Fragment on Government》(1776)을 시작으로 영국의 법률 개혁에 앞장섰다. 그는 이미 존재하는 법과 입법 절차가 일차로 법률가들과 부유한 의뢰인들에게만 유리하게 만들어졌다고 믿었다. 그래서 법이 더욱 많은 일반 대중에게 알맞게 개혁되기를 바랐다. 벤담은 최대 다수에게 최대 선을 부여하는 원리를 사용함으로써 이미 확립된 모든 일에 의문을 제기한 위대한 질문자로 우뚝 섰다. 하지만 벤담이 입각한 공리 원리 자체는 정확히 무엇을 의미하는지 명료하지 않았을 뿐만 아니라 수많은 목표와 저촉될 수 있었다.

제임스 밀은 공리주의 전통에서 가장 두각을 드러낸 중요한 인물이다. 그는 벤담의 사상을 신봉하는 데서 그치지 않고 민주주의에 맞춰 개조했다. 벤담이 자주 서툴고 어색하게 쓴 사상을 대중이 훨씬 친근하게 이해할 수 있는 문체로 옮겨 썼다. 제임스 밀은 자신만의 고유한 방식으로 심리와 경제, 정부에 관해 연구하고 얻은 성과를, 벤담이 씨앗을 뿌린 공리주의 전통에 덧붙여 풍성하게 가꾸었다. 또한 공리주의와 고전 경제학을 떼려야 뗄 수 없게 결합한 것도 벤담과 그의 동료들이었다.

제임스 밀은 철학적 급진주의philosophic Radicalism를 발전시킨 산파였다고 평가받기도 한다. 철학적 급진주의라고 부르는 까닭은 영국에서 발생한 다른 여러 급진주의 경향과 달리 형식 측면에서 정합성이 있는 사상에 근거했기 때문이다. 제임스 밀이 정치적 급진주의를 세운 바탕은 벤담의 철학, 하틀리David Hartley, 1705~1757의 심리학, 리카도David Ricardo, 1772~1823의 경제학, 맬서스Thomas Malthus, 1766~1834의 인구론이었다. 그는 기존 헌법이 극악무도하게 오용되고 남용되었을 뿐만 아니라, 인간과 사회에 필요한 좋은 철학이나 건전한 이해와는 반대 방향으로 나아갔다는 이유로 비판했다.

그런데 철학적 급진주의는 3세대에 이르러 영국의 공공생활에 생기

넘치는 피를 주입했다고 말할 수 있다. 3세대에는 존 스튜어트 밀과 아서 로벅John Arthur Roebuk, 1802~1879, 찰스 오스틴Charles Austin, 1799~1874, 조지 그로트George Grote, 1794~1871, 조지프 흄Joseph Hume, 1777~1855, 윌리엄 몰스워스William Molesworth, 1810~1855, 에드윈 채드윅Edwin Chadwick, 1800~1890이 포함된다. 이들은 철학적 급진주의자들 가운데 영향력이 가장 컸던 세대였다. 존 스튜어트 밀은 《자서전Autobiography》에서 이렇게 썼다.

우리 가운데 나의 아버지 제임스 밀이 내놓은 여러 의견에 전부 동의한 사람은 아무도 없었겠지만, 아버지는 나중에 '철학적 급진주의'라고 불린 사상을 처음 대중에게 널리 알린 젊은이들의 작은 단체가 어떤 빛깔로 성격을 드러낼지 결정한 중요한 인물이었다. 우리 단체에 참여한 젊은이들이 따른 사고방식의 특성은 벤담을 우두머리이자 길잡이로 삼았다는 의미의 벤담주의로는 뚜렷이 드러나지 않았다. 오히려 벤담의 관점에 하틀리의 형이상학과 근대 정치 경제학을 조합해야 비로소 특성이 드러났다. 우리는 벤담의 견해와 마찬가지로 맬서스의 인구 원리도 우리의 기치로 내걸었다. 맬서스의 대단한 학설은 원래 인간이 살면서 흔히 겪는 온갖 일을 개선할 가능성이 무한하다는 주장에 반대하려는 목적으로 내놓은 논증이었다. 반대로 우리는 인구 증가를 자발적으로 제한해서 노동하는 모든 사람에게 높은 임금이 지불되는 고용 환경을 보장함으로써 인간의 삶을 실제로 개선하려는 열의에 불탔다. 한편 우리가 나의 아버지와 공통으로 굳게 지킨 신조의 다른 중요한 특성은 다음과 같다. 정치 분야에서 두 가지, 곧 대의 정부와 토론의 자유를 완전히 허용하는 분위기가 가져올 효력을 무제한으로 확신했다는 것이다. 나를 비롯한 젊은이들이 모인 작은 학파는 이런 다양한 의견을 젊은이답게 광신에 가까운 열정으로 붙잡았다. 더욱이 우리는 종파주의 정신sectarian spirit을 덧붙였는데, 적어도 취지를 보면 나의 아버지는 종파주의와 아무 관계도 없었다.[1]

내 생각에 존 스튜어트 밀을 비롯한 젊은 세대 이전에는 종파주의로 기운 경향이 없었는데, 초기 공리주의자들을 종파주의 정신에 끼워 맞춰 다시 읽으려는 시도가 혼란을 야기했다. 공리주의자들은 3세대가 출현하기 전까지 학파로 불리지 않았고, 1840년 무렵에는 3세대 내부에서도 긴밀한 협동은 중단되었다고 말해야 옳을 것이다. 공리주의자들은 1832년 선거법 개정 시기에 몇 가지 정치 강령과 선거법 개정 의회가 준수해야 할 원칙을 제공한 집단이었을 따름이다. 그렇다면 공리주의자들은 여러 사례에서 성공을 거두고 영향을 미치기 위해 어떤 시도를 했는가?

첫째로 공리주의자들은 의회에 설립된 여러 위원회에서 활동했는데, 빈민 구제법 위원회가 제일 유명했다.

둘째로 그들은 공무원이 되어 일했다. 제임스 밀과 존 스튜어트 밀은 모두 동인도 회사에서 일하면서 제국주의 정책에 영향을 미쳤으며, 다른 공리주의자들도 여러 관청과 부서에서 일했다.

셋째로 일부 공리주의자들은 하원 의원이 되어 대략 1840년까지 휘그당이 개혁에 박차를 가하도록 일관되게 압박했다.

넷째로 그들은 제임스 밀의 런던 대학교 창설 계획을 촉진했는데, 이 대학교는 종교 신조를 요구하지 않았다.

다섯째로 그들은 광범위하게 글을 썼다.《웨스트민스터 평론Westminster Review》에 기고했으며, 존 스튜어트 밀의 수많은 저작은 19세기 중엽 옥스퍼드 대학교와 케임브리지 대학의 교과 과정에 스며들었고, 조지 그로트는《그리스 역사History of Greece》를 저술했다. 이 밖에도 수많은 잡지와 신문에 글을 썼다.

여섯째로 그들은 영리하게 인맥을 넓힐 줄 알아서 제임스 밀에게 저주를 퍼붓고 배척하던 사상가들도 높이 평가했다. 존 스튜어트 밀이 콜리지Samuel Taylor Coleridge, 1772~1834를 높이 평가한 사례는 아주 유명하다.

마지막으로 그들은 여성의 권리 신장을 비롯한 다른 대의도 끌어안았다.

한편 철학적 급진주의자들은 인민 헌장 운동Chartism과 반곡물법 동맹Anti-Corn Law League과는 거리를 두었다.* 이렇게 3세대 공리주의자들은 제도권 안으로 들어가 제도를 바꾸었으나, 다음에는 제도가 그들을 바꾼 것이다. 그들의 사상은 제도권에 수용되어 편협한 멍청이들에게 이용되기도 했다. 편협한 멍청이들은 공리주의 사상을 찰스 디킨스Charles

---

* 1832년 선거법 개정으로 소수 자본가 계층에게 선거권이 확대되자, 이에 불만을 품은 노동자들이 참정권을 요구하며 인민 헌장 운동, 곧 차티스트 운동을 전개한다. 그러나 1840년대 경제가 위기에 빠지자 노동자들은 경제에 직접 영향을 미치는 문제에 우선 관심을 갖게 되어 수입 곡물에 대한 관세 폐지를 주장하는 반곡물법 동맹을 조직한다. 당시 영국의 곡물법은 농업을 장악한 지주의 특권을 보호하는 장치로서 도시 노동자들에게는 큰 부담으로 작용했다.

Dickens, 1812~1870가 《힘든 시절*Hard Times*》의 첫 부분에서 우스꽝스럽게 묘사해 비판한 모습으로 변질시켰다.

영국의 철학적 급진주의자들과 이전 세대 공리주의자들은 중간 계급을 대변했는가? 그렇기도 하고 아니기도 하다. 그들은 중간 계급의 우위를 확립하겠다고 의식하면서 활동하지 않았다. 하지만 제임스 밀이 《정부론*Essay on Government*》에서 지적했듯이, 공리주의자들은 정부가 가장 신뢰할 수 있는 계층은 중간 계급이라고 믿었다.

최종 결과는 이러하다. 경제 상태가 중간 계급을 각성시켜 귀족 계급에게 반감을 품게 하고 중간 계급의 지배 이념도 제공했다. 최대 다수의 최대 선이라는 공리 원리에 따른 시험이, 중간 계급이 국민의 정치와 사회 생활에 충분히 참여하지 못하게 방해하는 귀족 계급과 국교회*를 공격할 수 있다는 사실로 인해 공리주의자들과 중간 계급 사이에 유대 관계가 생겼다. 중간 계급은 정부가 활동력과 생산력이 강한 계급에 속해야 한다는 공리주의 사상에 공감할 수 있었다.

무엇보다 벤담 신봉자들이 모든 생활 영역에서 전문성 실현이라는 이상을 설파함에 따라 직업인들이 급격하게 중간 계급을 지지하게 되었다는 점이 가장 중요하다.

다른 한편 공장법과 공중 보건 대책의 강화를 위한 검열 원칙은 중간 계급의 세력과 충돌할 수 있었다. 따라서 중간 계급이 가장 공리주의에 동조했음에도 공리주의자들은 중간 계급의 우위를 확립하려고 의식적

---

* 일반적으로 법률로 국가 또는 국민의 공식 종교로 인정되어 민간과 정부의 지원을 받는 종교를 가리킨다. 여기서는 영국 국교회 또는 영국 성공회를 말한다.

으로 애쓰지 않았다.

철학적 급진주의는 약점이 많았다. 우선 개인을 지나치게 강조해서 사회 환경에서 떼어놓는 데까지 나아갔다. 밀이 제안하듯이, 철학적 급진주의에서 비롯된 인간관은 인간이 살아내려 노력함으로써 쌓아온 수많은 영역을 탐색하지 않고 내버려두었다. 칼라일Thomas Carlyle, 1795~1881은 철학적 급진주의의 한계를 잘 관찰했는데, 공리주의는 "재건이 아니라 오로지 파괴하려고 감탄스러울 정도로 계산에 몰두"한다고 말했다.[2] 사실 철학적 급진주의는 낡은 사회에서 벗어나는 과도기에 적합한 이념이었는데, 1851년부터 1875년 무렵 사회를 재건하는 이념으로서는 불충분하다는 점이 자명해졌다. 이때 사람들은 새로운 사상과 새로운 자유관을 찾으려 했다. 그러는 동안에도 철학적 급진주의, 곧 공리주의는 낡은 방식과 낡은 사상에 맞설 때 강력한 해법이었다. 공리주의는 면밀한 조사가 뒤따라야 할 증거와 가치 평가, 입법 행위를 수집하는 방식으로 강력한 입법 절차를 제공했다. 인간과 사회의 개선 가능성을 믿는 공리주의에 내재한 낙관주의optimism는, 피상적인 수준에 머물지 몰라도, 사람들에게 경험해보지 않은 미래에 직면해보라고 자신감을 심어주었다. 공리주의에서 힘을 얻은 사람들은 과거에 구속되지 않고 자유로워져 동시대 사람들과 마음껏 경쟁했다. 그러나 공리주의는 충분히 발전한 자유로운 인간으로서 살 수단을 제공하지는 못했던 듯하다.

철학적 급진주의는 고전 경제학classical economics의 사고방식이나 사회 정책과 떼려야 뗄 수 없게 묶여 있었다. 고전 경제학은 카를 마르크스가 고안한 용어이다. 철학적 급진주의자와 고전 경제학 사이에는 확실히 긴장감이 흐른다. 철학적 급진주의자들은 공무원으로서 관료 국가 체제를 정비하려 했으나, 국가가 경제 생활에 개입하는 정도를 최소로 유지하려 했다.

이러한 전통과 경제 사상을 대표하는 주요 인물은 데이비드 흄과 애덤 스미스, 제러미 벤담, 토머스 헉슬리, 제임스 밀, 데이비드 리카도, 로버트 토런스Robert Torrens, 나소 시니어Nassau Senior, 존 매컬러John McCulloch, 존 스튜어트 밀이었다. 경제가 어떻게 작동하는지 본성을 밝힌 그들의 사상은 가부장제 사회 구조에서 일어나는 경제 활동 관행에 의문을 제기했다.

대중은 이런 사람들의 작업을 크게 오해하고 있는데, 오해 가운데 몇몇은 즉각 제쳐놓아야 마땅하다.

우선, 이들은 단 한 가지 학파나 학설을 대표하지 않았다. 적당한 경제 정책이 무엇인지를 두고도 각자 의견이 달랐다. 그들이 한 집단을 형성하는 배경은 둘인데, 하나는 인격을 존중하며 맺은 친밀한 대인 관계이고, 다른 하나는 경제 생활과 경제 정책이 과학적인 지식에 근거할 수 있다는 신념이었다.

둘째로 고전 경제학은 이른바 맨체스터 학파의 경제학이 아니다. 맨체스터 학파는 1840년대에 자유 무역을 옹호하고 곡물법 폐지를 주창했다.

셋째로 고전 경제학자들은 경직된 자유방임주의를 열렬히 지지하는 대변자가 아니었다. 사실 그들은 정부가 중요한 과제를 수행해야 한다고 인정했다.

일반 기준에 따라 고전 경제학자로 분류되는 사람들은 구체적인 정책에 보이는 의견 일치보다 더 넓은 기반에 따라 하나로 뭉쳤다.

첫째로 그들은 경제 개혁으로 상품을 더 많이 생산하고 용역을 더 많이 제공할 수 있을뿐더러 경제 개혁이 과학의 기반 위에서 가능하다고 믿었다.

둘째로 그들은 소비를 경제 활동의 목표로 삼았으며, 대체로 소비자의 복지에 관심을 기울였다. 소비자는 욕구하는 상품과 용역을 가능한 한 가장 낮은 가격으로 바라는 양만큼 얻을 때 행복하다. 그런데 그들의 소비 개념은 장래에 쓸 자본재를 공급하고 국방 같은 정부가 제공해야 하는 용역에 대해서까지 확장되었다.

셋째로 그들은 몇몇 경제 사상이나 이론에 동의하며 하나로 뭉쳤다. 우선《국부론》속 반중상주의 편향을 이어받았고, 재산권 보장과 자유 기업 보호를 지지했다. 다음으로 욕구의 대상이 되는 상품과 용역을 생산하려면 개인들이 시장 기구를 매개로 일하는 것이 효과가 높다고 생각했다. 끝으로 맬서스 이론의 영향을 받아 인구 과잉이 경기 침체로 이어진다고 상상했다.

넷째로 존 스튜어트 밀의 저작이 나올 때까지, 고전 경제학자들은 모두 장래에 도래할 '정체 국가stationary state'를 상상하며 두려움에 떨었다. 정체 국가에서는 경제 성장이 더는 일어나지 않을 텐데, 경제가 더욱 성장해 생산이 늘어야 모든 가용 자원을 사용하는 인구에 따른 수요가 충족될 법하기 때문이다.

다섯째로 그들은 목적뿐 아니라 몇 가지 단서를 붙인 수단에서도 개인주의자들이었다. 자유가 최대한 보장되는 틀 안에서 경제 생활에 필요한 소비와 생산이 맞물려 돌아가도록, 경제 활동의 자유가 보장되는 체제를 지지했다.

고전 경제학자들은 뻔뻔하게 자유방임주의를 지지하지도 않았고, 사업으로 벌어들이는 특수 이익을 옹호하지도 않았다. 그러나 그들의 사상은 공식적으로나 대중에게 알려진 방식으로나, 낡은 사회가 의존하던 가치와 제도에 맞설 때 효과를 보이는 것으로 여겨졌다. 인간이 각자 자신의 경제 상황을 최대한 활용함으로써 물질 측면의 개선이 일어난다는 신념은, 인간이 대부분 자신이 속한 특정한 계층에 맞는 수입을 보장받고 권리를 누리는 사회나 사회 구조와는 어떻게 해도 양립할 수 없었다. 고전 경제학자들의 사상은 협동 조합과 도시 자치 단체, 현지 가격과 고정 임금, 거주법이 널리 퍼져 있는 경제 생활과도 대립했다.

고전 경제학자들의 몇몇 일반적인 사상과 특수한 사상은 계급 의식이 지배하는 사회의 출현과 부권주의paternalism*의 종언에 직접적으로 기여했다는 점에서 더욱 중요하다. 리카도는 18세기 스코틀랜드 출신 작가들의 목소리를 흉내 내며《정치 경제학과 조세의 원리Principles of Political Economy and Taxation》서문을 이렇게 시작했다.

대지의 생산물, 그러니까 노동, 기계, 자본을 한데 묶어 투입해 대지에

---

* 가장이 강력한 권력을 행사해 안으로 가족을 통솔하고 밖으로 가족을 대표해야 한다고 믿는 가부장주의가, 사회 단체나 국가 조직의 우두머리나 지도자로서 조직 전체를 대표하여 구성원을 보살피고 돌본다는 의미로 확장된 것이다.

서 만들어낸 모든 생산물은 공동체를 구성하는 세 계급, 곧 땅을 소유한 지주, 땅을 경작하는 데 필요한 가축이나 자본의 소유자, 부지런히 땅을 경작하는 노동자에게 분배된다.[3]

다음으로 리카도는 축적한 부나 생산물을 분배할 때 적합한 규칙이 무엇인지 규정했다. 그렇게 할 때 리카도와 이후 작가들은 사회를 단지 계급이 아니라, 이익에 차이는 있지만 대지의 생산물을 향유하려고 경쟁하는 계급의 측면에서 바라보는 분석 틀을 확립했다. 특히 고전 경제학자들이 내놓은 네 견해는 상업과 산업 질서에 갈등이 내재한다고 미리 에둘러 일러준다.

첫째로 이윤을 얻는 계급, 곧 자본가 계급이나 중간 계급은 실제로 일을 작동시키는 집단으로 부상한다. 자본가들이 저축한 돈, 곧 축적된 자본을 투자하면 노동자들의 일자리가 창출되어 식량 수요가 늘어나면서 지주의 지대地代, rent*도 올라간다.

둘째로 지대 원리doctrine of rent를 보자. 간단히 말해 지주는 경작지를 많이 가질수록 자신은 아무 노력도 하지 않고 더 많은 지대를 벌어들일 수 있다. 고전 경제학자들은 모두 이러한 지대 개념을 공유하면서, 지주 계급이 게을러 아무것도 생산하지 않는다고 줄곧 분명하게 비난하고 공격했다. 다시 말해 지주들은 자신들이 심고 가꾸지 않는 땅에서 거둬

---

* 한정된 토지나 천연자원을 소유한 사람이 얻는 수익을 가리키는 말이다. 좁게는 토지의 사용료를 뜻하지만, 오늘날에는 공급이 고정된 모든 생산 요소에서 발생하는 소득을 가리키는 준지대 개념으로 뜻이 확장되었다.

들인다. 고전 경제학자들이 내놓은 견해는 1820년대 중간 계급이 왜 귀족 계급과 지주 계급을 증오하게 되었는지 합리적으로 설명해준다. 이는 특정 계층의 사람들 중 중간 계급이 가장 원기왕성하고 부지런한 계층이라고 제임스 밀 같은 작가들이 말할 수 있었던 이유이기도 했다. 사실 고전 경제학자들에 따르면 적나라한 계급 갈등은 중간 계급, 곧 자본가 계급과 귀족 계급 사이에서 일어났다.

셋째로 임금 철칙iron law of wages*을 보자. 낡은 사회의 부권주의를 지지한 사람들은 지방과 행정 구역별 지역 경제를 산업화 이전의 방식대로 운영하는 것이 노동자들의 생존을 보장하고 심지어 높은 임금을 유지하는 비결이라고 가정했다. 반면 고전 경제학자들, 특히 맬서스와 리카도는 부권주의에 근거한 낡은 신념을 거부했다. 그들은 노동에 지불되는 임금은 언제나 결국 생계를 유지하는 수준에 맞춰지는 경향이 있다고 주장했다. 노동에 대한 실질 임금이 자연 수준 이상으로 올라가면, 노동자는 결혼하려 하거나, 결혼한 경우에는 아이를 더 낳으려 할 터이다. 이는 노동력 확대를 낳고, 노동 시장에서 노동력의 공급이 늘어남에 따라 임금은 자연 수준 이하로 떨어진다는 뜻이다. 그런데 맬서스와 리카도는 임금 철칙이 깨질 수 있다고 믿었다. 맬서스는 생애 후기에 쓴 논문에서 실제로 신중한 고려와 도덕에 근거한 제한, 그리고 교육으로 모든 노동자의 최저 생활 수준을 끌어올려서 가난을 극복하려는 빈곤

---

* 자본주의 사회에서 노동자의 임금은 생활에 필요한 최저 비용으로 유지되므로 노동자의 빈곤은 필연이라고 주장하는 학설이다. 1848년 독일 혁명에 가담해 노동자들의 권익을 위해 투쟁한 사회주의자 페르디난트 라살Ferdinand Lassalle이 처음 만들어 사용한 말이다. 원래는 '잔혹한 철칙'이라고 썼다.

철폐 계획도 내놓았다. 하지만 임금 철칙과 그것을 완화하는 수단이 둘 다 암시하는 내용에 주목하라. 첫째 경우에 부권주의는 빈곤층의 생활을 더 낫게 만들지 못하며, 둘째 경우에는 노동자 계급이 독립을 쟁취함으로써 스스로 자신의 생활 여건을 개선하려고 노력하지 못하게 할 터이다.

넷째로 노동 가치설labour theory of value*을 보자. 고전 경제학자들이 인간의 노동에 얽힌 복잡한 사태를 다루며 노동 가치설을 실제로 주장했는지는 의문의 여지가 있다. 노동 가치설은 전문 지식이 필요한 이론의 문제이다. 고전 경제학자들이 실제로 노동 가치설을 주장했든 그러지 않았든, 독자들은 대부분 그들이 노동 가치설을 주장했다고 믿었다. 더욱이 노동 가치설은 구시대의 낡은 경제에서 비롯된 문제, 특히 빈곤층과 노동자 계급의 종속 문제를 푸는 해법이었다. 만약 모든 가치가 노동에서 나온다면, 민중은 드디어 노동이 합당한 보상을 받지 못했음을 알아볼 터이다.

이러한 고전 경제학자들의 사상은 어떤 의미에서 영국에 폭풍을 몰고 왔다. 정치 경제학을 다룬 저술을 읽고 토론하는 일이 민중의 소일거리가 되었다. 다수 민중에게 새로운 경제 활동 기회가 열렸다는 사실도 분명 정치 경제학의 인기와 관계가 있었다. 더욱이 다수 민중이 경제 활동을 하면서 배당받는 몫으로는 불행하게 살 수밖에 없는 이유를 알게

---

* 재화의 가치는 재화의 생산 과정에 투입된 노동 시간과 노동량에 따라 결정되며, 그렇게 생겨난 가치의 비율에 따라 상품의 교환 가치가 발생한다고 주장하는 이론이다.

되었고, 과학에 근거한 사상이 자신들의 불행한 처지를 개선해줄 것이라고 기대했다. 결국 모두에게 경기 순환의 상승과 하강은 피할 수 없는 삶의 현실이 되었다.

이제까지 설명한 내용은 존 스튜어트 밀의 경험과 그와 비슷하게 생각한 사람들의 경험을 민중의 입장에서 다룬 것이다. 그런데 존 스튜어트 밀은 개인으로서 자유와 자율성을 찾아 지키려고 내면의 싸움도 계속했다. 내 생각에 그가 내면에서 벌인 싸움은 완전히 해결되지 않았다. 벤담은 합리성이 삶을 지도하는 최고 규칙이어야 하며, 합리적인 개혁과 합리성만이 인간에게 행복을 줄 수 있다고 믿었다. 제임스 밀은 벤담의 신념에 동의했고, 사신의 아들을 선한 합리적 원칙에 따라 공리주의자로 양육해 인류의 행복에 기여하는 사람으로 만들려 했다. 이렇게 고결한 목표에 따른 교육의 결과로 존 스튜어트 밀은 평범하지 않은 어린 시절을 보냈으며, 이런 경험을 아주 방대한 기록으로 남겼다. 계몽주의라는 좁고 빡빡한 시각에 갇혀 자란 아이가 낭만주의에서 비롯된 충동으로 손을 뻗쳐 성장하는 여정이었다.

존 스튜어트 밀은 세 살 무렵 그리스어를 배우기 시작했다. 아버지는 유명한《인도의 역사 *History of India*》를 집필하면서 어린 아들에게 그리스어를 가르쳤다. 밀은 여덟 살 무렵 라틴어 교습을 받기 전에 이미 그리스어 문헌을 어지간히 읽을 줄 알았으며, 열 살이 되기 전에 벌써 기번 Edward Gibbon, 1737~1794의《로마 제국 쇠망사 *The History of the Decline and Fall of the Roman Empire*》를 비롯한 역사서를 탐독했다. 여러 분야의 라틴어 문헌도 읽었다. 사춘기, 어쩌면 더 일찍 정치 경제학과 논리학을 공부하기 시작했다. 그즈음 이미 고급 수학에 능통했다. 이렇게 비범한 교육 과정을 밟은 밀은 같은 또래 아이들과 어울리지 못했다. 당시에 그는 자신이 다른 아이들과 얼마나 다른 교육을 받고 유별난 경험을 하면서 살고 있는지 거의 이해하지 못했던 듯하다. 존 스튜어트 밀이 받은 체계적인 교육에는 정서, 애정, 감정의 역할이 들어설 여지가 도무지 없었다. 그 결과 존 스튜어트 밀은 정서 장애를 가진 어른으로 성장했다.

어떤 시점까지 그는 그러한 상태를 의식하지도 괴로워하지도 않았으며, 1822년과 1823년 사이에 정치 성향이 급진주의로 기운 다른 젊은 이들과 공리주의자 협회를 설립했다. 공리주의자 협회와 회원들이 내놓은 여러 견해를 두고 밀은 나중에 이렇게 썼다.

> 우리가 제일 중시한 일은 바로 민중의 의견을 바꾸는 것이었다. 그러니까 민중이 증거에 따라서 믿게 만들고, 무엇이 민중에게 실제로 이익이 되는지 알게 만들려고 했다. 민중이 자신들에게 실제 이익이 되는 일이 무엇인지 한번 알고 나면, 의견을 수단으로 서로에게 그런 점을 강조하리라고 생각했다. 이타적인 자비심과 정의를 사랑하는 마음의 탁월성을 충분히 인정하지만, 우리는 그런 고결한 감정에서 우러난 행위로 인류가 다시 살아나리라 기대하지 않고, 교육으로 지성을 키우고 이기심을 일깨워서 인류가 다시 살아나기를 바랐다.[4]

나중에 이렇게 고백하기도 했다.

> 감정이 이론과 실천 두 방면에서 무시되어서 자연스럽게 인간 본성에 불가결한 요소인 시와 상상력 일반이 지닌 가치를 평가절하하게 되었다.[5]

밀은 이렇게 사춘기 후반을 보내고 대학생이 되었을 때, 인생을 어떻게 살아갈지 확고하게 이해했다고 생각했다. 그에게는 '세상을 바꾸는 개혁가가 되겠다'는 유일한 목표가 있었기에, 철저하게 그런 목표에서 행복을 찾았다. 그런데 아무런 경고도 없이 그런 확신이 산산조각 나고, 밀은 자신이 '나의 정신의 역사에 찾아든 위기'라고 묘사한 시기로 접어들었다. 밀은 갓 스무 살이었을 때 닥친 정신의 위기를 이렇게 묘사했다.

누구나 이따금 그러듯이 나는 무신경한 상태에 빠졌다. 누려도 되고 즐겨도 좋을 만한 흥분되는 일이나 신나는 일을 만나도 아무 느낌이 없었다. 그런 상태가 되면 다른 때는 쾌감을 느꼈을 만한 일에도 지루해하거나 무관심했다. 감리교Methodism로 개종한 사람들이 으레 처음 자신들의 '죄를 확신하고' 괴로워할 때와 비슷한 상태였다고 생각한다. 이런 정신 상태로 나는 자신에게 직접 물어보았다. '너의 모든 인생 목표가 실현되었다고 가정해봐. 바로 지금 이 순간 네가 바라는 대로 제도와 의견이 확 바뀔 수 있다고 가정해봐. 그러면 너는 정말로 기쁘고 행복하겠니?' 다음에 억누를 수 없는 자기의식self-consciousness이 솟아나서 똑똑히 '아니다'라고 대답했다. 나는 낙담했다. 나의 인생이 세워진 토대는 전부 무너져버렸다. 나의 행복은 모두 끊임없이 이런 목적을 추구하는 데 근거를 둔 터였다. 목적이 더는 매력을 발휘하지 못하는데, 어떻게 다시 수단에 관심을 갖고 흥미를 느낄 수 있었겠는가? 내가 붙잡고 살 아무것도 남지 않은 듯했다.[6]

이윽고 밀은 우울한 상태에서 빠져나왔다. 그는 우울증에서 빠져나오려고 낭만주의 시인들의 시, 특히 워즈워스William Wordsworth, 1770~1850의 시를 읽었다. 인간 감정의 영역과 현실이 그에게 열렸고, 삶과 지성이 이성뿐만 아니라 감정도 포함해야 한다는 점을 자신의 감정으로 발견했다.

이로써 나는 밀이 받은 교육과 우울증을 길게 다루고, 우울증에서 빠져나오게 만든 계기가 무엇인지도 밝혔다. 19세기의 아주 재미있는 이야기들 가운데 하나이고, 계몽주의를 대표하는 지성의 힘과 낭만주의를 대표하는 감정의 힘이 한 사람의 인격 안에서 어떻게 서로 싸움을 벌였는지 보여주지만, 길게 묘사한 데는 다른 이유가 있다. 밀은 대단히 개인적인 경험으로 인해 여론이 성격 형성에 미치는 역할에 지나치게 민감해졌다. 정확히 말하면 그는 자신이 자란 편향된 분위기, 의견의 관용이나 충돌이 거의 없거나 아예 없는 분위기가 정신과 정서에 장애가 있는 인간을 만들어내는 방식에 유달리 민감했다. 밀은《자유론On Liberty》(1859)에서 편협한 여론에 반대했다. 편협한 여론은 실제로 자신이 어린 시절을 보낸 분위기, 그러니까 아버지의 사상과 벤담의 사상을 점검하지 않고 그대로 주입하는 분위기의 복사판이었다.《자유론》은 100년 동안 사상과 언론, 개인이 누리는 행동의 자유를 옹호한 최고 걸작으로 우뚝 서 있다. 19세기에 개인주의를 내세운 저술로서도 최고로 꼽는다.

밀이 의견 충돌의 필요성을 절감한 이유는 둘이다. 첫째로, 사람들은 의견이 충돌할 때 자신들의 주장에 어느 정도 정직한 태도를 유지한다. 둘째로 사람들은 의견 충돌이 있어야 하려던 말을 논증할 수 있다. 선한 의도에 기반했더라도, 진리의 일부라도 숨긴다면 실제로는 그 사실을 알지 못하는 사람에게 해로울 수 있다고 보았다. 밀은 특정한 개인이나 개인들의 집단이 진리를 독점할 수 있다는 회의주의를 고수했다.

이런 신념은 서로 보완하지만 별개로 나아가는 두 방향으로 이끌었다. 그는 우선 개인의 행복을 보장하고 다음으로 인류의 행복과 진보를 보장하려면, 개인의 의사 표현의 자유와 행위의 자유를 옹호해야 한다고 생각했다. 두 목표는 밀의 개인 관심사와 떼려야 뗄 수 없게 연결되어 있었다. 밀은 《자유론》에서 처음부터 끝까지 언론과 의사 표현의 자유가 보장되어야 한다는 논증을 아주 넓은 영역에 걸쳐 반복하여 제시했나. 그런네 행위의 사유와 그가 말한 이른바 '삶의 실험'의 자유에는 그다지 관심을 두지 않았다. 밀은 길고 힘들고 고통스러운 삶의 실험에 뛰어든 바 있었다. 스물다섯 살인 밀은 당시 스물세 살인 젊은 여자, 해리엇 테일러Harriet Taylor, 1807~1859를 만났다. 급진주의 정치 성향을 띤 유일신교도*였다. 그녀는 밀과 만났을 당시 이미 나이가 꽤 많은 테일러 씨와 결혼한 유부녀였다. 워즈워스와 콜리지의 시를 읽으며 감정이 불타오른 밀은 테일러 부인에게 깊이 빠져들어 자신이 할 수 있는 만큼 사랑했다. 밀은 그녀를 이렇게 묘사했다.

내가 해리엇을 처음 만났을 때 그녀는 여성 천재의 표준형답게 넉넉하고 힘이 넘치는 천성을 펼쳐 보였다. 겉모습은 미인이고 재치가 넘

---

* 유일신교도unitarianism는 18세기에 지식인들 사이에서 유행한 이신론deism의 영향을 받아 생긴 그리스도교의 한 교파로 삼위일체론에 반대했다. 유일신교도들은 신이 하나라는 유일신 신앙을 지지하고, 예수는 하느님과 일체가 아니라 위대한 인간이자 예언자라고 주장했다.

첫으며, 그녀에게 다가간 사람은 누구나 그녀가 자연스럽고 뛰어난 재능을 지녔음을 느꼈다. 내면을 추측해보면 감정에 깊이가 있고 힘이 넘쳤고, 지성은 사물을 꿰뚫어보고 이해할 만큼 뛰어났으며, 명상하고 시를 감상하는 능력도 빼어났다. 그녀는 올곧고 늠름하고 명예도 지킬 줄 아는 남자와 일찍 결혼했다. 그녀의 남편은 번듯한 교육을 받았고 자유주의 성향이었으나, 지성 활동과 예술에 취미가 없어 그녀와 마음을 나누는 동반자가 되지 못했다. 그래도 두 사람은 꾸준히 애정을 나누는 친구였다. 그는 아내를 진심으로 존중하고 평생 깊이 사랑했다. 해리엇은 남편이 죽었을 때 많이 슬퍼했다. 그녀는 여성에 대한 사회의 장애물에 가로막혀, 세상 속에서 행동할 수 있는 뛰어난 능력을 발휘하지 못한 채, 내면에 몰두해 명상하면서 친구들과 작은 모임에 참석하고 허물없이 교류하며 지냈다. 남편은 그녀가 비슷한 감정과 지성을 교류하는 유일한 사람이자 비범한 인물이었지만, 다른 사람들과도 어느 정도 정감과 의견을 나누었다.[7]

첫 만남 이후, 밀은 그녀와 친밀하지만 분명히 정신적 사랑에 머문 관계를 굳혀나갔다. 이 관계는 테일러 씨가 죽을 때까지 20년 동안 이어졌다. 20년 세월이 흐르는 동안 밀은 어떤 주제로 어떻게 저술할지 해리엇 테일러와 긴밀하게 의논하며 일했고, 그녀는 자연스럽게 밀의 인생에서 없어서는 안 될 존재가 되었다. 그러나 밀은 해리엇 테일러와 맺은 관계로 호된 대가를 치렀다. 정치적 급진주의 성향이 강한 친구들과 친구의 아내들은 대부분 밀과 해리엇 테일러의 관계를 인정하지 않고 비난했다. 그들은 밀을 버렸고, 밀도 그들을 버렸다. 1851년 두 사람이 마침내 결혼했을 때도 친구들과 가족은 그 결혼을 여전히 인정하지 않았다. 이런 상황이 《자서전》에서 밀이 어머니를 언급하지 않은 중요한 이유이다.

지인들이 두 사람의 관계를 인정하지 않은 이유는 처음에 드러난 모습과 달리 조금 복잡하다. 밀의 친구들은 해리엇이 유부녀였다는 이유로 두 사람의 관계를 인정하지 않았다. 그들의 관계가 빅토리아 시대의 관습이 아니었다는 점은 의문의 여지가 없다. 그런데 이런 비난에는 다른 요인이 얽혀 있었다. 밀과 같은 시대에 살았던 사람들 가운데 아무도, 사실상 밀의 전기 작가나 밀의 생애를 연구한 어떤 사람도 밀이 존경한 만큼 해리엇 테일리를 높이 평가하지 않았다. 사실은 거의 모든 사람이 그녀의 지성과 천재성에 관해 밀이 잘못 판단했다고 생각했다.

친구들과 가족이 해리엇 테일러와 밀의 관계에 보인 반응에 따라 밀이 인격체로서 겪었던 쓰라린 경험은, 사회가 개인에게 가하는 교묘해서 포착하기 어려운 압력의 실체를 밝히는 데 상당히 기여했다. 밀의 생각에 관습과 규칙에 순응하라고, 결국 평범해지라고 강요하는 교묘한 압력은 가족, 이웃, 교회 같은 사회 제도를 매개로 작동한다. 사실은 시민들이 자발적으로 결성한 이차 임의 결사들도 모두 압력을 행사했다. 토크빌은 이차 임의 결사가 풍속을 보전하고, 민주주의가 극단으로 흐르는 경향을 누그러뜨리며, 중앙 정부의 강제력에 맞서 개인을 지키는 튼튼한 장벽이라고 좋게 평가했다. 하지만 밀이 사회 제도와 임의 단체를 모두 혐오했던 까닭은, 해리엇과 겪은 사회의 압력이 삶에 필요한 실험을 막는다고 생각했기 때문이다. 그는 해리엇이 자신의 내부에 잠자던 천재성을 일깨웠으며, 그것은 두 사람이 함께 삶의 실험에 참여함으로써 가능해졌다고 믿었다. 이런 감정이 묻어난 확신에 따라, 밀은《자유론》에 어느 모로 보나 극단에 치우친 몇 구절을 썼다. 정말 역설적이게도 개인의 자유에 대해 논의한 가장 이성적이고 추상적인 저술이 대부분 저자의 감정에 따른 본성과 입장에서 유래했다는 점도 중요하다. 여기서 잠시 토크빌로 돌아가보자. 밀과 토크빌 사이에 대립하는 점이 있어 아주 흥미로운데, 옳든 그르든 두 사람은 모두 19세기 자유주의자로 주목받았다. 토크빌은 이차 임의 결사가 민주주의의 문제를 완화할 수 있다고 통찰했으나, 그런 통찰은 밀에게는 끔찍한 악몽이었다. 반대로 개인이 어떤 것에도 방해받지 않는 자유로운 원자라는 밀의 통찰은 토크빌에게 악몽이었다.

밀의 분석과 토크빌의 분석이 빚은 충돌은 부분적으로 두 사람이 다른 목표를 추구한 데서 기인한다. 두 작가는 평범해지도록 숨 막히게 순응을 강요하는 상황을 몹시 두려워했다. 둘은 민주주의가 무너질까봐 깊이 걱정하고 염려했다. 그런데 토크빌의 일차 관심사는 서양 도처에 퍼진 평등으로 기우는 피할 수 없는 경향에 맞서 자유를 보전하는 것이었다. 토크빌은 인간이 자유로운 피조물이 되고 자유로운 피조물로 계속 살기를 바랐다. 밀의 관심사는 토크빌과는 아주 달랐다. 밀의《자유론》은 제목과 달리 자유를 다룬 책이 아니라, 진보를 둘러싼 문제가 무엇인지 다룬 책이다. 무엇보다 먼저 밀은 인간을 특정한 조건 아래서 진보하고 개선될 수 있는 피조물로 여겼다. 밀은 진보를 보장하는 한해서만 일반적인 자유를 보호하는 데 관심을 두었다. 정확히 말해 밀은 일차로 매우 특별한 사람, 그러니까 사회에서 살아가는 천재의 자유를 보호하는 데 집중했다. 밀은 위대한 사람들만이 인간성을 향상시킬 수 있다고 믿었고, 위대한 사람들의 자유를 보호하려는 의도로 자유를 지지했다. 그러면 위대한 사람들의 활동을 통해서 인류는 진보할 수 있을 터였다. 달리 말해 밀은 인류의 진보라는 집단 목표를 이루는 데 적합한 개인주의를 보전하고자 했다. 밀은《자유론》에서 이렇게 썼다.

> 천재는 자유로운 분위기가 조성되어야만 자유롭게 숨 쉬며 활동할 수 있다. 천재성을 타고난 사람들은 능력이 부족한 다른 사람들보다 우월한 개인들이다. 능력이 부족한 사람들은 사회가 구성원들에게 자신들만의 고유한 성격을 형성하는 데 따르는 고생을 면제해주려고 제공한 몇 가지 틀에 맞춰 살아간다. 천재성을 타고난 사람들이 소심한 탓에 사회가 제공한 틀에 강요당하고, 사회의 압력을 받는 조건에서 재능을 계속 계발하지 못한 채로 살면, 사회가 천재들의 재능으로 더 나아질 가능성도 줄어들 터이다.[8]

토크빌은 교육받은 중간 계층에 속한 정치 계급의 자유를 보호해야 민주주의가 잘 돌아갈 수 있다고 믿었다. 밀은 토크빌처럼 생각하지 않았다. 플라톤이 통찰한 국가 관료 체제라는 이상을 실현하려는 열의가 그를 괴롭혔다. 신흥 민주주의 시대는 인류의 진보와 개선, 발전을 이끌어나갈 천재들로 구성된 인재elite 집단에게 길을 내주어야 한다. 그러나 밀은 우리에게 대단한 임무를 부여받은 천재를 어떻게 가려낼 수 있는지 말해주지 않았다. 밀의 마음속에서 인재 집단의 최고 능력자로 선발된 천재들은 거울에 비친 밀 자신과 해리엇의 모습과 흡사했으리라고 추측할 수 있을 뿐이다.

하지만 밀의 사고가 훨씬 멀리 나아간 까닭은 당시 자신이 내세운 자유의 양상과 극단에 치우친 개인주의에 숨은 의미, 실제로 나타날 결과를 빈틈없이 파악한 극소수 사람 가운데 하나였기 때문이다. 이번 강의를 시작하면서 소개한 몇 가지 견해로 돌아가보자. 자유주의자들은 다른 무엇보다 인간을 해방시켜 이익을 최대로 끌어올림으로써 인류의 번영을 이룩하려 했다. 사회주의자들은 노동자 계급의 몫이 늘어나기를 바랐다. 민족주의자들은 민족이 조직되어 섭리에 따른 역할을 수행하기를 바랐다. 밀의 인재주의elitism, 곧 위대한 사람들만이 인류의 진보에 기여할 수 있다는 신념과 해리엇에게 바친 헌신은 그에게 다른 전망을 펼쳐 보였다.

밀은 재능을 타고난 사람들이 인류의 진보를 이끌어 번영하게 만든다고 믿었다. 인간의 재능은 특히 여자들이 국민으로서 정치에 참여하고 지식인으로서 능동적으로 활동할 때 어마어마하게 늘어날 수 있다고 생각했다. 사실 당시에 명성이 자자한 사상가들 가운데 밀을 빼고는 아무도 그런 생각을 하지 않았다. 밀이 여자들의 잠재력을 믿은 이유는 《자유론》을 출간하고 나서 10년 만에 집필한 《여성의 종속 *The Subjection of Women*》에 쓰여 있다. 인간의 정신을 억압하고 뛰어난 개인들의 활동을 금지시키는 집단의 본성이 가장 노골적으로 드러난 실례가 바로 정치와 지성, 도덕과 성의 측면에서 여자들을 종속시키고 지위를 격하시키는 현상이었다. 밀은 이런 상황을 다음과 같이 묘사했다.

남자는 여자에게 복종만이 아니라 정감도 원한다. ……그러므로 남자는 여자의 마음속에 실제로 노예가 되는 데 필요한 모든 것을 심어놓

앉다. ……여자를 자신의 노예로 만든 주인은 단순히 복종하는 것 이상을 기대했고, 자신의 목적을 달성하는 데 효과가 큰 교육을 강요하려고 온 힘을 쏟았다. 여자는 누구나 아주 어린 시절부터 여자의 이상에 맞는 성격이 남자의 이상에 맞는 성격과 정반대라고 믿으며 자랐다. 여자는 자기 의지와 자기 통제력이 없으니, 타인의 통제에 굴복하고 자신을 맡겨야 한다는 것이다. 타인을 위해 존재하는 삶, 그러니까 자기 자신은 완전히 몰각한 채 애정에만 매달리는 삶은, 기존 도덕에 따르면 여자의 의무이고, 지금의 감상벽에 따르면 여자의 본성이다. 애정은 여자가 삶의 의미를 찾기 위해 허락받은 유일한 수단이었다. 여자는 연줄이 닿아 관계를 맺은 남자에게 애정을 표현하고, 자신과 남자의 관계를 더욱 튼튼하게 묶어줄 아이들에게 애정을 쏟는다. 다음의 세 가지 요소를 한데 모아보자. 첫째, 남성과 여성은 자연스럽게 반대 성에게 매력을 느낀다. 둘째, 아내는 모든 면에서 남편에게 의존하므로, 아내가 누리는 특권이나 쾌락은 모두 남편이 준 선물이거나 남편의 의지에 달려 있다. 마지막으로 아내는 인간으로서 추구하고 고려하는 중요한 목표, 사회 생활에서 야망과 관련된 모든 목표를 일반적으로 남편을 통해서만 찾거나 달성할 수 있다. 이런 상황에서 남자에게 매력적인 여자가 되려는 목표가 여성의 교육과 성격 형성에 길잡이가 되지 않는다면, 그것이야말로 기적이 아니겠는가! 이렇게 여자들의 마음을 지배하는 수단을 손에 넣으면, 남자들은 이기심이라는 본능에 따라 그것을 최대한 이용하여 여자들에게 성적 매력의 본질적 부분으로서 순종과 복종, 개인 의지의 포기를 강요함으로써 한 남자의 손아귀에 넣는 수단으로 삼았다.[9]

밀은 사회와 이차 임의 결사들이 모두 여성을 배제하는 혐오스러운 상태에 직면하여, 관습을 깨고 인간이 지닌 능력을 충분히 발휘해 세상을 더 낫게 만들려면 지적 자유와 사회적 자유를 보장할 필요가 있다는 단순하고 자명한 공리주의 관점의 논증으로 대항했다.

밀의 사상이 발전한 모습은, 꼴사납게 거대해진 사회의 힘과 정치의 힘이 지배하던 시대에도 한 작가가 겪은 성장, 사랑, 좌절이 당대를 장악한 더 큰 세력들이 간과한 지성과 도덕, 사회에 대한 전망을 열었음을 암시한다.

제4강

주체성,
새로운 시대의 전환점이 되다

지난 18, 19세기 동안 서양의 지성사와 문화사를 살펴보면 아주 근본적인 변화가 많이 일어났다. 가장 두드러진 변화는 주체성의 권위가 수많은 경험과 관점, 윤리관을 평가하는 기준이자 시금석이 되었다는 점이다. 나는 이런 발전을 위대한 내면화great internalisation라고 부르겠다. 이는 주체의 내면적인 감정, 경험, 직관이 진실성과 진지함, 관점이나 주장의 올바름, 도덕 가치를 평가하는 가장 믿을 만하고 확실한 징표라는 믿음이 발전했고, 실제로 그렇게 실행되었다는 뜻이다. 17세기에 데카르트René Descartes, 1596~1650는 "나는 생각한다. 그러므로 존재한다"고 단언했다. 18세기 유럽 지식인들과 그들의 저술을 읽은 독자들은 "나는 느낀다. 그러므로 내가 확신한다는 사실도 안다"고 공개적으로 말하기 시작했다. 역사에 길이 남을 만한 변화에서 흘러나온 결과는 엄청났다. 이런 결과에는 철학과 신학, 음악과 예술, 심리학과 문학에서 일어난 방향 전환redirections도 포함되었다. 방향 전환은 외부에 존재하는 진리가 아니라 내부에 숨은 진짜 현실을 탐색하고 표현하려는 각양각색의 수많은 노력으로 이어졌다. 18세기부터 현재에 이르기까지 온갖 새로운 방식이 생겨났으며, 사람들은 각기 새로운 방식으로 내면의 자기inner self를 탐색하는 법도 익혔다. 그 가운데는 소설과 낭만주의 시, 이상주의 철학, 복음주의evangelism* 종교, 정신 분석도 포함된다.

18, 19세기 이전 유럽의 지성사와 문화사는 대부분 외부 세계를 강조했다. 호메로스Homeros의 시는 거의 외부 세계만 강조해서 외형을 꼼꼼하고 자세하게 묘사한다. 호메로스의 시에 등장하는 신들은 외형을 지닌 존재로 나타나거나 꿈에 모습을 드러내거나 손님으로 찾아오기도 한다. 베르길리우스Publius Vergilius Maro, 기원전 70~19의 시에서도 마찬가지이다. 고전 전통 전반과 문예 부흥기에 수용된 고전 전통은 외부 세계를 강조했다. 더욱이 실제로 유럽의 모든 예술은 외부 세계를 묘사하고자 했다. 이 문제는 이어질 강의에서 충분히 다루겠지만, 18세기 이전 유럽의 예술은 문예든 조형 예술이든 에이브럼스Meyer H. Abrams의 개념에 따르면 외부에 존재하는 진짜 현실을 비추는 '거울'로 기능한다고 이해되었다.

그리스도교 전통에서도 신은 자신을 외부로 드러낸다고 이해했다. 그리스도교도에게 신은 성경, 자연, 교회와 성직, 역사를 통해 자신을 드러냈다. 그리스도교에서 갈라져 나온 로마 가톨릭 교회와 개신교 분파는 신의 계시를 강조하는 방식에서 차이가 있지만, 신의 계시가 외부

---

* 유럽에서 16세기 로마 가톨릭 교회에 저항해 종교 개혁을 주도한 개신교도들, 특히 루터파 신자들이 내놓은 견해를 일컫는다. 복음주의자들은 대체로 성령의 힘으로 거듭나는 회심을 강조하고, 성경을 신의 말씀으로서 유일한 일차 권위로 받아들이며, 선교 활동을 중시하고, 예수의 십자가 책형과 부활을 구원의 가장 중요한 근거로 제시한다.

로 드러나므로 가르치고 공유할 수 있다는 점에 동의했다.

그런데 어떤 사람이 신과 관계를 맺으면서, 이교 사상을 버리고 그리스도교로 개종하는 과정을 그린 아주 개인적인 이야기가 위대한 그리스도교도의 목소리로 울려 퍼졌다. 목소리의 주인공은 바로 성 아우구스티누스Aurelius Augustinus, 354~430이다. 그의 《고백록Confessiones》은 교부로서 신과 맺은 관계를 탐색한 모범 사례였다. 이 책은 나중에 다른 작가들이 신비주의 방향으로 발전시킨 양식의 모형을 제공했다. 더욱이 데카르트와 파스칼Blaise Pascal, 루소 같은 근대 작가들도 아우구스티누스의 목소리를 되풀이했다.

그런데 그리스도교 안에서 아직 소수에 불과한, 개신교와 로마 가톨릭 교회가 모두 교회의 권위를 내세워 깊이 불신한 전통이 대안으로 등장했다. 바로 개인이 받은, 또는 신비 체험에 따른 계시를 믿는 전통이었다. 로마 가톨릭 교회와 개신교 종교 단체들에 속한 신비주의자들이 몸에 익힌 전통이기도 했다. 신비주의자들은 신이 자신들에게 직접 말하거나 자신들을 매개로 말하며, 계시의 타당성은 내면적 경험으로 입증된다고 믿었다. 이 점에서 신비주의자들은 구약 성서에 나오는 예언자들과 조금 비슷했다. 그들은 대개 분명히 경건한 삶을 살았는데도 불신의 대상이 되곤 했다. 왜냐하면 규정된 계시 경로가 아니라 다른 방식으로 신성한 진리를 깨달았다고 주장했기 때문이다. 내면에서 진리를 깨달았다는 그들의 주장은 교회의 권위에 도전하는 것이었다. 신비주의와 내면 경험에서 유래하는 계시를 믿는 태도가 반율법주의antinomianism*로 이어질 것이라는 두려움이 널리 퍼졌다. 청교도의 도시 매사추세츠의 지도자들은 앤 허친슨Anne Hutchinson과 로저 윌리엄스Roger Williams

같은 신비주의자들과 마주했을 때 이런 문제로 두려워했다. 영국의 정치 당국과 종교 당국도 초기 퀘이커교도들Quakers**과 마주했을 때 비슷한 두려움을 느꼈다. 신에게서 특별한 통찰을 받았다고 주장하는 사람이 여자일 때, 반율법주의에 대한 두려움은 더욱 커졌다. 신비주의 전통에는 언제나 중요한 여성 신비주의자들이 꽤 많이 등장했다. 개신교 내부에서는 여자들이 집회에서 자신의 확신이나 영적인 통찰에 근거해 가르치고 설교할 권리를 주장할 때 팽팽한 긴장이 조성되었다.

　이렇게 종교와 연결된 배경을 아주 간략하나마 개괄한 까닭은, 18세기 초반 동안 주목할 만한 종교 운동이 유럽 중심부에서 대서양을 횡단해 북미 매시추세츠까지 휩쓸었기 때문이다. 이 종교 운동은 개신교 복음주의 각성 운동protestant evangelical awakening으로 알려진다. 각성 운동은 1730년대에 시작되어 25년 동안 지역마다 다른 강도로 이어졌다. 지역 개신교도들 가운데도 개신교가 위험에 빠졌다고 두려워하는 사람들이 생겨났던 듯하다. 위험은 독일의 군주국들에서 처음 감지되었는데, 몇

---

* 그리스도교도는 은총을 받았으므로, 모세의 율법을 지킬 필요가 없다는 교리이다. 반율법주의자들은 순종 개념을 율법으로 보아 거부하고 선한 삶은 성령이 내면에서 살아난 결과로 가능하다고 믿는다. 이들은 자신들의 견해가 마르틴 루터Martin Luther뿐 아니라 성 바울과 아우구스티누스의 사상에 근거한다고 주장한다. 반율법주의 교리는 율법과 복음을 둘러싸고 개신교들이 벌인 여러 논쟁에서 나왔으며, 한때 루터의 협력자였던 요한 아그리콜라Johann Agricola가 최초의 반율법주의자로 꼽힌다.
** 17세기에 조지 폭스George Fox가 창시한 개신교 신흥 종교이다. '친우회Society of Friends'라고 부르기도 한다. 우리나라에서는 '종교 친우회'라고 한다. 퀘이커라는 별칭은 '신 앞에서 떨다quake'라는 조지 폭스의 말에서 유래했다. 폭스가 주장한 명상 운동으로 시작되어 교세를 확장한 퀘이커교도는 영국 정부의 탄압을 받기도 했으나, 마침내 북아메리카 식민지 영토에 도시를 세워 종교의 자유를 쟁취했다. 이들은 칼뱅의 예정설과 원죄설을 부정하고 모든 사람은 자기 안에 있는 신성을 깨닫고 키우면 구원받을 수 있다고 믿었다.

몇 통치자들이 로마 가톨릭교로 개종하면서 국교가 바뀔지 모른다는 두려움이 퍼졌다. 코네티컷 골짜기 같은 다른 구역에서는 18세기 초반에 일어났던 개신교도의 신앙심이 차게 식고 열정이 사라졌다는 점이 관심을 끌었다. 성직자들을 비롯해 신도들도 같은 책을 읽고 서신을 교환하면서 대서양을 횡단해 유효한 통신망을 구축했다. 개신교 지도자들 가운데는 친첸도르프Nikolaus Ludwig von Zinzendorf 백작과 조지 횟필드 George Whitfield처럼 대서양을 오가며 종교 운동을 펼친 사람이 많았다.

이렇게 넓은 지역에 걸쳐 신앙심을 다시 회복하려는 여러 시도가 모두 합쳐져 각성 운동에 이르렀고, 각성 운동에 참여한 개신교 신자들은 정도의 차이는 있더라도 몇 가지 확실한 특성을 공유했다.

첫째로 그들은 개인의 개종 체험을 강조했는데, 개종 체험은 설교가 있는 예배나 개인이 헌신하는 생활을 통해 일어났다.

둘째로 그들은 속죄 교리를 강조했다. 다시 말해 나사렛의 예수가 죽은 다음 다시 살아났다고 믿는 신앙이 죄를 용서받는 길이라고 역설했다.

셋째로 각성 운동은 일반적으로 국교회의 권위에 도전했으며, 나사렛의 예수를 믿는 사람들이 모여 이룬 눈에 보이지 않는 교회를 강조했다.

넷째로 그들은 내면에 죄가 있음을 의식하라고 강조했다.

다섯째로 신앙심과 속죄함으로써 개종했는지 시험하는 궁극 기준은 감정이었다.

감리교를 창시한 존 웨슬리의 사례는 각성 운동이 일어난 과정을 보여주는 모범이다. 그는 영국 국교회 신자로 교육받으며 자라 옥스퍼드 대학교에서 공부했다. 옥스퍼드에서 '감리교신도회methodist society'로 알려진 단체에 동생 찰스와 함께 회원으로 가입했는데, 신도들이 영적으로 거룩한 삶을 살도록 생활을 엄격하게 감독하고 관리한다는 이유로 이런 이름이 붙었다. 웨슬리는 목사로 임명된 다음 미국 식민지 조지아 주로 가서 전도 활동을 시작했다. 그곳에서의 전도 활동은 눈에 띄게 성공하지 못했지만, 모라비아에서 온 개신교 전도사들과 알고 지내면서 그들의 경건한 신앙에 깊이 감동하고 매료되었다. 영국으로 돌아오는 항해 중에 배가 큰 풍랑을 만났을 때, 웨슬리는 자신이 죽을까봐 몹시 무서웠다. 그러나 동승한 모라비아교도들은 아주 의연하게 견뎠다. 런던에 돌아오자마자 웨슬리는 모라비아교도의 예배에 참석했다. 1738년 5월 24일에 웨슬리는 루터가 쓴《로마서에 붙인 서문》의 한 구절을 봉독한 예배에 참석했는데, 그날 저녁 중요한 체험을 했다. 그는 나중에 일기장에 이렇게 썼다.

> 가슴이 이상하게 따뜻해졌다고 느꼈다. 나는 구원받으려고 그리스도를 믿었을 뿐이었다고 느꼈고, 그리스도가 나의 죄를, 심지어 마음속에 있는 죄까지도 없애서 죄와 죽음의 법칙에서 나를 구원했다는 확신이 생겼다.[1]

웨슬리는 이렇게 내면의 종교 체험을 하고 몇 주 지나지 않아, 야외에서 수백 군중에게, 다음에는 수천 군중에게 설교하곤 했다. 왜냐하면 영국 국교회가 설교단 사용을 차단했기 때문이다. 웨슬리가 설교에서 전한 핵심은 신이 믿으려는 사람들에게 은총을 베풀며, 내면에서 일어나는 개종 체험이 은총에 따른 구원을 보장한다는 것이었다. 이렇게 시작된 감리교는 점점 교세를 확장해 18세기 후반과 19세기 초반에 걸쳐 가장 역동적인 종교 운동으로 발전했다. 그러나 감리교 종교 운동은 웨슬리의 바람과 반대로 흘러가 다른 종교 운동과 마찬가지로 여러 분파로 나뉘고 반율법주의 경향으로 발전했다. 이러한 발전의 결과로 드디어 감리교 안에서 목사들이 배출되었다.

복음주의 각성 운동이 일어난 이야기는 규모가 크고 중요한 주제여서, 대학교 학부 강의에서는 가볍게 언급만 하고 넘어갈 수밖에 없다. 이 주제가 중요한 까닭은 각성 운동이 유럽과 미국 문화에서 개신교의 영향을 부활시켰기 때문이다. 각성 운동은 반율법주의로 기울면서 기존 성직 구조와 국교회의 성직자들에게 도전하기도 했다.

다음 두 세기에 걸쳐 일어난 일들은 각성 운동이 영향을 미친 결과였는데, 미합중국에서 종교 측면이 두드러졌고, 유럽에서는 특별한 세속적인 형태가 더 현저하게 나타났다. 문화에 따른 사고 방식을 내면의 경험으로 옹호하는 경향과 모든 지성의 권위에 도전하는 반율법주의로 기운 입장은 서양 사상의 특색으로 자리 잡았다.

각성 운동을 살펴보는 여정에서 다루어야 할 점이 몇 가지 있는데, 개신교 경건주의pietism와 개신교 신학의 영향을 깊이 받은 채 살았던 개신교도들이다. 여기서 개신교 경건주의와 개신교 신학이 필연적으로 신앙 부흥 운동 자체를 가리키지는 않는다.

이런 목소리를 대표하는 첫째 인물은 루소인데, 이미 첫 강의에서 논의했다. 루소가 칼뱅주의자들이 지배한 제네바를 칭송했다는 점을 상기해보라. 루소는 저작 도처에서, 특히 《고백》뿐 아니라 《에밀》과 《신엘로이즈 *Julie, ou la Nouvelle Héloïse*》에 아주 두드러지게, 개인의 내면과 감정을 강조했다. 루소는 일생 동안 사회의 권위와 종교의 권위에 맞서 항의한 반율법주의자였다. 그가 쓴 여러 작품은 번역되어 유럽 전역에서 수많은 독자들이 읽었다. 그 가운데 우리의 목적에 적합한 특별한 구절이 있는데 이는 수십 년에 걸쳐 여러 윤리와 신학 저술에 영향을 주고 반향을 불러일으켰다.

이 구절은 《에밀》에 들어 있으며, '사부아 보좌신부의 신앙고백'으로 알려졌다. 보좌신부는 가난한 비정통 로마 가톨릭 성직자로 에밀과 친구로 지내면서 종교 교육을 시켰다. 교육을 시작하면서 보좌신부는 이렇게 단언했다.

나는 가슴에서 우러나는 정감을 너에게 전부 털어놓으려 한다. ……너는 있는 그대로 나는 아니라도, 적어도 내가 보는 그대로 나를 보게 될 것이다. 너는 나의 신앙고백을 전부 들으면, 그러니까 나의 심정이 어떤 상태인지 잘 알게 되면 너는 내가 왜 행복하다고 생각하는지 알 테고, 나처럼 생각하면, 행복해지기 위해 해야 할 일도 알게 될 것이다.[2]

보좌신부는 거듭거듭 이성의 복잡성과 심정의 단순성을 대조해보라고 말하면서, 에밀에게 심정과 상의함으로써 자신의 선언에 대해 어떤 결심을 하라고 촉구한다. 여기서 루소는 파스칼의 유명한 진술을 분명하게 되풀이한다. "심정은 이성이 결코 알지 못하는 자신만의 이유를 지닌다." 말할 것도 없이 파스칼은 얀센주의자, 바로 로마 가톨릭 교회와 프랑스 정부가 모두 비난한 로마 가톨릭교 내부에서 생겨난 엄숙주의자 집단의 일원이었다.

다음에 보좌신부는 '인간 정신이 불충분하다'고 강조한다. 그는 주저 없이 이렇게 단언한다.

> 우리는 거대한 전체의 아주 작은 일부이고, 전체의 한도를 도저히 간파하지 못하며, 전체를 만든 조물주는 우리가 정신 나간 논쟁에 휘말리게 한다. 그런데 우리는 전체가 무엇이고 우리가 전체와 맺는 관계가 무엇인지 결정하고 싶어 할 만큼 허영심이 강하다.[3]

그는 만약 인간이 이성의 추론으로 자연을 검토하고, 자연 안에서 인간의 위치가 어디인지 생각하면, 혼란을 겪을 따름이라고 강조한다.

보좌신부는 이런 혼란에 직면했을 때, 내면의 빛을 따라 상의했다고 말했다. 이로써 혼란에서 벗어났으며, 그것은 자신이 저지른 어떤 잘못이든 바로 자기 탓임을 의미했다. 따라서 내면화는 루소가 사회의 부패와 부정을 거부하려고 찾은 또 다른 길이었다. 보좌신부는 단언한다. "나는 심정에서 우러난 성실성에 따라 승낙할 수밖에 없는 모든 지식을 자명한 것으로 수용하기로 결심한다."

다음으로 보좌신부는 자신만의 생각으로 계발한 자연 신학을 제안한다. 그는 자연 신학의 제일 원리로서 자연을 움직이며 자연에 생명을 불어넣는 의지가 존재한다고 확신하며, 그런 의지가 지성을 갖추었다고 믿는다. 우주가 생명이 없는 죽은 물질로 이루어져 있다고는 도저히 믿을 수 없으며, 물질의 배후에는 지성을 갖춘 존재가 있다고 믿어 의심치 않는다.

> 나는 의지력을 발휘하고 권능을 행사하는 존재, 스스로 움직이는 능동 존재, 우주를 움직이고 만물을 질서정연하게 배열하는 존재를 그것이 무엇이든 신이라고 부른다. 나는 신이라는 이름에 내가 한데 묶은 지성, 권능, 의지라는 세 관념과 이 세 관념에서 필연적으로 뒤따라 나오는 선이라는 관념을 이어 맞춘다. 그 결과로 나는 이런 관념을 부여한 존재를 잘 알지 못한다. 왜냐하면 그런 존재는 나의 감각과 마찬가지로 나의 오성悟性 understanding에도 나타나지 않고 숨어 있기 때문이다. 그런 존재에 관해 생각하면 할수록, 점점 더 혼란에 빠진다.[4]

루소는 이성에 이끌려 빠져드는 혼란을 거부한다. 그는 우주와 인간 본성이 물질의 발현일 뿐이라고 주장하는 유물론자의 해결책을 거부한다. 그는 단호하게 인간이 자유 의지를 가졌기에 자유도 누린다고 확신한다. 인간이 비물질적 실체immaterial substance를 매개로 자유로운 존재가 되며, 생명도 얻는다고 단언하기도 한다. 더 나아가 루소는 자신의 영혼이 '정감과 사유를 매개로' 실존한다는 것도 안다고 단언한다. 루소는 자신이 신을 직접 인식하지 못할 수도 있다고 인정하지만 신이 실존한다는 데는 의혹을 품지 않는다.

루소는 여기서 곧바로 내면으로 향한다. 이로써 양심을 찾아내고 주목할 만한 구절을 써내려간다.

양심은 영혼의 목소리이고, 정념은 육체의 목소리이다. ……이성은 너무 자주 우리를 속인다. 우리는 이성에 도전할 권리를 너무 많이 획득했다. 그러나 양심은 결코 속이지 않고, 인간이 가야 할 길을 보여주는 참다운 안내자이다. 양심은 영혼에 있어야 하고, 본능은 육체에 있어야 한다. 양심에 따르는 사람은 본능에 따르고, 길을 잃더라도 두려워하지 않는다.[5]

나중에 이렇게 단언한다.

우리에게 각자의 격률이 있는데도, 우리의 영혼 깊숙한 곳에 타고난 정의와 덕의 원리가 내재하여, 자신의 행위와 타인의 행위를 좋거나 나쁘다고 판단한다. 나는 바로 이 원리를 **양심**이라고 부른다.[6]

양심은 이성에 따르지 않고 정감에 따라 움직인다. 다음에 루소는 양심을 이렇게 칭송한다.

양심, 양심이여! 신성한 본능이자 불멸하는 천상의 목소리, 무지하고 한계가 있으나 지성을 갖춘 자유로운 존재의 확실한 길잡이로다. 좋고 나쁨을 틀리지 않게 판단해 인간을 신과 비슷한 존재로 만든다. 자신이 갖춘 본성을 탁월하게 만들고 행위에 도덕성을 부여하는 것이 바로 양심이다. 양심이 없다면, 나는 야수보다 더 나은 존재로 나를 끌어올리지 못하고, 규칙 없는 오성과 원칙 없는 이성 탓으로 오류에 오류를 더하며 길을 잃고 헤매는 슬픈 특권을 빼고는 아무것도 내 안에서

느끼지 못한다.[7]

아직 남은 다른 강의가 19세기 신학과 밀접한 관계가 있어 우리는 '사부아 보좌신부의 신앙고백'으로 돌아올 텐데, 주체성으로의 전환을 목격할 수 있는 19세기 신학은 사유의 또 다른 발전을 보여준다. 우리의 목적을 달성하려면, 여기서는 우선 루소가 추론하는 이성 또는 오성을 압도하는 심정에 호소한다는 점을 지적하는 것으로 충분하다. 루소는 존 로크와 데이비드 흄의 경험주의 철학을 정면으로 공격한다. 그는 인간 안에는 수동으로 감각 경험을 받아들이는 능력을 넘어서는 뛰어난 역량이 실제로 있다고 믿는다. 더욱이 그런 역량은 심정이나 정감과 관계가 깊다. 둘째로 루소는 인간이 자유 의지를 가진다고 확언한다. 그는 인간을 물질 법칙에 지배받는 자연 질서의 일부로 보지만, 인간의 경험에는 물질의 존재를 넘어서는 점이 있다고 생각한다. 인간은 자유 의지로 결정하고 도덕 행동을 할 수 있는데, 그런 역량은 각자 지닌 영혼에 내재한다. 셋째로 그는 인간 안에 자신이 양심이라고 부르며 신성한 존재와 연결되어 있다고 묘사한 강력한 힘이자 목소리가 자리한다고 주장한다. 끝으로 루소는 '사부아 보좌신부의 신앙고백'에서 처음부터 끝까지 경험주의, 계시, 탁상공론 문화, 그리스도교 조직을 정면으로 비판한다.

루소는 자신의 많은 작품과 마찬가지로 《에밀》에서도 상세히 설명하면서 단언했으나, 자신의 입장을 지지할 만한 철학적 추리가 담긴 중요한 논증을 전혀 내놓지 않았다. 그는 당대에 자신이 나고 자란 문화에 도전한 투사로 여겨졌는데, 감정과 정감을 옹호하고 이성을 공격했다. 이런저런 점을 모두 고려했을 때, 루소는 계몽주의에 반대한 적대자였다.

그렇더라도 루소는 자주 계몽 철학의 완벽한 본보기로 여겨지는 독일 철학자 칸트에게 깊이 영향을 주기도 했다. 칸트는 거의 평생을 쾨니히스베르크에서 살며 독신으로 지냈다. 그는 일 분도 틀리지 않게 정확한 습관에 따라 사는 사람으로, 쾨니히스베르크의 주부들이 칸트가 오후에 산책하는 것을 보고 시계를 맞췄다고 한다. 그런데 어느 날 오후 칸트가 집에서 나오지 않았다. 그날 루소의 《에밀》 복사본을 받아 읽느라 오후 산책 시간을 잊은 것이었다. 이성을 옹호하는 투사로서 인간의 자유 실현을 요구했던 엄격한 철학자는 《에밀》을 읽으며 그야말로 충격을 받았다. 루소와 칸트는 둘 다 자기만의 방식으로 시대에 맞선 반항아였다. 루소는 노골적으로 행동한 반항아였다. 칸트는 지식인답고 깊이 있는 조용한 반항아였다. 말년에 프러시아 군주제 아래서 검열관들에게 위협받는 처지에 놓이긴 했지만 말이다. 루소는 사회에 만연한 오만과 계몽주의의 자기 만족적 태도에 이의를 제기했다. 칸트는 계몽주의가 근거한 이성이라는 개념 자체를 비판했다.

칸트가 계몽주의를 이끈 이성 개념에 의문을 제기하도록 자극한 사람은 스코틀랜드 출신의 철학자 데이비드 흄이었다. 흄은 다양한 저작에서 인간이 현실에서 인과관계를 실제로 경험하지 못한다고 논증했다. 인간은 습관에 따라 서로 뒤따라 나타나는 감각들의 연합을 경험할 뿐인데, 그런 습관에 따른 연합을 '인과관계'라고 부른다. 이 논증은 인과관계 관념에 근거한 뉴턴의 과학을 비롯한 다른 과학에 대해 회의론이 등장할 길을 열었다. 칸트는 일찍이 흄이 자신을 독단의 선잠에서 깨웠다고 말했다. 칸트는 뉴턴의 과학이 설명하는 세계, 다시 말해 인간 정신이 물리 자연의 법칙을 발견할 수 있는 세계가 안전하다고 보증하는 일에 착수했다. 그는 특히 뉴턴의 과학을, 일반적으로는 과학과 수학을 타당하게 만드는 기초를 철학 관점에서 제공하려고 애썼다.

1781년 칸트는 《순수 이성 비판 *Kritik der Reinen Vernunft*》을 출간했는데, 단언컨대 지난 300년을 통틀어 가장 중요한 철학 저작이다. 칸트가 세운 철학은 쉽고 단순하게 요약할 수 없다. 하지만 칸트가 쓴 거의 모든 저작에 해당하는 일반적인 요지와 그것이 당대와 다음 세대 작가들을 감동시켰던 방식은 상대적으로 쉽고 간단하게 파악할 수 있다.

칸트 이전, 확실히 존 로크 이후 철학과 심리학 저술은 인간의 정신을 수동적인 도구로 보는 경향이 짙었다. 정신은 외부에서 들어온 수많은 감각의 배열로 영향받기 마련이었다. 그때 정신은 이렇게 배열된 다양한 감각을 연상 법칙에 따라 많든 적든 수동적으로 정리했다. 그런데 인간의 정신은 인식하는 과정에서 분명히 기여했다. 칸트는 《순수 이성 비판》에서 새로운 '코페르니쿠스적 혁명'이라고 부른 과업을 수행하려고 애썼다. 그는 이렇게 설명했다.

> 이제까지 우리의 모든 인식은 대상에 따라야 한다고 가정했다. ……대상이 우리의 인식에 따라야 한다고 가정하면, 형이상학의 과제를 수행할 때 더 큰 성공을 거둘 수도 있는지 시험해보지 않으면 안 된다. ……왜냐하면 경험은 그 자체로 일종의 인식이고, 오성이 개입하는 활동이기 때문이다. 또한 오성은 나에게 주어진 대상보다 앞서 내 안에 존재하는 것, 그러니까 **경험에 앞서** a priori 존재하는 것으로 전제할 수밖에 없는 규칙을 지니고 있다. 오성이 지닌 규칙은 경험에 앞서 존재

하는 개념으로 나타나며, 경험되는 모든 대상은 필연적으로 경험에 앞서 존재하는 개념에 따르고 그 개념과 일치할 수밖에 없다.[8]

이제 칸트가 달성하고자 시도한 과제가 무엇인지 간단히 알아보자. 칸트는 철학의 코페르니쿠스적 혁명으로 이전까지 경험에 따라 수용한, 인간의 정신과 지식에 대한 생각을 뒤집었다. 그는 다양한 감각 경험이 실제로 정신에 영향을 미친다고 인정했다. 하지만 그때 인간의 정신이 스스로 시간과 공간, 원인과 결과 같은 범주들에 따라 그러한 감각 인상들을 정리한다고 주장했는데, 범주들은 인간 정신에 본래 갖춰져 있었다. 그 결과로 세계가 인식될 수 있는 한, 정신이 현상계world of appearances를 구성한다고 주장했다. 뉴턴 물리학의 법칙은 인간의 정신이 감각 경험을 포착해 이해하는 법칙이므로, 흄이 내세운 회의론의 영향을 받지 않고 안전해졌다. 칸트는 실제로 인간의 정신이 경험을 구성한다고 논증했다. 인간의 정신은 수동적인 수용체가 아니라 능동적인 독립체였다.

칸트는 감각 경험에 앞서 실제로 존재하고, 우리가 감각으로 경험할 수 있는 방식을 엄밀하게 규정하는, 인간 정신의 활동이나 정신이 갖춘 범주를 탐구하고 해명하려고 애썼다. 그러한 범주들은 감각 경험을 초월해 있거나 감각 경험에 앞서 있었다. 그가 이성에 가한 비판은 이성의 한계를 가려내려는 시도였다. 칸트는 인간이 정신의 범주에 따라 감각을 정리함으로써 실제로 파악할 수 있는 세계에서 한계를 아주 많이 찾아냈다. 인간이 정신으로 감각을 정리하는 방식에 따라 세계를 파악할 처지에 놓여 있었다면, 인류에게 아주 소중한 몇몇 관념을 찾아낼 수 없었을 터였다. 칸트는 과학이 회의론의 위협에서 안전해졌다고 논증했지만, 오성을 사용해서는 신이 실존한다고 확실히 알 수 없고, 인간이 도덕성을 갖춘 피조물인지도 확실히 알 수 없으며, 인간이 자유 의지를 발휘할 수 있는지도 확실히 알 수 없다고 주장했다. 칸트는 루소보다 훨씬 복잡한 과정을 거쳐, 알 수 있는 대상을 물질계material world로 국한할 경우 종교와 도덕 측면에서 자신이 싫어하는 궁지dilemma에 빠진다는 점을 깨달았다. 다른 한편 루소와 반대로, 칸트는 물질계 안에서 인간이 획득한 지식의 확실성을 보증하려고 노력했다.

칸트는 독자들과 자신을, 정신의 범주에 따라 정리되므로 안전하게 알 수 있는 물질계라는 막다른 골목에 남겨두기를 거부했다. 본래 갖춘 범주를 사용하는 인간의 정신은 감각 경험을 정리할 수 있으나, 감각 경험을 넘어설 수는 없다. 인간은 칸트가 로크와 흄을 따라 '오성'이라고 부른 능력을 사용해서는 결코 현상계를 넘어서지 못한다. 진짜 현실이 현상계 뒤에 있는 것처럼 보이든 현상계를 넘어서는 것처럼 보이든, 인간은 칸트가 사물 자체Ding an sich, thing in itself라고 부른 진짜 현실을 발견할 수도 없고, 경험하거나 탐구할 수도 없다. 칸트와 동시대에 살았던 몇몇 종교 사상가들이 그 주장에 분개해 자기들 집에서 키우는 개를 칸트라고 불렀다는 일화가 전해진다. 칸트는 과학에 대한 회의론을 피했으나 신과 도덕성, 인간의 자유, 궁극의 현실에 관한 회의론에 빠진 듯한 결과가 불만족스러웠다.

칸트는 잠재하는 도덕과 종교 회의론에 대응할 방법을 고안했다. 그는 인간이 본성적으로 감각할 수 있는 현상계에 국한될 경우에만 그런 회의론의 문제가 생긴다고 주장했다. 칸트는 인간이 이성 덕분에 본체계Noumena, noumenal world, 그러니까 감각계가 아니라 순수한 정신계이자 감각계를 넘어선 초월계를 직관할 수 있다고 믿었다. 후대의 여러 독일 철학자들과 달리 인간이 사물 자체의 성격을 실제로 인식할 수 있다고 믿지 않았지만, 이성이 신의 실존과 인간의 자유, 영혼 불멸성의 징조를 파악한다고 믿었다. 달리 말해 칸트에게 무엇보다 중요한 종교와 도덕 쟁점은 우리 자신을 들여다보아야만 다룰 수 있다.

칸트에게 이성은 감각 경험에 앞서 실제로 존재하는 통일성을 파악하는 정신이었다. 이성은 감각 경험을 정리하지만 이성 자신에 관해 생각할 수도 있었다. 인간성을 이루는 요소들 가운데서 가장 중요하고 존경스러운 요소는 바로 이성이 자신에 관해 생각한다는 점이다. 인간은 감각 경험에서 해방되어 내면을 응시해야 비로소 자유를 직관하고 자유롭게 도덕에 따라 행동할 수 있는 역량도 파악할 수 있다. 칸트는 이러한 모든 문제를 자신의 《실천 이성 비판Kritik der praktischen Vernunft》과 《도덕 형이상학의 기초Grundlegung zur Metaphysik der Sitten》, 《판단력 비판 Kritik der Urteilskraft》, 《이성의 한계 안에서 종교Die Religion innerhalb der Grenzen der bloßen Vernunft》에서 탐구했다.

칸트의 사상은 그가 양육된 개신교 전통뿐 아니라 주의 깊고 꼼꼼하게 읽은 루소의 영향을 크게 받았다. 칸트는 계몽 정신에 투철한 경험론에서 물려받은 인식 문제를 더할 수 없이 깐깐하고 정확한 분석 방법으로 다루었듯이, 루소가 몰두한 모든 문제도 거의 똑같이 다루었다. 칸트는 도덕 철학에서 실제로 루소가 《사회 계약론》에서 제기한 여러 관심사를 염두에 두고 응답했다. 칸트는 이성에 따라 사는 인간들이 서로를 개인의 자기 목적을 이루기 위한 수단으로 삼지 않고 목적 자체로 대우하는 세상을 그려냈다. 여기서 루소가 사회 계약으로 정치 공동체의 각 구성원이 상호간에 타당한 동시에 그들 각자에게도 타당한 법률을 제 정할 방법을 모색했다는 점이 떠오를 것이다. 칸트가 경험 세계에서 사 람들이 서로 목적으로 대우하는 일이 가능하다고 생각했는지는 분명치 않다. 그러나 그는 도덕 세계에서 인간이 인격을 갖춘 사람으로서, 모든 사람에게 타당한 법칙으로 내세우고 싶지 않은 행위를 하지는 않으리 라고 믿었다. 그런데 칸트가 내세운 도덕성은 융통성이 거의 없고 지나 치게 엄격하다. 실제로 칸트는 인간이 지닌 양심을 루소가 《사회 계약 론》에서 논의한 입법자로 삼는다. 여기에서 말하는 입법자, 곧 외부에 서 유입된 정치인은 인간이 자유롭게 기능하도록 보상하는 법을 창조 했다. 칸트에 따르면 개인은 자신의 양심에 따라 인격을 갖춘 모든 타인 에게도 타당한 법칙을 스스로 세운다.

　나는 여기서 칸트 이후 독일 철학에 어떤 일이 일어났는지 두 가지 만 설명하겠다. 첫째로 17세기 네덜란드 철학자 스피노자Baruch Spinoza, 1632~1677가 독일 철학의 발전에 영향을 미쳤다. 그는 자신이 정신이면 서 물질로 여긴 세계가 모두 신이라는 단 하나의 실체일 뿐이라고 생각 했다. 아주 단순하게 스피노자를 범신론자pantheist로 평가하기도 한다. 1780년대와 1790년대 독일에는 스피노자를 부활시켜 연구하는 학자 들이 대단히 많았다. 칸트의 철학과 그의 계승자들을 스피노자의 방식 으로 읽는 경우도 늘었다. 앞에서 지적했듯이 칸트는 실제로 사물 자체 에 관해 별로 말하지 않았다. 그러나 후대 철학자들은 훨씬 덜 신중했 다. 그들은 스피노자가 암시한 범신론 영향으로 사물 자체에 신성한 점 이 있다고 주장하는 경향이 있었다.

둘째로 칸트는 자신의 철학에서 이성과 자아에 관해 주장할 때 아주 엄격했다. 이성과 자아는 대단히 추상적인 개념이고, 사실은 거의 관념에 가까웠다. 피히테Johann Gottlieb Fichte, 1762~1814를 시작으로 독일 철학자들은 자아에 관해 사색할 때 극단으로 치달았다. 사실 어떤 경우에 사물 자체는 자아와 동일시되었다. 나중에 보겠지만, 헤겔Georg Wilhelm Friedrich Hegel, 1770~1831은 자신의 철학을 세울 무렵 세계 역사를 세계정신이 자신을 알아가는 이야기로 여겼는데, 세계정신은 사물 자체에서 끌어낸 개념이다. 바로 이 점에서 모든 역사 경험은 주체성과 자기 인식으로 나아가는 거대한 전환이었다. 이어질 강의에서 자세히 다루겠지만, 쇼펜하우어Arthur Schopenhauer, 1788~1860는 칸트 이후 독일 철학에서 '이성'이라는 말을 둘러싸고 어떤 일이 벌어졌는지 분명하게 파악하고 이렇게 말했다.

우리의 철학 교수들은 지금까지 반성과 개념으로 생각하고 숙고하는 능력을 이성이라고 부르며 동물과 인간을 구분하는 특징으로 보았으나…… 그 능력을 이성 대신 오성이라고 부르기로 결정했다. ……사실 그들은 이성이 그 창조하는 능력과 꾸며내는 능력에 어울리는 이름이 되기를 바랐다. 올바르고 정직하게 말하면 완전히 허구를 지어내는 능력, 그러니까 형이상학적 지식을 직접 얻을 수 있는 능력에 어울리는 이름이기를 원했다. 다시 말해 가능한 모든 경험을 초월한 이성은 사물 자체와 사물 자체의 관계를 파악할 수 있으므로, 무엇보다 먼저 신을 의식한다. 그러니까 이성은 신을 주님으로 직접 인식하고 신이 우주를 창조한 방식을 경험에 앞서 해석하고 이해한다. 아니면 시답잖은 소리로 들리겠지만, 이성은 신이 자신으로부터 우주를 만들어냈거나, 신이 어느 정도 필연적으로 발생하는 생명 활동으로 우주를 낳은 방식도 이해한다. ……이러한 지혜를 전부 아무 근거도 없이 그릇되고 뻔뻔스럽게 넘겨받은 이성은 '감각을 초월한 능력' 또는 '이념에 적합한' 능력으로 격상된다. 간단히 말해 이성은 형이상학적 탐구를 하려고 계획된 능력으로서 우리 내부에 자리한다.[9]

도대체 무엇이 존 웨슬리와 장자크 루소와 이마누엘 칸트처럼 인격이 각양각색인 작가들의 생애와 사상을 한데 모으는가? 첫째로 그들은 공통적으로 경건한 개신교도라는 틀에 맞춰져 자라났다. 둘째로 그들은 공통적으로 계몽 철학의 자기 만족과 계몽 철학자들이 옹호한 감각 세계를 거부한다. 이는 인간이 자체로 목적이 아니라 수단으로 기능하는, 시민 사회가 자리한 세상의 타당성을 거부한다는 뜻이기도 하다. 셋째로 그들은 인간의 내면에서 우러나는 감정과 직관 경험의 진정성과 타당성을 탐구했을 뿐만 아니라 믿고 싶어 했다. 넷째로 세 사람 모두 자유에 관심을 갖고 깊이 염려했다. 존 웨슬리는 감리교파 운동 내부에서 자신을 인격적으로 숭배하는 권위주의가 나타났는데도, 칼뱅파의 결정론을 거부하고 '완벽'에 도달하기 위한 인간의 행위와 역량을 강조하는 복음을 전파했다. 어떤 역사가는 이런 복음을 웨슬리가 자신의 추종자들이 누릴 자유를 표현한 가르침으로 여겼다. 다른 역사가는 웨슬리가 자신의 추종자들에게 종교의 자유와 공동체의 자유를 모두 행사할 수 있다는 확신을 심어준 가르침으로 여겼다. 루소와 자유에 관해서는 1강에서 논의했지만, 반복해 말하면 루소는 인간이 자신이 몸담은 사회의 겉모습과 거짓 가치에서 벗어나 자유로워지기를 원했다. 루소에게 억압 경향이 두드러지게 나타난다고 생각하는 사람들이 많았고, 나도 그렇게 생각한다. 그러나 루소가 인간이 개인으로서 자율성을 어떻게 체험하는지 생각하고 철저히 연구하는 데 온 힘을 쏟았다는 점은 의심할 여지가 없다. 끝으로 칸트도 단호하고 분명하게 자유를 추구하여 주체성으로 방향을 틀었다. 하지만 칸트가 말하는 자유는 도덕과 관계가 있는 자유로 관념성을 드러내곤 했다. 동시에 칸트의 철학적 인류학은 개인으로서 인간의 존엄과 양심을 강조했다. 절대 군주가 지배하는 프로이센 당국은 인간이 자유를 누려야 한다는 칸트의 견해를 언짢고 불편하게 여겼다.

세 사상가에게 주체성으로의 전환은 이미 존재하는 지성의 권위와 사회의 권위, 종교의 권위를 거부한다는 뜻이었다. 유일한 심판자는 개인으로서 인간 안에 있었다. 이들은 주체성으로 방향을 틀면서 18세기가 펼쳐놓은 세상에 개인의 자유가 허용되는 작은 공간을 만들어냈지만, 당시 사회에서 개인의 자유는 거의 허용되지 않았다. 어려운 문제는 다음 세기, 곧 19세기로 접어들어 구체제에 딸린 제도와 관행이 전복되거나 붕괴되었을 때 발생했다. 그러자 유럽과 세계 여러 나라 사람들은 서로 엇갈리는 개념들을 목격하면서, 서로 충돌할 수밖에 없는 주체들로서 자유를 실현하려고 분투했다.

제5강

중세 취향,
문예 부흥기를 발명하다

19세기는 역사의 매력에 빠져든 시기로서 주목할 만하다. 역사로 기운 관심, 역사 철학, 역사학, 전통을 보존하려는 태도, 역사에 대한 감수성이 전무후무하게 한꺼번에 꽃을 피웠다. 19세기 사람들은 특히 중요한 변화가 일어난 세 시대에 매료되었는데, 바로 고대 그리스 시대와 중세, 문예 부흥기였다. 나는 먼저 중세 문화가 무엇이고, 문예 부흥기를 해석하는 데 어떤 영향을 미쳤는지 다루려 한다.

문예 부흥기부터 18세기 후반기 중간 무렵까지 유럽에서 활동한 작가들과 사상가들은 대부분 중세의 가치를 깎아내렸다. 지나간 중세와 중세를 대표하는 여러 기념물, 멀리서도 한눈에 보이는 대성당들과 성들은 여전히 유럽 풍경의 일부를 이루었고, 이를 높이 평가하는 사람들도 분명히 있었는데도 말이다. 인문주의자들과 유럽의 작가들에 이르기까지 학식이 있다고 자부하는 사람들은 중세를 형편없는 라틴어와 부정확한 과학이 지배한 시기로 여겼다. 계몽 철학자들은 중세를 종교가 드리운 어둠과 속세에 세력을 뻗치려는 성직자의 정략으로 얼룩진 시기라고 비판했다. 반중세 정서는 애덤 스미스가《국부론》에서 역사를 서술한 구절에도 일부 나타난다. 더욱이 15세기와 16세기에 걸쳐 학문이 부활하면서, 학식을 갖추었다고 자부하는 유럽인들은 정치와 지성과 문학, 미학에 적합한 모형을 고대 세계와 고전 문학에서 찾았고, 이러한 태도는 확고해졌다.

중세를 폄하하는 태도는 18세기 중엽 역사주의 관점으로 생각하는 바람이 불면서 바뀌기 시작했다. 리처드 허드Richard Hurd, 1720~1808는 1762년에 출간한《기사도와 모험담에 부친 편지Letters on Chivalry and Romance》에서 이렇게 기록했다.

> 어떤 건축가는 고대 그리스 양식의 규칙에 따라 고딕 건축물을 음미할 때, 흉한 기형의 물체를 발견할 따름이다.* 그런데 고딕 건축물에도 고유한 규칙이 있으므로, 그런 규칙에 따라 음미하면 그리스 양식과 마찬가지로 장점이 보인다.[1]

이러한 진술이 바로 역사에서 배우는 역사주의자의 정신을 반영하며, 중세에 접근하는 감수성이 어떻게 바뀌었는지 보여준다. 이후 특히

---

* '고딕Gothic'이라는 용어는 문예 부흥기에 고대 그리스의 고전 양식을 따르던 이탈리아 작가들이 지어냈다. 5세기에 로마 제국과 아름다운 고전 문화를 파괴한 야만적인 고트족이 지은 중세 건축물을 고전 양식에 비해 흉하고 거칠다고 비하하는 말이었다. 이후에도 경멸하는 뜻으로 사용되었으나, 19세기 낭만주의 시대에 이르러 고딕 건축을 긍정하고 재평가하는 운동이 일어났다.

영국에서, 다음으로 유럽 대륙에서 부유층 사람들은 고딕 양식으로 저택을 짓고 정원을 가꾸기 시작했다. 유럽 전역뿐 아니라 대서양 건너편 나라에서도 고딕 양식이 다시 유행하면서, 서양 세계 전역에서 중세풍으로 저택을 지었고, 신고딕 양식으로 짓지 않은 저택은 고딕 양식으로 치장이라도 했다. 고딕 양식의 부활은 세계 방방곡곡에 짓는 교회 건물에도 영향을 미쳤다. 고딕 양식으로 지은 대학교 건물은 미국의 대다수 대학 교정의 품질을 보증하는 특징으로 자리 잡았다. 예일 대학교의 드와이트 예배당과 하크니스 탑, 사각형 안뜰이 그 예이다. 아마 고딕 양식의 부활을 상징하는 도상icon으로서 가장 유명한 건축물은 디즈니랜드와 디즈니월드에 지은 성일 것이다. 19세기에 중세 문화가 다시 유행하지 않았더라면, 이런 건축물도 짓지 않았을 터이다.

중세 취향은 왜 부활했고, 중세 취향의 부활을 상징할 만한 기념물에는 어떤 것이 있는가? 이 질문에 길고도 짧은 답변을 해보자. 19세기 서양 세계 작가들이 자신들이 살던 시대를 비판할 때 중세는 역사상 더할 나위 없이 중요하고 멋진 시절로 등장했다. 또 시간이 흘러 중세와 연결시켜 만들어낸 자료가 거의 기하급수로 늘어나, 19세기를 풍미한 중세 취향은 자기를 지시하는 고유한 문화 영역을 형성했다. 그렇게 형성된 고유한 세계에서 학문과 문학의 부활을 둘러싼 새로운 사상이 출현했고, 일부 학자들이 문예 부흥기의 발명이라고 평가한 움직임도 생겨났다.

고딕 건축물의 부활에 흥미를 느끼고 동조하는 움직임은 18세기 중엽에 일어나기 시작했으나, 중세를 높이 평가하도록 이끈 근본적인 추진력은 프랑스 혁명에 이어 나타난 반응이었다. 프랑스 혁명에 반대하는 작가들은 구체제를 지탱한 사회, 정치, 종교 질서를 옹호할 필요가 있었다. 버크를 비롯한 보수 성향의 작가들은 프랑스 혁명이 무너뜨린 수많은 제도의 정당성을 입증하기 위해, 구체제를 지탱한 제도마다 발전해온 긴 역사가 있다고 지적했다. 그들은 특별히 종교를 옹호하고자 했다. 그렇더라도 프랑스 혁명에 반대한 비평가들은 동시에 1789년 이전에 구체제 아래서 여러 제도가 실제로 남용되었다는 점도 알고 있었다. 따라서 그들은 종교가 순수했던 시기, 그러니까 그리스도교가 하나로 통합되고 타락하지 않았던 시기, 지식인들의 생활에서 이성이 아니라 신앙이 우세했던 시기를 찾았고 중세에서 그런 시기를 발견했다. 그들이 그리스도교도가 지배한 중세에 내력을 느낀 까닭은, 혁명가들이 고대 이교도가 지배한 공화제를 지지했기 때문이었다. 중세는 모든 면에서 잘못으로 가득한 근대와는 달랐다. 이러한 의제agenda를 실행에 옮기는 과정에서 작가와 시인, 화가, 바그너 같은 음악가 들은 신중세 취향neo-medievalism을 근대 문화에서 빼놓을 수 없는 아주 중요한 일부로 만들었다.

중세를 근대에 적합한 모형으로 삼은 초기 지지자들 가운데 독일 낭만주의 문학을 대표하는 인물도 있었다. 예를 들어 노발리스Novalis, 1771~1801는 1799년에 《그리스도교 세계 또는 유럽Die Christenheit oder Europa》이라는 평론서를 출간했는데, 이 책에서 중세에 이룩한 문화와 종교의 통합이 당대 유럽에 적합한 모형이라고 찬미했다.

중세의 가치를 보여주는 중요하면서도 후대에 매우 많은 영향을 미친 진술은 슐레겔Friedrich von Schlegel, 1772~1829이 1815년에 출간한 《고대와 근대 문학사 강의Geschichte der alten und neueren Literatur》에 나온다. 슐레겔은 거기서 오로지 고대 그리스 세계만을 찬미하는 사람들뿐 아니라 파괴와 회의를 일삼는 계몽주의 사상가들에게도 맞서 중세의 가치를 체계적으로 옹호했다. 그는 이렇게 설명한다.

사람들은 자주 중세를 인간의 정신이 밟아온 역사의 공백, 그러니까 고상한 고대 그리스 시대와 이성으로 밝힌 근대 사이에 있는 텅 빈 공간으로 생각하고 그렇다고 단언한다. 우리는 예술과 학문이 로마의 몰락과 야만족의 침입으로 완전히 사라져, 천 년 동안 잠들었다가 15세기에 부활해 더욱 경이롭고 숭고한 모습으로 다시 나타났으리라고 기꺼이 믿으려 한다.[2]

슐레겔은 그런 견해를 거부했다. 고대 학문은 중세에 완전히 죽지 않았으며, 중세 수백 년은 근대 문학 천재들에게 최고로 평가받은 수많은 작품이 생겨난 기원이었다. 중세는 북유럽에서 문학이 자라나도록 씨앗을 뿌린 시기였는데, 북유럽은 고대 세계에서 아무 혜택도 얻을 수 없었던 곳이었다. 슐레겔은 중세가 담당한 기능을 유기체의 성장에 빗대어 옹호했다.

침묵 속에서 아름답게 성장하는 과정을 거쳐야 비로소 꽃이 활짝 피어나며, 꽃은 열매가 열려 성숙한 매력을 발산하기 전까지 우아한 자태를 뽐낸다. 개인의 삶에서 성장을 시적으로 싹이 트는 것에 비유할 수 있듯이, 나라와 민족이 성장하는 경로에도 느닷없이 발전하는 시기, 지성의 세력이 커져 널리 뻗어나가는 순간이 있다. 이렇게 서양의 여러 나라와 민족이 이어온 역사에서 보편적으로 나타난 시의 봄날은 십자군 원정을 떠났던 시대로서 이는 기사도와 연가가 유행하던 시대와 맞아떨어진다.

슐레겔은 특히 중세의 기사들과 십자군 원정을 칭송했다.

사람이 젊은 시절에 감정이 제일 풍부하듯이, 나라와 민족에게도 청년기처럼 서정시가 꽃처럼 흐드러지게 피어나는 시기가 있다. 십자군 원정 시대는 근대 유럽의 청년기였다. 어수룩한 감정과 통제할 수 없는 열정의 시대이자, 사랑과 전쟁, 광신과 모험의 시대였다. 아마 십자군 원정 이후 노르만족의 원정만큼 유럽의 여러 나라와 민족의 상상력을 새로운 방향으로 자극한 경우는 없었을 것이다. 사실 기사도를 세운 주춧돌은 게르만족이 원래 지닌 모든 사고방식에 여러 형태로 깃들어 있었다. 경이로운 사물, 거대한 정신, 산 속의 영웅, 인어, 소녀, 요정과 난쟁이 마법사에 대한 시적인 믿음은 북부 유럽의 신화가 지배하던 시대부터 도처에서 게르만족의 상상력을 사로잡았다. 그런데 노르만족의 유입이 게르만족에게 깃든 미신과 미신에서 생겨난 의견에 새로운 생명을 불어넣었다. 북부의 신선한 공기에는 신화의 근원에서 흘러나온 순수한 시와 기사도가 살아 숨 쉬고 있었다. ……노르만족은 생각과 삶을 모두 시로 표현했으며, 경이로운 것들을 끊임없이 숭배하고 열망했다.[3]

슐레겔은 아서 왕*, 니벨룽겐의 반지, 롤랑**의 이야기를 노래한 중세

의 시를 칭송할 뿐만 아니라, 고딕 건축물이 중세의 시대정신을 멋지게
담아냈다고 생각했다. 하지만 기사도와 고딕 건축물은 완전히 실현되
거나 발전되지 않은 채 여전히 추구해야 할 이상으로 남아 있었다. 그는
이렇게 설명했다.

> 유래가 알려지지 않은 건축물에 딸린 기념물들보다 더 강력하게 중세
> 의 시대정신을 보여주는 것은 어디에도 없다. 그리스도교 건축 양식의
> 둥근 천장과 아치 형태 같은 것이 그렇다. 기둥은 갈대를 다발로 묶어
> 놓은 듯한 모습이다. 장식이 아주 많다. 꽃과 잎 모양이 많다. ……이런
> 건축 양식을 고딕 양식이라고 부르지만 고트족이 발명하지는 않았다
> 는 사실을 이제는 모두 인정한다. 왜냐하면 고트족이 세운 나라는 고
> 딕 양식을 대표하는 견본이 될 만한 건축물이 세워지기 오래전에 사
> 라졌기 때문이다. 또한 고딕 양식은 완성되는 데 수백 년이 걸린 예술
> 이 아니라는 점도 알고 있다.[4]

슐레겔은 고딕 건축이 그저 기능만 담지 않고 중세의 이상도 담았다
는 데서 특별한 가치를 찾았다. 게르만족과 그리스도교도가 지은 고딕
건축물에 특별한 의미를 담았다. 그는 이렇게 설명했다.

---

* 영국의 중세 기사 이야기에 나오는 주인공으로 원탁의 기사들과 모험을 하는 왕이다. 아서 왕
이야기는 중세가 끝나고 인기가 식었으나 19세기에 다시 유행했으며, 오늘날까지 인기를 누
리고 있다.
** 프랑스 문학 작품 가운데 가장 오래된 서사시 또는 무훈시 〈롤랑의 노래La Chanson de Ro-
land〉에 나오는 주인공이다.

고딕 건축이 지향한 위대한 첫째 목표는 거룩한 생각의 숭고함과 지상에 얽매이지 않는 명상의 고결함, 속박에서 풀려나 천국으로 향하는 과정을 표현하는 것이었다. ……이러한 구조를 이루는 부분은 제각기 모두 전체 못지않게 상징을 담고 있으며, 각 부분이 드러나는 여러 흔적은 시대를 묘사한 많은 저술에서 모두 찾아낼 수 있다. 교회 건물의 제단은 해가 뜨는 쪽을 바라보고, 큰 출입구 셋은 지상의 모든 지역에서 숭배자들이 모여드는 합류 지점을 나타낸다. 세 곳에 세운 탑은 그리스도교에서 삼위일체의 신비를 표현한다. 십자가 형상은 초기 그리스도교 교회들에도 공통으로 나타난다. ……장미는 고딕 건축물을 장식할 때 어디든지 들어가 빼놓을 수 없는 일부였다. 창과 문, 답의 모양도 장미를 본뜨고 꽃과 잎으로 장식했다. 우리는 고딕 건축물의 성당 지하실부터 성가대석까지 전체 구조를 평가할 때, 지상의 죽음이 충만함과 자유, 신성하고 영원한 천국의 영광으로 이끈다는 생각을 무시할 수 없다.[5]

슐레겔은 자신의 저술이 문학을 주로 다룬 강의이지만 중세에 지은 대성당의 특징도 해명할 필요가 있다고 지적했다. 왜냐하면 당시 사람들은 중세의 위대한 유물과 유적의 진가를 인정하지 않거나 오해하며, 소홀히 생각하고 방치했기 때문이다. 샤토브리앙François-Auguste-René Cha-teaubriand, 1768~1848이 《그리스도교의 진수Le Génie du Christianisme》에서 중세에 지은 대성당 주변에 감도는 종교심의 신비를 비슷하게 지적했다는 사실도 주목할 만하다.

앞에서 인용한 슐레겔의 여러 구절은 당대 게르만족의 사상을 아우르는 특징인 신비함에 대한 이상주의와 사랑을 많이 반영한다. 그런데 당대 독일의 저명한 평론가는, 슐레겔이 출판 당시 메테르니히Klemens Wenzel Lothar von Metternich, 1773~1859에게 바친 이 저술에 숨은 확고한 정치 참여 동기를 알아챘다. 그는 바로 하이네Heinrich Heine, 1797~1856였다. 나는 하이네의 평론이 정확했다고 믿는다. 하이네는 1832년부터 1833년 사이에 펴낸 《낭만파Die Romantische Schule》에서, 슐레겔이 《고대와 중세 문학사 강의》를 비롯한 다른 책에서 계몽주의와 프랑스 혁명, 나폴레옹 제국과 깊이 얽힌 합리주의와 회의주의에 맞서 로마 가톨릭 교회의 대의에 동조하는 글을 썼다고 주장했다. 하이네는 슐레겔의 중세 사랑을 두고 이렇게 논평했다.

> 슐레겔은 고결한 관점에서 문학을 전부 개관하지만, 그가 기댄 고결한 관점은 언제나 성당의 종탑처럼 똑같은 소리로 울려 퍼진다. 슐레겔이 무슨 말을 하든, 여러분은 종소리를 듣게 된다. 이따금 교회 언저리에서 퍼덕이며 날아다니는 까마귀 우는 소리도 들린다. 슐레겔이 쓴 책의 내용은 하나부터 열까지 장엄 미사에서 쓰는 향냄새를 진하게 풍겨, 나는 가장 아름다운 구절에서도 탁발한 수도승의 이상을 확인할 따름이다. 이런 결함이 눈에 띄어도, 문학을 논하는 분야에서 이 책보다 더 나은 책은 없다.[6]

하이네의 논평은 정확했다. 그렇더라도 슐레겔이 만들어낸 중세의 모습은 바로 당대 월터 스콧Walter Scott, 1771~1832 경이 쓴 여러 소설에 등장하는 중세의 이야기와 뒤섞여 문화 전반에 스며든 독특한 풍토를 조성했다. 다른 저술가들도 중세에 마음이 끌렸다. 존 키츠John Keats, 1795~1821는 로마 시대에 순교한 처녀 아그네스의 삶을 그린 〈성 아그네스 축일 전야The Eve of St. Agnes〉라는 시를 썼고, 빅토르 위고Victor Hugo, 1802~1885는 중세를 배경으로 《노트르담의 꼽추Notre-Dame de Paris》를 썼다. 앨프리드 테니슨Alfred Tennyson, 1809~1892은 시 〈샬럿의 아가씨The Lady of Shalott〉와 〈아서 왕의 목가Idylls of the King〉를 지었으며, 마크 트웨인Mark Twain, 1835~1910은 《아서 왕의 궁정에 나타난 코네티컷 출신 양키A Conne-ticut Yankee at the Court of King Arthur》라는 소설을 썼다. 조지 버나드 쇼George Bernard Shaw, 1856~1950는 비교적 최근인 1920년대에 《성녀 조앤Saint Joan》이라는 희곡을 출간했다.

중세를 강조하기 시작한 작가들, 중세와 가장 관련이 깊었던 작가들은 대부분 그리스도교도였다. 그러나 생시몽주의자들* 같은 세속의 공상가들은 중세를 유럽 역사에서 마지막으로 통합을 이루었던 시기, 공통 신앙과 사회 계층 의식, 공유하는 몇몇 가치들로 결속된 시기로 보았다. 이처럼 생시몽주의자들이 중세를 높이 평가했다는 점은, 중세에 반감을 품었을 법한 세속의 정치사상가들과 사회사상가들 몇몇이 왜 그 시기를 좋게 말했는지 설명하는 데 도움이 된다. 독일 사상가들과 생시몽주의자들의 글을 읽은 몇몇 작가는 개신교가 뿌리 깊이 지배하던 빅토리아 시대의 영국과 19세기 미국에서 수용될 만한 색다른 중세의 모

---

* 그리스도교 사회주의와 과학 기술의 발전을 바탕으로 이상 사회를 꿈꿨던 공상적 사회주의자 생시몽Claude Henri de Rouvroy Saint-Simon의 사상을 이어받아 실천한 사람들이다. 이들은 1830년 프랑스 7월 혁명을 기점으로 공유제와 여성 참정권, 상속제 폐지를 주장하는 성명을 발표해 청년들의 지지를 받기도 했다.

습을 계속 그려낼 수 있었다.

　그 가운데 중요한 인물로 꼽히는 칼라일은 1843년에《과거와 현재*Past and Present*》를 출간했다. 이 책은 19세기 말까지 급진주의 사회사상뿐 아니라 산업 질서에 맞선 급진주의 경향을 띤 비판에도 계속 영향을 미쳤다. 칼라일은 중세를 문화와 사회의 이상으로 삼으려는 경향이 1840년대에 살았던 어떤 사람보다 강했다.《과거와 현재》는 1840년대 독자들을 열광시켰다. 특히 젊은이들에게 열광적인 찬사를 받았다. 칼라일은 《과거와 현재》에서 '영국 문제의 조건'으로 인식했던 초기 산업주의가 초래한 문제, 곧 실업과 굶주림, 정치적 소요를 두고 고심했다.

　칼라일은 영국 문제를 단지 경제 측면에서만 분석하는 입장을 거부했다. 이는 자본의 투입과 생산처럼 간단한 문제가 아니었고, 추상적으로 분석할 수 있는 문제도 아니었다. 그는 당대 영국 문제를 풀려고 내놓은 널리 알려진 해결책을 모두 '헛소리'라고 단호히 거부했다. 그는 유능한 인재들이 지배하는 귀족 정치와 새로운 영웅 종족이 필요하다고 주장했다. 그런데 1843년에 칼라일은 어디에서 영웅을 찾아내려고 했는가? 그는 중세로 눈을 돌려 대수도원장 샘슨이라는 인물을 찾아냈다. 샘슨은 무력하고 침체된 수도원에 활력을 불어넣고 생산적으로 돌아가게 만든 중세의 영웅이었다. 대수도원장 샘슨의 이야기는 칼라일이 영국에 필요하다고 생각한 영웅의 본보기였다. 칼라일은 대수도원장으로 선출된 샘슨이 위기에 빠진 수도원이 떠안은 문제를 어떻게 해결했는지 조목조목 그려낸다. 대수도원장은 수도원의 규율을 다시 세웠을 뿐만 아니라 전통 수도원 형식에 생명과 활력을 다시 불어넣었다. 칼라일은 중세를 이끈 영웅을 이렇게 칭송했다.

대수도원장 샘슨은 쓸모가 있을뿐더러 경건한 신앙심도 보여주는 크고 인상 깊은 건축물을 많이 세웠다. 인간에게 편리한 주택, 교회 건물, 교회 첨탑, 헛간 들은 이제 모두 무너져 사라졌지만, 서 있는 동안에는 쓸모가 있었다. 그는 '밥웰 병원'을 지어 기부했으며, '성 에드먼드베리 학교 부속 건물'도 지었다. 이전까지는 지붕에 갈대를 엮어 이엉을 올렸으나, 지붕에 기와를 얹은 건물을 많이 지었다. 교회 건물은 지붕을 납으로 덮었다. 쉽게 파괴되고 불완전한 모든 것은, 건물이든 뭐든 인간에게 비탄과 슬픔의 원천이었기 때문이다. ……불에 잘 타고 쉽게 썩는 갈대 이엉을 기와나 납, 더욱 튼튼한 재료로 바꾸었으니 샘슨에게 얼마나 편안했겠는가! 하물며 무너신 노력을 물샐틈없는 제노도 바꾸는 일이야 말해 무엇 하랴!⁷

칼라일은 샘슨이 노동에 헌신했을뿐더러 신의 의지가 노동으로 세상에 실현된다는 신념을 지녔다고 대단히 감탄하고 존경한다. 그는 노동의 의미도 깊이 성찰했다.

이 세상에서 이렇게 사람이 살게 하고, 옷을 입히고, 듣고 말하고, 높은 탑을 짓고, 널리 경작하는 것이 모두 노동이고, 잊힌 노동이다. 지금은 잊힌 용감한 사람들이 직접 자기 손으로 우리에게 알맞은 세상을 일구었으니, 그들에게 명예를 돌려라. 그들은 게으름뱅이와 겁쟁이의 방해를 무릅쓰고 우리가 사는 세상을 가꾸었다. 여기에 지금 존재하는 영국 땅은 영국 사람들이 대대손손 터득한 지혜와 고귀한 정신으로 신의 진리에 따라 살아온 곳이다. ……이 영국 땅을 차지한 정복자와 임자는 시기마다 나날이 바뀌었다. 그러나 진짜 정복자이자 창조자, 영원한 임자는 다음에 설명된 사람들이고, 찾을 수 있다면 그들의 대행자들이다. 영국 땅에 살았던 영웅적 영혼 모두가, 각자 기여한 정도에 따라 영국의 임자들이다. 영국 땅에서 엉겅퀴를 잘라내고, 웅덩이에 고인 물을 없애고, 현명한 계획을 세우고, 참되고 씩씩하게 행동하며 주장한 사람들 모두가 그렇다. ……노동? 이미 행해지고 잊힌 엄청난 양의 노동이 이 세상 내 발 아래 조용히 놓여 나를 호위하고 돌보며 떠받치고 지탱해 내가 계속 살아 있게 한다. 내가 어디를 걷든 어디에 서 있든, 내가 무슨 생각을 하든 어떤 행동을 하든 사색과 반성을 불러일으킨다![8]

칼라일은 국민과 문화를 끄집어내서, 각계각층의 사람들이 마음에서 우러나 자발적으로 일하는 노동의 의미를 되찾아야 한다고 일깨운다. 그는 인간이 본성으로 지닌 프로메테우스* 같은 성격에 새로운 의미를 부여함으로써 바뀌어야 한다고 촉구했다. 배금주의, 권력과 부의 숭배 대신, 노동을 잘 해냄으로써 영혼을 새롭게 하라고 부르짖는다. 노동을 잘 해내면 시대의 허위와 변덕을 극복하고 가치 있는 문화가 떠오를 터이다. 노동을 잘 해내는 장소로 칼라일이 발견한 곳이 중세 수도원이었다. 그는 슐레겔이 언급한 수도원의 신비로운 신앙심과 신비주의가 아

---

* 고대 그리스 신화에서 제우스의 명령을 어기고 불을 훔쳐 인간에게 전해 인간의 문명을 발달시킨 신이다. 제우스는 프로메테우스를 카프카스의 바위에 사슬로 묶고 독수리를 보내 간을 쪼아 먹게 했으나, 영원한 생명을 가진 간은 끊임없이 회복되어 프로메테우스는 영원한 고통을 겪게 되었다고 전한다.

니라 노동 윤리와 잘 수행된 노동을 부각한다. 칼라일은 지성이 빛나는 능란한 솜씨로 중세와 강력한 개신교의 가치를 하나로 묶었다.

칼라일이 대수도원장 샘슨에 관해 알아낸 근거가 캠던 협회Camden Society에서 출간한 샘슨의 이야기를 엮은 연대기였다는 점은 주목할 만하다. 캠던 협회는 역사적으로 중요한 원고를 찾아 인쇄 출판했다. 원고 인쇄 자체는 또 다른 이들이 관심을 가졌다는 것인데, 이 경우에는 학자들이 중세의 역사에 대해 관심을 보였다.

1840년대 영국, 프랑스, 독일에서는 그리스도교 예술과 비非그리스도교 예술을 비교하며 어떤 예술이 더 가치가 있는지 따지는 논쟁이 활발했나. 이런 논쟁을 위해 그리스도교 예술은 중세와 어울리는 예술로 보았던 반면, 문예 부흥기 예술은 고대 그리스의 전통에 따른 주제와 이교도적인 주제를 다루었다고 해서 비그리스도교 예술로 여겼다. 문예 부흥기라는 관념은 상당 부분 이런 논쟁 속에서 생겨났다. 그런데 이 관념은 중세 취향과 공생 관계를 맺으며 점점 발전했다. 이런 변화를 이끈 핵심 인물은 영국의 예술 사회 비평가 존 러스킨John Ruskin, 1819~1900이었고, 이런 문제를 부각시킨 화제는 바로 러스킨이 베네치아 공화국을 두고 벌인 논쟁이었다. 앞으로 보겠지만, 칼라일의 사상이 러스킨의 이야기에서 꽤 중요한 역할을 했다.

존 러스킨은 1819년에 중상위 계급에 속한 부유한 셰리주 상인의 외아들로 태어났다. 러스킨의 가족은 낭만주의 문학과 예술에 심취했다. 온 가족이 둘러앉아 우스꽝스럽고 야한 구절이 들어 있는 바이런George Gordon Byron, 1788~1824 경의 시를 큰 소리로 낭독했다. 러스킨의 아버지는 터너Joseph Mallord William Turner, 1775~1851의 그림들을 비롯해 다른 예술 작품도 구입했다. 러스킨 가족은 신앙심이 매우 깊었다. 가족은 모두 규칙적으로 성서를 읽고, 교회에 가서 웅변 실력이 뛰어난 당대 최고 목사들의 설교도 경청했다. 그들은 안식일을 지켰는데, 일요일에는 터너의 그림들을 덮어 가려, 생각이 신에게서 벗어나 예술의 아름다움에 미치지 않도록 했다. 러스킨은 옥스퍼드 교구 크라이스트 처치에 나가 예배를 드렸고, 그의 어머니는 교회 건너편 집에 살았다. 이렇게 예술과 엄격한 개신교 정신을 단단히 묶는 가풍 덕분에, 러스킨은 중세와 아주 친숙했을 터이다.

1851년 러스킨은 《베네치아의 돌The Stones of Venice》 1권을 출간했다. 이 방대한 문화 비평서는 베네치아의 과거를 더듬는 탐색을 통해 산업혁명이 초기 수십 년 동안 영국 사람들의 생활을 어떻게 탈바꿈시켰는지 논평할 이유도 제공했다. 러스킨은 베네치아의 돌, 벽돌, 벽, 지붕, 현관문, 창문을 눈여겨보았고, 셰익스피어William Shakespeare, 1564~1616의 《뜻대로 하세요》 2막 1장 '돌에 숨은 교훈sermons in stones'으로부터 주인공이 두 가지 의미를 찾아내듯이 두 가지 광범위한 목적을 가지고 있었다. 첫째 목적은 가톨릭이 지배하던 중세에서 비롯된 고딕 복고풍 건축을 압도적으로 많은 영국 개신교도들이 기꺼이 받아들일 수 있도록 옹호하는 것이었다. 고딕 복고풍 건축은 중세의 건축을 모방했으므로, 영국에는 로마 가톨릭 교회와 고딕 복고풍 건축을 하나로 묶어 생각하는 사람들이 많았다. 러스킨은 고딕 건축과 로마 가톨릭교를 분리해서 생각하려고 했다. 둘째 목적은 고딕 복고풍 건축이 근대 건축의 목적에도 맞으며 적당하다고 옹호하는 것이었다. 고딕 건축은 일부 사람들이 여전히 암흑기로 여기던 중세와 결부되었기 때문에 근대 건축과 맞지 않는다고 여겨졌다. 18세기 전반 근대 건축에 주로 사용된 양식은 대영박물관에서 보듯이 고전 양식이었고, 예외는 새 국회의사당뿐이었다.

러스킨은 건축의 품질과 건축에 깃든 노동이 삶의 질에 영향을 미친다는 데 깊은 믿음이 있었다. 그의 영향력이 워낙 컸으므로 19세기 이후 다른 여러 사람들도 그렇게 믿게 되었다. 러스킨은 당대 다른 사람들과 마찬가지로 초기 산업 혁명이 일찍이 영국 사람들이 가꾸었던 에덴동산을 망가뜨렸다고 믿었다. 그는 고딕 건축을 부활시켜 그 건축물에 구현된 사회 가치를 영국 전역에 퍼뜨림으로써 망가진 에덴동산을 다시 아름답게 가꾸려고 했다.

내가 알기로 토머스 칼라일은 베네치아에 간 적이 없었다. 하지만 존 러스킨이 베네치아를 방문하여 베네치아에 관해 쓸 때, 러스킨의 정신과 영혼은 칼라일의 사상으로 가득했다. 러스킨은 노동이 탈바꿈하면 노동자를 고귀하게 만들 수 있다고 믿었다. 그런 믿음으로 300년 넘게 영국과 유럽을 지배한 건축 양식의 변화를 요구했다. 중세의 고딕 양식과 대수도원장 샘슨의 세상을 되돌려야 했다.

러스킨은 우선 문화에 고유한 특질이라는 주제에 곧바로 접근해 자신의 모든 연구 작업을 압축한 가장 널리 알려진 '고딕의 본성The Nature of Gothic'이라는 장을 썼다. 그가 다룬 주제는 베네치아의 특별한 고딕 건축이 아니라 일반적인 고딕 건축과 설계였다. 러스킨은 건축이 사회의 상태에 뿌리박고 있으며, 특히 실제로 건물을 짓고 장식했던 노동자들에게 뿌리를 두고 있다고 썼다. 그는 지어진 건물의 특성과 노동자에게 하는 요구가 노동자들의 성격을 결정한다고 믿었다. 다시 말해 설계도를 선택하는 행위 자체가 노동자의 생활이 성취하는 삶이 될지 고된 삶이 될지 결정했다. 러스킨은 이렇게 단언했다.

> 당신은 피조물을 도구로 이용하거나 인간으로 만들지 않으면 안 된다. 하지만 두 가지 일을 다 할 수는 없다. 사람들은 애당초 정밀하고 완벽한 동작으로 정확하게 도구를 사용해 일하지 못한다. 당신이 사람들에게 정밀함을 기대하고서, 손가락은 톱니바퀴처럼 정도를 재고, 팔은 컴퍼스처럼 곡선을 그리게 만들려고 한다고 치자. 그러면 당신은 사람들을 비인간화할 수밖에 없다. ……다른 한편 당신이 노동하는 피조물을 인간으로 만들려 한다면, 그를 도구로 이용할 수 없다. 그저 가치 있는 어떤 일이든 하려고 애쓴다고 상상하고 생각하도록 그를 내버려 둔다고 치자. 그러면 동력 장치를 조절하는 정밀함은 당장 사라진다. 거친 태도와 우둔한 행동, 무능력이 백일하에 드러난다. 부끄러운 짓을 반복하고, 실패를 거듭하고, 멈췄다가 또다시 멈춘다. 하지만 이때 인간의 존엄함도 온전히 드러난다.[9]

일률적으로 정확하게 만든 상품을 사려는 욕구가 근대 생활과 소비 행태에 문제를 일으키는 사악한 요인으로 작용했다.

러스킨은 19세기 노동자들이 대부분 《과거와 현재》에서 칼라일이 묘사한 것 같은 마음에서 우러난 자발적 노동을 경험할 수 없다고 개탄했다. 그는 이어서 이렇게 말했다.

> 숙련된 노동자가 한낱 기계로 강등당한 것은 당대의 어떤 악보다 더

나쁜 일을 초래했다. 어디에서나 많은 국민들이 몰려나와 자유의 본성이 무엇인지 스스로도 설명할 수 없는 채로 자유를 찾으려고 헛되고 지리멸렬하며 파괴적인 투쟁을 벌였다. ……사람들이 잘 읽지 못한다는 점이 아니라, 밥벌이를 하려고 노동할 때 즐겁고 기쁘지 않으며, 쾌락을 얻는 유일한 수단이 부富라고 생각하는 것이 문제이다.[10]

지난 18세기에 두드러지게 일어난 노동 분업 덕분에 일상생활에 필요한 상품을 정확하게 대량 생산할 수 있게 되었다. 애덤 스미스 같은 경제학자들은 노동 분업에 따른 생산력을 칭송했으나 러스킨은 노골적으로 거부했다. 그는 이렇게 논증했다.

진실을 말하면 노동 분업으로 나뉜 것은 노동이 아니라 인간이다. 인간은 한낱 부분으로 나뉘고, 작은 조각으로 쪼개져, 삶이 가루처럼 부서졌다. 그래서 인간에게 남은 지성은 압정 하나, 못 하나 만드는 데도 충분하지 않은데, 압정 머리와 못 대가리를 만드는 데 다 써버린다. ……노동 분업을 칭송하는 외침이 우리 무수한 인간을 충동질함으로써 생긴 해악에 대처할 방법은 하나밖에 없다. 그것은 가르치거나 훈계하지 않는 것이다. 가르침은 그들이 빠진 비참한 상태만 보여준다. 훈계는 그저 훈계로만 그친다면 조롱과 다르지 않다. 방법은 모든 계급의 편에서 어떤 노동이 인간에게 좋은지, 어떤 노동이 인간을 일으켜 세우고 행복해지게 만드는지 올바르게 이해하는 것뿐이다. 다시 말해 노동자가 낮은 지위로 떨어져야 비로소 얻게 되는 편리나 아름다움, 또는 싼 가격을 포기하겠다고 결심해야만, 건강하고 고귀한 노동

의 생산물과 결과물을 사기로 결심해야만 노동 분업의 해악에 대처할 수 있다.[11]

이 구절에서 러스킨은 경제 성장을 목적으로 추구하는 경향과 애덤 스미스를 비롯한 고전 경제학자들이 노동 분업과 결부시킨 끝없는 경제 확장에 반대했다. 러스킨은 제조 과정에서 노동자의 영혼을 결딴내며 점점 늘어나는 똑같은 상품을 소비하는 문화와 가치관, 취향도 거부했다.

아마 어떤 사람은 사회나 정치와 결부된 이런 넋두리가 고딕 양식이나 베네치아와 무슨 관계가 있느냐고 물을지도 모른다. 적어도 처음 언뜻 보기에는 간단하지만 어려운 질문이다. 고딕 건축을 세울 때 필요한 숙련도와 솜씨 덕분에, 개별 노동자는 후대에 유행한 어떤 건축 양식보다 더 자유롭게 노동할 수 있었다.

러스킨은 중세의 여러 덕을 고딕 양식과 결부시켰는데, 상당 부분 칼라일 덕분이었다. 러스킨은 중세의 고딕 양식에 관해 썼으나, 그의 관심은 19세기에 부활한 고딕 양식을 옹호하는 데 있었다. 또 고딕 양식에 담긴 이상을 빅토리아 왕조 중기의 이상으로 내세우려 했다. 그는 자신이 중세 이후 모든 건축과 결부시켰던 획일적이고 정확한 대량 생산 기술이 노동자들의 지위를 낮추고 가치를 떨어뜨림으로써 성취되었다고 확신했다. 고딕 양식의 자랑은 무한하게 펼쳐진 다양성이었다. 고딕 양식으로 대성당을 창조하고 장식을 새긴 조각가들은 노동자들 가운데 가장 자유로웠다. 이처럼 자유롭던 중세 노동자들의 세상은 문예 부흥기 세상에 길을 내어주었다. 러스킨은 바로 그 점에 주목하여 중세 이후 유럽의 역사를 쇠퇴와 부패, 타락의 역사로 해석했다. 건축은 문예 부흥기부터 기나긴 쇠퇴의 길을 걸었다. 러스킨은 정사각형과 직사각형 벽돌로 지은 규격화된 런던의 건물에서 쇠퇴의 정점을 보았다.

이전에 베네치아를 방문한 사람들은 대부분 도시 곳곳에 자리한 문예 부흥기 기념물을 찬미했고, 모든 안내 책자도 마찬가지였다. 반대로 러스킨은 부예 부흥기의 모습을 신랄하게 비평했다. 그는 문예 부흥기에 지어진 건물들이 노동자들의 지위를 낮추고 정확성을 추구한 실례라고 생각했다. 이는 그에게 영국에 새로 지은 공장들이 추구하는 정확성을 떠올리게 했다.

러스킨은 15세기에 시작된 문예 부흥기가 건축과 도덕 측면에서 중세보다 열등한 시기였음을 증명하고 싶었다. 그는 문예 부흥기가 문화 전반에 걸쳐 부패한 시기였으므로, 이 시기의 예술과 건축은 태생부터 열등하다는 논증을 펼쳤다. 문예 부흥기의 예술과 건축에는 문화를 유기체처럼 연결시키는 통일성이 없었다. 그런데 러스킨은 여전히 복음주의 사고방식에 따라 글을 썼으므로, 문예 부흥기를 비판할 이유가 하나 더 있었다. 그는 압도적으로 많은 영국의 개신교도 독자들에게 중세의 고딕 양식 건축물이 로마 가톨릭 교회와 관계가 없다고 설득할 필요가 있었다. 다시 말해 러스킨이 암시한 바에 따르면, 중세 전성기의 신앙심은 신학 측면에서 나무랄 데 없이 순수했지만, 나중에 부패와 타락의 길로 접어들어 쇠퇴했다. 그래서 이때 종교 개혁이 일어났던 것이다. 따라서 그는 중세에서 문예 부흥기에 이르는 역사를 베네치아와 유럽 문화가 쇠퇴해간 변화로 그려냈다. 중세의 예술과 종교는 순수해 보이지만, 문예 부흥기의 종교와 예술은 부패한 모습으로 그렸다. 중세의 순수한 그리스도교는 문예 부흥기의 부패한 그리스도교에 밀려났고, 이는 종교 개혁과 이후의 반종교개혁을 초래했다.

문예 부흥기 취향이 빚은 과오는 완벽성을 널리 퍼뜨리자는 보편화 요구였다.[12] 이런 취향이 고대 그리스 고전 학문과 나란히 고전 건축 양식을 부활시켰다. 고른 선과 극도의 비례 감각을 추구하는 고전 건축 양식은 고딕 양식과 모든 면에서 대조를 보였다. 고전 건축 양식은 빈틈 없이 정확한 선으로 윤곽을 그리기 때문에 완벽하게 반복될 수 있는 것처럼 보였다. 이처럼 건물과 그림, 소비 상품을 끝없이 반복해서 똑같은 규격으로 완벽하게 생산하려는 요구가 숙련 노동자의 가치를 떨어뜨렸다. 숙련 노동자들의 가치 하락은 문예 부흥기에 시작되어 영국의 수많은 공장에서 똑같은 기계들이 무한 반복으로 작동하는 데서 끝났다. 완벽한 원본을 생산하는 노동자는 거의 없어졌고, 노동자들은 더 뛰어난 명장들이 만든 원본을 베끼는 단순 복제자가 될 수밖에 없었다. 거기에 고딕 대성당을 건축할 때 조각가들이 누렸던 자발성과 독창성이 발휘될 여지는 없었다.

그런 데다 러스킨은 복음주의자였기 때문에 이런 문화 쇠퇴를 엄격한 도덕 범주에 맞춰 묘사하고 싶었다. 문예 부흥기를 지배한 근본악은 교만이었다. 그는 주저하지 않고 단언했다.

나는 집중 방식의 문예 부흥기 건축 정신을 형성하려고 하나로 묶은 도덕적이거나 비도덕적인 요소들 가운데 교만pride과 불신앙infidelity 이 가장 중요하다고 믿는다. 그런데 교만은 세 갈래로 가지를 쳐서, 과학에 품은 교만과 국가에 품은 교만, 체계에 품은 교만으로 자랐다.[13]

러스킨은 문예 부흥기가 교만에 뿌리를 내리고 생겨났다고 묘사함으로써 문예 부흥기 문화와 에덴동산에서 일어난 타락을 결부시켰다. 중세의 인간은 신의 품속에서 평화롭게 살았으나, 신을 거스르고 인간 사이에서 사회 갈등을 빚는 교만의 시대로 접어들었다.

문예 부흥기는 체계에 품은 교만을 키웠다. 이렇게 문예 부흥기 체계를 공격한 점에서, 러스킨은 계몽주의 체계를 공격한 낭만주의 작가들과 닮았다. 체계에는 논리와 문법, 성문화된 법을 비롯해 정신을 구속하는 다른 양식들도 포함되었다. 예술과 건축, 시, 철학의 세계는 '족쇄를 차고 추는 춤의 여러 형태로 영락'하고 말았다.[14] 이런 체계는 모두 신이 마음속에 심어놓은 참다운 율법을 거부했다. 체계에 품은 교만은 규제와 법률로 타고난 창조력을 없애버리는 세상을 만들었다.

문예 부흥기를 지배한 교만은 이교도의 가르침을 그리스도교보다 높은 지위로 끌어올린 불신앙과 함께 나타났다. 당대 문헌은 고전 문헌을 성경보다 더 중요하고 더 좋은 글로 평가했다. 이교도가 전하는 이야기들과 신들이, 성경에 나오는 이야기와 신을 대체했다. 러스킨은 이렇게 설명했다.

> 문예 부흥기를 지배한 상상력은 이교도 신앙의 대상을 현실에 드러내려고 활발하게 움직였다. 이전까지 인간의 고결한 능력은 모두 그리스도교의 참 신앙을 지키는 데 사용되었으나, 문예 부흥기에는 이교도가 꾸며낸 이야기를 드러내 치장하는 데 이바지했다.[15]

베네치아가 바로 국가에 품은 교만과 불신앙에 빠진 도시였고, 18세기 동안 부도덕하게 쾌락을 추구하다가 독립 국가로서 자립성마저 잃고 말았다. 베네치아는 허영심에 빠지는 죄를 지었고, 그 결과 멸망했다.

러스킨은 베네치아의 역사를 건물과 그림, 기념물을 통해 검토했을 뿐 아니라, 대단히 교훈적인 복음주의가 담긴 도덕극으로 고찰했다. 베네치아 사람들은 에덴동산에서 일어난 인류의 타락을 예술 작품과 건축물에 되풀이하여 표현하면서 거듭거듭 경험했다. 그들은 교만에 굴복함으로써 자발성과 자유를 잃은 다음, 타락의 길로 접어들었다. 그러는 사이 국가로서 정치 활동을 할 수 있는 자유도 잃고 말았다. 러스킨의 논증은 버크의 논증과도 비슷했다. 중세에서 유래한 유기적 양식과 제도보다 합리적인 체계를 추종한 사람들도 자유를 잃을 터이다.

러스킨은 빅토리아 시대의 영국에도 비슷한 운명이 기다리고 있다고 생각했다. 그래서 그리스와 로마, 문예 부흥기 예술과 결부된 모든 것을 영국에서 몰아내자고 제안했다. 대신에 영국은 고딕 양식으로 돌아가야 한다고 주장했다. 사실 영국 전역, 유럽 대륙의 대부분 지역과 미국 도처에서 빅토리아 시대 건축가들은 러스킨의 권고를 따랐다. 수많은 영국 교회는 1840년대 이후 계속 고딕 양식으로 지어졌다. 러스킨이《베네치아의 돌》처음부터 끝까지 부활한 고딕 건축에 새로운 활력을 불어넣은 덕분에, 런던의 세인트판크라스 역을 비롯해 옥스퍼드 대학교의 멋진 자연사 박물관까지 빅토리아 시대의 헤아릴 수 없이 많은 도시 건물들도 고딕 양식으로 지어졌다. 러스킨이 높게 평가하기 전에도 빅토리아 시대의 고딕 건축물은 이미 지어졌지만, 그가《베네치아의 돌》에서 찾아낸 교훈 덕분에 고딕 건축이 온 나라에 퍼졌다. 미국에서도 러스킨의 사상을 추종한 제자들이 고딕 양식을 비슷하게 강조했다.

그들은 러스킨의 영향으로 고딕 양식을 예찬했으며, 그들은 중세에 지은 건물과 고딕 복고풍으로 지은 건물을 둘 다 열심히 흉내 내려고 애썼다. 흔히 종교 단체들이 창설한 미국의 대학 건물들이 고딕 양식으로 지어진 일은 우연이 아니었다. 고딕 양식으로 지은 건축물은 러스킨이 베네치아의 돌이 상징한 영광으로 분명하게 보여준 도덕적 타락으로부터 그들을 지켜주었다. 은총에서 벗어난 타락으로서 문예 부흥기의 발명은 19세기 말엽 내내 중세 취향을 지지할 새로운 방어 수단을 제공했다.

제6강

자연,
역사를 지니게 되다

1800년대의 성숙한 지식인이 1900년에 다시 눈을 떴다고 치자. 아마 그가 맞닥뜨린 어떤 새로운 관념도 진화evolution만큼 색다르고 구석구석 스며들지 않을 것이다. 과학 분야를 비롯해 종교와 철학 분야에서 각각 혁명을 일으킨 개념이 등장했으나, 진화를 제외하면 한 분야에서 혁명을 일으킨 관념이 지적인 모든 연구 분야에 걸쳐 실제 효과를 내면서 깊이 스며들지는 못했다. 여러 분야의 사상에서 진화라는 신념은 끊임없이 변하면서 나타나 질문하는 방식과 답변의 성격을 재조명하게 만들었다. 진화는 다른 어떤 과학 발전이나 지성의 계발보다 철두철미하게 세계와 세계 안에 거주하는 인류의 자연화를 이끌었다. 또 자연 자체도 인류처럼 역사를 지닌다는 과정의 측면에서 세계와 인간의 본성을 이해하도록 이끌었다. 서양의 사상은 존재에 관해 관조하는 영역을 떠나서 단호하게 생성의 함축에 관해 관조하며 생각하기 시작했다. 한편 자연, 특히 유기 자연이 역사를 지녔다는 신념으로 인해 상대주의를 함축할 수 있고, 인간 본성에 대한 역사주의historicism*와 마찬가지로 상대주의를 암시할 수 있으며, 상대주의를 옳게 만들 수 있는 새로운 세력이 대두했다.

진화는 중요한 기초 관념인데도 엄청나게 많은 논란을 빚었다. 우선 진화는 엄밀한 의미로 생물학과 결부된 개념이지만, 진화와 발전, 변형은 지적인 다른 연구 분야에 적합한 수사로 쉽게 바뀌었다. 생물학 분야에서 진화를 달리 해석하는 경우까지 있었는데, 다윈 진화론과 비非다윈 진화론이 있을뿐더러 진화론과 비非진화론을 나누기도 했다. 가장 설득력 있는 목소리로 진화론을 지지한 몇몇 사상가는 생물학자도 아니고 다윈설을 신봉하지도 않았다. 논란을 빚은 다른 원천은 사람들이 생물학과 거의 관계 없는 이유로 진화를 수용하거나 거부했다는 데 있다. 종교적인 이유로 거부한 사람들이 있는가 하면, 사회 정책에서 예상되는 결과에 호의를 갖고 수용하는 사람들도 있었다. 진화가 언론의 호평을 받는다는 이유로 강한 진화론자가 된 소설가들과 언론인들까지 나타났다. 진화가 기존 역사주의 사고방식과 맞기 때문에 진화론자가 되는 사람들도 있었다. 나는 개인적으로 역사주의가 길을 내지 않았다면, 진화라는 개념이 문화를 선도하는 일은 불가능했다고 믿는다.

진화를 둘러싸고 논란이 일어난 두 가지 다른 이유는 조금 상세한 고

---

* 19세기에 형성된 역사 철학의 한 조류로 독일 역사학파에서 비롯되었다. 인간의 모든 사고와 행동은 역사의 흐름과 조건에 따라 규정된다는 입장을 가리킨다. 우선 자연 과학의 방법에 따라 역사를 연구하는 역사 실증주의에 반대하고, 역사적 사실을 연구할 때 역사가 변하는 특수한 맥락에서 해석을 강조한다. 둘째로 제도와 규범이나 가치는 절대성을 갖지 않고 역사 조건에 제한받으며 바뀐다는 상대주의를 지지한다.

찰이 필요하다. 우선 종의 진화 또는 변형 개념은 그런 변화를 설명하는 기제나 설명 방식과 달랐는데, 이런 차이를 구별할 필요가 있다. 찰스 다윈은 진화가 일어난다고 믿었으며, 진화가 어떻게 완전히 자연주의 방식으로 일어날 수 있고, 실제로 일어났는지 설명하는 기제를 제공했다고도 생각했다. 종의 진화가 일어난다는 신념은 널리 수용되었으나, 열성 진화론자들 사이에서도 다윈이 설명한 기제가 적합한지에 대해 의견이 일치하지 않았다. 예컨대 진화 철학을 주도한 허버트 스펜서Herbert Spencer, 1820~1903는 다윈설을 신봉하지 않았다. 토머스 헉슬리는 다윈의 진화론을 대중에게 널리 알렸으나, 자신의 입장은 다윈의 자연선택natural selection이 아니라 진화한다는 사실을 옹호하려는 데 있었다고 거듭 강조했다.

다윈은 1859년에 《자연 선택 방법에 따른 종의 기원 또는 생존 경쟁에 유리한 종의 보존The Origin of Species by Means of Natural Selection or The Preservation of Favoured Races in the Struggle for Life》을 출간했다. 출간과 동시에 찬사와 비난이 쏟아졌다. 다윈이 진지하게 생각하고 책을 수정하도록 자극한 비판은 모두 과학자들의 것이었다. 몇몇 비판자들은 분명히 종교심에 근거한 우려가 동기로 작용했지만, 그들이 다윈의 진화론에 반대하며 다툰 논점은 이론 자체에 포함된 문제점에 근거했다. 확실히 1870년대 중반부터 다윈의 자연 선택설은 종의 변형이라는 쟁점을 다루는 중요한 출발점이었으나, 합의점은 찾지 못했다. 1900년 무렵 과학자 공동체 안에는 폭넓고 다양한 진화론이 존재했다. 그런 점에서 버논 켈로그Vernon Kellogg의 《오늘의 다윈설: 현재 과학에 근거한 다윈의 선택 이론 비판을 토론한다Darwinism Today: A Discussion of Present Day Scientific Criticism *of the Darwinian Selection Theories*》(1907)는 핵심 문서 가운데 하나이다. 이 책은 세기의 전환기에 진화론이 여러 방식으로 해석되었다는 실례를 보여준다. 과학사를 연구하는 피터 보울러Peter Bowler는 이런 상황을 가리켜 '다윈설의 퇴색The Eclipse of Darwinism'[1]이라고 불렀다. 그러한 퇴색에 뒤따라 1930년대 생물학자들 사이에서 다윈의 진화 사상이 부활했는데, 당시 유전학과 관계가 깊었다. 현대 진화론은 1930년대의 이런 사건을 계기로 종합이 가능했지만, 요즘은 과학자 공동체 안팎으로 새로운 도전에 직면하고 있다. 다윈의 진화 사상이 오히려 생물학자들 사이에서 부침을 겪었던 사실은 비생물학자들이 진화 사상을 수용하고 확산시킨 선형 발전 양상으로 인해 모호해지곤 했다. 그 결과 1909년과 1959년에 출간된 50주년과 100주년 기념판《종의 기원》에서는 수많은 비과학자들이 다윈과 그가 이룩한 성취와 업적을 기리는 찬사를 썼다.

내 생각으로 비과학자들 사이에서 진화론이 발전한 양상은 진화론이 일반인에게 수용되고 전파되었다는 표시일 뿐만 아니라, 상대적으로 작은 과학자 집단 못지않게 일반인들에게도 환영받았다는 증거이다. 19세기 동안 많은 사람들이 눈에 띄게 다양한 지성 활동에 참여하면서 변화를 바라고 지지했다. 우선 그들은 프랑스 혁명으로 연상되는 변화의 끔찍한 모습과 맞닥뜨렸는데, 특히 정치 보수주의자들이 이를 선전했다. 둘째로 그들은 변화에 반대하는 해묵은 논증과 맞닥뜨렸다. 오랫동안 반복된 논증에 따르면, 물리 자연과 유기 자연은 변하지 않으므로 사회 질서와 종교 질서의 변화는 부자연스럽고 나쁜 일이며 바람직하지도 않다. 진화론을 수용한 일반인들은 자연이 진화하는 모습에 비추어 지성의 장애물을 무너뜨렸고, 철학과 도덕, 지성과 관련된 쟁점들에 접근할 때 제한을 두지 않을 수 있었다. 진화와 발전은 놀라운 목적에 사용되기도 했다. 예컨대 다윈이 《종의 기원》을 출간하기 전 1845년, 존 헨리 뉴먼은 《그리스도교 교리 발전론Essay on the Development of Christian Doctrine》에서 영국의 그리스도교도 대부분이 초기 교회 시대 이후 불변한다고 여기던 교리는 발전해왔고, 앞으로도 발전할 수밖에 없다고 주장했다. 뉴먼은 그런 주장을 이용하여 영국 국교회에서 로마 가톨릭 교회로 개종하면서 겪은 급진적인 문화의 변화를 정당화했다.

찰스 다윈이 제기한 과학의 문제는 19세기에 종의 문제the species question로 알려졌다. 종의 문제는 사실 별개의 두 질문을 포함하고 있다. 첫째, 종은 시간이 흐름에 따라 변하는가? 둘째, 종이 변한다면, 어떻게 변형이 일어나는가? 첫째 질문에 부정 답변을 하면 둘째 질문은 할 필요도 없어진다.

19세기 초에 종의 문제가 제기된 까닭은 18세기 생물학을 이끈 몇몇 사상의 특성과 방향이 영향을 미쳤기 때문이다. 뷔퐁Georges Louis Leclerc de Buffon, 1707~1788은 진화에 대해 수없이 질문을 제기한 끝에 진화 개념 자체를 거부했다. 그는 지구의 나이가 몇 살인지에 흥미를 느껴 연구했으며, 멸종된 동물 종을 보여주는 증거에 매료되었다. 그는 공통 조상을 가진 서로 아주 많이 닮은 동물이 존재할 가능성에 대해서도 사색했다. 종의 변이transmutation를 믿지 않았지만, 뷔퐁은 나중에 진화에 대한 사색이 발전하는 데 몇 가지 주목할 만한 공헌을 했다. 첫째로 뷔퐁은 진화 개념을 과학의 장으로 끌어들여 토론했고, 그의 명망 덕분에 진화에 대한 고찰은 정당성을 얻었다. 둘째로 그는 비교 해부학에 크게 공헌했고, 나중에 종으로 발전하게 될 동물의 원형이라는 생각을 떠올렸다. 이는 종에 대한 관념론적 견해였는데, 이 생각을 지지하는 사람들은 진화를 일종의 가능성이라고 여겼다. 셋째로 그는 지구의 나이에 주목하여 시간 척도의 범위도 확장했다. 이런 시간 범위의 확장은 자연의 역사화에 필요한 핵심 요소였다.

18세기에 살았던 둘째로 중요한 인물은 린네였다. 그는 자세한 종의 분류 체계를 개발했는데, 이 분류법은 대단히 논리적이고 균형이 잡혀 있었다. 종 계통수species trees 도표도 린네가 만들었다. 그는 자연 안에서 종들이 맺은 관계를 자세하게 보여주었지만, 종들은 고정되어 있어서 변하지 않는다고 생각했다.

뷔퐁과 린네는 일치점보다 차이점이 더 많지만, 둘 다 본질주의 관점에서 끌어낸 종 개념을 지지했다. 다시 말해 모든 종이 제각기 자연에서 반복되는 양식pattern에 내재하는 본질이라고 믿었다. 이런 종들은 으레 신성한 창조의 산물로 설명되고 독립적으로 실존했다. 종은 시간이 지나도 변하지 않았다. 뷔퐁은 별개의 두 종 사이에 교차 생식이 불가능하다고 강조하는데, 이는 변이에 맞선 개념상의 장벽을 세웠다. 자연에 계층을 이룬 분류 체계가 있다는 린네의 생각은 또 다른 개념상의 장벽을 세웠다. 자연은 계층에 따라 배열된 종들의 체계라는 것이었다. 종 개념이 굳어지는 경향이 아주 오랜 옛날이 아니라 18세기 후반부터 나타난 점은 하찮게 넘길 일이 아니다.

앞에서 설명한 자연과 종이라는 개념에 최초로 도전한 자연주의자naturalist는 라마르크Jean-Baptiste de Lamarck, 1744~1829였다. 그는 스스로 이룬 업적과 자신이 이루지 않은 일, 그러니까 사람들이 그가 주장했다고 믿었던 것 때문에 중요한 인물이다. 19세기 말 몇몇 과학자들은 다윈의 저작이 출간되기 전으로 돌아가고 싶어 하며 라마르크를 중요시했다. 18세기에서 19세기로 넘어가는 전환기에 라마르크는 종이 변형된다고 믿기 시작했다. 1790년대 파리 자연사 박물관에서 무척추동물 담당 책임자로 일하면서, 기존 이론이 연관성이 있다고 규정한 종들 사이에 벌어진 간격과 비연속성에 주목하기 시작했다. 다음으로 그는 멸종한 종들을 설명하는 데 곤란을 겪게 되었다. 본질주의 관점에서 생각하는 자연 신학자들을 비롯한 여러 학자들에게 멸종은 언제나 문젯거리였다. 만약 신이 환경과 조화를 이루며 사는 완벽한 종을 창조했고, 이렇게 창조된 종이 변하지 않는다면, 완벽하게 창조된 세계에 왜 멸종된 종들이 생기는가? 이 두 사실을 관찰한 다음, 라마르크는 시간이 흐르면 종들도 변화할 수 있다는 추측을 허용했다.

그렇다면 라마르크가 정말로 하고 싶었던 질문은 이렇다. 어떤 기제에 따라 종의 변화가 생기는가? 그는 핵심 기제가 둘이라고 믿었다. 첫째 기제는 자연에 내재하는 단순 구조에서 복잡 구조로 움직이는 경향이 있다는 것이었다.

> 자연은 가장 불완전하거나 단순한 종부터 가장 완벽한 종에 이르기까지 모든 동물 종을 연이어 생산하면서 그들의 조직을 점점 더 복잡해지게 만들었다.[2]

둘째 기제는 생물들이 환경의 변화에 반응하는 능력을 지녔다는 믿음이었다. 라마르크는 동물들이 환경과 조화를 이루며 살 수밖에 없고,

이는 변화에 반응할 수 있어야 한다는 뜻이라고 믿었다. 이렇게 환경에 반응하는 현상으로 종의 변화를 설명했다.

라마르크의 진화 해석과 나중에 다윈이 내놓은 진화 사상 사이에 근본적인 차이가 있다는 점은 당연히 중요하다. 라마르크에 따르면 환경에서 일어나는 변화는 유기체가 반응해야 할 필요를 낳는다. 다윈에 따르면 우선 무작위로 변이가 일어나고 나서, 환경과 맞물려 적응하는 변종은 보존된다. 그런데 다윈에게 환경은 직접 끼어들지 않고 간접으로 끼어든다. 라마르크는 유기체의 기관은 쓰면 쓸수록 강해지고 쓰지 않으면 약해진다고도 믿었다. 라마르크가 획득 형질acquired characteristics이 유전된다고 믿었던 점은 후대 사상에도 아주 중요했다. 하지만 그는 획득 형질이 유전되는 과정을 보여줄 합당한 설명을 제시하지는 않았다.

라마르크의 사색은 대단히 놀랍고 주목할 만했다. 그는 진정한 진화론자로서 정지된 본질의 세계를 거부했다. 하지만 진화론의 발전에서 라마르크는 부정적인 영향을 미쳤다. 종들의 변화를 설명하려고 제시한 기제들은 틀렸고, 여러 과학자들의 관점에서 볼 때 받아들이기 어려웠다. 이런 요인은 사람들이 진화론의 입장을 채택하고 새로운 기제를 찾아내는 것을 단념하게 했다. 이처럼 미심쩍은 설명으로 변호하려 한 진화 관념은 많은 사람들에게 애초부터 파기된 것처럼 보였다. 더욱이 종교적 편견도 진화 사상을 받아들이려는 사람들의 용기를 꺾었다. 그렇지만 라마르크의 진화 관념을 거부할 수밖에 없었던 가장 중요한 이유는 따로 있었다. 당대 과학자들은 라마르크의 추리를 사변에 지나지 않는다고 생각했다. 찰스 라이엘Charles Lyell, 1797~1875은《지질학 원리: 이전에 지구 표면에 일어난 변화를 지금 작용하는 원인에 비추어 설명하려는 시도*Principles of Geology: Being an Attempt to Explain the Former Changes of the Earth's Surface, by Reference to Causes now in Operation*》에서 라마르크의 사상을 주의 깊게 꼼꼼히 요약한 다음 이렇게 썼다.

> 이제 라마르크는 정해진 한계 없이 사변을 펼친다. 그는 마음껏 추측하며, 밖으로 드러난 형태, 내부 구조, 타고난 능력, 아니 이성 자체도 가장 단순한 존재 양식에서 서서히 발전해왔다고 상상한다. 모든 동물, 그러니까 인간 자신과 이성이 없는 동물들이 모두 공통된 하나의 기원을 가졌을지도 모르고, 모든 동물 종은 가장 불완전한 종부터 더욱 복잡한 종으로 이어져 진보하는 한 체계의 일부일 수도 있다는 것이다. 끝으로 그는 종들을 설명한 수준 높은 계통학에 대한 믿음을 버리고, 그에 대한 보상인 양, 인간이 신체, 지성, 도덕 측면에서 완전성을 갖추게 될 미래를 고대한다.[3]

다음에 라이엘은 라마르크에 맞선 과학에 근거한 비판의 강도를 낮추고 이렇게 단언함으로써 결론을 내린다.

> 우리는 조물주가 어떤 동물이나 식물을 창조할 때 그 후손이 살아갈 가능한 환경도 모두 내다보았으며, 종들이 스스로 영속하고 불가피하게 노출된 환경 속에서 살아남을 유기 조직도 전달되었다고 가정할 수밖에 없다.[4]

라마르크에 대한 이런 모진 거부는 찰스 라이엘이 당대 영국에서 가장 앞서나가던 대담한 지질학자들 가운데 한 사람이어서 효과가 더욱 컸다. 이제 우리가 주목해야 할 분야는 지질학이다.

지질학은 19세기 전반기 영국에서 최고 자리를 차지한 과학이다. 지식인들에게 지질학의 명성이 자자했으며 인기를 누렸다. 영국의 지질학자들은 두 가지 점에서 진화 사상의 발전에 기여했다. 첫째로 지질학자들은 종들이 발전할 수 있는 시간의 범위를 크게 확장했는데, 그것이 아마 가장 중요한 점일 것이다. 지질 구조를 연구하고 화석 유물을 발견하고, 한때 대양이 휩쓸었던 마른 땅을 발견하면서, 지구의 나이는 지구가 실제로 존재했다고 추정되는 겨우 수천 년보다 더 길게 잡을 필요가 생겼다. 둘째로 지질학자들은 자연에서 일어난 사건과 발전 과정을 철저히 자연에 근거해 설명했다. 특히 오랜 옛날에 일어난 홍수를 종교와 성경에 근거해 설명하던 관행을 깼다.

19세기 전반 영국 지질학계에서 두각을 나타낸 지질학자가 두 사람 있었다. 첫째 인물은 1795년《지구론*Theory of the Earth*》을 출간한 제임스 허턴James Hutton, 1726~1797이었다. 그는 지질이 형성되는 발달 과정을 바다의 후퇴로 설명하는 학파와 날선 논쟁을 벌였다. 바다가 후퇴했다는 이론은 존 마틴John Martin, 1789~1854의 그림 〈대홍수*The Deluge*〉에 영감을 불어넣었다. 반대로 허턴은 지구에 일어난 변화를 대체로 지구 표면 아래 형성된 용암의 운동과 지구 표면에 작용하는 눈에 보이는 원인들로 설명하는 이론을 세웠다. 달리 말해 자연에서 일어나는 폭풍과 침식 작용 같은 사건들이 시간이 흐르면서, 어마어마한 기간에 걸쳐 오늘날 우리가 아는 지구가 형성되었다고 믿었다.

허턴의 작업은 영향력이 결코 약하지 않았으나, 라이엘이 지질학을 연구하고 저술하던 1820년대 후반에 가장 유력한 이론은 아니었다. 라이엘은 1830년에《지질학 원리》1권을 출간했고, 2권은 1833년에 출간되었다. 라이엘이 지질학에 접근하는 방식은 자연에서 동일하게 일어나는 과정을 강조하기 때문에, 윌리엄 휴얼William Whewell, 1794~1866의 제안에 따라 '동일과정설Uniformitarianism'이라고 부른다. 그는 옥스퍼드 대학교의 윌리엄 버클런드William Buckland, 1784~1856와 케임브리지 대학교의 애덤 세지윅Adam Sedgwick, 1783~1873 같은 저명한 지질학자들의 격변설에 반대했다. 중요한 기술 연구를 수행했던 이 출중한 과학자들은 지질 변화가 갑자기 순식간에 일어났다고 믿었다. 휴얼은 그들에게 '격변론자Catastrophists'라는 별명을 붙였다. 그들이 한 세대 동안 다투고 논쟁하는 가운데 지질학의 모든 분야에 걸쳐 중요한 연구 작업을 수행한 덕분에, 영국은 지질학의 선도자로 부상했다. 그들이 벌인 여러 논쟁은 지질 발달에 전례가 없었던 역사 개념을 도입하는 계기도 마련했다.

다윈이《종의 기원》을 출간하자 헉슬리를 비롯해 다윈을 지지하는 많은 사람들은 동일과정설을 신뢰하면서 특히 라이엘에게 진화 사상의 발전을 도운 공로가 있다고 인정했다. 이러한 주장은 최근까지도 과학사를 연구하는 사람들이 적지 않게 곤란을 겪게 만든 원인이었다. 다윈이 해석한 진화 개념은 동일과정설과 상충했다. 진화는 자연의 단순한 재배열이 아니라 자연에서 실제로 일어나는 변화를 포함하기 때문이다. 더욱이 라이엘은 지질학자로서 활동하던 초기에 종의 변형 개념을 정색하며 비판했다. 그는 생애 후기에도 다윈설을 탐탁지 않게 여겼다.

하지만 과학사 문헌에서 문제가 되고 있는, 라이엘이 다윈과 헉슬리에게 영향을 많이 주었다는 오래 계속된 주장을 깨끗이 몰아낼 수 있을까? 라이엘의 저작을 아주 기술적이고 협소한 시각으로 읽으면 그런 주장을 몰아낼 수 있을까? 나는 아니라고 생각한다.

동일과정설이 자연 선택에 따른 진화론과 직접 관계가 없더라도, 내 생각에 라이엘의 저작과 본보기는 다른 방식으로 다윈에게 쓸모가 있었고 영향도 미쳤다. 첫째로 다윈은 라이엘의《지질학 원리》1권을 비글호 항해 때 가지고 탔으며, 남아메리카에 머무는 동안 2권도 받아 보았다. 그는 두 책을 부지런히 읽었다. 두 책의 내용은 다윈이 남아메리카, 특히 안데스 산맥에서 마주한 엄청난 지질 유적을 철저히 자연주의적으로 설명할 근거를 제공했던 듯하다. 라이엘은 독실한 신앙인이었으나, 지질 변화를 설명할 때는 성경도 기적도 끌어들이지 않았다. 둘째로 라이엘의 저작은 지질 현상이 오랜 시간에 걸쳐 조금씩 아주 느리게 발달한다고 강조했다. 이는 다윈이 조사할 유기 자연이 형성되는 데 필요한 시간 범위를 확장했다. 끝으로 라이엘과 다윈은 친구가 되었다. 젊은 다윈은 언제나 연장자인 라이엘에게 지침을 기대했다. 라이엘은 지식인의 정직성을 보여주는 인물의 본보기이자, 종교계의 격렬한 비판에 직면하고도 살아남은, 논란이 분분한 이론을 성공적으로 세운 인물이었다. 게다가 다윈은 종의 문제를 자연주의적으로 다루는 사람은 누구든 주류 과학자 집단이나 빅토리아 시대 종교 세력과 충돌하게 되리라는 점도 알았다.

찰스 다윈은 1809년 2월 12일에 태어났다. 아버지는 의사였으며, 다윈 가문은 기업가 조사이어 웨지우드Josiah Wedgewood, 1730~1795와 돈독한 관계를 맺었다. 다윈의 할아버지 이래즈머스Erasmus Darwin는 계몽주의자 조지프 프리스틀리와 친구였다. 이래즈머스는 18세기에 종의 변화를 주제로 특이한 운문도 몇 편 지었다. 찰스 다윈의 가족은 우선 다윈을 에든버러 대학교로 보내 의학 공부를 시켰다. 에든버러에서 지낸 두 해는 흔히 알려진 것보다 다윈에게 훨씬 중요했다. 그는 거기서 애덤 스미스와 다른 스코틀랜드 경제학자들의 저작을 통해 스코틀랜드 학파의 사회사상을 우연히 접하게 되었다. 스코틀랜드 학파의 사회사상은 모두 오랜 시간에 걸친 발전과 단계별 발전을 강조했다. 또한 세계에 접근할 때 모든 면에서 자연주의적인 방식을 철저히 강조했다. 내가 아는 한 다윈은 스코틀랜드 칼뱅파와 접촉한 적이 없었다. 그러나 스코틀랜드 칼뱅파가 다른 어떤 주요 종교 단체보다 다윈의 후기 이론을 수용할 때 덜 곤혹스러워했다는 점에 주목하면 흥미로울 것이다. 스코틀랜드의 세속 사상과 종교는 둘 다 결정론determinism*을 다시 강조했는데, 결정론은 나중에 다윈의 사상에도 나타난다. 끝으로 다윈이 스코틀랜드에서 받은 의학 교육의 영향으로 성격이 유물론materialism으로 기울어졌다는 점도 중요하다. 당시 의학 교육은 인간이 신의 영광을 보여주는 실례가 아니라 과학과 탐구의 대상이라고 강조했을 법하다.

다윈이 의학에 싫증을 내자 가족들은 의학 공부 계획을 포기하고, 성직자가 되리라 기대하며 그를 케임브리지로 보냈다. 다윈은 케임브리

---

* 결정론은 인간의 의지와 행위를 결정하는 힘이 정신이냐 물질이냐에 따라 두 종류로 나뉜다. 하나는 그리스도교의 구원 예정설이나 근대 유럽의 관념론이고, 다른 하나는 고대 그리스 데모크리토스Demokritos에서 근대 자연 철학자에 이르는 유물론과 마르크스Karl Marx의 변증법적 유물론이다. 구원과 멸망 두 측면에서 이중 예정설을 설파한 16세기의 종교 개혁가 칼뱅은 선행으로 예정된 과정을 바꿀 수 없으며 인간은 신의 영광을 위해 살아갈 뿐이라고 했다.

지에서 성직자 출신 과학자들에게 배웠다. 그들은 과학자와 성직자 역할 사이에서 긴장감을 거의 느끼지 않았다. 이런 교사들에게서 다윈은 자연사에 깊이 감사하면서도 주의를 기울여 관찰하는 태도를 흡수했다. 우리가 다음 강의에서 논의할 윌리엄 페일리의 저작과 관계가 있는 자연 신학도 자세히 배웠다. 또한 다윈은 케임브리지에서 만난 교사들의 가르침 덕분에 참다운 과학이란 언제나 그리스도교 신앙과 양립하므로, 과학 정신이 대담할 수 있다고 믿게 되었다. 그들 가운데 몇몇은 나중에 다윈을 신랄하게 비판하는 적대자가 되었지만, 다윈은 확실히 케임브리지에서 지식인다운 자유로운 사고를 체득했던 듯하다.

1831년 다윈은 비글호를 타고 항해에 나섰다. 이때 케임브리지 대학교의 성직자 출신 과학 교사들의 도움으로, 다윈은 비글호의 함장인 피츠로이Robert Fitzroy, 1805~1865의 동료가 되었고, 박물학자로 자리를 얻었다. 비글호 항해는 1831년 12월 27일부터 1836년 10월 2일까지 이어졌다. 다윈의 생애에서 단 한 번뿐인 가장 중대한 시기였다. 그는 독립적으로 살고 스스로 판단해야 했다. 지구의 가장 외떨어진 몇몇 지역을 살펴보고 나서 지질학과 식물학, 동물학 연구뿐만 아니라 비전문가의 방식으로 인류학 연구까지 통합했다. 비글호 항해에서 핵심적인 몇 주는 에콰도르 앞바다에 자리한 갈라파고스 군도에 머문 시기였다. 거기서 다윈은 되새류finches에 끌려 관심을 갖고 근처 여러 섬에서 많은 되새를 채집했다. 채집할 당시에는 특별한 인상을 거의 받지 못했지만, 런던으로 돌아왔을 때 다윈은 되새류의 분포가 특수 창조론*과 일치하지 않는

---

* 모든 생물 종은 각각 신이 천지를 창조한 엿새 동안에 특수하게 만들어졌고, 창조 이후 오늘

다는 점에 주목했다. 따로 떨어진 각 섬에 뚜렷이 다른 종이 너무 많았다. 또한 갈라파고스 군도의 환경과 조건을 볼 때, 이렇게 흩어져 분포할 필요도 없었다. 다윈은 갈라파고스 되새류만으로는 변이를 확신하지 못했지만, 런던 자연사 박물관에 채집해둔 다른 새들에 대한 연구와 결합시켜 마침내 기존의 종 이론이 부적합하고 변이가 정말로 일어난다고 확신하게 되었다.

다윈이 런던으로 돌아온 때는 1836년 가을이었고, 다음해 초 런던에 정착해 1839년까지 살았다. 그는 수도 런던에 있는 다양한 박물학 수집 내역을 이용하고, 과학자 친구들과 인맥을 형성했다. 이때 다윈은 형인 이래즈머스와 아주 가깝게 지냈는데, 이래즈머스는 종교와 정치 문제에서 급진주의 성향을 보였다. 이렇게 다윈은 존 스튜어트 밀이《자서전》에서 말한 런던 급진파와 직접 만나 교류하게 되었다. 다윈이 런던에서 지낸 몇 년은 지금은 거의 알려져 있지 않지만, 에든버러와 케임브리지, 비글호에 이어 다윈의 사상에 넷째로 영향을 미친 주요 요인이었다. 다윈은 정치에 능동적이고 활발하게 참여하지 않았다. 하지만 특히 중앙집권주의자들 같은 급진파와 직접 교류하면서, 케임브리지 교사들의 사고방식과 달리 기계론에 훨씬 호의적이고 유물론으로 기운 사고방식과 현 상태에 맞서는 도전을 좀 더 편안하게 받아들였을 법하다.

다윈이 처음 종의 변이를 주제로 공책에 기록하기 시작한 때는 1837년 봄이었다. 그의 생각이 변이가 일어날 가능성으로 옮겨간 계기는 갈라파고스 군도 되새류 관찰에서 도출한 결론이었다. 다윈은 종이 이전에

까지 바뀌지 않았다고 믿는 입장이다.

통용되던 이론에 따라 믿었던 바와 달리, 견고하며 임의적인 고정된 본질이 아님을 이해하게 되었다. 정확히 말해 종을 개체군population group으로 이해하기 시작했다. 종과 변종을 구분하는 선은 이전에 생각한 것보다 훨씬 더 유동성이 있었다. 개체군의 관점에서 보자마자, 이전에는 닫혀 있던 생각이 열렸다. 진화론자가 된 다음에 그가 풀어야 할 문제는 진화가 어떻게 일어나는지 설명하는 것이었다.

다윈이 진화론자로 전향하고 나서 정확히 어떤 경로로 자연 선택 개념을 공식화하는 단계로 나아갔는지에 대해서는 논란이 분분하다. 하지만 유일하게 영향을 미친 요인은 아니라도, 다윈이 맬서스의 《인구론 *Essay on the Principle of Population*》을 읽고 영향을 받았다는 점은 아주 중요하다. 다윈은 《인구론》을 읽고 나서야 비로소 경쟁과 자연의 낭비를 이전보다 훨씬 충분히 알아볼 수 있었다. 바꿔 말하면 열매를 맺지 못하고 깨어나지 못하는 수많은 씨앗과 알이 있다고 그려낸 맬서스의 생각에 깊이 감동했다. 맬서스가 희소 자원을 차지하려는 경쟁을 강조한 점에도 깊은 인상을 받았다.

다윈은 5년 동안 종의 문제를 공책에 계속 기록했다. 그런 다음 1842년에 종들이 변화를 겪는 기제라는 개념이 드러난 35쪽짜리 초고를 작성했다. 1844년에는 초고를 더 길게 썼는데, 아내에게 초고가 발표되면 세상의 좋은 평판을 잃게 될 거라고 말했다. 이렇게 쓴 초고에서 다윈은 자연 선택 개념, 바꿔 말하면 어떤 종의 내부에서 우연하게 발생하는 변종이 특정한 식물과 동물에게 생존 경쟁struggle for existence에서 한계 이익marginal advantage을 제공한다는 생각을 설명했다. 이것이 특정한 종들이 자연에 따라 선택되는 방식이었다. 그렇게 선택된 종은 성체가 될 때까지 살아남을 수 있어 번식도 할 수 있다.

다윈은 자연 선택 개념을 내놓을 준비가 되었으나 발표하지 않았다. 즉시 발표하지 않은 이유는 과학사 연구자들을 대단히 당혹스럽게 만드는 문제였다. 몇 가지 이유가 제시되었다. 첫째로 다윈은 자신의 논제를 뒷받침할 증거에 대한 확신이 없었다. 그래서 1844년부터 1859년까지 여러 해에 걸쳐 주의 깊고 체계적으로 자료를 모아 자신의 가설을 시험하면서 보냈다. 둘째로 다음 강의에서 충분히 다루겠지만, 다윈의 정신은 여전히 자연 종교natural religion에서 비롯된 특정한 범주들로 가득 차 있었다. 그런 범주들 가운데 하나는 완벽한 자연과 자연 안에서 일어나는 완벽한 적응이었다. 그는 자신의 자연 선택 개념이 완벽하게 적응한 자연이 아니라 적절하게 적응한 자연을 설명한다고 믿었다. 셋째로 다윈은 매우 조심스럽고 신중한 사람으로, 정치 논쟁을 즐기지 않았다. 그는 종의 변이 가능성을 내세운 자신의 신념이 지성사 측면에서 얼마나 급진적이고, 종의 변화를 철저히 자연주의적으로 설명하는 접근이 얼마나 더 급진적인지 잘 알았다. 그래서 종교에 치우친 과학자들과 성직자들에게도 혹독한 비판을 받으리라고 예상했다.

하지만 내 생각에 다윈이 자연 선택에 따른 진화 이론을 1840년대에 발표하지 않은 결정적 이유가 하나 더 있다. 1844년에 로버트 체임버스Robert Chambers, 1802~1871가 쓴 책이 나왔는데,《창조의 흔적The Vestiges of Creation》이라는 제목을 붙여 익명으로 출판되었다. 통속 과학을 담은 대담한 작품인데 출간과 동시에 가장 잘 팔리는 책으로 인기를 누렸다. 체임버스는《창조의 흔적》에서 동물이 점차 발달해왔다는 주장을 내놓았다. 그는 서로 다른 동물들 사이에 나타나는 유사성을 전부 지적한 다음, 공통의 조상이 있다고 넌지시 제안했다. 하지만 변이가 어떻게 일어나는지 설명할 어떤 기제도 제공하지 않았다. 오류투성이 책인 데다 그의 심리학은 대부분 골상학骨相學 phrenology*에 근거했다. 체임버스의 책은 깨끗이 잊히거나 무시될 수 있었지만 사실은 그렇지 않았다. 그 책은 당대를 휩쓴 유명한 쟁점cause célèbre이 되었다. 익명으로 출간된 책을 읽고 당대 저명한 성직자들과 과학자들이 서평을 쏟아냈다는 점은 더욱 중요하다. 그들은 책을 쓴 사람을 비난하고, 종교와 도덕, 참다운 과학의 길을 위험에 빠뜨리는 작품으로 소개했다. 나는 다윈이 신중하게 생각한 끝에 걱정스러운 나머지 자신의 이론을 발표하지 않았을 듯싶다. 왜냐하면 증거가 취약하고 기계론까지 함축하는 자신의 사상에도 당대 지식인들이 비슷하게 반응하리라고 예상했기 때문이다.

다윈이 얼마나 오래 걱정하면서 기다렸을지는 결코 알 수 없겠지만, 1858년 초여름 그는 앨프리드 러셀 월리스Alfred Russel Wallace, 1823~1913에게서 편지 한 통을 받았다. 월리스는 노동자 계급 혈통의 부지런한 박물학자로 조금 알려진 인물이었다. 편지와 함께 보낸 논문에는 다윈의 자연 선택 관념의 핵심이 담겨 있었다. 다윈은 즉시 자신의 친구들, 찰스 라이엘과 조지프 돌턴 후커Joseph Dalton Hooker, 1817~1911에게 조언을 요청했다. 그들은 동남아시아에 머물던 월리스와 상의하지 않고 월리스의 논문과 이전에 쓴 편지를 다윈이 쓴 초고와 함께 린네 학회에서 발표하는 자리를 마련했다. 그래서 다윈에게 우선권이 주어졌고, 출판

---

* 19세기에 유행한 통속 과학으로 두개골의 형태를 연구해 정신 능력과 성격 특성을 알아낼 수 있다고 주장했다. 20세기에도 대중에게 인기를 끌었으나, 현재 신경 생리학과 뇌과학, 유전학이 발전하면서 신빙성을 잃었다.

을 서두르지 않을 수 없었다. 이듬해 다윈은 여러 해에 걸쳐 작업한 대작을 완성했다. 이렇게 1859년은《종의 기원》이 출판된 역사적인 해가 되었다.

하지만《종의 기원》은 1859년의 책만이 아니었다.《종의 기원》은 다윈이 살아 있는 동안 6판까지 나왔는데, 판을 출간할 때마다 대폭 수정되고 명료해졌으며, 인격적인 요소를 끌어들여 설명하는 후퇴 신호도 숨어 있었다. 다윈의 정신이 늘 변화가 일어나는 과정에 있었듯이,《종의 기원》도 과정에 있는 책이자 문서였다. 다윈은 자연 선택이 정확히 무엇을 뜻하는지 설명할 때마다 곤경에 빠졌다. 가장 흥미로운 점은 자연 선택이 일어나는 기제를 의인화에 기대지 않고 묘사하는 문제이다. 그는 자신의 의도를 설명하려고 계속 말을 덧붙였다. 6판에서는 이렇게 진술했다.

> 이렇게 개체가 나타내는 유리한 차이와 변종은 보존되고, 유해한 차이와 변종은 소멸한다. 나는 그런 과정을 자연 선택, 또는 적자생존the survival of the fittest이라고 불렀다.[5]

뒤에 추가한 '적자생존'은 라이엘에게서 가져온 말인데 혼란만 가중시켰을 따름이다. 다윈은 이어서 이렇게 말했다.

> 몇몇 작가들은 자연 선택의 뜻을 오해하거나 반대했다. 자연 선택이 변이를 유도한다고 상상하는 사람도 있었다. 그러나 자연 선택은 생겨나서 생활 조건에 맞춰 살아가는 데 유리한 변종들이 보존된다는 뜻

이다. ……의심할 여지 없이 자연 선택이라는 말은 문자 그대로 사용하면 틀린 용어이다. 그러나 화학자들이 다양한 원소 사이에 선택 친화력selective affinity이 있다고 말할 때 반대하는 사람이 어디에 있는가? 게다가 엄밀히 말해 산이 선호 결합할 염기를 선택한다고 말할 수도 없다. 내가 자연 선택을 능동적 힘이나 신성인 양 말한 것으로 여겨지기도 한다. 그러나 어떤 저자가 중력이 행성들의 운동을 지배한다고 말했다고 하여 반대하는 사람이 어디에 있는가? 모든 사람이 은유가 담긴 표현들이 무엇을 함축하는지 잘 알고 있으며, 그런 표현은 간결하게 뜻을 전달하려면 언제나 필요하다. 그래서 자연이라는 말의 인격화를 피하기 어렵지만, 내가 말하는 자연은 수많은 자연 법칙이 모여서 일어나는 작용이자 그런 작용이 빚어낸 생산물을 뜻하며, 자연 법칙이란 우리가 확인한 사건들의 계기sequence of events일 따름이다.[6]

그런데도 다윈은 스스로 썼듯이 자연 선택을 설명할 때 계속 인격이 지닌 특징을 부여했다. 앞에서 인용한 구절이 암시하는, 다윈의 정신에서 일어난 과정과 관련된 문제는 다음 강의에서 더 논의하겠다. 여기서는 인용문에 나타난 혼란이 유일한 사례가 아니며, 혼란이 생긴 까닭은 일부는 다윈의 정신이 과도기에 있었던 탓이라는 점만 짚고 넘어가려 한다. 다윈은《종의 기원》에서 흐름과 과정 속에 있는 세계를 묘사하려고 했으나, 머릿속을 꽉 채운 수많은 생각을 표현할 어휘가 부족했다.

다윈의 과제에 딸린 지적인 난해함과 그가 사용한 어휘로 인해 장기간에 걸쳐 예기치 않은 결과가 나타났던 듯하다. 이런 결과 가운데 하나는 사회 비평가들과 논평자들 사이에 출현한 사회 진화론social darwinism

이었다. 영미 지성사에서 사회 진화론보다 더 많은 혼란을 불러일으킨 용어는 거의 없다. 사회 진화론에는 다양성이 들어설 여지가 하나도 없다. 다윈과 가까운 사람들은 대부분 단호하게 다윈이 사회 진화론과 아무 관계가 없다고 말했다.

아주 단순하고 흔한 표현을 빌리자면, 사회 진화론은 경쟁 사회관을 가리킨다. 이런 사회관에서 치열한 경쟁에 참여하라는 지상 명령은 사회가 자연을 모방한다는 생각에 근거한다. 다윈의 주장대로 자연의 특징이 생존 경쟁이라면, 사회도 비슷한 구조로 돌아간다. 또한 사회에서 적자생존은 병약자를 골라내거나 경쟁 과정에서 약자를 도태시킴으로써 장려되어야 한다. 사회 진화론은 어떻게 발생했는가? 아니면 이런 사회관은 어떻게 다윈설을 지지하는 사람들의 사상과 결부되었는가?

첫째, 다윈은 《종의 기원》 도처에서 유기체들이 경쟁한다고 묘사할 때, 고전 경제학에서 사용한 어휘를 그대로 쓰는 경향이 있었다. 고전 경제학을 세운 작가들의 책을 읽었으니, 당연하고 자연스러운 일이었다. 그런데 거기에는 훨씬 깊은 관계가 있었다. 고전 경제학자들은 사회를 형성하는 힘이자 경제를 이끄는 힘으로서 경쟁의 이익에 관해 가장 노골적으로 쓴 작가 집단이었다. 다윈이 아주 잘 알았던 맬서스의 《인구론》은 경쟁의 역할이 무엇인지 논의할 때 사회와 자연 사이를 종횡무진 넘나든다. 더욱이 다윈은 종의 변화가 오랜 시간에 걸쳐 일어났다고 썼다. 스코틀랜드 학파의 경제학과 사회사상은 네 단계 법칙을 적용해, 지식인이 따라야 할 모형을 제공할 뿐만 아니라 어떤 독립체가 오랜 시간에 걸쳐 어떻게 변하는지 논의할 어휘도 제공했다. 게다가 스코틀랜드 학파의 사회사상에서 네 단계는 각각 서로 아주 다른 독립체를 대표했다. 사회는 경제 생활의 결과로 스스로 탈바꿈했으며, 이런 변화는 자연적인 이유로 일어났으나, 진정한 변화, 그러니까 불연속 변화이지 단순한 재배열이 아니었다. 이런 모든 이유로 고전 경제학의 어휘는 다윈에게 유용했다.

다윈이 고전 경제학의 어휘를 사용한 탓에, 몇몇 역사가들은 그의 사상이 고전 경제학의 사회 범주를 자연에 적용하려는 계획에 지나지 않는다고 말하기도 했다. 내가 보기에는 마치 자기 꼬리를 물려는 개 같다. 찰스 다윈의 사상이 사회 진화론이라고 가정한 다음, 다윈의 실제 작업에서 어설프게 끌어낸 사회사상으로 생물학을 해석하는 것이다. 요컨대 사회 진화론자들은 단순하게 다윈의 사상에 나타난 경제 어휘를 슬쩍 끌어낸 다음 극단적으로 해석해 다시 언급하곤 했다.

사회 진화론이 다윈과 결부된 사상 모형으로 출현한 둘째 이유는 그야말로 다윈과 아무 상관도 없었다. 1850년대에 허버트 스펜서는 라플라스Pierre-Simon Laplace, 1749~1827의 성운설에서 끌어낸 진화 모형에 근거한 사회 논평을 쓰기 시작했다. 1851년에 나온 스펜서의 중요한 첫 저작은 《사회 정학Social Statics》이었다. 다음으로 1860년대에는 헉슬리를 비롯해 런던에서 잘나가는 과학자들과 사이좋게 지내면서, '종합 철학Synthetic Philosophy'라고 부른, 여러 권으로 나뉜 철학 저작을 완성하겠노라고 장담했다. 스펜서는 철저한 진화론자였지만, 자연 선택 개념은 결코 수용하지 않았다. 그는 신新라마르크설을 따르는 사람에 훨씬 가까웠다. 왜냐하면 그는 획득 형질의 유전과 유기 조직체의 사용과 불용의 중요성을 강조했기 때문이다. 그러나 스펜서는 과학 철학자만은 아니었다. 그는 공학자로서 사회 생활을 시작했으며, 《이코노미스트Econo-

mist》의 편집자로 일하기도 했다. 1840년대에 지방에서 자란 스펜서는 대중에게 인기가 많은 통속 경제관을 흡수했다. 통속 경제관은 고전 경제학의 치밀성을 모두 없애고, 아주 극단적으로 해석한 경쟁심을 강조했다. 끝으로 스펜서는 비非국교도 종교인으로 양육된 지방 출신 급진주의자로서 개인주의에 숨은 위력을 확고하게 믿었으며, 종교나 경제 확장economic expansion에 간섭하는 정부의 역할을 혐오했다. 이런 생각과 사고방식, 편견이 모두 스펜서의 철학에 스며들었다. 스펜서가 진화론을 투철하게 믿은 철학자이고 다윈을 추종하는 무리와 친하게 지냈으므로, 많은 독자들은 스펜서가 쓴 저작이 다윈 사상을 철학 관점에서 해석한 결과물이라고 단순하게 가정했다.

스펜서의 영향력이 커진 마지막 요인은 1870년대 이후 진화론이 혼란에 휩싸인 상태로 머물렀다는 점이다. 한마디로 전체 과학자 공동체가 지지할 만한 해석이 존재하지 않았다. 따라서 '진화'와 '다윈설'이라는 말은 어떤 정확한 의미가 존재하지 않았다. 스펜서의 사상은 과학자들의 혼란, 지리멸렬한 어휘, 그의 편의주의로 인해 사회 진화론과 같아졌을 뿐만 아니라 대중에게 퍼진 해석에 따라 강자가 지배하고 사회의 덕이 무시되는 사회상을 옹호하기 위해 사용되었다.

사회 진화론의 출현을 둘러싸고 일어난 여러 사건 가운데 사회 진화론을 제대로 비판한 사람이 토머스 헉슬리 말고는 아무도 없었다는 점이 제일 흥미롭다. 헉슬리는 영국의 대중이 진화를 수용하도록 촉진하는 데 다른 어떤 사람보다 더 많이 기여했다. 1893년 그는 옥스퍼드 대학교에서 로메인스 강연*을 할 때 오랜 친구 스펜서의 사상과 정면으로 맞서기로 결심했다. 헉슬리는 근본 문제를 제기함으로써 자연 자체는 선하지도 악하지도 않기 때문에 인간에게 필요한 행동 양식을 제공할 수 없다고 논증했다. 죽음을 맞기 한 해 전, 헉슬리는 옥스퍼드 대학교에 모인 청중에게 이렇게 말했다. "우주의 진화는 인간이 지닌 선한 경향과 악한 경향이 어떻게 생기는지 우리에게 가르쳐줄 수도 있다. 그러나 우주의 진화는 본래 우리가 왜 선이라고 부르는 것을 악이라고 부르는 것보다 더 선호하는지 설명해줄 더 나은 어떤 이유도 제공할 수 없다." 다음에 그는 '적자생존'이라는 용어가 최선자 생존the survival of the best 문제와 아무 관계도 없다고 지적하는 데까지 나아갔다. 그는 이렇게 논증했다.

사회 속에서 살아가는 인간도 우주 과정에 따른다는 점은 의심할 여지가 없다. 다른 동물들이 그렇듯이, 번식은 멈춤 없이 이어지며, 생계 수단을 차지하려는 극심한 경쟁도 수반한다. 생존 경쟁은 생존 환경에 덜 적응한 개체를 도태시키는 경향이 있다. 최강자, 곧 자신감이 넘치고 생존하려는 본능이 제일 강한 개체는 약자를 짓밟는 경향이 있다. 그러나 우주의 과정이 사회 진화에 미치는 영향은 문명의 발달 수준이 낮을수록 더욱 크다. 사회가 진보한다는 것은 우주에서 일어나는 과정을 단계마다 점검하고, 각 단계를 윤리 과정이라고 부를 수 있는 다른 단계로 대체한다는 뜻이다. 사회 진보의 목적은 가능한 모든 조건에서 가장 잘 적응하는 사람들의 생존이 아니라, 윤리적으로 최선을

---

* 옥스퍼드 대학교가 해마다 예술과 과학, 문학 분야에서 저명한 인물을 초청해 여는 대중 강연으로, 1891년 그리스도교도 존 로메인스John Romanes가 기금을 마련해 시작되었다.

실행에 옮기는 사람들의 생존이다. ······법과 도덕 규범은 말에 매는 고삐처럼 우주의 과정을 제어하고, 개인에게 공동체 안에서 살려면 이행해야 할 의무를 상기시키려는 목적에 맞춰져 있다. 개인은 법의 보호와 도덕 규범의 영향 덕분에 생존하는 것은 아니지만, 적어도 잔인무도한 야만인보다 더 나은 존재로 살 수 있다.[7]

이 강연에서 헉슬리는 소원을 들어주는 요정을 램프 속으로 되돌려보내려 했다. 진화는 영국과 서양 사상사에 새로운 자연관을 제공하는 것보다 훨씬 많은 일을 했다. 진화 개념의 영향으로 인류는 자연 질서에 편입되었다. 자연은 윤리와 상관이 없으니, 헉슬리가 마주한 위대한 질문은 이렇다. 이제는 인간이 우주 안에 뿌리내린 자리가 천사보다 조금 낮지만 영장류보다 조금 높은 곳이 아니라면, 인간은 어떻게 윤리적으로 행동할 수 있는가?

제7강

다윈,
창조론과 맞서다

종교 사상과 종교적 선입견, 종교 제도는 찰스 다윈이 케임브리지 대학교 학생 시절부터 1882년 웨스트민스터 대성당에 묻힐 때까지, 그가 연구하고 머물던 과학계에 스며들어 있었다. 확실히 다윈은 개인적인 지성 생활을 대부분 특정한 과학 탐구 양식과 신학 범주가 뒤얽힌 관계를 풀어내려고 애쓰며 보냈는데, 이렇게 뒤얽힌 관계를 일반적으로 개탄했다. 대체로 인지되지 않았으나 종교적인 문제와 기대는 다윈의 과학 사상과 사색에 영향을 아주 많이 미쳤다. 다윈이 의식적으로 종교나 종교적 결론에서 벗어나려는 순간에도, 종교적 동기나 종교 문제와 결부된 도덕적 우려가 생각을 자극했다.

종교는 다윈의 전문직 생활과도 떨어져 있지 않았다. 케임브리지 대학교의 성직자 출신 과학자들은 다윈에게 과학을 가르쳤을 뿐만 아니라 비글호에서 중요한 직책을 얻도록 도와주었다. 다윈은 영국의 여러 성직자 출신 과학자들이 쓴 책과 논문도 읽었다. 그의 가장 유명한 책,《종의 기원》은 빅토리아 시대 종교계에 폭풍이 휘몰아치듯 논쟁을 불러일으켰다. 다윈의 생애 후반 두 비평가의 저술이, 서로 다른 이유로 자연 선택에 따른 진화론이 종교에 미치는 영향을 다루어야 한다고 압박하며 다윈을 괴롭히고 방해했다. 한 사람은 아사 그레이Asa Gray, 1810~1888로 다윈의 미국인 친구였고, 다른 사람은 성 조지 잭슨 미바트St. George Jackson Mivart, 1827~1900로 영국의 로마 가톨릭교도로서 다윈을 인정사정없이 공격한 적이었다. 나이든 다윈을 찾아온 손님들은 끊임없이 종교 문제를 끄집어내서 그의 의견이 무엇인지 물었다. 다윈이 죽었을 때도 신앙심이 관련된 문제에 한해서는 열렬한 불가지론자였던 과학자 친구들은 다윈이 웨스트민스터 대성당에 매장되기를 간절히 바랐으며 실제로 거기에 묻혔다. 개인 차원에서 보면 다윈의 아내 에마가 다운의 대지주 출신 과학자의 아내로 여생을 보내야 하는 현실에 크게 낙심했다고 믿을 몇 가지 이유도 있다. 그녀는 다윈이 비글호의 현문을 올리고 개인뿐 아니라 과학자로서 발견을 하려고 항해에 나서기 전, 젊은 다윈이 되고자 했던 영국 국교회 교구 주임 신부의 아내로 남기를 바랐다.

하지만 과학자와 전문 직업인으로서 다윈의 인생이 종교 문화에 깊이 뿌리박혀 있었다는 말은 빅토리아 시대에 살았던 거의 모든 과학자들에게도 해당되는 뻔한 소리이다. 진짜 질문은 이것이다. 당대 영국의 종교적 분위기와 다윈은 어떤 영향을 주고받았는가?

첫째로 찰스 다윈에게 영향을 미친 종교적 분위기가 광신에 사로잡힌 복음주의의 부활이나 성서 숭배와 상관이 없었다는 점에 주목하는 것이 중요하다. 이런 세력이 영국에 존재했으나 다윈은 거의 또는 전혀 주목하지 않았다. 그런데도 찰스 다윈과 그의 자연 선택 이론이 무지몽매하고 오만하며 반계몽주의적인 종교와 맞서 싸우는 모습은 지워지지 않고 후대까지 이어진다. 그런 모습을 만들어낸 원천은 둘인데, 한 곳은 영국이고, 다른 곳은 미국이었다.

1859년《종의 기원》이 출간된 다음, 새뮤얼 윌버포스Samuel Wilberforce, 1805~1873 주교 같은 저명한 몇몇 성직자들이 종교계를 대표해 비판하는 글을 썼다. 이 글들이 발표되었을 때 다윈의 몇몇 지지자들은 논쟁에서 이롭게 이용할 수 있겠다 싶어 종교인들의 비평에 달려들었다. 특히 다윈의 불도그*라고도 불린 토머스 헉슬리가 제일 유명했다. 당시에도 다윈의 이론을 비판하기에 적합한 좋은 과학적 근거가 많았지만, 헉슬리는 어떤 비판이든 사실상 그 원천은 종교에 있다며, 종교계에서 나온 모든 비판을 논박하는 반론 전략을 썼다. 그는 언젠가 이렇게 단언했다.

> 목이 비틀려 죽은 뱀들이 헤라클레스의 요람 주변에 널브러져 있듯이, 어느 과학의 요람 주변이든 불씨가 꺼지듯 소멸한 신학자들이 누워 있다.[1]

헉슬리는 자연 선택에 따른 진화에 맞선 어떤 반대 의견이든, 과학에 입각한 진지한 반론까지 종교계의 비판과 결부시켜 유죄라고 주장하거나 무능한 반反계몽주의obscurantism와 연루되었다고 주장하는 단순한 전

---

* 불도그는 성질이 용감하고 주인에게 충실하며 집을 잘 지키므로 투견용이나 호신용으로 키우는 개의 품종이다. 토머스 헉슬리는 다윈을 열렬히 지지했다는 이유로 '다윈의 불도그'라는 별명을 얻게 되었다.

략을 썼다. 다윈에 맞선 반대자는 누구든 종교적 이유로 다윈이라는 위대한 인간에게 반대하고 있음이 분명했다. 이 점에서 과학과 종교 사이에 갈등이 일어날 수밖에 없다는 인상과 은유는, 과학자들이 반론을 펼때 엄청난 이점으로 작용했다. 헉슬리는《종의 기원》의 수용과 평가를두고 최초로 해설한 작가들 가운데 한 사람이고, 후대의 거의 모든 해설은 1960년대까지도 헉슬리의 전철을 밟았다. 그래서 종교가 드리운 어둠에 맞서 과학이 등불을 밝혔다는 인상은 다윈설의 수용과 평가를 이해할 때 널리 영향을 미쳤다.

다윈과 다윈설이 종교계의 반계몽주의에 맞서 싸웠다는 그림이 나온 둘째 원천은 북미 문화 전통에 뿌리를 두고 있다. 1920년대 그리스도교 근본주의christian fundamentalism*를 추종하는 사람들이 진화론을 몰아내려고 벌인 운동은 아직도 기억에 생생하다. 그리스도교 근본주의를 추종하던 클래런스 대로Clarence Darrow와 윌리엄 제닝스 브라이언William Jennings Bryan이 테네시 주의 한 고등학교에서 진화론을 가르친 생물 교사를 상대로 싸움을 벌인 장면은 미국 문화유산의 일부이며, 누구나 연극과 영화로 원숭이 재판scopes monkey trial을 관람할 수 있다.[2] 최근 비非진화 생물 수업을 합법화하려는 시도는 양상이 다르기는 해도 이전의 경향을 떠올리게 한다. 19세기 말이 아니라 20세기 초반까지도 보수 성

---

* 19세기 말부터 20세기 초반에 영국과 미국의 보수 성향 복음주의 신학자들이 자유주의 신학에 반대하면서 주창한 개신교 신학 사조이다. 이런 신학자들이 1910년부터 1915년에 걸쳐 교리를 담은 10여 권의 작은 책《근본 The Fundamentals》을 무료로 배포한 데서 그리스도교 근본주의라는 명칭이 유래한다. 북미 남부에서 특히 세력이 강했던 근본주의자들은 성聖과 속俗으로 나눈 이원론에 근거하여 정치에 무관심하던 모습에서 탈피해 신복음주의, 오순절 교회와 함께 국수주의와 반공주의로 기운 그리스도교 우파라는 정치 세력으로 부상했다.

향을 띤 미국의 개신교가 진화론에 맞서 격렬한 반대 운동을 펼쳤다는
자각은 미국인들에게 익숙하지 않으며, 미국인들이 널리 공유하는 문
화유산의 일부도 아니다. 그런데 19세기 말 논쟁을 매개한 변수들은 헉
슬리가 예상한 양상이나 나중에 미국에서 나타난 양상보다 훨씬 유연
했다.

　다윈과 창조에 딸린 쟁점이 무엇인지 이해하려면, 다윈과 종교의 관
계를 해석한 헉슬리의 견해와 이후 미국의 종교 배경을 모두 한쪽으로
치워두어야 한다. 우리는 사회 분위기가 점잖고 차분한 시대, 신학이 세
련되게 발전한 영국 자연 종교의 세계로 되돌아가야 한다.

　자연 종교는 17세기 영국의 지성 생활을 이끄는 중심으로 자리 잡았
다. 프랜시스 베이컨은 신의 계시를 담은 책은 두 권인데, 하나는 성경
이고 다른 하나는 자연이라고 주장했다. 누구든지 자연을 주의 깊고 공
손하게 관찰하면, 신이 실존하고 자연 질서를 창조했으며 자연 질서를
지혜롭고 자비롭게 주재한다는 결론에 도달할 수 있다는 것이었다. 왕
립 학회*의 창립자들은 과학의 힘으로 종교를 군건하게 다지는 것이 학
회가 이루려는 목표 가운데 하나라고 공표했다. 뉴턴과 뉴턴의 과학을
대중에게 널리 퍼뜨린 사람들은 과학이 계시로 드러난 근본 진리들을
입증한다고 생각했다. 자연 종교는 17세기 말부터 19세기 초반까지 지
배 이념으로서 중요한 역할을 담당했다. 당대 영국을 지배한 인재 집단
은 사회를 현 상태 그대로 유지하는 수단으로 자연 종교를 이용했다. 그

---

* 1660년 영국에 최초로 설립된 과학 학회로 정식 명칭은 '자연 과학 진흥을 위한 런던 왕립 학
　회Royal Society of London for the Promotion of Natural Knowledge'이다.

들은 기존 사회가 자연의 합리적인 조화를 반영하므로 자연의 법칙에 따라 형성되었다고 논증했다.

종교의 관점에서 자연 신학은 한편으로 종교 광신을, 다른 한편으로 무신론에 기반한 유물론materialism을 막아내는 데 이용되었다. 자연 질서의 객관적 합리성은 주관적인 감정 종교에 나타날 수 있는 비합리성에 대한 반대 논증을 펼칠 때 쓸모가 있었다. 신은 합리적인 존재였고, 영국 국교회의 전례서에 나온 대로 온건하고 합리적인 절차에 따라 예배를 드려야 했다. 자연 질서를 과학적으로 탐구하는 일은 신의 실존, 자연을 창조한 신성한 계획이나 설계, 자연의 조화를 드러내므로 과학, 특히 뉴턴의 과학은 홉스의 유물론과 무신론이 출현힐 가능성을 막기 위한 지성의 방어벽으로 우뚝 섰다. 따라서 자연 종교는 사회 질서 내에서 온건성과 합리성, 묵종을 강요하는 힘이었다. 이 모든 점을 고려할 때, 자연 종교는 자연 질서와 영국의 사회 질서를 잇는 지성의 고리, 말하자면 지성의 접착제 같은 역할을 했다.

19세기 전반 내내, 그리고 이후에도 자연 신학은 새로 나타난 영국 과학자 집단에도 이익이 되는 방향으로 중요한 사회적 기능을 담당했다. 1831년에 설립된 초기 영국 과학 진흥 협회의 경우에도, 자연 신학은 넓은 천막처럼 협회 회원들의 종파와 정치 입장의 차이를 덮어 가리는 지배 이념으로 호소력이 있었다. 다른 점에서는 의견이 거의 일치하지 않는 사람들이, 자연은 신이 현존한다는 증거를 제공하며 과학의 역할 가운데 하나는 신의 현존을 발견하는 것이라는 점에는 모두 동의할 수 있었다. 둘째로 자연 종교는 과학에 종사하는 사람들의 탐구가 사회와 정치 질서를 어지럽히지 않고, 도리어 굳건히 다진다고 주장할 수 있는 장치였다. 과학자scientist라는 말은 1834년에 휴얼이 만들어낸 뒤에야 비로소 널리 사용되었다는 점도 기억할 필요가 있다. 끝으로 자연 신학은 많은 과학자들로 하여금 자신들의 연구와 노동이 바로 신을 섬기는 것이며, 신을 경배하도록 북돋운다고 믿게 했던 듯하다. 이 점도 하찮게 여겨서는 안 된다.

초기 빅토리아 시대 대학교에서 과학을 가르친 아주 뛰어난 교사들 중에는 영국 국교회 성직자들도 많았다. 지질학자 찰스 라이엘 같은 비非성직자 출신 과학 교사들은 주교나 성직자로 구성된 이사회의 의견에 복종해야 했다. 성직자들의 압력을 받지 않는 자유로운 과학자들도 중상위 계급이나 귀족 사회에 끼고 싶어 했다. 그런데 중상위 계급과 귀족 사회에 속한 사람들은 과학자들을 기피했으며, 과학이 회의론이나 무신론, 또는 19세기 초반 사회 질서를 위협하는 사상으로 이끄는 통로라고 생각했다. 따라서 자연 신학은 자연관의 문제일 뿐만 아니라 과학이 스스로 사회 측면과 개인 측면에서 정당성을 주장하고 설득하려는 시도의 결과물이었다.

하지만 자연 신학은 자연을 이해하는 과학 탐구의 심장부에 근접하기도 했다. 자연 신학의 영향력은 과학에 종사하는, 곧 과학자로 활동하는 사람들이 자연 속에서 조화, 기능의 완벽성, 목적을 찾으려 했을뿐더러 찾으리라고 기대했음을 의미했다. 19세기 자연 신학은 윌리엄 페일리가 1802년에 출간한《자연 신학Natural Theology》에서 내세운 권위 있는 진술과 나중에 1820년대 후반과 1830년대에 발표한《브리지워터 논문집Bridgewater Treatises》*을 거쳐 발전했다. 페일리의 책은 19세기 내내 영국과 미국의 여러 대학교에서 많이 읽혔으나, 오늘날은 거의 읽히지 않는다. 이런 상황은 우리에게 손해이며, 이런 상황 때문에 페일리의《자연 신학》을 공부하면서 감탄했던 찰스 다윈의 사상을 불완전하게 이해하게 되는지도 모른다.

영국 국교회의 대부제 페일리는 아주 영리하고 합리적인 작가였다. 실제로 페일리의 책을 처음 펼치는 독자들은 미국의 개신교 근본주의자들의 주장을 되풀이하거나 반지성주의 관점에서 자연을 해석하겠거니 예상한다. 그러나 페일리의 연구를 차근차근 읽고 이해하다 보면 당혹스러울 정도로 놀라운 경험을 하게 되고, 겸손한 지식인의 모습을 발견하게 된다. 페일리는 아주 단순하게 자연을 관찰한 증거에 입각하여 신이 실제로 존재하고, 예지한 대로 세계를 창조했으며, 자연을 자비롭게 다스린다고 증명하고자 애썼다.

예컨대 페일리는 자연 속에서 고안contrivance의 증거를 발견할 수 있다고 강조하면서 이렇게 단언했다.

> 만약 고안의 증거가 확인되면, 그것은 우리가 입증하고 싶은 모든 것을 증명해줄 것으로 보인다. 다른 무엇보다 신의 인격이, 때로는 자연이라고 부르고 때로는 원리라고 부르는 존재와 구별된다고 입증한다. 자연이나 원리 같은 말은 철학자들이 사용할 경우에 효력efficacy을 의도하고 승인하고 표현하지만, 인격을 갖춘 행위자를 배제하고 부정하는 것처럼 보인다. 그런데 고안하고 설계할 수 있는 존재는 인격체여

---

* 브리지워터의 8대 백작인 프랜시스 헨리 에거턴Francis Henry Egerton이 지원해 출판했으며, 자연 종교를 지지하는 논문이 수록된 책이다. 휴얼과 라이엘 같은 당대 유명한 과학자들도 참여했다.

야 한다. 이런 역량capacity은 의식과 사유를 당연히 수반하므로 인격을 구성한다. 그런 역량을 발휘하려면, 목표나 목적을 지각할 뿐만 아니라 수단을 찾아 목적으로 나아갈 힘까지 갖춘 인격체가 필요하다.[3]

따라서 자연 속에 고안의 증거가 있다는 사실은 인격을 갖춘 신의 현존을 암시했다. 그는 이렇게 썼다.

우리는 자연 속에서 고안의 표지를 찾아낼 때마다 그런 표지의 원인을 찾아 **지성을 갖춘**intelligent 창조주에 이르렀다. 오성의 이런 추론은 자연이 균일하다는 경험에 근거한다.[4]

페일리는 자연 속에서 신을 직접 발견하기 어려울지도 모른다고 인정했으나, 이를 문제로 여기지 않았다. 그는 이렇게 썼다.

우리가 관찰한 자연과 신 사이에는 제2원인들과 그 원인들에 따른 수많은 과정이 줄지어 존재할 수도 있다. 그러나 어딘가에 틀림없이 지성이 존재한다. 자연 속에는 우리가 보는 사물보다 한층 훌륭한 무엇이 존재할 수밖에 없다. 보이지 않는 것들 가운데 지성을 갖추고 설계하는 창조주도 반드시 존재한다.[5]

페일리의 저작에는 속되고 익살스러운 대목도 더러 있다. 내 생각에 그런 대목이 독자를 끌어당긴다. 예컨대 페일리는 후두개의 능력을 노래한 가상의 찬가를 지었다. 인간의 숨쉬기와 삼키기에 얽힌 복잡한 기능을 설명한 다음, 이렇게 결론지었다.

> 우리가 얼마나 자주 삼키고, 끊임없이 숨을 쉬는지 곰곰이 생각해보
> 라. 예컨대 도시 축제에서 얼마나 많이 삼키고 호흡이 가빠지는가! 그
> 래도 작은 연골 조직인 후두개가 효과적으로 끼어들어 숨통 입구를
> 안전하게 지킨다. 한 입씩 한 모금씩 잇따라 차례차례 넘길 때, 빵 한
> 조각이나 물 한 방울이 호흡하려고 매순간 열려 있는 숨통 입구로 미
> 끄러져 들어가는 사고로 흥분하면, 주변 사람들은 그 사고의 위험에
> 놀랄 뿐만 아니라 재채기 소리에 더 놀란다. 한 세기 동안 빵과 물이
> 손님으로 찾아와도 후두개 덕분에 숨통은 막히지 않는다.[6]

'작은 연골 조직'은 확실히 창조주의 현존과 지혜, 예지를 증명했다.
그런데 페일리의 생각에 따르면 자연은 신이 실존한다는 증거보다
더 훌륭한 것을 보여주었다. 자연을 연구함으로써 신이 자비심으로 고
안하여 자연을 설계했다는 사실도 드러났다.

> ……우리는 신이 자비심으로 창조했다는 사실을 인정하고, 자비로운
> 돌봄이 얼마나 세심하며 보상은 얼마나 거대한지 인정하지 않을 수
> 없다.[7]

페일리는 실제로 자연 속의 그 어떤 것도 완전히 무작위 우연chance에
맡겨지지 않았다고 주장했다. 자연 속에서 우연히 발생한 것처럼 보이
는 일은 관찰하는 사람들이 진짜 원인을 알아내지 못해 우연처럼 보일

따름이었다. 그는 자연 속에 고통과 괴로움이 있다는 사실을 인정했으나, 고통과 괴로움이 좋은 용도로 쓰이고 좋은 기능도 한다고 설명했다. "우리는 나쁜 의도로 고안된 표지를 어디에서도 찾아내지 못한다."[8] 그런데도 자연이 악하다고 결론지으려는 사람이 있다면, 페일리는 그런 사람에게 결론을 다시 생각해보라고 촉구했다. 그는 이렇게 고백했다.

> 우리는 나쁜 결과가 의도되지 않았다고 말함으로써 자연 속에서 악을 지각하는 곤경을 피할 수 없다. 우리가 대답해야 할 질문은 곤경이 궁극적으로도 악한가이다.[9]

달리 말해 악이라는 현상은 그저 현상일 뿐이고, 우리가 지식을 충분히 얻으면 악해 보이는 현상도 이전과 다르게 해석될 터이다. 페일리는 고통과 괴로움이 지혜를 터득하는 데 좋게 기능하는 여러 사례를 반복하여 인용한 다음, 놀랍게도 평온하고 만족스러워하면서 이렇게 선언했다. "결국 행복한 세상이다."[10]

이제 다윈의 《종의 기원》으로 돌아가보자. 《종의 기원》은 페일리의 몇몇 사상을 흉내 내는 데 머물지 않았는데, 우연한 일이 아니었다. 다윈은 케임브리지 대학교에서 공부하던 시절 페일리가 출간한 저작을 혼자 거의 모두 찾아서 읽었다. 《종의 기원》이 출간된 1859년, 다윈은 친구인 존 러벅John Lubbock에게 이런 내용이 담긴 편지를 썼다. "페일리의 《자연 신학》보다 더 감탄을 자아내는 책은 없었네. 이전처럼 지금도 진심으로 훌륭한 책이라고 말할 수 있지."[11]

더욱이 《종의 기원》에서 다윈이 사용한 수사법도 페일리와 비슷했다. 다윈은 여러 해에 걸쳐 가능한 자연 발생 기관으로서 눈에 관심을 갖고 연구했고, 눈을 계획한 창조주가 있다는 증거로 삼을 수 있다고 말했다. 페일리와 다윈은 둘 다 새와 곤충의 본능에 흥미를 느껴 글을 썼다. 두 사람은 인간의 본능과 동물의 본능에서 보이는 차이가 종류의 차이가 아니라 정도의 차이라고 암시했다. 다윈은 여러 해 동안, 자연을 완벽하게 고안되어 적응한 기계 장치mechanism로 보는 페일리의 개념에 도전할 엄두를 내지 못했다. 또한 그는 페일리와 마찬가지로 자연 속에서 그저 원인이 알려지지 않은 채로 일어난 사건을 가리키려고 '우연'이라는 말을 사용했다.

나윈과 이런 논섬을 더 논의하기 전에 자연 종교가 두 가지 이유 가운데 하나 때문에 변할 수 있음을 아는 것이 중요하다. 첫째로 자연 종교는 자연 질서를 이해하는 새로운 과학의 등장으로 변할 수 있다. 둘째로 자연 종교는 신을 이해하는 새로운 신학의 등장으로 변할 수 있다. 페일리에게 신은 완벽한 창조주이자 설계자였으며, 자연에서 일어나는 모든 적응은 실제로 유용한 방식으로 완벽하게 기능했다. 빈약하거나 서툴고 어색해 보이는 적응은 그저 완벽하게 이해하지 못해 그렇게 보일 뿐이었다. 그런데 적응이 완벽하게 일어나는 자연관과 그런 자연을 창조한 조물주가 완전히 자비로운 신이라는 환상적인 견해에 심각한 의혹을 품은 인물이 등장했다. 그는 과학자가 아니라 영국 국교회의 다른 성직자였다.

바로 토머스 맬서스였다. 맬서스의 《인구론》은 다윈과 월리스가 각각 독립적으로 자연 선택 개념을 공식화하는 데 중요한 전환점이 되었다. 인구는 기하급수로 늘어나지만 식량은 산술급수로 증가한다는 맬서스의 주장에 누구나 익숙하다. 이 주장은 자신과 전쟁을 치르는 자연의 아주 어두운 모습을 보여준다. 맬서스의 견해는 자연을 보고 웃는 페일리의 얼굴에 어두운 그림자를 드리울 수 있었으나, 즉각 영향을 미치지는 않았다. 페일리는 맬서스의 주장에 자신을 곤경에 빠뜨릴 근거가 있었는데도 무시해버렸던 것이다.

맬서스가 내놓은 어둡고 음산한 논증은 자연 신학에 즉각 충격을 주지는 않았다. 왜냐하면 《인구론》에서 거의 알려지지 않은 마지막 두 장이 제 역할을 다 했기 때문이다. 마지막 두 장에서 맬서스는 간략한 신정론神正論 theodicy*을 소개하고, 앞서 피력한 무시무시한 자연 속에서 합리적 의미와 종교 차원의 의미를 찾으려고 시도했다. 첫째로 맬서스는 우리가 그저 회의론자를 좇아서 신이 왜 겉보기에 끔찍하고 나쁜 세계를 창조했느냐고 물어서는 안 된다는 주장을 펼쳤다. 그러나 이때 맬서스는 우리가 질문을 했다고 가정하고서, 극심한 경쟁이 일어나는 자연에 생기는 악과 곤경이 인간을 근면하게 하고 마침내 좋은 사회를 이루도록 설계되었다고 주장했다. 인간의 신체에 필요한 것들은 신이 만든 희소 자원을 통해 공급되는데, 이는 정신을 깨워 활동시키고 마침내 지구에 놓인 인간의 상황을 개선하는 데도 이바지했다. 실제로 그는 이렇게 단언했다. "세상의 악은 절망하라고 존재하지 않고 활동시키려고 존재한다."12

---

* '신'을 뜻하는 그리스어 'theos'와 '정의'를 뜻하는 그리스어 'dikē'의 합성어로, 신의 선함과 의로움이 세상에 존재하는 악이나 고통과 어떻게 조화되는지 보여주는 논증을 가리킨다. 라이프니츠Gottfried Wilhelm Leibniz는 1710년작 《신정론 Essais de Théodicée》에서 신이 논리적으로 가능한 모든 세계 가운데 최선의 세계를 창조했다고 주장했다.

이렇게 조금 빈약한 신정론을 빼면, 맬서스가 그린 자연에는 의미도 목적도 자비도 존재하지 않는다. 자연은 황폐하고 어떤 것도 완벽하게 자동 조절되지 않는다. 그래서 맬서스는 자연 속에서 의미나 목적을 찾아내려고, 자연을 넘어서 죽은 다음 이어질 삶까지 고려했다. 그는 지상의 삶이 다가올 영원한 삶에 대해 교훈을 주는 준비라고 생각했다. 따라서 맬서스의 신정론은 자신이 그린 자연 질서에 따른 살벌하고 난폭한 인상을 지우려고 머리를 쓴 미봉책이었다.

맬서스의 저작에서 회의론으로 많이 기운 결론이 곧바로 쏟아져 나오지 않은 이유는 둘이다. 첫째, 맬서스의 이론을 둘러싸고 사반세기 동안 빌어진 논쟁은 신학보다는 빈민 구제법과 사회 복지 측면에 어떤 영향을 주고 어떤 결과를 예상할 수 있는지에 집중되었다. 둘째, 1798년 이후 1830년대까지 사실상 모든 종교 회의론은, 아무리 온건하더라도, 사회 체제를 전복시키려는 시도로 여겨졌다.

따라서 맬서스의 자연관이 무엇을 함축하는지 알아보려는 논쟁은 활발하지 않았으며, 맬서스의 사상은 영국의 자연 신학과 결부된 자연의 조화 개념을 도덕 측면에서 논파할 시한폭탄으로 묻혀 있었다.

이런 그림에서 창조 관념은 어디에 들어맞고, 자연 과학과 자연 종교는 어떻게 찰스 다윈이 특수 창조 개념에 불만을 품게 만들었는가?

첫째, 다윈이 마주한 문제는 어떻게 종들이 창조되었는가였다. 생명의 창조나 물리 우주의 창조가 아니었다. 특수 창조설은 서로 다른 종들이 어떻게 생겨났는지 설명하려는 하나의 시도였거나, 적절하게 표현하면 분리되어 흔히 연결되지 않는 일련의 시도였다. 특수 창조가 다윈에게 특히 문제가 되었던 까닭은 그것이 정말 몇 안 되는 뚜렷하게 종교적인 개념들, 또는 종교 교리에서 직접 도출된 개념들 가운데 하나였고, 당대 빅토리아 시대의 과학계에서 설명 가설로 애용했기 때문이다. 천문학자, 물리학자, 화학자, 지질학자 들은 빈번하게 과학이 종교를 지지하고 신에게 경의를 표하도록 이끈다고 경건한 마음으로 진술할 수 있었지만, 뚜렷하게 종교적인 어떤 학설도 지질학은 말할 것도 없고 물리학과 천문학, 화학 같은 이론 분야에서 실제로 다뤄지지 않는다. 반대로 과학자들과 신학자들은 양측 모두 세계와 창조 개념에 호소함으로써 자연에서 어떤 일이 일어나는지, 자연 질서 안에 무엇이 존재하는지 설명했다. 신학자 겸 과학자도 흔했다. 다윈은 특수 창조 문제에 관해 성찰하던 초기에 자신의 이론이 초래할 결과를 예상했다. 그는 1845년 한 서신에 이렇게 썼다.

> 나는 종의 불변성 문제에 두 측면이 있다는 점을 보여주는 것 이상을 결코 기대하지 않는다. 종은 직접 창조되는가, 아니면 개체들의 탄생과 죽음처럼 매개하는 법칙에 따라 창조되는가?[13]

20세기 후반 닐 길레스피Neal Gillespie는《찰스 다윈과 창조 문제*Charles Darwin and the Problem of Creation*》에서 특수 창조설이 19세기 중엽 어떤 의미가 있었는지 설명한다. 최소한 상당한 혼란이 있었다. 첫째로 신이 자연 질서에 개입하여 직접 기적으로 창조했다고 계속 믿는 몇몇 과학자들이 있었다. 그 가운데 가장 유명한 존경받는 학자는 하버드 대학교의 루이 아가시Louis Agassiz, 1807~1873였다. 아가시는 1862년 보스턴의 한 강연에서 동물 구조를 이렇게 설명했다.

동물 구조는 2차 작용인들에게 위임된 일도 아니고, 균일하게 작용하는 한 법칙에 위임된 일도 아니다. 그것은 공학자가 자신이 만든 기계 장치가 움직이는 동안 관리하고 통제하는 일과 비슷하게 이해할 수 있다. 동물 구조는 창조주가 자신이 만든 복잡한 구조들 가운데서 항상 깊이 생각하며 일하고 있다는 증거이다.[14]

둘째 입장은 종의 창조를 신이 물리 자연의 2차 법칙들을 조작함으로써 일어난 사건으로 여겼다. 창조 사건 또는 과정은 신비스럽지만 법칙에 따라 일어난 것이기도 했다. 이런 사고방식은 기적에 직접 호소하는 단계를 넘어선 듯하지만, 창조를 과학적으로 이해할 수 있다는 경건한 희망을 담고 있었다. 이런 입장을 지지한 케임브리지 대학교의 윌리엄 휴얼과 애덤 세지윅이나 자연사 박물관의 리처드 오언Richard Owen 같은 학자들은 법칙에 따른 정확한 창조 이해가 인간의 과학 지식을 넘어서지만 진리라는 주장을 되풀이했다. 예컨대 1858년 오언은 마음속으로 창조를 의심하면서도 영국 과학 진흥 협회에서 다음과 같이 진술했다.

동물학자에게 '창조'라는 말은 '자신도 무엇인지 모르는 어떤 과정'을 뜻한다고 마음에 새겨두면 좋다. 과학은 아직 '땅에서 풀과 약초가 자라고 종류에 따라 씨앗을 맺을 때' 어떤 2차 원인들이 작용하는지 확인하지 못했다. ……또 과학은 열매가 열린 나무와 물고기가 저절로 생겼다는 사실과 전체 과정, 이른바 '자연 발생spontaneous generation'이 증명되었다고 가정한다. 하지만 우리는 여전히 그러한 과정이 전지하고 전능한 만물의 제1원인에서 유래했다는 생각을 확고하게 유지

해야 한다.[15]

　특수 창조에 접근하는 셋째 입장은《종의 기원》이 출간되기 전, 장래에 다윈의 지지자가 될 헉슬리와 후커 같은 학자들이 고수했으며 핵심은 불가지론nescience이다. 그들은 특수 창조 개념을 아예 거부했으나 대체할 개념을 찾지 못했다. 특수 창조 개념은 기적을 끌어들이든 법칙에 따르든 과학의 관점에서 보면 만족스러운 설명이 아니며, 어떤 결과도 이끌어내지 못한다고 믿었다. 헉슬리는 이후 여러 해에 걸친 상황을 이렇게 설명했다.

　　우리는 알려진 유기체들의 기원에 주의하면서 아무런 원인이 없는 작용이 실제로 일어남을 입증할 가설을 기대했으나 찾을 수 없었다.[16]

　따라서 1850년대 동안 특수 창조설은 한 형태로 존재하지 않았다. 젊은 과학자들이 특수 창조설에 수많은 의문을 제기했고, 특수 창조설을 지지하는 나이 든 학자들 다수도 특수 창조가 모호한 개념이라고 인정할 수밖에 없었다. 지성사 측면에서 상황이 바뀌어 다윈이 만들어낼 진화론 같은 새로운 이론이 탄생할 분위기가 무르익었다.

　동시에 전통 자연 신학에 맞서 새로운 불만이 생겨났다. 어떤 불만은 과학 측면에서 적절성이나 부적절성과 거의 관계가 없었다. 역사가들이 충분히 기술하지 않은 어떤 이유들로 인해, 맬서스가 신정론을 쓰게 된 도덕적 감수성에 변화가 생겼고, 자연 신학은 1840년대가 되자 설득력을 잃었다. 자연 종교와 고전 경제학은 둘 다 자연의 부조화와 사회의 불화를 드러냈지만, 모순되게도 사회와 자연은 조화롭다고 선언했다. 그런데 1840년대에 변화가 일어났다. 바로 이 시기에 윤리에 입각하여 그리스도교를 비판하는 공격이 빗발쳤다. 그리스도교의 중요한 교리에 담긴 도덕성이 빈축을 샀다. 특히 몇몇 작가는 그리스도교도가 믿는 신이 자신의 완벽하고 죄 없는 아들을 세상의 속죄를 위해 희생시켰다며 의문을 제기했다. 이런 신은 비도덕적인 존재라고 주장했다. 동시에 지질학자들은 암석에서 찾은 멸종된 종들을 실제 박물관에 전시하기 시작했다. 맬서스의 유령, 그러니까 자연이 스스로 전쟁을 치르며 불화를 겪는다는 사상이 많은 문헌에 눈에 띄게 나타났다. 앨프리드 테니슨이 1850년 발표한 시집《추모*In Memoriam*》에서 '이빨과 발톱을 드러낸 자연nature red in tooth and claw'이라고 표현한 시구가 가장 유명했다. 이런 발전 양상은 모두 새로운 자연관을 내놓아야 할 필요를 암시하는 것처럼 보였다. 다시 말해 점점 더 많은 파괴와 고통의 증거를 드러내는 자연에 더 높은 목적을 부여하려면, 자연 질서를 새롭게 해석할 방법이 필요했다. 자연을 구제해야 할 필요와 더불어 괴물 같은 자연을 창조하고 악마 같은 야성이 드러나게 이끈 신을 구제해야 할 필요도 새롭게 인식했다.

따라서 찰스 다윈은 1842년에 처음 공식 표현한 자연 선택 이론을 지지해줄 단서들을 찾으려 노력할 때, 자연 신학 때문에 과학 측면과 도덕 측면에서 모두 문제에 봉착했다. 과학 측면에서 철저하게 자연주의로 기운 과학 이론을 내놓을 수 없었고, 도덕 측면에서 자연이 자비로운 신이 아니라 악의 증거를 제공하는 것처럼 보이는 난관에 부딪쳤다. 자연 신학은 과학과도 도덕과도 더는 맞물려 돌아갈 수 없는 것처럼 보였다.

다윈은 이렇게 과학과 도덕 측면에서 난관에 부딪쳤기 때문에, 특수 창조 문제에 정신을 집중했다.

다윈은 자신과 월리스가 독립적으로 자연 선택 개념을 고안했다는 사실이 공식적으로 발표된 다음, 1859년《종의 기원》을 출간했다.

《종의 기원》과 나중에 1862년 출간한 난초에 관한 저작을 비롯해, 《사육 동식물의 변이 *The Variation of Plants and Animals Under Domestication*》(1868)와《인간의 유래 *The Descent of Man*》(1871)에서, 특수 창조설이 조야한 생물학적 관념론에 빠진 자연 신학이라고 끊임없이 공격했다. 과학에 근거해 특수 창조설을 공격한 다윈의 태도는 정말로 직설적이었다. 다윈에 따르면 특수 창조 개념은 과학이라고 평가할 수 있는 방식으로 종의 기원을 밝히지 못했고, 종의 변이를 설명하지도 못했다. 그는《사육 동식물의 변이》에서 이렇게 썼다.

> 각 종이 독립적으로 창조되었다는 평범한 견해에 근거해서는 어떤 종의 기원도 과학적으로 설명하지 못한다. 창조주가 과거와 현재 서식할 종들이 세계에 어떤 순서로 어떤 지역에 나타나야 할지 명령했으니 우리는 기쁘다고 말할 수 있을 따름이다. 창조주는 서식할 종들에게 아주 놀랍고 특별한 유사성을 새겨넣어 집단과 그 집단에 소속된 집단으로 분류했다. 그러나 이런 진술은 새로운 지식을 하나도 보태지 못한다. 사실과 법칙을 한데 묶어 연결할 수 없으니, 아무것도 설명하지 못한다.[17]

첫째로 다윈은 이전에 신의 개입으로 설명되었거나 1858년 오언의 기묘한 정의 같은 모호한 서술로 남았던 종의 기원 문제를 실제로 설명할 수 있다고 주장했다. 다윈은 변이 문제를 보류하는 태도를 거절했다. 둘째로 다윈은 변이를 자연주의에 따라 설명할 수 있다고 강력하게 주장했다.

특수 창조설에 품은 다윈의 불만은 상대적으로 잘 알려져 있어 그를 실증주의 과학자로 분류하고 종교와 신앙심에 맞선 비판자로 세우는 전통이 생겼다. 그런데 이야기는 더 복잡하며, 다윈의 정신은 단순하고 편리한 분류로 보여줄 수 있는 수준보다 훨씬 복잡하다.

다윈의 진화론이 드러난 모든 주요 저작을 살펴보면, 자연과 자연 법칙이 무엇인지 기술한 곳에서 이전 자연 신학사들이 기술한 내용과 아주 비슷한 구절들을 찾아낼 수 있다. 특히 《종의 기원》 제4장에는 다윈이 사실상 자연 선택을 인격화해서 자연 선택을 '신'이나 '신성'이라는 말로 쉽게 대체할 수도 있는 구절이 여러 군데 눈에 띈다. 다윈은 자연 선택 개념을 인격화할 의도가 없다고 누누이 항변했으나, 자신의 글투를 눈에 띄게 바꾸지는 않았다. 더욱이 월리스의 글에서 자연 선택 개념은 훨씬 기계론에 알맞은 용어로 쓰이고 검토되었다. 자연 선택에 사실을 기술하는 용어 이상의 의미를 담았다는 것이 아니라, 글투에서 더 많은 의미가 여러 차례 암시되고 있다는 뜻이다. 코네티컷 대학교의 존 그린John Greene, 닐 길레스피, 나중에 예일 대학 대학원생 도브 오스포밧Dov Ospovat은 다윈의 출간되지 않은 기록과 일기에서, 다윈이 창조주를 언급하고 자연 선택을 인격화했을 뿐만 아니라 때로는 자연을 의인화한 증거까지 찾아내 보여주었다. 이런 증거는 글을 쓰다 저지른 실수로 치부할 수도 있겠지만, 이전의 사고 양식에서 벗어나기 위해 거대한 역경에 맞선 정신의 투쟁을 보여준다. 무신론자나 유물론자로 사회적 낙인이 찍힐까봐 주저하는 정신을 보여주기도 한다.

《종의 기원》 제2판을 끝맺는 구절에서 다윈은 심지어 '창조주'라는 말을 덧붙여 이렇게 말했다.

> 창조주가 처음 몇몇 형태 또는 한 형태에 숨을 불어넣은 생명이 저마다 힘을 발휘하여, 우리의 행성이 고정된 중력 법칙에 따라 순환하는 동안, 그 생명이 아주 작은 것에서 시작하여 아름답고 경이롭기 그지없는 형태로 끝도 없이 진화했고 진화하고 있다는 견해에는 장엄함이 깃들어 있다.[18]

이런 변화는 그저 신앙심 깊은 비평가들의 비위를 맞추려던 것뿐이라고 치부할 수도 있다. 그러나 《종의 기원》을 출간하기 전에 쓴 비공개 기록은 그렇지 않았음을 암시한다. 다윈은 정말로 애매한 상황에 놓여 있었다. 그는 《종의 기원》 마지막 장의 많은 내용을 생략할 수도 있었으나, 그렇게 하지 않았다. 내 생각에 다윈이 적어도 1850년대와 1860년대 초까지 '진화 유신론자Evolutionary Theist'였다는 존 그린의 평가는 적절하다.

정확한 신학적 입장이 무엇이었든 간에, 다윈은 자신의 생각 속에 자주 등장하는 창조주 개념을 자연 신학에서 끌어냈다. 그는 과학 측면에서 종의 기원을 밝히고 생물학을 탐구할 때는 창조주 개념을 제거하고 싶어 했다. 하지만 도덕 측면에서 다윈은 자신의 이론이, 길레스피의 말대로 '공통 유래를 밝힌 자연주의에 따른 이론을 뒷받침하는 동시에 신의 결백을 밝히는 데' 쓰이기를 바랐다. 자연 종교, 지질 탐구, 맬서스가 제공한 매우 가혹한 자연관은 테니슨을 괴롭혔던 만큼이나 다윈을 괴롭혔다. 1856년 다윈은 후커에게 쓴 편지에서 이렇게 말했다.

> 악마의 사도는 자연 속에서 투박하고 황폐하며 서툴고 질이 낮을뿐더러 끔찍하게 잔혹한 일을 찾아내 책을 쓸지도 모르지.[19]

자연의 잔혹성 때문에 도덕 측면에서 궁지에 빠진 다윈은 현실에 안주한 전통 자연 신학과 특수 창조설에 불만을 품게 되었다.

다윈의 공책과 출산된 저작을 비롯해 지인에게 보낸 비공개 편지에 따르면, 다윈은 자신의 자연관과 자연 선택에 따른 진화론이 인간으로서 자연 질서를 파악하는 고결한 관점이라고 주장했다. 자연 종교나 특수 창조설보다 높은 차원의 신 개념을 내놓았다는 그의 주장은 더욱 중요하다. 실제로 다윈은 맬서스의 갈등에 휘말린 세계관을 대신할 만한 유효하고 설득력 있는 신정론을 펼치려고 애썼다. 맬서스의 신정론은 만족스러운 수준에 이르지 못했고, 자연주의 과학의 충격으로 붕괴하고 말았다. 맬서스는 내세의 삶에 호소할뿐더러 나태한 인간이 이승에서 생기는 문제를 해결하려고 자연스럽게 일하게 되었다고 주장함으로써 고통을 정당화했다. 다윈은 맬서스가 겪은 실패를 거듭하지 않으면서 시대가 요구하는 신정론을 제시하려 했다. 그것은 지구라는 세상에서 펼쳐지는 역사를 아우름으로써 성취할 수 있었다. 그는 《종의 기원》에서 이렇게 썼다.

이 책에서 내가 말한 여러 견해가 왜 종교 감정에 충격을 준다고 하는지 도무지 이유를 모르겠다. ……내 생각에 과거와 현재 세계에 서식하는 종들의 생산과 멸종이 2차 원인이 작용한 결과라는 사실은 창조주가 물질에 새겨넣은 법칙과 더 잘 부합한다. 그 법칙이 개체의 삶과 죽음을 결정하듯 종의 생산과 멸종을 결정한다. 만물은 특수 창조되지 않았고, 실루리아계의 첫째 지층이 생기기 오래전부터 살았던 몇 안 되는 존재가 고등한 단계로 진화한 직계 자손들인 것처럼 보인다. ……자연 선택은 각 존재의 선에 따라서, 또 이익이 될 때만 일어나므로, 모든 신체와 정신에 부여된 천부의 재능은 완벽해지려는 경향이 있다.[20]

다윈의 견해에 따르면 자연 선택, 그러니까 2차 법칙에 따라 철저하게 자연주의 방식으로 일어나는 과정은, 실제로 자연 속에서 눈으로 확인되는 악과 고난의 직접 책임이나 죄가 신에게 있을 가능성을 배제했다. 길게 보면 자연에 드러난 고난은 자연이 완벽해지는 과정과 얽혀 있었다. 더욱이 신이 자연에서 멀리 떨어진 존재라면, 자연 질서가 완벽하게 완료되지 않았다는 사실도 기꺼이 받아들일 수 있었다. 1860년 무렵 다윈은 신이 자연 법칙이나 그것에 따라 일어날 과정을 설계했으나, 자연에서 복잡하게 얽혀 일어나는 정확한 내용에는 책임이 없다고 생각했던 듯하다. 따라서 다윈은 토머스 칼라일이 내놓은 자연적 초자연주의natural supernaturalism를 과학 관점에서 다시 해석함으로써 자연이 고결하다고 주장했다. 자연이 고난을 만들어내고 불완전하게 적용하는 모습을 보이더라도, 자연 선택에 따른 진화 과정이 종들에게 좋게 작용해

서 궁극적으로 '완벽을 향해 나아갈' 따름이라고 설명한다.[21]

1860년대의 다윈은 자신의 이론에 대한 종교인들의 대안을, 적어도 특수 창조를 포용하는 대안을 점점 받아들이기 어려워졌다. 그는 성직자들과 신학자들에게 적대감을 점점 많이 느꼈다. 나는 다윈이 두 가지 측면에서 생각이 바뀌면서 엄격해졌으며 유물론에 더 많이 기울어진 끝에 불가지론자가 되었다고 믿는다. 첫째, 다윈은 인간이라면 누구나 그렇듯이, 종교인들이 제시한 근거에 따라 자신의 이론을 거부하는 사람들이나 종교계의 입장에 서서 자신의 이론에 반대 논증을 펼치는 과학자들에게 짜증이 나고 화가 치밀었다. 다윈은 당연히 종교인들이 반대하리라고 예상했다. 그런데 종교계의 반대는 그가 예상한 수준보다 더 강력하고 신랄했다. 둘째, 다윈이 존경하던 아사 그레이 같은 과학자들이 종교와 과학 양면에서 반대하고 나서자, 그는 설계와 섭리를 비롯해 창조와 얽힌 문제를 이전보다 더 열심히, 더 체계적으로 또 직접적으로 생각할 수밖에 없었다.

다윈은 이런 쟁점을 대부분 피하고 종의 기원을 탐구하는 일에만 몰두하고 싶었다. 일은 바라던 대로 돌아가지 않았다. 그레이 같은 작가들이 다윈을 원하지 않는 방향으로 밀어붙였다. 숙고한 결과 다윈은 거의 생각해본 적도 없는 아주 모호한 불가지론으로 기울어졌다. 그래서 창조주라는 관념을 더 많이 다루게 되었다. 더욱이 창조와 얽힌 문제를 두고 생각하는 일이 불편하다고 느끼면서도, 눈에 보이는 자연의 악과 눈에 보이지 않는 신의 현존을 조화시키는 일에 계속 관심을 가지고 이런 일을 반복했다. 1860년 5월, 다윈은 아사 그레이에게 편지를 썼다.

신학 관점에서 비롯된 창조 문제는 언제나 나에게는 골칫거리라네. 당혹스럽고 애를 먹이는 문제이지. 무신론자의 입장에 서서 글을 쓸 의도는 없었다네. 하지만 도처에 드러난 설계와 은혜의 증거를, 내가 남들이 보듯이 분명하게 볼 수 없다는 점은 인정하겠네. 세상에는 비참한 일이 너무 많이 일어나는 것 같네. 하지만 은혜롭고 전능한 신이 살아 꿈틀거리는 애벌레의 몸속에 알을 낳는 맵시벌이나, 쥐를 가지고 노는 고양이를 설계해서 창조했다는 것은 납득할 수가 없다네. 이런 일을 믿지 않으니까 눈이 분명한 계획에 따라 창조되었다고 믿을 필요도 없지. 어떻든 나는 이토록 경이로운 우주, 특히 인간의 본성을 관망하면서 만물이 난폭한 힘의 결과물이라는 견해에 만족할 수는 없네. 만물을 계획된 법칙의 결과물로 보고, 좋든 나쁘든 세부 사항들은 우연이 개입된 작용에 맡겨두고 싶어진다네. **어쨌든** 이런 생각이 만족스럽다는 말은 아닐세. 이런 중요한 주제는 너무 심오해서 인간의 지성이 다루기 어렵다는 것을 절감하네. 개가 뉴턴에 관해 사색하는 편이 낫겠지.[22]

다윈은《사육 동식물의 변이》마지막 절에 고쳐 실은 것으로 보이는 이 편지뿐 아니라 다른 공개 진술에서도 언제나 같은 논증을 되풀이했다. 신이 우리에게 드러난 모습 그대로 자연보다 더 우아하고 목적에 맞는 세계를 자비롭게 설계하고 창조하지 않았더라도, 정말로 직접 창조하고 설계한 신을 계속 믿고 싶은가? 인간을 염려하는 전능한 조물주의 현존에 반대하는 다윈의 논증은 대체로 과학 논증이 아니라 도덕 논증이었다. 다윈의 견해에 따르면 자연 질서는 신이 없다는 증거도, 신이 인간의 숭배를 받을 가치가 있다는 증거도 보여주지 않았다. 다윈이 보존하기를 소망한 조물주나 신은 페일리가 내놓은 합리적이고 자비로운 신이었다. 하지만 영성이 깃든 힘이자 대상으로서 신을 보존하려면 신과 자연이 직접 접촉하지 않는다고 봐야 했다. 따라서 신이 인간에게 예비한 길이 정당함을 보여주기 위해, 다윈은 자신이 도덕 측면에서 혐오스러워한 자연에서 신을 제거했다. 자연 질서에 따라다니는 투쟁이나 고통과 아무 관계 없는 신만이 인류가 신앙의 대상으로 삼을 만한 가치가 있는 신이었다. 생애 후반 다윈은 이런 신이 실존한다고 확신하지 못했다. 그러나 다른 사람들은 서로 다른 결론에 도달했다.

제8강

마르크스,
노동자 계급을 격상하다

20세기에 카를 마르크스의 사상이 어떤 경로를 밟았는지 무시한 채로 그의 사상이 19세기에 차지한 지위와 의미를 따지는 일은 거의 불가능하다. 결국 19세기 초반의 마르크스 사상도 논의하겠지만, 우선 19세기 말 마르크스 사상의 평판이 어떠했는지 윤곽을 그려보고자 한다. 마르크스 사상이 수용된 역사를 먼저 고찰하면, 불필요한 논란을 제거할 수 있다. 다음에는 마르크스 저술에 담긴 여러 난점을 극복하기만 하면 된다.

1840년대와 1850년대 카를 마르크스는 유럽 노동자 계급이 놓인 조건이 열악하다고 비판하던 상대적으로 다수였던 독일 급진주의 작가들 가운데 한 사람이었다. 그들은 지성 영역과 사회 영역을 넘어서 사회 질서 자체에 문제를 제기하는 비평가들이었다. 이런 작가들 대다수는 별다른 영향력이 없었다. 다른 강의에서 이미 논의한 칼라일과 러스킨 정도가 중간 계급과 노동자 계급 양쪽 사회 비평가들을 비롯해 여러 영어권 국가에서 활동하는 정치 운동가들에게 영향을 미쳤을 터이다.

  카를 마르크스의 경우는 달랐다. 마르크스가 현대 사상계의 주요 인물로 부상한 까닭은, 특정 정당이 그의 사상을 채택했기 때문이다. 독일 사회민주당은 1875년에 창립되었다. 창립자들 가운데 몇몇, 특히 빌헬름 리프크네히트Wilhelm Liebknecht와 아우구스트 베벨August Bebel은 마르크스의 저술을 열심히 읽었으며 그의 사상이 옳다고 확신했다. 고위직에 오른 두 사람은 사실상 19세기 후반 25년 동안 마르크스의 사상을 독일 사회민주당의 공식 지배 이념으로 만들었다. 사회민주당에 영향을 미친 가장 중요한 마르크스의 저술은《공산당 선언Manifest der Kommu-nistischen Partei》(1848)과 세 권으로 줄간된《자본론Das Kapital》이었다.《자본론》1권은 1867년에 출간되었다. 정당에 가입한 당원들과 당 지도부는 수년에 걸쳐 마르크스 사상의 의미가 무엇인지 정확히 파악하려고 날카롭게 대립하면서 논쟁을 거듭했다. 그러나 마르크스의 사상이 정당의 생활과 정책을 결정하는 적합한 토대라는 믿음에는 어떤 관계자도 의문을 제기하지 않았다. 사회민주당이 마르크스의 사상을 공식 지배 이념으로 채택한 사실이 중요한 까닭은, 당시 독일의 사회민주당이 유럽에서 가장 규모가 크고 세력이 컸으며 유능하고 영향력이 뛰어났기 때문이다. 사회민주당은 합법 정당으로 구실하게 되자마자 대규모 당원을 거느린 대중 정당으로 성장했다. 독일 사회민주당은 유럽 대륙의 다른 사회주의 정당의 본보기가 되었다. 각국 사회주의 정당들을 한데 모으는 일종의 국제 회의 또는 국제 기구 역할을 했던, 제2국제 노동자 협회The Second International*로 알려진 기구를 거쳐 독일 사회민주당을 모방하는 현상이 나타났다.

다른 나라 사회주의 정당은 독일 사회민주당을 본뜨는 과정에서 마르크스의 저술을 정당이 따라야 할 지배 이념으로 승인했다. 유럽 전역에 걸쳐 활동하던 모든 사회주의 정당은 마르크스의 저술이 정확히 어떤 정책과 어떤 행동 방향을 요구하는지를 놓고 열띤 논쟁을 벌였다. 논쟁의 핵심은 마르크스의 저술과 사상이 어떤 뜻을 담고 있느냐 하는 문제였다. 혁명을 추구하는 사회주의 정당들은 혁명가들만큼 열렬하게 혁명을 모색해야 하는가? 아니면 마르크스가 혁명은 불가피하다고 말했으니, 사회주의 정당들은 그저 혁명이 일어나기를 기다리면서 기존 정치 체계 안에서 일해도 되는가? 성실한 마르크스주의자들은 바로 이 문제를 두고 의견이 분분했다. 세기의 전환기에 일어난 수많은 논쟁은 마르크스의 생각이 1900년경 여러 나라의 정당들과 정치 지도자들을 다양한 방향으로 이끌 수 있었다는 점을 증명한다.

이것이 서유럽에서 벌어진 상황이었다. 그에 비해 1905년 혁명 이전까지 실제로 공개된 정치 생활이 전무하고 의회 제도가 확립되지 않았던 러시아의 상황은 달랐다. 러시아의 정치 상황은 모든 면에서 극단으로 치달았다. 더욱이 서유럽에 비해 러시아는 산업화가 거의 진행되지 않았다. 따라서 차르[**] 정권이 급진주의자로 지목한 러시아 사회주의자

---

* 제1국제 노동자 협회는 런던에서 조직되어 1864년부터 1876년까지 활동했다. 제2국제 노동자 협회는 1889년 7월 14일 프랑스 혁명 100주년을 기념하며 20개국 사회주의자가 파리에 모여 국제 대회를 열어 결성했고 20세기 초반까지 활동했다. 제2인터내셔널이라고 부르기도 한다.
** 중세 러시아에서 차르tsar는 최고 통치자, 특히 비잔틴 제국의 황제를 지칭하는 말이었다. 1547년 모스크바 대공인 이반 4세Ivan IV가 자신을 차르라고 부름으로써 절대 권력자로 자처했다. 1917년 러시아 사회주의 혁명이 일어나 차르 정권이 붕괴하기 전까지 차르는 인민의 고혈을 짜내는 통치 권력을 상징했다.

들은 대부분 망명 생활을 하면서 활동했다. 그들은 망명지에서 러시아를 사회주의로 이끌 최선의 방법이 무엇인지 열띠게 논쟁했다. 마르크스 사상은 망명 생활을 하던 러시아 사회주의자들 사이에서 결정적으로 중요한 전환기를 맞이했다. 이때부터 마르크스 사상은 서유럽 사회주의 정당들의 공개 논쟁에서 일어난 양상과는 전혀 다른 새로운 방향으로 나아갔다.

러시아 사회민주당은 1895년에 창설되었으나, 망명지에서 활동했다. 망명지에서 활동하던 당원들과 지도자들 가운데 한 사람이 블라디미르 일리치 레닌Vladimir Il'yich Lenin, 1870~1924이었다. 레닌은 여러 동료 사회민주당원들이 지지하는 두 가지 생각을 거부했다. 러시아에서 혁명이 일어나기 전에 규모가 큰 노동 계급이 성장해야 한다는 생각과, 러시아 사회민주당이 서유럽의 사회주의 정당들처럼 대중 정당이 되어야 한다는 생각을 둘 다 거부했다. 나아가 그는 능력이 뛰어난 직업 혁명가들이 모인 소수 정예 정당이 필요하다고 역설했다. 그런데 1903년 러시아 사회민주당이 망명지 런던에서 모임을 가졌을 때 분열이 생겼다. 이때 벌어진 논쟁에서 레닌은 자신을 지지하는 당파를 '다수파majority'라는 뜻으로 '볼셰비키Bolsheviki'라고 부르고, 자신에게 반대하는 당파를 '소수파minority'라는 뜻으로 '멘셰비키Mensheviki'라고 불렀다. 볼셰비키는 1912년에야 비로소 따로 당을 조직했다.

러시아 망명자들 사이에서 벌어진 논쟁은 제1차 세계 대전이 터지기 전까지 20세기 역사나 유럽 사회주의 역사에 별반 의미가 없었다. 제1차 세계 대전으로 러시아의 차르 정권이 무너졌고, 1917년에 러시아 2월 혁명의 결과로 임시 정부가 들어섰다. 임시 정부는 독일과 맞서 전쟁을 계속할 작정이었다. 그런데 1917년 러시아 2월 혁명 이후, 독일 정부는 레닌을 봉쇄된 철도 차량에 태워 제정 러시아의 수도 상트페테르부르크로 들여보냈다. 레닌은 볼셰비키 당원들이 권력을 쥐면 러시아는 전쟁에서 빠지겠다고 독일에 약속한 터였다. 1917년 11월 볼셰비키 당원들은 정치 정변을 일으켜 러시아 정권을 장악했고, 곧 소비에트 연방Soviet Union*으로 세력을 확대했다. 볼셰비키 당의 정변이 성공했기 때문에, 레닌주의 형태로 바뀐 마르크스주의는 20세기 정치 생활에 근간으로 자리 잡았다. 그러한 레닌주의 정책 가운데 하나는 서유럽 사회주의 정당들이 볼셰비키 당을 모방하도록 요구하는 것이었다. 이런 요구로 서유럽 사회주의 단체들은 민주 사회주의 정당과 공산주의 정당으로 분열되었다. 서유럽 사회주의 단체들은 서로 물고 물리는 격렬한 논쟁에 휘말렸다.

그 후 마르크스 사상을 둘러싼 논쟁은 언제나 소비에트 연방의 국내외 정책, 민주 사회주의자와 공산주의자의 분열을 바라보는 참여자의 태도와 연결되었다. 사회주의에 공감하는 민주 사회주의자들과 비非사회주의자들 사이에서 소비에트 연방의 여러 정책, 특히 스탈린 통치 시기의 정책으로 인해 카를 마르크스와 마르크스 사상에 대한 평판이 나빠졌다. 따라서 우선 서유럽과 미국의 학계에서 활동하던 민주 사회주

---

* 1917년 2월 혁명과 11월 혁명 이후 볼셰비키 당이 러시아 정권을 잡은 다음, 1922년 동유럽의 여러 사회주의 국가를 통합한 소비에트 사회주의 공화국 연방이 탄생했다. 약칭은 소련이다. 제2차 세계 대전에서 독일과 일본을 상대로 승리한 이후 소비에트 연방은 미국과 함께 세계를 이끌어가는 초강대국이 되었다. 그러나 1991년 고르바초프Mikhail Gorbachev 대통령이 민주주의와 경제 발전을 바라는 다수 국민의 요구에 따라 사임하면서 해체되었다.

의자들과 동조자들은 마르크스의 저술 안에서 스탈린주의 정책과 다른 사회주의 시각과 혁명관을 찾아내려고 했다.

이렇게 대안적 마르크스주의를 탐색하는 과정에서 핵심적인 순간이었던 1930년대에 이전까지는 발표되지 않았거나 거의 알려지지 않은 1840년대 초기 마르크스 저술이 한꺼번에 출간되었다. 마르크스의 초기 저술에는《1844년 경제 철학 수고*Ökonomisch-philosophische Manuskripte aus dem Jahre 1844*》와《독일의 지배 이념*Die Deutsche Ideologie*》이 포함되었다. 더불어《개요*Grundrisse*》로 알려진《자본론》의 초기 원고도 주목을 꽤 많이 받았다. 이런 저술은 '청년 마르크스'나 '인도주의자 마르크스'로 알려신 보습을 드러냈다. 이런 철학이 담긴 저술은 20세기 마르크스 사상에 엄청난 충격을 주었으나, 사실 19세기 당시 마르크스주의에는 아무 영향도 주지 못했다. 마르크스의 초기 저술에 집중하게 되면서, 20세기 지식인들은 혁명과 경제에 관한 내용이 별로 없는 청년 마르크스의 사상에 주의를 기울일 수 있었다. 정확히 말해 헤겔 철학과 1840년대에 등장한 다양한 급진 성향의 사상가들을 거쳐,《공산당 선언》에 나오는 자신만의 특별한 혁명관으로 나아가려고 노력한 마르크스였다. 마르크스의 초기 저술은 철학자로서 자본주의가 비난받아 마땅한 이유를 조목조목 제시해서, 많은 독자들과 교사들에게 후기 마르크스 저술에서는 사라진 것처럼 보였던 도덕적 특성을 보여주었다. 더욱이 초기 저술은 과학에 근거한 주장이 거의 들어 있지 않고, 인도주의 사상에 가까웠다. 따라서 20세기 인문학 분야에 종사하는 학자들과 교사들은 과학을 미심쩍어하고 경계하면서 초기 마르크스에 끌렸다. 대개 미발표였던 초기 저술에는 자본주의 붕괴를 둘러싼 예측이 거의 포함되지 않았다는 점도 그들을 끌어당긴 이유였다. 그렇더라도 앞으로 보겠지만, 과학에 근거한 사회주의를 세워야 한다는 것이 마르크스의 정확한 주장이었다. 마르크스는 과학에 근거한 사회주의가 바로 새로운 산업 질서에 맞선 다른 급진 사회주의 비평가들의 사상과 자신의 사상을 차별화한다고 생각했다.

끝으로 서유럽 지식인들이 인도주의자로서 마르크스에게 계속 끌렸다는 점은 꼭 짚고 넘어가야 한다. 이는 1940년 독일 소련 불가침 조약과 1945년 이후 공산당의 동유럽 장악, 소련의 1956년 헝가리 침공과 1968년 체코슬로바키아 침공, 1979년 아프가니스탄 침공 이후까지도 계속되었다. 제2차 세계 대전 이후 서유럽의 지식인들은 거듭거듭 초기 마르크스로 돌아가서 인간의 얼굴을 보여주는 마르크스주의를 찾을 수 있을지도 모른다고 희망을 품었다. 그리스도의 정신이 정말로 실현된 적이 결코 없었다고 주장하는 사람들이 늘 존재했듯이, 서유럽의 지식인들은 소비에트 연방의 압제와 정체불명 사회에 직면하자 초기 마르크스의 사상을 해석함으로써 인도주의로서 마르크스주의는 결코 실현된 적이 없었다고 주장했다. 이러한 변론도 1989년에 일어난 사건으로 무너져버린 듯했다.* 1991년 소비에트 연방이 해체되었을 때, 새로운 러시아와 다른 신흥 공화국들은 마르크스주의를 표방하던 이전의 입장을 포기했다.

---

* 1989년 11월 독일 베를린 장벽 붕괴를 가리킨다. 동독의 대다수 국민들이 부정 선거에 항의하면서 민주화를 요구하는 시위를 벌인 끝에 서독과 동독을 가로막은 베를린 장벽이 무너지고 국경이 개방되었다. 이에 뒤따른 동독과 서독의 통일은 소련과 동유럽의 사회주의 체제 붕괴를 가속화했다.

1867년《자본론》출간 이후 마르크스 사상이 수십 년에 걸쳐 지나온 길은 이러했다. 그런데 19세기의 카를 마르크스 이야기와 마르크스의 사상이 1840년대에 사회 비판과 사회주의 이상향social utopianism을 내세운 여러 견해들 가운데 하나로 떠오른 사연은 어떠했는가?

카를 마르크스는 1818년 라인란트에서 유대인 아버지의 아들로 태어났다. 그의 아버지는 바로 1년 전 루터교로 개종했는데, 이렇게 개종하는 일은 '해방의 시대Age of Emancipation'에 살았던 독일 유대인들 사이에서 드물지 않았다. 게다가 마르크스의 아버지는 프랑스와 영국의 계몽주의를 대표하는 작가들의 글을 탐독했다. 또한 이성에 따른 논증의 위력과 인간 본성이 완벽하게 실현될 가능성을 둘 다 굳게 믿었다. 카를 마르크스는 1835년 본 대학교에서 잠시 공부했고, 다음 해 베를린 대학교로 옮겼다. 거기서 독일 관념론 철학, 특히 헤겔의 관념론에 깊이 빠져들었다. 마르크스는 헤겔이 세운 역사주의의 영향을 아주 많이 받았다. 역사주의가 마르크스에게 미친 충격과 영향은 얼마나 컸는가? 역사주의의 영향을 받은 마르크스는 같은 세대에 속한 많은 젊은이들이 그러했듯이 자신이 사는 시대가 과거부터 이어진 역사 발전의 정점일 뿐 아니라 미래에 일어날 역사 변화와 발전의 씨앗을 품고 있다고 확신했다. 헤겔로부터 세계 역사의 변화가 순리에 따라 평화롭게 일어나지 않는다는 생각도 받아들였다. 그러니까 역사의 변화는 폭력을 거쳐서, 흔히 국제 전쟁과 내란, 또는 혁명을 거쳐 일어난다. 더욱이 세계 역사의 변화를 이끌고 기존 사회 질서의 족쇄를 끊어낼 개인 또는 영웅이 필요하다. 마르크스는 헤겔에서 비롯된 이런 사상을 모두 흡수했다.

마르크스는 헤겔 철학의 다른 핵심 사상도 받아들였다. 무엇보다 중요한 사상은 이념이나 추상 관념이 사회의 특징과 사회에서 일어나는 과정을 결정한다는 생각이었다.

헤겔은 사회와 정치 질서 형태가 어느 정도 세계정신에 딸린 이념을 반영한다고 제안했다. 그는 정부 또는 정확히 말하면 관료 정부bureau-cracy of a government가 전체의 선에 따라 지배하는 일종의 보편 계급으로 구실할 수 있다고 주장했다. 보편 이성에 따라 훈련받은 보편 계급 또는 관료 정치 계급이 전체 국민 가운데 특별한 계급이나 특수 계층의 이익을 넘어서 지배할 것이라고도 말했다. 이런 점에서 관료 정부는 루소의 일반 의지와 비슷한 역할을 한다. 헤겔에 따르면 이런 보편 관료 계급으로 정의되는 국가는 지배받는 다양한 개인과 사회 단체, 경제 이익을 추구하는 세력과 근본적으로 구별되었다. 헤겔의 이런 견해를 다음과 같이 표현할 수 있다. 헤겔에게 시민 사회와 국가는 따로 존재하는 독립체entity이다. 인민people은 시민 사회의 일원일 때는 개인의 이기심에 따라 이익을 추구한다. 그런데 국가 안에서 시민으로서 행동할 때는 어떻게든 이기심에 따른 특별한 이익을 넘어서 초연해진다. 이 논점은 나중에 다시 다루겠다.

마르크스는 베를린에서 공부하는 동안, 헤겔 좌파로 알려진, 헤겔을 추종하는 급진주의 성향의 많은 사상가들과도 친해졌다. 헤겔과 대다수 헤겔 철학 추종자들은 사회와 정치가 놓인 현 상태를 지키려고 철학을 이용하려 했지만, 헤겔 좌파는 현 상태를 공격하고 개혁하려고 철학을 이용했다. 마르크스는 헤겔 좌파가 되면서 철학자로서 경력을 쌓기 시작한다. 마르크스의 지성은 헤겔 좌파의 사회 비판을 거쳐 그것과 아주 다른 새로운 비판을 내놓는 입장까지 나아간 여정에서 진보했다.

이러한 발전을 견인한 중요한 전환점 가운데 하나는 마르크스가 루트비히 포이어바흐Ludwig Feuerbach, 1804~1872의 유물론 철학을 잘 알게 되었을 때였다. 포이어바흐는 신학 비판으로 유명했다. 포이어바흐에 따르면 모든 종교는 실제로 신성과 아무 관계도 없는 인간이 흔히 하는 활동이었다. 이런 주장은《그리스도교의 본질Das Wesen des Christentums》(1841)에서 "신학의 비밀은 인류학 말고 다른 아무것도 아니다"라는 진술로 요약되었다.[1] 다시 말해 포이어바흐는 인간이 형성한 여러 신 개념은 여러 인간이 지닌 여러 자질을 심리 작용으로 투사한 존재psychological projections 이상도 이하도 아니라고 주장했다. 게다가 인간이 만들어낸 신이 사랑이 더욱 넘치고 인간과 너 많이 닮고 힘이 더 세고 더 의로운 존재일수록, 인간 자신의 품격은 더 떨어진다고 주장했다. 바꿔 말하면 인간은 인간다운 최선의 자질을 스스로 꺼내서 신성에 투사했다. 포이어바흐는 유물론자이기도 했다. 헤겔이 만물은 어떤 방식으로든 정신spirit이라고 믿었듯이, 포이어바흐는 만물이 어떤 방식으로든 모두 물질matter이라고 믿었다. 또한 포이어바흐는 자신의 종교관과 자연주의 형이상학으로 헤겔 철학이 근본적으로 틀렸다고 넌지시 말했다. 인간다운 자질을 신성에 넘겨줌으로써 인간 본성의 품격은 떨어졌다고 암시했다. 헤겔이 절대 정신에 부여한 역할은 사실 인간에게 적합한 것이므로 인격을 갖지 않은 정신에게는 부적합하다고 시사하기도 했다.

1840년대 초 마르크스는 라인란트로 돌아왔고, 민주주의를 지지하는 급진 성향의 신문 기자가 되어 독일의 보수주의자들과 자유주의자들을 모두 공격했다. 그는 보수주의자들의 언론 통제와 검열, 관습법으로 인정되던 농부의 권리를 빼앗으려는 자유주의자들의 입법 행위를 신랄하게 비판했다. 같은 기간 동안 마르크스는 포이어바흐가 마련한 통찰과 방법을 이용해, 헤겔의 원래 철학과 헤겔 좌파의 급진주의 철학을 둘 다 비판하기 시작했다.

헤겔이 물려준 철학 유산과 그에 대한 급진주의적인 해석을 비판한 가장 중요한 사례는 마르크스가 1843년에 쓴 〈유대인 문제에 관하여Zur Judenfrage〉라는 평론에 들어 있었다. 여기에서 마르크스는 독일 내 유대인들의 종교 해방에 찬성하는 제안을 비판한다. 여러 방면에서 활동하는 독일의 자유주의자들과 급진주의자들은 유대인들이 유대교를 믿는다는 이유로 받아온 모든 제약disabilities에서 해방되어야 한다고 믿었다. 이들은 이렇게 주장함으로써 종교의 자유를 확대하려 했을 것이다. 다시 말해 국가가 어떤 종교 소속과도 얽히지 않고 자유로워지기를 원했다. 전체 유럽 대륙의 자유주의자들과 급진주의자들은 대부분 이런 견해를 표준으로 삼았다. 그것은 인간의 자유가 보장되는 핵심 영역을 확립하는 단계로 보였다.

마르크스는 이런 종교의 자유가 부적절하다고 맹렬히 공격한다. 그는 정치적 해방, 곧 시민을 정부가 부과한 금지나 제약에서 해방시키는 일과 '인간 해방Human Emancipation'2을 구별한다. 이 경우에 인간 해방은 개인으로서 인간이 사회가 부과한 종교 의무에서 자유로워짐을 의미한다. 마르크스가 평론을 쓴 맥락에서 볼 때, 정치적 해방은 독일의 유대인들이 제약받지 않고 예배할 수 있을 뿐만 아니라 정부가 유대인이라는 이유로 부과한 다른 어떤 제약도 받지 않을 수 있다는 뜻이다. 하지만 이런 정치적 해방은 유대인들을 그들의 유대교 신앙에 따른 자의식이나 사회적으로 부과된 의무로부터 자유롭게 하지 못할 터였다. 인간 해방이 실현되어야 비로소 유대인들은 유대인의 민족성에서 해방될 것이었다.

이제 마르크스가 정부를 뜻하는 '국가'와 '시민 사회'라는 아주 익숙한 용어를 사용해 무엇을 말하고 있는지 보자. 마르크스는 사실 루소를 제외한 모든 이전 사상가들과 반대로, 인간이 자유를 빼앗길 수 있는 영역이 둘 있다고 말한다. 첫째, 인간은 국가와 관계를 맺음으로써 자유를 빼앗긴다. 국가 또는 정부는 법률을 비롯해 부담스러운 다른 규제를 부과해 인민을 자유롭지 못하게 한다. 이것이 바로 애덤 스미스와 정치 자유주의자들이 개탄한 국가 개입state interference이다. 애덤 스미스는 경제에 끼어드는 국가 개입에 반대했고, 자유주의자들은 인간 생활이 얽힌 다양한 영역에 간섭하는 국가 개입을 비난했다. 그러나 마르크스는 분명히 스미스를 비롯한 자유주의자들의 견해와 겹치지 않는 중요한 점도 말한다. 시민 사회의 범위 안에도 속박bondage이 존재한다. 이렇게 사회에 딸린 속박과 강제는 국가 개입과 거의, 또는 전혀 관계가 없다. 마르크스는 〈유대인 문제에 관하여〉에서 속박이 존재하는 영역으로 종교에 초점을 맞춘다. 인민은 자유주의나 유대인 해방으로 종교 선택의 자유를 얻을 터이다. 그러나 이미 포이어바흐의 영향을 받아 무신론으로 기운 마르크스는 종교 선택의 자유가 사회적 속박과 심리적 속박 속에서 종교를 선택하는 자유일 뿐이라고 주장한다. 인간 해방을 완벽하게 실현하려면, 누구나 종교 자체의 속박에서 벗어나 자유로워져야 했다.

1840년대가 지나가는 동안, 마르크스는 시민 사회에 내재하는 속박의 형태를 연달아 찾아냈다. 그러다가 드디어 자신이 바라는 자유가 시민 사회에서 벗어난 자유라는 점도 통찰했다. 앞으로 보겠지만, 마르크스의 통찰은 따지고 보면 시민 사회가 혁명으로 전복되어야 한다는 의미를 담고 있다.

요컨대 마르크스는 〈유대인 문제에 관하여〉를 발표함으로써 자유주의적 자유liberal freedom가 부적절하다는 견해를 내놓았다. 그런데 마르크스는 인간 해방을 실현할 방법이 무엇인가 하는 새로운 문제에 맞닥뜨렸다. 혁명이 수단이 된다면, 그 성공이 자신의 이익을 위해 다른 사람들을 억압하는 새로운 집단이 될 몇몇 인간만의 승리가 아닐 수 있는가? 충분히 광범위하고 포괄적으로 인간 해방을 위한 승리가 되도록 보장할 집단이 시민 사회 안에 존재하는가?

이윽고 마르크스는 임금 노동자 계급the proletariat이 그런 집단을 구성해야 한다는 결론에 도달했다. 그런데 이 결론에 이르기까지 밟은 사유 단계는 길고 복잡했다. 이 과정에서 그는 헤겔 철학으로 거슬러 올라갔고, 다음에는 프랑스 사회주의와 영국의 정치 경제학까지 검토했다.

1844년 마르크스는 1932년에 출판되어 빛을 보기 전까지 알려지지 않은 일련의 수고manuscripts를 썼다. 그때 쓴 글을 모은 책이 바로 《1844년 경제 철학 수고》이다. 그 가운데 20세기에 분석된 내용은 거의 없었다. 여기에서 마르크스는 '노동 소외The Alienation of Labour'로 알려진 문제를 충분히 생각했다.[3]

마르크스는 인간 본성의 바탕을 이루는 핵심이 노동과 일이라고 주장한다. 인간은 노동과 일로 자연과 상호 작용함으로써 자신의 본성을 만들어내며, 인간의 의식은 인간이 자연으로 형체를 빚는 과정에서 공동 작업으로 생긴다.

이제 마르크스는 자본주의 경제 안에서 끔찍하고 잘못된 일이 벌어졌다고 믿는다. 그는 여기서 불충분한 식량이나 초과 노동, 또는 도시 빈민가의 열악한 조건으로 노동자가 겪는 고통을 고발하는 것이 아니다. 젊은 철학자 마르크스에 따르면 자본주의 체제 아래서 살아가는 노동자들의 상황, 곧 노동 분업을 특징으로 갖는 시민 사회에서 사는 노동자들의 상황이, 생산 과정에서 노동을 소외시킴으로써 노동자들에게서 인간성을 억지로 빼앗는다. 노동과 노동의 산물은 둘 다 상품이 되었다. 노동자들은 생산물과 구입하고 싶은 상품 속에 자신들이 인간으로서 갖춘 가장 기본적인 자질을 모두 투입한다. 포이어바흐가 인간이 최선의 자질을 신이라는 환영 속에 투사한다고 보았던 방식으로, 마르크스는 노동자들이 인간으로서 갖춘 최선의 자질, 곧 창조하는 노동력을 생산물 속에 투입한다고 본다. 이런 과정을 거침으로써, 노동자들의 인간성이 빠져나가 자본주의 시장에서 팔리는 상품 속으로 흘러 들어간다. 이상에 가까운 노동 상황에서 노동과 일은 당연히 창조력이 뛰어나고 생기도 넘치지만, 자본주의 체제에서 생산은 노동자들에게서 생기와 창조력, 인간의 기본 본질을 빼내간다. 더욱이 이렇게 노동함으로써, 자본주의 체제 안에서 노동자들은 사회 속에서 의미 있게 상호 작용할 수 있는 역량도 빼앗긴다. 그들은 원자 같은 자아로 단순하게 축소된다. 이러한 노동 소외는 모두 사유 재산 탓으로 일어난다. 또한 여기서 마르크스가 똑같은 노동 소외 과정이 추상적인 화폐 권력으로 바뀐, 재산을 소유한 자본가들에게도 해롭다고 믿었다는 점은 눈여겨볼 만하다.

마르크스는 경험에 근거한 검토나 탐구가 아니라 철학자다운 사색의 결과로 노동자가 소외된 상황에 도달했으며, 공산주의로 이행해야 비로소 이런 상황을 극복할 수 있다고 믿는다. 다른 급진 사회주의 계획들로는 노동이 소외되는 이런 상황을 극복할 수 없었기 때문에, 마르크스는 당대의 다른 사회주의자들이 공산주의로 나아가려고 낸 통로가 부적절하고 심지어 비난받아 마땅하다고 생각했다. 이런 새로운 관점에서 자본주의 사회를 바라보게 됨으로써 마르크스는 포이어바흐와 다른 동시대 철학자들을 비판하는 길로 접어들었다. 이들은 노동자들과 인간이 놓인 상황을 관조하는 입장에 서서 바라보려고 했다. 마르크스는 소외를 꿰뚫은 자신의 통찰이 행동하고 실천하는 철학이 필요하다는 점을 분명히 드러냈다고 믿었다. 세계는 노동자들을 외부에서 이끌며 찔끔찔끔 개혁해서는 바꿀 수 없다. 변화는 노동자들이 인간으로서 지닌 본질적 특성이나 인간다운 본성을 빼앗긴 상황임을 한꺼번에 자각하는 데서 시작해야 한다. 마르크스는 이런 초기 사상을 발표하지 않았지만, 이것이 그의 내면에서 우러난 철학의 출발점이었다는 사실을 기억해두는 것이 중요하다.

카를 마르크스는 1844년에 영국에도 공장을 소유한 독일인 제조업자의 아들 엥겔스Friedrich Engels, 1820~1895를 만났다. 1845년 엥겔스는 《영국 노동자 계급의 조건Die Lage der arbeitenden Klasse in England》을 출간했는데, 노동자들의 생활을 의회 보고서와 신문, 잡지에서 끌어낸 정보에 근거해 살핀 충격적이고 대단한 저술이다.

이때쯤 마르크스는 역사 결정론 사상 또는 역사 진행에 따라 공산주의 달성이나 사유 재산 철폐가 불가피하다는 사상을 채택한 터였다. 1846년 마르크스와 엥겔스는 20세기까지 출판되지 않은 책을 썼고, 《독일의 지배 이념》이라고 제목을 붙였다. 그들은 이 책에서 인간의 역사를 철저한 유물론에 따라 해석했다. 이 책의 근간을 이룬 논증은 이렇다. 세계와 사회에 관한 인간의 사상은 물질에 기초한 사회 체제의 산물이다. 다시 말해 사상은 사회를 이루는 경제 생활 방식과 사회 생활 방식에서 흘러나온 다음, 사회를 뒤엎는다. 사상은 물질 조건의 산물이다. 이런 관점은 인간의 노동이 인간의 본성을 결정한다는 마르크스의 주장으로 돌아간다. 인간이 노동하는 조건과 노동으로 만들어낸 조건이 인간의 사고방식을 결정한다. 달리 말해 정신은 생산 조건의 부산물이다.

마르크스에 따르면《독일의 지배 이념》에서 모든 악의 근원은 노동 분업이다. 인간은 노동 분업 때문에 인간 사신에게 능을 돌린다. 노동 분업은 재산의 불평등을 낳으며, 이런 불평등에 수반하는 사회 갈등을 초래한다. 또 노동을 생산물과 임금 노동 자체로 소외시킨다. 계급 갈등을 초래한 바탕도 노동 분업인데, 이 계급 갈등이 역사의 변화를 이끄는 중요한 동력이다. 마르크스에 따르면 공산주의가 도래함으로써 일어날 변화들 가운데 하나는 노동 분업의 근절과 더불어 계급 갈등이 사라지는 것이다. 마르크스는 공산주의가 도래하기 전까지 사회의 사상과 이상은 한 계급이 다른 계급을 지배하는 현실을 합리화할 뿐이라고 믿는다. 노동 분업이 퍼진 세계 안에서, 시민 사회는 노동 분업이 일어나는 광장이다. 그런데 국가 또는 정부는 평등이 존재하는 진정한 공동체를 실현할 수 있으리라는 환상을 심어준다. 마르크스에게 그런 공동체가 환상인 까닭은, 노동 분업이 엄존하는 동안 국가는 지배 계급의 편을 드는 기구일 뿐이기 때문이다. 국가와 하나로 묶인 평등 이념은 어떤 종류든 지배 계급이 피지배 계급에게 심어준 환상이다. 그런 국가에 참다운

평등과 자유는 존재하지 않는다.

바야흐로 마르크스는 계급 갈등이 불가피하고, 길게 보면 불가피하게 공산주의로 이행하리라고 믿었다. 마르크스의 견해에 따르면 공산주의는 노동자 또는 임금 노동자 계급의 해방뿐 아니라 인류의 해방으로 이어질 터였다. 공산주의 체제에서 국가와 사회는 통합되어 더는 반목하지 않을 테고 노동 소외도 극복할 수 있을 터였다. 공산주의 체제에서는 사유 재산이 철폐되므로, 지배 계급의 경제 이익을 보호하기 위해 존재했던 국가도 사라질 것이었다. 이것이 1848년 《공산당 선언》을 쓰는 작업에 착수했을 때 마르크스와 엥겔스가 생각을 펼친 기초였다.

《공산당 선언》은 인간성이 해방되면 임금 노동자 계급이 어떻게 계급 한계를 초월한 힘transcendent force을 얻게 되는지 설명한다. 마르크스는 자신이 《공산당 선언》에서 신랄하게 비판한 이전 사회주의자들과 달랐다. 이전 사회주의자들은 노동자들에게 더 나은 조건, 더 공평한 상품 분배, 곤궁의 경감, 경제와 사회 측면의 복지 확대에 관심을 기울였다. 마르크스주의는 소외를 어떻게 극복할 수 있고 임금 노동자 계급이 어떻게 인간을 해방시킬 만한 세력으로 성장할 수 있는지에 관심을 기울였다. 동시에 마르크스는 임금 노동자 계급이 스스로 계급 해방을 위한 도구가 될 수밖에 없다고 믿었다. 그런데 임금 노동자 계급은 가장 낮은 지위까지 떨어져 역사 속에서 자신이 해야 할 역할을 의식한 다음에야 비로소 계급 해방을 위한 도구가 될 수 있다. 바로 이것이 마르크스가 동시대인들과 구별되고, 다른 정치 급진주의자들과 사회 혁명가들과도 구별되는 심오한 차이점이다. 이런 차이를 의식했기 때문에 마르크스는 다른 급진주의자들이 문제도 해법도 틀렸다고 믿었고, 그들을 공격하느라 그토록 많은 시간을 보낸다.

놀라우리만치 짧은 《공산당 선언》은 마르크스와 엥겔스가 길고 복잡하고 기술적인 철학 논쟁과 정치 논쟁을 거쳐 도달한 방대한 결론을 포괄했다. 이 책에는 모든 역사는 계급 투쟁의 산물이라는 논증을 비롯해, 결정론과 물질 결정론의 청사진, 대안 사회주의 양식 비판, 자유주의적 자유에 대한 비판이 함께 들어 있다. 그러나 《공산당 선언》에서 가장 기억할 만한 요소는 자본가 계급the bourgeoisie을 기술한 내용과 관계가 있다. 고전 경제학자 또는 자유주의의 대변자는 중간 계급을 강력한 모습으로 표현한 적이 없었다. 근대 세상을 구축한 자본가 계급은 새로운 세상을 만들어냄으로써, 그들의 세상을 종말로 이끌 세력도 만들어냈다. 중간 계급의 가치, 특히 경쟁의 힘에 대한 확신은 길게 보면 중간 계급 자체를 무너뜨릴 것이었다. 자본가 계급은 자본과 사유 재산의 힘이 가장 친밀한 가족 관계와 성별에 따른 사회적 역할을 뒤흔들 거대하고 포괄적인 문화도 창조했다.

자본가 계급은 바로 사회 변화를 이끌 힘이자 자본가 계급의 종말을 초래할 세력, 곧 임금 노동자 계급도 생겨나게 했다. 마르크스의 사상에서 임금 노동자 계급이 지닌 특별한 자질은 무엇인가? 우선 자본주의 체제의 힘과 자본가 계급 내부에서 일어나는 경쟁이 임금 노동자 계급의 규모를 팽창시킨다. 사회를 이루는 집단들이 점점 더 많이 희생됨으로써 임금 노동자 계급에 합류한다. 그러면 임금 노동자 계급은 점점 더 지위가 떨어지는 역사 과정을 밟고, 어떤 지점에 이르면 자신의 처지를 의식함으로써 스스로 자신이 속한 계급의 해방을 이끌 동력이 되어야 한다고 의식한다. 임금 노동자 계급의 팽창과 지위 하락을 초래한 경제력의 결과로 혁명 의식이 나타날 터이다. 이렇게 임금 노동자 계급은 혁명을 수행하고, 규모가 더 작은 자본가 계급의 구속을 떨쳐내고 공산주의 혁명으로 인도할 것이다.

하지만 자본가 계급을 떨쳐낸 공산주의 혁명은 과거에 계급 갈등으로 일어난 다른 모든 혁명과는 아주 다를 법하다. 임금 노동자 계급이 일으키는 혁명은 분명히 규모와 조건이 인류 자체와 버금가는 집단의 혁명이 될 터이다. 이렇게 자본가 계급을 떨쳐낸 혁명은 분명히 한 계급이 다른 계급 위에서 지배하는 혁명이 아니다. 이 혁명은 사유 재산 철폐와 노동 분업과 노동 소외의 종식을 가져올 터이다. 국가의 힘도 약해져 마침내 사라질 터이다. 마르크스가 자유주의를 지지하는 작가들에 의지하여 내린 결론에 따르면, 국가는 재산을 보호하려고 존재한다. 그러므로 사유 재산이 철폐되면, 국가는 더는 필요가 없어진다. 임금 노동자 계급의 혁명은 루소 이후 사회사상에 따라다니던 모든 이원론을 깔끔하게 제거한다. 루소가 《에밀》에서 자신의 반대편으로 갈라놓은 자본가 계급의 섬뜩한 모습은, 마르크스가 《1844년 경제 철학 수고》에서 내밀하게 이끌어낸 노동 소외의 섬뜩한 모습과 더불어 버려질 터이다. 임금 노동자 계급은 자신을 해방시킬 뿐만 아니라 인류 전체를 해방시킬 세력으로 떠오른다.

《공산당 선언》을 읽는 사람은 누구나 루소와 더불어 시작되어, 역사 속에서 인간을 탈바꿈시키고 구제하려고 이상향을 그린 다양한 미래상의 극치를 보게 된다. 그런데 왜 이 특정한 이상향을 꿈꾸는 미래상은 1840년대가 아니라 19세기 후반에 나온 미래상에 더 강력한 힘을 발휘했는가? 그것은 바로 마르크스의 유물론과 《자본론》에서 마르크스가 탈바꿈시키려는 미래상을 영국의 경제학에 딸린 경험 범주와 연결하려고 기울인 노력 덕분이었다. 마르크스는 자신의 경제 분석이 경험과 과학에 근거했다고 단언했다. 그는 후기 저작을 고전 경제학에 딸린 사상과 유럽 여러 나라 노동자 계급의 조건에서 끌어낸 통계 자료로 가득 채웠다. 이렇게 이상향을 꿈꾸는 사회주의와 과학을 하나로 묶은 결과로, 19세기 후반 독일 사회민주당을 비롯한 다른 사회주의 정당들은 마르크스에서 정치 활동에 적합한 지침을 찾았다.

1840년대 마르크스 사상이 무엇을 성취하고자 했는지를 두고 수많은 해석이 나왔다. 우선 일부 학자들은 마르크스에서 거대한 사회 변형이 필요하다고 외치는 목소리를 한 번 더 들었다고 말했다. 루소를 시작으로 유럽 여러 나라의 지식인들은 인간 사회 속에서 진정성이 깃든 생활 방식의 발전을 방해하는 어떤 것something을 찾아냈다. 여러 방면에서 활동하는 작가들이 각각 다른 장애물과 해방 인자를 알려주었다. 마르크스에게 '어떤 것'은 자본주의 체제였다. 자본주의 체제가 무너져야 비로소 인간이 해방되고 인간성도 실현될 터였다. 임금 노동자 계급의 역할은 자본주의 체제의 붕괴를 이끌고, 루소가《사회 계약론》에서 구상했던 만인의 자유universal freedom를 달성하는 데 있었다.

마르크스의 의도와 관련해 널리 영향을 미친 또 하나의 해석은 그가 초기에 지녔던 종교 사상의 범주를 이용해 세속 구세주에 기댄 미래상을 만들었다는 것이다. 정작 마르크스는 종교를 거부했는데도 말이다. 이러한 해석에 따르면 마르크스의 초기 사상에서 임금 노동자 계급은 바로 그리스도교도가 믿는 고통당한 구세주처럼 고초를 많이 겪는다. 임금 노동자 계급은 역사 과정에 참여하면서 스스로 전 인류의 짐을 져야 하며, 다음에는 묵시된 혁명을 일으켜 시간과 역사 속에서 인간성을 되찾아야 한다. 확실히 초기 마르크스의 사상 속에는 유대 그리스도교도의 희망과 기대를 세속 관점에서 해석할 틀을 제시했다고 볼 여지가 많다.

마지막 해석은 내가 어느 정도 확신하는 견해이다. 마르크스에게 임금 노동자 계급은 일종의 헤겔식 영웅 집단 같은 역할을 한다. 헤겔에 따르면 한 시대의 역사는 폭력을 거쳐, 또한 영웅이나 세계 역사를 대표하는 인물이 세계 역사가 변화할 시간이 되었음을 특별히 의식하거나 이해함으로써, 다른 시대의 역사로 바뀐다. 마르크스가 임금 노동자 계급을 두고 그려낸 그림은 여러모로 헤겔이 영웅을 그려낸 그림과 닮았다. 임금 노동자 계급은 자신이 놓인 상황을 의식하고, 새로운 사회가 가능하다고 이해해야 할 뿐만 아니라, 폭력 혁명을 일으켜야 한다. 이러한 특징 하나하나가 헤겔이 말하는 영웅의 모습이다. 이런 해석은 마음을 끌어당기는 점이 있다. 왜냐하면 마르크스의 사상은 맨 처음 헤겔의 사상에 뿌리를 두고 발전했기 때문이다. 유물론자인 마르크스가 복수하는 영웅으로 등장한 임금 노동자 계급을 매개로, 역사 속에서 계급을 초월한 이상향을 실현하고자 했다는 점은 한층 더 흥미롭다. 1846년 화가 조지프 터너는 인간의 역사에 드러난 동족 살해와 배반을 비롯한 각종 악에 앙갚음하려고 〈햇빛 속에 서 있는 천사Angel Standing in the Sun〉를 그렸다. 바로 2년 뒤 마르크스는 인류를 해방시키고 인간다운 본성을 회복하여 인간이 소외되지 않는 관계 속으로 들어가기 위해, 지위가 낮아진 임금 노동자 계급을 불러 모았다.

제9강

예술가들, 상상력으로
주체와 객체를 통일하다

18세기 말부터 19세기 초에 이르는 동안, 예술가를 분류하는 개념도 놀라우리만치 바뀌었다. 당시 거의 모든 예술, 그러니까 시와 회화, 조각, 음악, 건축 분야에 걸쳐 변화가 일어났다. 예술가를 분류하는 개념과 예술가들이 사회 속에서 하는 역할에서 탈바꿈이 일어났고, 현재까지 우리가 생각하는 방식에 영향을 미쳐왔다.

19세기 말 《리하르트 바그너: 인간이자 예술가*Richard Wagner: Man and Artist*》라는 제목이 붙은 바그너 전기에서도 그런 면이 나타난다. 바그너는 다른 사람들과 구별되는 예술가로 그려졌다. 시인이든 조형 미술가나 음악가든, 예술가들은 회화와 문학, 심지어 초기 사진술에서도 다른 사람들과 다르게 묘사되었다.

더욱이 19세기 동안 예술가를 기리는 다양한 구조물이 세워졌다. 이런 구조물에는 런던 앨버트 공 기념비 둘레에 장식한 띠, 흔히 교육과 관계 깊은 다양한 공공건물의 꼭 맞는 장소에 자리한 예술가의 흉상, 박물관과 대규모 음악당이나 가극 극장opera house 같은 예술 기념물이 포함된다. 사실 박물관과 가극 극장은 19세기 예술가들을 찬미하는 문화 기념물이다. 박물관은 뮤즈들muses*의 집이라는 뜻으로 해석되며, 뮤즈들과 접촉했던 예술가들이 만든 수많은 작품을 소장한다.

예술가는 자신의 인생보다 폭이 더 넓은 사람, 사회의 나머지 사람들보다 더 폭넓고 진리와 선을 더 많이 추구하고 영감을 더 많이 받은 사람으로 여겨지고 논의되었다. 그들은 자신이 사는 사회와 사회가 믿는 가치에 이의를 제기했다. 그런 점에서 예술가는 바로 루소가 자신에 대해 생각한 대로, 사회 비판자로서 역할을 담당했다. 하지만 퍼시 비시 셸리Percy Bysshe Shelley, 1792~1822 같은 몇몇 사람들의 눈에 비친 예술가는 비판자가 아니라, 사회에 적합한 법률과 풍속을 규정하는 입법자로서 일했다. 언젠가 셸리는 "시인은 인정받지 못했으나 세상의 입법자이다"라고 유명한 선언을 했다. 이것은 예술가들이 흔히 스스로 그려내는 모습이 아니었다. 셸리가 사회에서 소외된 예술가로 떠오르든, 영국의 레이턴Frederic Leighton, 1830~1896 경처럼 자화상에 고대 그리스의 신성을 부여한 유명 인사로 떠오르든 마찬가지이다.

우리는 예술가에게 투사된 권력 감각을 러스킨이 1846년에 출간한 《근대 화가들Modern Painters》 2권의 한 구절에서 찾아낼 수 있다. 거기서

---

* 그리스 신화에 나오는 자매 여신들이다. 뮤즈는 처음에 시인들의 후원자였다가 모든 예술과 과학을 관장하는 신으로 의미가 확대되었다. 일찍이 《오디세이아Odysseia》에도 아홉 여신이 등장한다. 헤시오도스Hesiodos는 아홉 여신에게 각각 이름을 붙여 클리오, 에우테르페, 탈레이아, 멜포메네, 테르프시코레, 에라토, 폴림니아, 우라니아, 칼리오페라고 불렸다. 여신들의 어머니는 기억의 여신, 므네모시네Mnemosyne이다.

러스킨은 터너를 염두에 두고 예술가의 모습이 이렇다고 단언했다.

> 예술가는 어떤 법에도 순종하지 않는다. 그는 모든 구속에 도전하고
> 모든 장벽을 무너뜨린다. 예술가는 감히 하지 못할 일도 없고, 필요를
> 포착할 타고난 가능성에 아무 한계도 없다. 그는 자연 법칙을 알지만,
> 자연 법칙도 그를 구속하지 못한다. 예술가에게는 자신의 본성이 곧
> 자연 법칙이다. 그 밖의 모든 법칙이나 한계에는 과감하게 도전한다.
> 예술가의 삶은 사람이 발을 들여놓은 적 없고 길이 나 있지 않은 벌판
> 을 건너는 여정이다. 그는 처음부터 황무지 너머 목적지를 내다보고
> 곧장 걸어간다. 목적지를 시야에서 놓치지 않고, 한 걸음도 허비하지
> 않는다. 아무것도 그를 멈추지 못하며 아무것도 그가 옆길로 새게 하
> 지 못한다. 예술가에 비하면 매와 스라소니도 시야가 불분명하며 행동
> 이 느리다.[1]

예술가의 성격을 둘러싸고 1840년대 거의 모든 유럽 문화권의 언어
로 발표된 진술에서 비슷한 점을 발견할 수 있다. 예술가는 더 폭넓은
본성을 지닌 존재로 우뚝 서서, 사회의 법과 풍속에 도전할 수 있었다.
　여기서 꼭 기억해둘 중요한 점이 있다. 시인들과 예술가들이 언제나
힘을 발휘할 수 있는 상황에 놓여 있지는 않았다. 예술과 예술가들이 서
양 문화에서 차지하는 자리를 둘러싼 논쟁은 길게 이어졌다. 고대 그리
스의 플라톤은 시인을 이상 국가에서 쫓아내야 한다고 주장했으며, 예
술가는 형상form들이 자리한 고상한 현실과 거리가 먼, 형상을 모방한
사물을 다시 모방하는 사람이라고 평가했다. 플라톤에 따르면 시와 예

술은 대체로 타락시키는 힘이어서, 인간을 꾀어내 참으로 존재하는 모든 것과 인식해야 할 더 높은 형상들을 경험하지 못하게 만든다. 예술을 둘러싼 이런 논쟁은 수세기에 걸쳐 계속되었다.

18세기 중엽에도 예술이 무엇인지 논의할 때 실용 기술useful arts과 순수 예술fine arts을 구분하는 일은 여전했다.《백과전서》를 집필한 작가들은 경제 측면의 진보에 주로 관심을 가졌는데, 금속 공예와 포도주 양조법, 농업 기술, 재단술, 인쇄술 같은 일상생활에 중요한 기술을 자주 칭찬하고 묘사했다.* 드니 디드로는《백과전서》의 '예술Art' 항목에서 기계 예술mechanical arts과 교양 과목liberal arts을 가깝게 이어놓았다. 디드로에 따르면 둘 다 규칙에 따라 수행하는 활동이며, 기계 예술을 교양 과목 아래에 놓는 관습은 역사에서 이어져온 편견이었다. 그는 이렇게 단언했다. "우리가 내리는 판단은 얼마나 이상한가! 우리는 사람들에게 쓸모 있는 일을 하라고 요구하면서 동시에 유용한 인간을 비웃는다." 이어서 이렇게 단언했다. "모든 예술, 또는 같은 목적으로 함께 작동하는 도구와 규칙이 있는 모든 체계의 목표는 자연으로 정해진 바탕에 명확한 형태를 새기는 것이다. 이런 바탕은 물질도 되고 정신도 되며, 심정의 기능일 수도 있고 자연의 산물일 수도 있다." 실용적이고 생산적인 기술을 마주하는 비슷한 태도는 시민 사회를 찬양한 스코틀랜드 작가들 가운데서 찾을 수 있다. 유럽 전역에서 계몽주의를 지지한 작가들

---

* 18세기 프랑스의 백과전서파가 오랜 노력으로 연구해 출간한 백과사전이다. 드니 디드로가 참여하면서 단순한 지식 전달이 아니라 기존 전통과 종교 질서를 비판하는 역할도 담당했다. 제1권이 1751년에 출판된 이후 1772년까지 35권, 7만 1,818개 항목, 3,129개의 도판이 발행되었다. 볼테르, 몽테스키외, 루소도 집필에 참여했다.

은 대부분 실용 기술이 유럽 대륙에서 가난을 몰아내고, 번영과 도덕의 개선을 이룩할 것이라고 여겼다. 이런 목적을 달성하는 데 필요한 기술은 일상생활에서 부닥치는 여러 문제에 과학과 과학의 방법을 적용하는 일과 결부되었다.

바로 이런 태도 탓에 순수 예술을 마주하는 새로운 태도는 거부되었을 테고, 대체로 오늘날까지 이어졌다. 그러나 순수 예술과 순수 예술에 종사하는 예술가들은 인간을 한층 더 수준 높은 세련된 태도와 인식, 신성의 경험까지 끌고 갔다. 18세기 말부터 19세기 초까지 수십 년에 걸쳐, 예술가들은 귀족들의 후원이 점점 줄어드는 세상에서 경쟁할 수 있는 예술의 존재 이유raison d'être를 찾아 제시하려고 노력했다. 아니면 귀족들이나 다른 부유한 후원자들이 예술 지원을 늘릴 만한 새롭고 고상한 이유를 제공하려고 했다. 시 분야를 살펴보면, 시에 대한 새로운 문화적 주장은 가치 있는 시들을 출판함으로써, 수가 늘어나고 있는 중간계급 독자들이 시를 읽게 할 수 있다는 것이었다. 이렇게 새로운 예술 이론들이 등장하면서 간단히 예술가들의 수입이 늘어났다는 뜻은 아니다. 부유해진 예술가들도 일부 있었지만, 대다수는 그렇지 않았다. 그보다는 예술가의 새로운 문화 정체성과 가치를 확립하려고 새로운 예술 이론을 내세운 것이었다.

적어도 문예 부흥기부터 위대한 화가들과 시인들은 모두 아주 뛰어난 재능과 다양한 영감을 지니고 있었다. 하지만 거의 언제나 예술가의 역할은 진짜 현실을 모사하는 일이라고 가정했다. 진짜 현실이 이상적인 자연이든, 모사하는 사람들보다 앞서 살았던 재능이 월등한 위대한 예술가의 작품이든 그러했다. 예술가가 자연을 모사한다면, 자연은 이상적인 자연이어야 했다. 예컨대 조슈아 레이놀즈Joshua Reynolds, 1723~1792 경은 1769년부터 1790년까지 매년 열린《왕립 학술원 강연 Discourses Delivered to the Students of the Royal Academy》에서 언젠가 이렇게 설명했다.

> 우리가 공언하는 예술의 목적은 아름다움이며, 아름다움을 발견하고 표현하는 것이 바로 우리의 일이다. 우리가 탐색하는 아름다움은 보편성을 지니며 지성으로 포착할 수 있다. 아름다움은 정신 속에만 존재하는 관념이므로, 결코 눈으로 본 적이 없으며 손으로 표현한 적도 없다. 아름다움은 예술가의 가슴속에 존재하는 관념이기에, 예술가는 언제나 아름다움을 나누어주려고 노동하지만 마침내 다 전하지 못하고 죽는다. 그래도 예술가는 할 수 있는 만큼 많이 아름다움을 전달하여 사상을 발전시키고 구경꾼의 시야도 넓혀준다. 이제까지 이어져온 예술과 예술의 확산은 어느새 공중公衆에게도 혜택을 주어 온 민족의 취미taste를 세련되게 개선하는 수단이 되었다고 해도 좋다. 아름다움은 곧바로 흠 없는 예절로 이어지지 않더라도, 적어도 심각한 무례는 막아준다. 정신은 아름다움을 추구함으로써 욕구에서 벗어나 해방되고, 잇따라 탁월한 단계를 밟아 사상을 발전시키기 때문이다. 사상은 취미로 시작되었으나 고귀하고 세련되게 바뀌어 마침내 덕이 되는, 보편성을 띤 정직과 조화가 무엇인지 관조하는 데까지 이른다.[2]

요한 요아힘 빙켈만Johann Joachim Winckelmann, 1717~1768은 1764년 출간한《고대 예술사Geschichte der Kunst des Alterthums》에서 비슷한 견해를 내

놓았다. 이 책에서 빙켈만은 고대 그리스 조각가들을 이렇게 묘사했다. 그들은 처음으로 고대 그리스인들의 아름다움을 관찰해서 작품을 만들었으며, 그때 각기 다른 그리스 남자들과 여자들 가운데 가장 아름다운 특징을 선별해서 이상에 맞춘 아름다움을 조각상에 구현했다. 이런 이론은 예술가들이 일상생활보다 더 고상한 진짜 현실을 갈망했다고 추측하지만, 독창성은 거의 또는 전혀 강조하지 않았다. 사실 대체로 최고 예술은 과거에 이미 완성되었고, 예술가들은 과거의 최고 예술가들을 얼마나 잘 모방하느냐에 따라 위대해졌다고 강조했다. 달리 말해 이런 예술관과 시론은 예술가와 시인이 이전 전통을 재생산하고 이어간다는 점에서, 전통주의라고 부른다.

위대한 미술가들과 시인들, 음악가들은 흔히 '천재genius'라는 자질을 갖추었다고 여겨졌다. 《백과전서》에는 생랑베르Jean François de Saint-Lambert, 1716~1803가 집필한 '천재'라는 주목할 만한 항목이 들어 있다. 이 항목은 말한 내용뿐 아니라 말하지 않은 내용 때문에도 중요하다. 생랑베르에 따르면 천재는 확실히 다른 사람들보다 우월한 인물이다. 그는 이렇게 썼다.

천재는 폭이 아주 넓은 영혼의 소유자여서 만물을 느끼고 감동할 수 있으며, 천지만물에 관여하여 느낌을 불러일으키지 않는 관념은 결코 받아들이지 않는다. 모든 것이 천재를 휘저어 흔들고, 모든 것이 그의 내면에 간직된다. 천재는 공감하며 통찰하는 광범위한 상상력을 지니고 발휘한다. 예컨대 천재는 캄캄한 방에 홀로 있어도 여전히 시골 풍경과 이글거리는 태양, 폭풍, 거센 바람을 떠올릴 수 있다. 천재는 자신

이 소망하는 주제와 상징이 담긴 그림을 그릴 따름이다. 천재의 상상
력은 중요한 역사 현장을 묘사하려고 과거로 거슬러 올라갈 수 있다.[3]

생랑베르는 천재와 영감을 연결짓고, 오로지 취미에 딸린 규칙에 따
라 움직이는 사람과 천재를 대조한다. 그는 이렇게 설명했다.

> 취미에 딸린 규칙과 법칙은 천재에게 족쇄를 채우지만, 천재는 족쇄
> 를 끊고서 숭고하고 열정이 넘치는 고상한 차원으로 날아오른다. 천재
> 의 취미는 자연의 특색을 드러내는 영원한 아름다움에 빠지는 사랑으
> 로, 떠오른 상념을 이상에 맞춘 본보기와 일치시키려는 열정으로 분명
> 하게 밝혀진다. 천재는 이상에 맞춘 본보기를 창조하며, 그런 본보기
> 에 따라 아름답다는 관념과 감각도 갖는다. 열정을 표현해야 할 필요
> 가 천재를 움직이며, 문법과 용례는 그러한 필요를 계속 방해한다. 흔
> 히 천재가 쓰는 관용어는 어떤 심상image을 다른 관용어로 숭고하고
> 빼어나게 표현할 가능성을 제한한다. ……끝으로 강인한 성품과 풍부
> 한 재능, 독특한 거친 태도, 불규칙한 행동, 숭고하고 애수에 찬 성향이
> 예술 분야에 등장하는 천재의 특성이다. 천재는 가벼이 감동하지 않으
> 며, 놀라움이 없으면 즐거워하지도 않는다. 그런데 그는 자신의 결점
> 에도 놀란다.[4]

생랑베르는 천재를 철학과 과학, 국가 정세와 복지 상황과도 결부시
켰다. 생랑베르에 따르면 천재는 정말로 특별한 인간이다. 천재가 특별
한 까닭은 다른 인간들보다 감각이 더 뛰어나고, 더 폭넓은 관계를 맺을

수 있으며, 상상력과 느낌을 더 넓게 확장할 수 있기 때문이다. 생랑베르가 천재로 꼽은 사람들은 뉴턴, 로크, 밀턴John Milton, 1608~1674 그리고 호메로스였다.

18세기에 활동한 다른 작가들은 타고난 천재와 길러진 천재를 구별했다. 그들이 부딪친 심각한 문제는 언제나 전혀 모방하지 않고 천재성이 돋보이는 작품을 창조한 호메로스와 셰익스피어였다. 단순하게 말하면 호메로스와 셰익스피어는 당시 예술 이론에 들어맞지 않았다. 18세기 평론가들도 그렇게 말했다. 포프Alexander Pope, 1688~1744는 이렇게 썼다.

> 셰익스피어의 시는 정말 영감으로 가득하다. 그는 모방자라기보다는 자연의 도구이다. 이는 셰익스피어가 자연을 따라서 말한다는 뜻이 아니라 자연이 셰익스피어를 거쳐 말한다는 뜻이다.[5]

18세기 중엽 예술과 시를 둘러싼 토론은 이렇게 확장되었는데, 우리의 목적에 어울리는 두 가지 요인을 강조했다. 첫째, 예술의 역할은 대체로 규칙을 적용하여 진짜 현실을 모방하는 일이다. 이런 목적에 맞는 예술관은 모방론이다. 모방론 전통에 근거하여 비평한 아주 중요한 평론가들 가운데 에이브럼스는 예술과 예술가의 역할이 무엇인지 이해하려고 거울의 역할과 비교했다.[6] 둘째, 어떻게 재능을 갖추었든, 천재도 재능이 모자라는 다른 인간과 똑같은 현실 구조 안에서 작업한다. 천재는 더 깊게 느끼고, 더 넓은 범위까지 관찰하고, 확립된 규칙 안으로 쉽게 들어오지 않는 제재materials를 흡수할 수 있다. 그러나 천재도 그저 재능이 더 많은 인간일 따름이다. 포프는 이렇게 단언했다.

> 진정한 재치는 유려하게 꾸민 자연이고,
> 생각은 자주 떠올라도 이제까지 제대로 표현된 적이 없다.[7]

18세기 말 25년과 19세기 초 25년 동안 상상력과 천재에 대한 생각은 질의 측면에서 바뀌었다. 새로운 미학aesthetics의 기초는 이전 작가들에게도 깊이 뿌리를 내렸지만, 반세기 동안 완전히 탈바꿈했다. 이런 변화는 다른 여러 발전과 더불어 일어났으며, 대체로 칸트 철학에서 비롯되었다. 칸트가 어떻게 인간의 정신을 오성과 이성으로 나누었는지는 4강 〈주체성, 새로운 시대의 전환점이 되다〉에서 이미 고찰했다. 오성은 감각에 의존하는 인간의 경험이나 현상계를 다루지만, 이성은 본체계나 초월 영역을 다룬다. 더욱이 칸트는 감각으로 꿰뚫을 수 없는 본체계가 실제로 존재한다고 가정하고, 사물 자체라고 불렀다.

칸트 이후 두 세대에 걸쳐 독일 철학자들은 칸트 철학이 지은 감옥에서 빠져 나올 길을 찾으려 했다. 독일 철학자들은 칸트가 자신들을 인간의 본성과 물체의 본성이 합쳐질 가망 없이 분리된 상황에 남겨놓았다고 믿었다. 인간은 본체계 안에서 자유로웠지만, 현상계 안에서는 결정된 자연 법칙의 지배를 받았다. 더욱이 칸트는 인간의 정신이 결코 현상을 넘어서 진짜 현실에 닿을 수 없는 상황에 그들을 놓아두었다. 이렇게 칸트가 빠뜨린 궁지에서 벗어나려고, 여러 방면의 작가들은 예술과 상상력에 근거한 새로운 철학으로 방향을 돌렸다.

독일 내부에서 칸트의 감옥에서 탈출할 길을 미학에 근거하여 찾은 이론은 세 갈래로 나뉘었다. 첫째 길은 피히테와 셸링Friedrich Wilhelm Joseph von Schelling, 1775~1854이 뚫었다. 둘째 길은 실러Friedrich Schiller, 1759~1805와 관계가 있으며, 셋째 길은 프리드리히 슐레겔Friedrich von Schlegel, 1772~1829과 아우구스트 빌헬름 슐레겔August Wilhelm von Schlegel, 1767~1845 형제가 찾았다. 세 갈래 길은 각각 복잡하며 미학사에서 다루는 중요한 주제이다. 우리의 목적에 적합한 유일한 관심사는 세 갈래로 뻗어나간 길이 얼마나 복잡하든, 어떻게 문화 영역에서 예술가의 가치와 기능을 끌어올리는 폭넓은 경향을 공유했는지 보여주는 것이다.

앞에서 말한 작가들은 모두 로크와 흄이 지지한 경험주의 심리학이 적절하지 않다고 거부했으며, 덜 중요한 작가들에 의해 대중에게 널리 알려졌다. 경험주의 철학자들은 인간의 정신을 본질상 수동성을 띠는 도구로 묘사했다. 정신은 외부 사물에게 자극을 받아 생긴 감각들을 연합하거나 재배열한다. 그런데 칸트는 정신의 본질이 수동성을 띤다는 견해를 거부하고, 정신을 자신의 외부 경험을 결정하는 능동성을 지닌 도구로 보는 철학과 심리학을 확립했다. 칸트는 인간의 정신을 능동적이고 창의적인 독립체entity로 생각하는 철학의 기초를 제공했다.

그 결과 칸트 이후 철학자들은 칸트가 시도하거나 입증한 한계를 넘어 더 충분히 또 훨씬 사변적으로 정신이 어떻게 그런 경험을 구축하는지 탐구했다. 그들은 칸트가 멈춘 곳에서 시작했다. 특히 인간의 정신과 영혼이 어떤 방식으로든 신비한 사물 자체를 직접 꿰뚫거나 관여할 길을 찾고 싶어 했다. 또한 어느 쪽도 다른 쪽과 접촉하지 못하는 것처럼 보이는, 결정론이 지배하는 현상계와 자유가 허용되는 본체계를 나누지 않을 방법이 있는지 모색했다.

간단히 말해 그들이 다룬 문제는 주체subject와 객체object가 맺는 관계를 규정하는 특성이었다. 칸트 이후 철학자들은 주체성이 무엇인지 알아내려고 칸트보다 훨씬 더 깊이 파고들었다. 칸트는 그들에게 오성 또는 감각 지식으로는 세계를 탐구해보았자 막다른 골목에 이른다는 확신을 심어준 터였다. 오성과 감각 지식에 의존한 탐구는 결정론이 지배하는 영역과 현상에 대한 지식을 넘어서지 못한다. 따라서 칸트 이후 철학자들은 자신들의 내부를 들여다보고, 내면 경험이 진짜 현실을 더 깊이 이해하고 진짜 현실과 이어진 고리를 찾는 통로라고 생각했다. 이런 사상은 모두 자기도취에 깊이 빠져 있었다. 그들은 내면을 탐구함으로써 주체와 객체, 현상계와 본체계, 외면 생활과 내면 생활을 통일할 길도 찾기를 바랐다.

칸트가 지은 감옥에서 빠져나올 첫째 길은 피히테가 찾았다. 피히테는 칸트 이후 정치와 철학 측면에서 모두 급진 성향이 제일 두드러진 철학자였다. 상상력을 전면에 내세우고 18세기 말 사상계의 중심에 둔 사람이 바로 피히테이며, 후대 작가들도 대부분 그에게 의지했다. 칸트는 후기 저술, 특히《판단력 비판》에서 상상력이 인간의 사고와 경험을 통일하는 지성 능력으로서 중요한 역할을 한다고 보여주었다. 상상력의 영역은 범위가 불분명하긴 하지만, 감각에 의존하는 오성의 영역과 감각을 초월한 이성의 영역 사이에 다리를 놓아 양쪽을 중재했다. 칸트가 이런 제안을 약간 암시했고, 피히테는 이런 생각을 멀리 밀고나갔다.

피히테는 자신의 세계를 창조하는 능동 자아active ego 또는 나Ich를 가정했다. 자아는 의식하는 의식이었다. 자아는 세계를 알려고 자신의 주체성을 탐색하게 되었다. 피히테가 볼 때 결국 자기self 외부에 존재하는 진짜 현실은 없다. 그리고 자기의 핵심부에 상상력이 놓여 있다. 실제로 상상력이 바로 의식을 만들어낸다. 자기와 비非자기를 통일한 것도 상상력이다. 피히테는 인간의 정신과 상상력의 본질이 같다고 여기는 데까지 나아간다. 다음에 더 멀리 나아가서, 배열하거나 재배열하는 상상력과 탐색하고 창조하는 상상력을 대조하여 뚜렷이 드러낸다. 피히테에 따르면 상상력은 실제로 감각 경험을 넘어서며 적극적으로 창조한다. 피히테는 이렇게 썼다.

> 상상력의 힘은…… 의식 속에 평소 경험할 때 나타난 적 없는 고상한 심상을 불러일으키는 한에서 정신이라고 부른다. 정신이 없다면 철학의 원리는 생겨날 수조차 없다.[8]

피히테는 이렇게 철학이 상상력에 의존하게 만들었다. 그는 이렇게 단언했다.

> 그러면 이것은 창조하는 상상력의 작품이다. ……우리가 정신과 더불어 철학하느냐, 정신과 상관없이 철학하느냐는 이런 능력에 달렸다. ……왜냐하면 연구하는 사람 안에 형성된 기본 관념들은 창조하는 상상력이 스스로 만들어낼 수밖에 없기 때문이다. ……인간 정신의 전체 작용은 상상력에서 비롯되지만, 상상력은 상상력 말고 다른 어떤 방식으로도 포착할 수 없다.[9]

이런 식으로 피히테는 상상력 개념을 전면에 내세워 인간 경험의 중심에 놓았다. 그에 따르면 상상력은 주체 영역과 객체 영역을 통일한다.

상상력 개념을 한 단계 더 멀리 밀고나간 철학자는 셸링이었다. 셸링은 자신의 철학 속에서 인간의 경험과 자연을 통일하기로 결심했다. 그는 데카르트와 17세기 과학 혁명 이후, 인간과 자연이 정신 영역과 물질 영역으로 뚜렷이 분리되었다고 믿었다. 우선 셸링은 인간을 포함한 우주가 신의 상상력으로 창조되었다고 가정함으로써 두 영역을 통일했다. 우주는 실제로 신의 정신이나 상상력에서 비롯된 일부이다. 다음으로 인간의 상상력은 신의 상상력과 마찬가지로 스스로 창조한다. 그는 이렇게 논증을 펼쳤다.

> 신의 창조는 예술을 거쳐 객관적으로 묘사된다. 왜냐하면 신의 창조는 예술과 똑같이, 무한한 관념과 이상에 따라 현실에 존재하는 사물을 빚어내는 작업이기 때문이다.[10]

예술가가 작품을 창조할 때 인간의 상상력은 신의 상상력을 모방한다. 제임스 엥걸James Engell은 상상력을 두고 이렇게 말했다.

> 상상력은 이성에게 힘을 주어 잠재력을 발휘하도록 풀어주고, 여러 관념을 생산하도록 이끈다. 그러면 관념이 물질적인 형상으로 나타난다. 그때 상상력만이 우리에게 철학의 최고 소명, 곧 절대자 또는 신을 알려줄 수 있다. 또한 예술이라는 인간의 활동은 신이 창조하는 상상력과 아주 비슷하므로, 최고 철학은 예술 철학이다.[11]

셸링은 분명히 예술을 무한성과 연결해 설명한다. 그는 이렇게 썼다. "무한을 드러내지 못하거나 적어도 무한을 반영하지 못하면 예술 작품이라고 할 수 없다." 같은 구절에서 계속 이렇게 말했다. "우리가 자연이라고 부르는 대상은 신비하고 경이로운 책에 숨은 시이다." 셸링은 인간의 상상력을 신성과 통일한다. 신은 창조하는 정신이고, 인간의 정신은 상상력으로 신의 상상력을 모방한다. 예술가들의 작업은 바로 신의 정신을 모방하는 일이다.

영어권 국가에서 이러한 생각을 분명하게 드러낸 작가는 1817년《문학 평전Biographia Literaria》을 쓴 새뮤얼 테일러 콜리지였다. 콜리지는 셸링에게 의지할뿐더러 실제로 영어로 번역한 긴 구절을 표절하고 허락 없이 자신의 책 속에 넣었다.

콜리지는 그가 존경한 독일 작가들처럼, 자신의 저술로 인간과 자연이 하나가 되어 분리되지 않는 종합을 이룩하리라 결심했다. 이런 견해의 기초는 자신이 생각하는 상상력 개념을 상세하게 설명하는 데 놓여 있었다. 콜리지에 따르면 상상력은 외부 세계와 내부 반성을 통일하고 종합하는 정신력이다. 그는 이렇게 말했다. "상상력이 따르는 규칙은 바로 성장하고 생산하는 능력이다." 콜리지는 상상력에 대해 아주 유명한 진술을 남겼다.

나는 일차 상상력과 이차 상상력을 나누어 고찰하겠다. 일차 상상력은 모든 인간의 지각을 이끄는 살아 있는 힘이자 첫째 동인이며, 무한한 나의 영원한 창조 행위가 유한한 정신 안에서 반복되는 것이다. 이차 상상력은 일차 상상력을 흉내 내며, 의식하는 의지와 공존하지만 여전허 일차 상상력과 동인이 같고 정도와 작용 양상만 다르다. 이차 상상력은 재창조하려고 녹이고 퍼뜨리고 흩뜨린다. 이런 과정이 불가능해지는 곳에서도 여하튼 이상에 접근해 통일하려고 몸부림친다. 모든 물체가 본질 측면에서 고정되어 있고 죽어 있는 바로 그 순간에도, 이차 상상력은 본질 측면에서 활력이 넘친다.[12]

이러한 상상력의 최고급 기능은 시를 쓰게 만들어 예술의 확장에 기여한다. 상상력의 저급 기능은 공상fancy인데, 이때는 감각 자료를 배열하거나 재배열할 따름이다. 콜리지의 주장에 따르면 일차 상상력은 무심결에 기능하고, 이차 상상력이 자유 의지를 발휘해 시가 흘러나오게 만든다. 그런데 어느 경우에나 상상력은 신성과 직접 연결되었다. 상상력은 예술가로서 인간 속에 흘러넘치는 신의 권능을 상징한다.

칸트가 지은 감옥에서 빠져나올 둘째 길은 실러가 찾았다. 예술과 예술가의 역할이 중요하다고 가정한 칸트의 유산을 이어받은 실러는《인간의 미학 교육에 부치는 편지Über die ästhetische Erziehung des Menschen》에서 둘째 접근 방식을 제안했다. 실러는 독일의 일급 극작가이자 시인, 비평가였다. 그는 여러 희곡에서 인간이 어떻게 사회 관습과 폭정의 굴레에서 벗어나려고 분투하는지 묘사했다.《인간의 미학 교육에 부치는 편지》는 다른 저술에 비해 짧지만 대단히 어려운 책이다.

실러는 칸트가 인간을 쉽게 자유로워질 수 없는 상황에 남겨두었다고 믿었다. 자연계는 결정되어 있는 것처럼 보였고, 칸트가 내면 깊숙한 곳으로 옮겨놓은 도덕 세계는 자연이든 다른 어떤 것이든 인간과 아무 관계도 없는 것처럼 보였다. 루소의 전통을 따른 실러는 인간이 진정으

|그림 1| 리처드 파크스 보닝턴Richard Parkes Bonington(1802~1828)은 결핵으로 요절했으나 영국의 낭만주의 풍경화를 대표할 만한 중요한 인물이다. 〈해양화A Sea Piece〉(1824)는 영국 해협의 화물을 실은 상선을 묘사한다. 아마 던커크에서 바라본 풍경이었을 것이다. 오른쪽에 조난당한 작은 배가 있다. 빠르고 사나운 물결과 낮은 수평선, 드넓은 하늘은 보닝턴의 그림에 전형적으로 나타나며, 낭만주의의 전형이기도 하다. 프랭크 터너에게 익숙한 이 회화는 런던 월리스 박물관의 소장품이고, 수채 밑그림이 예일 대학교 영국 예술 본부에 소장되어 있다. 그 밑그림은 실물을 그대로 묘사하고 있는데, 학술적으로 가치 있는 시도였다.

|그림 2| 존 컨스터블John Constable(1776~1837)은 영국 낭만주의 회화를 대표하는 주요 인물이다. '회화는 감정을 표현하는 또 다른 세계일 뿐'이라는 예술가의 신념을 담은 〈헤이들리 성Hadleigh Castle〉(1829)은 런던 동쪽 템스 강 어귀에 폐허로 남은 성터를 묘사한다. 황량하고 고풍스러워 보이는 중세의 유적지를 묘사하고 있으며, 중세에 접근하는 당대의 감수성이 어떻게 바뀌었는지 보여준다. 이 점에 관해서는 5강에서 논의했다. 게다가 컨스터블이 이듬해 왕립 학술원 회원으로 선출되는 데 영향을 미쳤을 수도 있는 그림이다. 미술사가 앵거스 트럼블 Angus Trumble은 "컨스터블은 전원 속에 붕괴된 중세 건물을 배치하고 템스 강 어귀에 웅장한 광선을 비춤으로써 고대 그리스도교에서 표현한 죽음의 은유를 암시하는 것 같다. 죽음의 배는 모두 하류로 점점 멀어져 바다로 흘러간다"고 평했다.

|그림 3| 윌리엄 홀먼 헌트William Holman Hunt (1827~1910)는 영국의 화가이고, 라파엘 전파를 세운 창립 회원들 가운데 한 사람이다. 라파엘 전파는 기계론적인 예술 방식을 거부하려는 의도로 세웠으며, 유물론보다 유심론을 강조하고 인위적인 기교보다 자연스러운 표현을 강조했다. 그들은 중세 취향에서 영감을 주로 얻었다. 이 그림은 헌트가 앨프리드 테니슨이 1832년에 발표한 시 〈샬롯의 아가씨The Lady of Shalott〉에서 영감을 받아 그린 작품이다. 헌트의 묘사는 샬롯이 바깥세상을 직접 보지 말라는 금기를 깬다음 순간을 포착한다. 헝클어진 직물은 무너져 내리는, 곧 그녀를 죽음으로 이끌 세상을 상징한다. 아담과이브가 에덴동산에서 추방된 사건을 다시 한 번 보여준다고 해석될 수도 있다. 테니슨의 시와 마찬가지로 여성들이 추방된 세상, 여성들이 들어가면 위험에 빠지는 남성들의 일상 세계를 이야기한다.

|그림 4| 존 마틴John Martin(1789~1854)은 영국의 낭만주의 화가이다. 그는 〈대홍수The Deluge〉(1834)에서 숭고함을 묘사해내려고 구약 성서의 이야기를 불러냈다. 노아의 홍수뿐 아니라 어마어마한 처벌과 신의 보호도 표현한다. 당대의 다른 낭만주의 작품처럼 극적으로 표현된 자연과 자연의 대재앙을 묘사하며, 이신론과 자연 종교, 초기 진화론, 합리성을 옹호한 마틴의 관점과도 일치한다. 기술에 몰두한 마틴을 쉽게 낭만주의자로 분류하기는 어렵다. 그는 자신이 살았던 세대에 충실한 주요 인물이자 계몽주의에도 걸쳐 있었다.

|그림 5| 조지프 맬로드 윌리엄 터너Joseph Mallord William Turner(1775~1851)는 회화에 추상의 범주가 등장하기 오래전에 낭만주의를 거의 추상 표현에 가깝게 바꾸었다. 그는 〈햇빛 속에 서 있는 천사〉(1846)에서 심판의 날에 불타는 검을 들고 나타난 미카엘 대천사를 묘사한다. 대기를 가득 채운 눈부신 빛이 종교심을 불러일으키지만 딱 꼬집어 종교심이라고 말하기도 어렵다. 종교와 예술이 주관적 해석의 산물이 되어가던 시대에 어울리는 개인적인 표현이라고 해석할 수 있다.

|그림 6| 조지프 라이트Joseph Wright(1734~1797)는 〈태양계의에 관해 강의하는 철학자A Philosopher Giving a Lecture on the Orrery〉(1766)라는 세밀화에서 예수의 탄생 같은 종교 이야기를 태양계의 같은 기계 이야기로 대체한다. 태양계의는 태양계 안에서 행성과 달의 상대적 위치를 보여주는 기계 모형이다. 라이트는 기술을 보고 기술이 이룬 합리적인 기적에 축하를 보낸다. 그림에 나타난 빛의 극적인 원천은 태양도 아니고 신도 아니다. 바로 인간이 만든 등불이다.

|그림 7| 카스파르 다비트 프리드리히Caspar David Friedrich(1744~1840)는 반쯤 열린 창문으로 항구를 내다보는 자신의 아내를 그렸다. 〈창가의 여자Frau am Fenster〉(1822)에 대해 수많은 논평이 이어졌으며, 20세기 후반 독일의 낭만주의 회화를 대표하는 그림으로 유명해졌다. 관조의 분위기는 별도로 치고, 엄격하고 정돈된 집 안에 갇힌 여성을 분명하게 보여준다. 배의 돛대가 상징하는 삶은 문자 그대로 그녀를 지나쳐 갈 따름이다.

|그림 8| 장오노레 프라고나르Jean-Honoré Fragonard(1732~1806)는 〈좋은 어머니La Bonne Mére〉(1777경)에서 어머니의 이상형을 그리고 있다. 목가적인 풍경에서 여성의 바람직한 사회적 역할을 헌신하는 어머니이자 요부처럼 원숙한 배우자로 그려낸다. 오른쪽의 그림 9를 참고하라.

|그림 9| 프라고나르는 프랑스 혁명이 일어나기 전 구체제가 존속한 마지막 10년을 연상시키는 화가이다. 〈그네'
escarpolette〉(1767경)는 그네를 타는 여자, 앞에서 지켜보는 젊은 남자, 뒤에서 그네를 미는 나이 지긋한 남자를
보여준다. 성별에 따른 사회적 역할을 묘사하는데, 여자가 남자들의 놀이 대상이고 여자의 일생에서 추구할 목적은
아내가 되거나 애인이 되거나 어머니가 되는 것밖에 없음을 보여준다. 여자는 그런 목적을 빼고는 아무 역할도 하지
못한다.

|그림 10| 자크루이 다비드Jacques-Louis David(1748~1825)는 당대의 걸출한 예술가이자 프랑스에서 영향력이 엄청났던 인물이다. 그는 프랑스 혁명이 일어나기 전 마지막 수년 동안 학문과 역사에서 소재를 찾은 화풍을 대표했다. 그는 〈소크라테스의 죽음La Mort de Socrate〉(1787)에서 소크라테스가 죽음을 맞이하는 장면을 재현한다. 그리스도교의 상징을 뺀 고요하고 스토아 철학자다운 죽음을 똑같이 고요한 신고전주의 양식으로 표현한다. 단호한 분위기는 프라고나르가 선보인 로코코 양식의 경박함과 대조를 이루고, 당대 살롱 회화의 실례를 보여주기도 한다. 낭만주의자들은 이런 신고전주의 양식에 저항했을 터이다.

|그림 11| 군주제를 무너뜨리고 로마 공화정을 수립하는 데 성공한 브루투스는 군주제를 회복하려는 음모에 가담한 자신의 아들들에게 사형 선고를 내리도록 강요받는다. 자크루이 다비드가 〈브루투스에게 그의 아들들의 시신을 돌려주는 호위병들Les licteurs rapportent à Brutus les corps de ses fils〉(1789)에서 고대 로마에서 일어난 역사의 한 장면을 다시 불러낸 의도는 명백하다. 혁명의 해에 시민의 의무로 구현된 공화정 수립이라는 목적에 맞춰진 동기가 프랑스에서 얼마나 중요한지 각인시키는 것이었다. 다비드는 프랑스 혁명에 동조함에 따라 명성도 높아졌다. 나중에 그는 잇따른 지도층의 변화에 따라 입장을 바꾸다 결국 망명자가 되었다.

|그림 12| 오거스터스 에그Augustus Egg(1816~1863)는 빅토리아 사회의 도덕주의를 감각적으로 표현함으로써 성공을 거두었다. 〈과거와 현재Past and Present〉(1858)는 1번부터 3번까지 번호가 붙은 세 폭짜리 그림인데, 한 여자가 중간 계층의 사회적 지위를 잃고 노숙자로 몰락하는 과정을 보여준다. 첫째 그림(왼쪽 위)에서는 가족이 함께 있지만 거실의 장면은 불길한 징후로 가득하며, 남편은 아내가 부정한 증거를 방금 받았다. 둘째 그림(왼쪽 아래)은 5년 후를 묘사하는데, 두 소녀는 고아가 된다. 아버지는 죽고, 어머니는 떠났기 때문이다. 셋째 그림(오른쪽)은 달의 모양이 보여주듯이 둘째 그림과 같은 때에 일어난 상황인데, 오래전에 끝난 정사의 대가로 얻은 어린아이를 안은 채 기찻길 아래서 떨고 있는 어머니를 묘사한다. 세 폭짜리 그림은 빅토리아 시대의 이중 잣대를 구체적으로 보여준다. 초기 여성주의자 캐롤린 노턴Caroline Norton은 이렇게 썼다. "여자들이 잘못하면 죄가 되지만, 남자들은 죄를 지어도 잘못으로 여기지 않는다."

|그림 13| 조지 클로젠George Clausen(1852~1944)은 아직 독신일 때 이 군상화, 〈여학생들, 하버스톡 Schoolgirls, Haverstock〉(1880)을 그렸다. '여학생들'의 솔직한 시선에 긴장이 감돌고 있다. 그들은 어리기보다 젊은 여자들에 더 가까워 보인다. 그림 7에서 등을 돌린 채 생각에 잠긴 프리드리히의 아내와 반대로, 공공 영역에 당당히 서 있으며 눈빛에는 두려운 기색이 전혀 없다. 여학생들은 교육을 받았고 결혼하지 않았다. 이 그림은 계급의 긴장에 대한 고찰도 담고 있어 더욱 주목할 만하다. 꽃 파는 여자와 우유 짜는 여자는 노동 역할에 얽매여 있으며, 작품의 구도에서도 사회의 발전에 뒤처진 하찮은 존재로 그려진다.

|그림 14| 19세기의 위대한 소설가 조지 엘리엇을 그린 12점의 작품 가운데 하나로 1865년 아일랜드의 초상화가 프레더릭 윌리엄 버턴 경Sir Frederic William Burton (1816~1900)이 그린 것인데, 색조 때문에 유명하다. 조지 엘리엇은 소설 《미들마치 Middlemarch》에서 여자들이 대부분 교육에서 배제되었던 세상을 포착했다. 1874년 처음 단행본으로 출판되었는데, 케임브리지 대학교에 처음으로 여성을 교육하는 거턴 칼리지가 설립된 지 5년 후였고, 옥스퍼드 대학교에 레이디 마가렛 홀이 설립되기 4년 전이었다. 버지니아 울프Virginia Woolf (1882~1941)는 《미들마치》에 대해 이렇게 평했다. "결점이 있기는 해도 대단한 책이며, 성인들을 위해 쓴 몇 안 되는 영어 소설들 가운데 하나이다."

로 자유로운 공동체에 살 수 있는 길을 체계적으로 명확히 설명하고자
했다. 루소처럼 실러도 근대인들이 스스로 분열되었다고 믿었다. 자유
를 얻으려면 문화가 필요하지만, 당시 문명은 문화와 거리가 멀었다. 실
러는 루소의 견해를 흉내 내어 이렇게 썼다.

> 자유와 멀어도 한참 먼 문명은 사실 우리 안에 움튼 모든 권력을 쥐어
> 야 할 필요를 새롭게 만들어낸다. 물질과 신체에서 비롯된 족쇄는 늘
> 놀랍고 걱정스러울 정도로 단단히 조여서, 가진 것을 잃을까봐 두려운
> 나머지 개선하겠다는 불타는 충동조차 억누른다. 그리고 수동적으로
> 절대 복종하라는 격률이 인생의 최고 지혜로 통한다.[13]

실러의 견해에 따르면 자연 상태와 문명 상태 사이에 놓인 제3의 상
태가 필요하다. 이는 미학 교육으로 달성되는 아름다움이 넘치는 상태
이다. 미학 교육은 도덕 상태로 인도하는 동시에 도덕 상태가 오래 유지
될 수 있게 도와줄 터이다. 실러에 따르면 이렇게 도덕으로 통합되면서
자유로운 문명에 적합한 모형은 고대 그리스이다. 그는 이렇게 설명했
다. "우리는 예술이 파괴한 전체성, 곧 우리 본성 속에 들어 있는 전체성
을 더 높은 차원의 예술로 회복해야 한다."

루소의 경우에 진정한 자유를 누리며 사는 새로운 상태로 이끌 수단
이 입법자였다는 사실이 떠오를 텐데 실러가 선택한 방향은 달랐다. 실
러에 따르면 진정한 자유를 얻는 수단은 이미 부패하고 타락한 상태가
아니라 순수 예술에서 비롯되어야 했다. 실러에게 예술은 근대 사회에
퍼진 불화와 거짓에서 벗어날 수 있는 활동이었다. 예술가로서 아름다

움에 품은 동경이 그를 그리스와 인간의 전체성을 사랑하는 방향으로 돌려놓았을 것이다. 실러는 주저하지 않고 이렇게 단언했다.

> 예술가는 사실 시대의 자식이다. 그러나 동시에 예술가가 시대의 보호 아래 있다면 슬프고 애통한 일이다. 또는 시대의 부하라면 더 나쁘다. 자비로운 신이 젖먹이를 어머니의 품에서 떼어내 더 나은 시대의 젖으로 양육하게 하고, 머나먼 그리스의 하늘 아래서 성숙하게 두라. 다음에 젖먹이가 번듯한 인간으로 자랐을 때, 낯선 사람이 되어 원래 태어난 시대로 돌아오게 두라. 하지만 그는 자신의 출현으로 시대를 즐겁게 하려는 것이 아니라, 복수하려고 놀아온 아가멤논의 아들 오레스테스처럼 무섭게, 시대의 죄를 씻어내 정화하려 한다.[14]

예술가가 자유를 확립하는 도구로서 기능한다면, 실러의 자유 개념에 관해 간략하게라도 언급해야 한다. 실러의 자유 개념은 아주 복잡하며 학자들 사이에 논쟁이 많았다.

우리의 목적에 맞추려면, 자유를 바라보는 실러의 시각은 인간이 더는 서로 맞서거나 서로 분열되지 않는다고 본다고 말하면 충분하다. 그는 인간이 개인이자 종의 일원으로서 기능하는 길을 찾으려 했다. 다시 말해 개인주의와 공동체를 화해시키려 했다. 그는 이렇게 말했다.

> 감각의 쾌락은 우리가 개인으로서 즐기며, 우리가 모두 나눠 가졌고 우리에게 내재한 유類 genus로서 성질과 상관이 없다. 따라서 우리는 감각의 쾌락을 만인에게 공통된 성질로 만들 수 없다. 왜냐하면 우리

자신의 개성은 보편성을 띠고 있지 않기 때문이다. 우리는 인식의 즐거움을 유로서, 주의 깊게 우리의 판단에서 개성의 흔적을 모두 제거함으로써 누린다. 따라서 우리는 자신의 판단에서 개성의 흔적을 제거할 수 있지만, 다른 사람들의 판단에 대해서는 그렇게 하지 못한다. 그러나 아름다움만은 인류human genius의 표본으로서, 개인으로서도 유로서도 즐긴다.[15]

나는 여기서 다시 한 번 우리가 인간이 마땅히 자유로워야 하는 이상향을 추구하는 시각과 마주한다고 강조하고 싶다. 이런 유형의 자유는 자유로운 개인의 정신 속에 존재하며, 제도 장치의 중요성을 전혀 고려하지 않는다. 이것은 자유를 순수하게 심미 관점에서 바라보는 시각이다. 이런 자유를 누리려면 예술가들과 아름다움을 느끼는 체험으로 시선을 돌려야 한다는 점도 강조하고 싶다. 실러의 시각은 예술가를 인류의 해방자로 탈바꿈시킨다. 실러는 여러 동시대인이 그랬듯이, 아름다움과 자유가 공동으로 만든 문화의 모범으로서 고대 그리스 세계로 시선을 돌린다. 앞으로 다른 강의에서 보겠지만, 실러와 동시대에 활동한 다른 작가들은 중세로 시선을 돌린다. 하지만 어느 면으로 보나 과거 시대가 하는 역할은 똑같다.

이제 마지막으로 슐레겔 형제가 찾은 셋째 길을 살펴보자. 독일의 일부 비평가들은 예술가라는 개념에 신성과 초인간성, 초월성을 부여한 시 이론의 형성에 기여했다. 이들 가운데 가장 중요한 인물이 슐레겔 형제와 노발리스였다. 슐레겔 형제는 '낭만주의Romantik'라는 말을 문학과 예술 토론에 도입한 다른 어떤 작가보다 중요했다.

슐레겔 형제는 '낭만주의'라는 말을 중요한 두 가지 사상과 하나로 묶었다. 하나는 역사주의이고 다른 하나는 진보주의이다. 슐레겔 형제는 역사의 흐름 속에서 고전주의 경향에 대립된 낭만주의 경향을 따른 특별한 시인들에게 주의를 돌렸다. 제일 중요한 시인은 세르반테스Miguel de Cervantes Saavedra, 1547~1616와 셰익스피어였는데, 두 시인의 작품은 아우구스트 빌헬름 슐레겔이 독일어로 번역했다. 슐레겔 형제가 논의에 끌어들인 둘째 특징은 낭만주의 예술에 진보성이나 확정할 수 없는 성격이 있다는 생각이었다. 이런 생각은 아우구스트 빌헬름 슐레겔의 《극예술과 문학 강의Über dramatische Kunst und Literatur》(1809~1811)에 가장 많이 드러났다. 고전주의와 반대로 낭만주의는 진보성, 확성 불가성, 미완성이라는 특징을 나타내므로, 시간을 정할 수는 없지만 장래에 완성될 수 있었다. 프리드리히 슐레겔은 고전주의와 낭만주의의 시와 예술의 차이를 대조해 작성했다.

> 고전주의Klassik: 고대, 완벽, 유한, 이교도, 기계성과 연결되고, 규칙이나 프랑스와 결합된다. 예를 들면 고대 그리스 문학과 프랑스 문학이 있다.

> 낭만주의Romantik: 중세, 무한한 갈망, 유기체, 그리스도교, 규칙이 거의 없음과 연결된다. 예컨대 셰익스피어와 중세 기사 이야기medieval romances, 게르만족 신화가 있다.[16]

이런 구분은 후대 유럽의 지성 생활과 문화 생활에서 지나칠 정도로 중요해졌으며, 스스로 생명을 갖게 되었다. 고전파와 고전주의를 비난하는 경향이 급속도로 번져갔다. 고전주의 예술가들과 이론가들이 영감이나 천재의 역할과 규칙을 깨야 할 필요를 강조했는데도, 고전주의는 모방과 규칙에 집착하는 예술관이라는 견해가 퍼져나갔다.

고전주의는 구체제의 예술뿐 아니라 미학을 마주할 때 세간에 널리 퍼진 보수주의 태도와 하나로 묶이기도 했다. 한편 우리가 논의하는 거의 모든 미학 이론은 '낭만주의'라는 말과 결합되었다. 이것이 그 말의 정의와 동족어에 관해 지금도 수많은 의견의 불일치가 존재하는 이유들 가운데 하나이다. 예술이 일상의 현실을 넘어서며 감각계를 초월해 무한에 도달하려고 분투하는 활동이라는 낭만주의의 의식은 19세기 예술을 규정하게 되었다. 독창성, 곧 등불로서 예술은 시대 풍조가 되어 내면 세계와 외면 세계를 둘 다 탐구했다. 예술은 주체인 자기의 표현으로서 어떻게든 심층 현실이나 신성을 표현했으며, 이는 서양의 대부분 지역에서 예술 활동을 바라보는 관점이 되었다. 수세기에 걸쳐 예술의 목적은 모방이었지만, 이제 몇 번이고 거듭거듭 독창성을 드러내야 했다. 또한 이렇게 독창성을 보여줄 수 있는 사람들은 다른 사람들보다 더 높은 지위를 차지했다.

셸리는 늘 과장함으로써 자신의 재능을 탁월하게 보여주었는데,《시옹호론*Defence of Poetry*》에서 예술가, 이 책의 경우에는 시인의 입장에서 모든 주장을 분명하게 서술했다. 특히 디드로가 75년 전에 개탄한 방식과 똑같이, 창조하는 상상력의 이름으로 과학과 실용 기술을 공격했다.

외부 세계를 지배하는 인간 제국의 한계를 넓히는 과학이 장려됨으로써 그만큼 시를 쓰는 능력에 필요한 내면 세계는 줄어들었다. 과학 원리에 노예처럼 사로잡힌 인간은 스스로 노예가 되어 산다.[17]

시는 정말로 신성한 어떤 것, 지식의 중심인 동시에 둘레이다. 모든 과학을 이해하고 포함하는 영역이 시이며, 모든 과학은 시로 돌아가지 않으면 안 된다.[18]

시는 최고 행복과 최고선에 도달한 정신이 최고 행복과 최고선의 순간을 기록한 작품이다. ……우리 자신의 본성에 깃든 신성을 발견해 해석한 결과물이다. ……시는 인간 안에 깃든 신성을 되살려 부패와 쇠퇴를 막아준다.[19]

19세기 내내 예술가들은 자화상을 그렸는데, 어떤 식으로든 비슷하게 신성과 연결하여 묘사했다. 예술가들은 자신들을 다름 아닌 종교적 소명을 받은 존재로 보았다. 화가들은 풍경화 속에 신을 그려넣었고, 시인들은 영혼의 안내자로 해석되었다. 음악가들은 새로운 종교 신화를 만들어내려고 했다. 박물관과 가극 극장이 종교 경험을 대체했으며, 독자들은 시를 읽음으로써 개인의 종교나 영혼을 통해 세상의 본질을 통찰할 기회도 얻었다.

콜리지가 1811년 강연에서 고전주의와 낭만주의를 구분했으나 영국에서는 19세기 후반까지 '낭만주의'라는 말을 거의 쓰지 않았다. 유명한 영국 시인들은 자신들을 대륙 작가들이 말하는 낭만주의자로 보지 않았다. '낭만주의'라는 말을 유럽 전역에 퍼뜨린 사람은 스탈 부인Madame de Staël, 1766~1817이었다. 그녀는 두 권으로 출간된《독일론De l'Allemagne》을 썼는데, 각각 1810년과 1813년에 펴냈다. 사실 '낭만주의'라는 말은 스탈의《독일론》이 출간되고 이 책에 대한 비평들이 나온 다음에야 비로소 유럽 전역의 문학계에 퍼졌다. 스탕달Stendhal, 1783~1842은 프랑스 최초로 낭만주의라는 말을 적용할 수 있는 작가였다. 그는 1818년에 쓴 편지에서 이렇게 말했다. "나는 성난 낭만주의자이다. 다시 말해 라신Jean-Baptiste Racine, 1639~1699을 넘어선 셰익스피어, 부알로Nicolas Boileau, 1636~1711를 넘어선 바이런 경이 되고자 한다."

학자들은 낭만주의Romanticism가 실제로 존재했는지, 정확히 말해 문학계와 예술계에 낭만주의라는 말로 묶을 만큼 충분히 비슷한 집단과 현상이 존재했는지 따지며 오래 논쟁을 벌였다. 하지만 러네이 웰렉René Wellek, 1903~1995이 오래전에 논증했듯이, 흔히 '낭만주의'라고 부르는 다양한 문화 현상을 하나로 묶어주는 몇 가지 요소가 있었던 것 같다.

웰렉은 세 가지 특징을 지적했다.

> 첫째, 상상력이 시를 짓는 관점의 핵심이다.
> 둘째, 본성이 세계관을 이끈다.
> 셋째, 상징과 신화가 시 양식에 영향을 미친다.[20]

이런 세 가지 특징은 시인들을 비롯해 나중에 다른 예술가들에도 영향을 미쳤다. 이는 이성으로 추론할 수 있는 세계를 넘어서, 직관으로 느끼고 주체가 창조하는 세계로 나아가도록 이끈다. 본성이 바로 시인에게 맞는 화폭이 되었다. 시인들의 말, 화가와 조각가들이 조형 예술에서 쓰는 말, 작곡가가 음악을 만들 때 쓰는 말은 일상생활에서 쓰는 말보다 더욱 참된 세계에 어울리는 상징이 된다.

19세기 당시 어떤 작가도 이렇게 신비와 심층 현실로 기운 사상과 경향을 노발리스라는 필명을 쓰던 프리드리히 폰 하르덴베르크Friedrich von Hardenberg보다 더 잘 표현하지 못했다. 노발리스는 젊은 나이로 글을 썼으며, 훈련과 신의 부름에 따라 광산 기술자처럼 깊이 파고들었다. 그는 시의 신비스러운 본성을 강조했다.

> 시심詩心은 신비주의와 공통점이 많다. 그것은 특별하고 개인적이며 알 수 없고 신비한 것을 찾는 감각이자, 필연이면서 우연인 것을 드러내는 감각이다. 시심은 표현할 수 없는 것을 보여주고, 볼 수 없는 것을 보고, 느낄 수 없는 것을 느낀다. 시 비평은 부조리하다. 결정하기 어렵지만 시와 시가 아닌 것을 구별할 수 있을 따름이다. 시인은 제정신이라면 참으로 불우하다. 그 대신 시인의 내부에서 만물이 살아서 꿈틀거린다. 그는 가장 참다운 방식으로 **주체와 객체의 통일**, 그러니까 정신과 세계의 통일을 드러낸다. 따라서 무한성은 훌륭한 시이자 영원성이다. 시심은 점술과 신앙심, 예언 능력과 모두 밀접한 관계가 있다. 시인은 조직하고 통합하고 선택하고 창작하지만, 정확히 왜 그렇게 하고 달리 행동하지 않는지는 자신도 알지 못한다.[21]

그는 다른 구절에서 이렇게 설명했다.

> 상상력은 우리의 모든 감각을 대체할 수 있는 경이감이고, 우리의 선

택은 대개 상상력의 지배를 받는다. 우리의 외부 감각은 모두 기계 법칙에 수반되는 능력이지만, 상상력은 분명히 자극의 영향이나 자극과 접촉하는 것에 얽매이지 않는다.[22]

노발리스는 다른 독일인들처럼 셰익스피어가 예술가와 인간이 별개일 수밖에 없는 이치를 보여주는 표본이라고 주장했다.

본성을 잘 발달시켜 표현한 예술은 당연히 이성이 만든 인위 체계나 추론하기 급급한 정신과 거리가 멀다. 셰익스피어는 계산하는 사람도 아니고 학자도 아니었으나 힘이 넘치고 오묘한 영혼을 지녀서, 그의 창작과 작품은 자연의 산물처럼, 생각하는 영혼의 흔적을 담고 있다. 통찰력 있는 관찰자는 우주의 무한한 구조와 일치하고, 아직 발견된 적 없는 이상과 부합하며, 인간의 더 높은 차원의 힘과 감각이 얽힌 경지를 새로 발견하리라.[23]

시를 바라보는 이런 관점이 유럽 지성사에 등장한 이후, 예술가의 역할을 둘러싼 갖가지 사상이 사회, 문화, 지성사 측면에서 갈라져 나왔다. 예술가의 역할은 모방이 아니라 창조였으며, 예술가는 확립된 규칙을 넘어서야 하는 사람으로 보였다. 예술가는 창작할 때, 일상생활 속에서 오감의 만족에 매달리는 평범한 인간은 도달하지 못할 심층 현실에 닿을 수 있었다. 다시 말해 예술가는 상상력과 직관력 덕분에, 평범한 사람들과 달리 더 깊고 참다운 현실을 드러내는 예언자가 되었다. 이렇게 예술가는 모든 근대 지식인의 본보기가 되었다. 19세기 말 오스카

와일드Oscar Wilde, 1854~1900는 《예술가로서 비평가 The Critic as Artist》를 썼는데, 거기서 비평가에게 어울리는 거대한 문화 기구와 엄청난 문화 특권을 권리로 주장했다.

예술가를 바라보는 이런 관점의 등장과 인쇄 문화 발달 사이의 밀접한 관계는 눈여겨볼 만하다. 구전과 필사 문화에서는 모방에 높은 가치를 부여한다. 과거에 실천으로 얻은 지혜와 사변으로 얻은 지혜는 둘 다 모방을 거쳐야 비로소 다음 세대로 이어진다. 그런데 인쇄 문화가 발달하면서 특히 책이 이전보다 싼 가격에 보급되고, 이전보다 더 쉽게 책을 읽을 수 있었다. 무엇보다 과거에 축적된 지식과 관례가 인쇄된 형태로 공공 도서관과 사립 도서관에 저장되었다. 이처럼 인쇄 문화의 발달로 작품을 복사하기 쉬워지자, 시인을 비롯한 여러 예술가들은 돈벌이하려고 작품을 만드는 신분으로 전락할 처지에 놓였다.

그런데 출판계 안에서 낭만주의 예술가론은 예술가들의 작업에 아주 특별한 지위를 부여했다. 진정한 예술가는 모방만 하거나 돈을 받고 남의 밑에서 일하는 글쟁이와 달리 진짜 현실을 다루는 특별한 존재였다. 독자들은 출판된 책을 읽음으로써 예술가가 접촉한 진짜 현실을 다시 경험하고, 낮은 수준이더라도 신과 세계의 본질을 개인적으로 통찰할 수 있을 터였다. 워즈워스의 《서곡 The Prelude》(1850) 같은 작품에서, 독자들은 실제로 목격자로 초대받아 시인의 정신이 성장하는 과정을 공감할 수 있었다. 어떤 지식인들은 천재가 만들어낸 시를 비롯한 다른 여러 예술 작품에 근거하여 자신들을 평범한 작가 집단과 구별했다. 그들은 인쇄 문화와 더불어 발달한 상업주의의 혜택을 많이 누리면서도 상업주의에 반대하는 입장을 밝히기도 했다.

제10강

민족주의,
세상을 갈라놓다

민족주의는 19세기부터 20세기 초반까지 유럽에서 막강한 힘을 행사한 유일한 정치 이념이었다. 동유럽과 소비에트 연방의 공산주의 정권이 붕괴된 다음, 현대 유럽 사회에서 다시 주장되기도 했다. 정치적 견해로서 민족주의는 비교적 근대에 형성된 민족이라는 개념에 근거한다. 민족은 공통된 언어와 관습, 문화, 역사로 결속되어 같은 정부의 지배를 받는 사람들로 이루어진다. 말하자면 민족주의자들은 행정 권력이 관리하는 영토가 마땅히 인종 집단ethnic group의 경계와 일치해야 한다고 주장했다. 이전 유럽 역사의 흐름 속에서 정치적 단위가 이렇게 인종 집단으로 정의된 적은 없었으며, 인종 집단이 지배한 적도 없었다. 민족주의 사상은 18세기 말부터 19세기 초까지 널리 퍼졌다.

19세기 초반 민족주의는 당시 빈 의회가 내세운 원칙과 정면으로 배치되었다. 왜냐하면 빈 의회는 인종의 동질성ethnicity이 아니라 합법 군주제나 왕조가 정치 단위를 이루는 기초라고 전제했기 때문이다. 민족주의자들은 당연히 오스트리아 제국이나 러시아 제국 같은 다민족 국가에 맞서 저항했다. 그들은 현재의 독일과 이탈리아 지역에서 작은 군주국을 이루어 민족 국가보다 더 작은 단위로 살아가는 사람들과도 대립했다. 따라서 민족주의자들은 빈 체제*에 따른 국내외 질서에 모두 도전했다.

19세기 내내 민족주의자들은 여섯 강국이 지배하는 영역으로 나뉜 유럽의 정치 상황에 도전했다. 1800년 영국은 아일랜드 의원들을 웨스트민스터 의회에 참석시키는 방식으로 아일랜드를 직접 통치했다. 이로써 생겨난 이른바 '아일랜드 문제'는 다음 두 세기 동안 영국 정치를 따라다니며 괴롭혔다. 한편 군소 국가들로 나뉘어 있던 독일의 민족주의자들은, 독일어로 말하는 사람들을 모아 한 국가로 통일하고자 했으므로, 오스트리아 제국의 다민족 체제에 도전하면서 프로이센이 오스트리아와 독일 지역 지배권을 두고 싸워야 한다고 요구했다. 이탈리아의 민족주의자들은 이탈리아 반도에서 살고 이탈리아어로 말하는 사람들을 통일하고 오스트리아인들을 몰아내고자 했다. 폴란드 민족주의자

---

* 1814년부터 1815년 사이 유럽의 강대국 대표들이 모여 개최한 빈 회의 결과로 성립한 유럽의 새로운 국제 질서를 가리킨다. 빈 회의에서 유럽 각국의 대표들은 자유주의와 민족주의를 억압하면서 프랑스 혁명 이전 왕정으로 돌아가고자 했다. 첫째로 영국, 프랑스, 프로이센, 오스트리아 제국, 러시아까지 5대 강국은 어느 한 나라가 강해져 세력 균형을 깨지 않도록 서로 견제하기로 합의했다. 둘째로 각국에서 혁명이 발생할 경우 상호 협조해서 막아내자고 결의했다. 둘째 결의는 1830년에 일어난 그리스 독립 전쟁과 7월 혁명을 거치면서 동요하기 시작해 프랑스 2월 혁명과 크림 전쟁을 계기로 유명무실해졌다. 첫째 상호 견제 합의는 크림 전쟁 이후에도 건재하여, 1870년 이탈리아의 통일에 이어 이탈리아 왕국이 세워지면서 6대 강국 체제로 전환되었다. 이러한 세력 균형 체제는 20세기 초반 영국과 독일을 중심으로 새로운 동맹 체제가 등장하기 전까지 유효했다.

들은 폴란드가 유럽의 지도에 독립 국가로 다시 표기되기를 바랐다. 그들은 러시아를 주요 표적으로 삼았다. 동유럽의 헝가리아인, 체코인, 슬로베니아인을 비롯한 여러 민족 집단national group은 모두 독립을 위해 투쟁하거나 오스트리아 제국 안에서 공식 인정을 받고자 분투했다. 끝으로 남동유럽의 발칸 반도에 위치한 세르비아인, 그리스인, 알바니아인, 루마니아인, 불가리아인을 비롯한 여러 민족 집단은 오스만 제국이나 러시아의 통제에서 벗어나 독립할 준비를 갖추었다. 여섯 지역에서 한꺼번에 소요가 일어나지는 않았지만, 어느 지역에서든 소요가 일어날 수 있었다. 각 지역에서 민족주의자들의 활동은 부침을 겪었다. 정부들은 때로는 민족주의자들의 활동을 진압하기도 하고, 때로는 안정을 회복할 때까지 내버려두기도 했다. 그러나 19세기 내내 민족주의자들은 유럽의 정치 지도와 정치 문화를 뒤바꿔놓았다.

민족주의자들은 민족성의 성격과 유용성이 어떤 의미를 지니는지 표현하기 위해 아주 다양한 논증과 은유를 사용했다. 그들은 왕조가 지배하는 작은 국가들을 대체하여, 경제와 행정의 효율성을 높인, 이탈리아와 독일 같은 대규모 민족 집단들의 통일을 제안하기도 했다. 민족이 각자의 운명을 살아내려고 분투한다는 민족주의는, 개인이 재능에 따라 이력을 쌓아나간다는 자유주의 이념과 조금 닮은 점이 있었다. 어떤 민족주의자들은 신이 여러 민족을 유기 자연 속에 별개로 존재하는 종들과 닮게 창조했다고 소개했다. 또 다른 민족주의자들은 여전히 신성한 사물 질서 안에서 자신들이 속한 민족에 어울리는 소명을 찾으려 했다. 예컨대 폴란드의 민족주의자들은 19세기 내내, 폴란드를 여러 민족들 사이에서 고통당하는 그리스도처럼 묘사했다. 따라서 폴란드는 그리스도처럼 부활하여 새 삶을 살게 되리라고 암시했다.

정확히 어떤 인종 집단을 별개의 영토와 정치적 생존을 주장할 수 있는 민족으로 결정할 것인가 하는 문제는 언제나 어려웠다. 이론상 인종 집단이 민족일 수 있었다. 그러나 현실에서 독립 국가의 지위는 독자 생존이 가능한 경제를 지탱할 만큼 규모가 충분히 크고, 중요한 문화 유대가 있는 역사를 가지며, 언어를 보급하고 문화를 번창시킬 인재들이 있고, 다른 민족을 정복하거나 자기 민족을 독립시키고 방어할 역량도 갖춘 인종 집단과 관계가 있었다. 19세기 내내 그런 기준을 충족시킨다고 주장하는 소수 인종 집단이 여럿 나타났지만, 독립을 쟁취하지도 못했고 인정을 받지도 못했다. 하지만 소수 인종 집단은 국내 사정을 불안하게 만들 수 있었고, 실제로 불안을 야기했다.

사실은 19세기 민족주의자들이 민족이라는 개념을 창조했다. 19세기 전반 특정 지역에 사는 비교적 작은 민족 집단이 민족주의라는 이상을 추구하고, 새로 의식한 민족의 역사와 언어도 가르쳤다. 어떤 의미로 보면 초기 민족주의자들이 창조한 신념과 기대가 19세기 후반 대중의 지지를 얻은 민족주의를 키워냈을 터이다.

유럽의 민족주의는 지식인 계급 사이에서 종교와 결부된 신념과 관행, 책무가 소멸하는 시기와 맞물려 출현한다. 그리스도교는 종파와 고해 성사를 둘러싼 분쟁의 소지가 있기는 했어도, 18세기 중반까지 로마 가톨릭교도와 개신교도에게 보편적 시각을 제공했다. 로마 가톨릭교도와 개신교도는 서로 차별화하려 했을지 몰라도, 모두 그리스도교의 시각이 보편주의universalism*를 담고 있다고 믿었다. 민족주의는 가능하든 않든 인류를 언급하는 모든 보편적 시각에 반발했다. 민족주의는 우선 그리스도교와 그리스도교로 기운 유럽에 맞서 들고일어났지만, 나중에는 자유주의와 사회주의에 담긴 보편주의에도 이의를 제기했다. 그리스도교가 지배하던 수세기 동안 사람들은 신에 근거한 신앙, 교회, 진리는 시간을 초월하며 영원하다고 여겼다. 그러나 민족주의자들의 견해에 따르면, 다양한 민족들이야말로 어떤 식으로든 항상 생존하면서 영원히 실존하는 독립체를 형성해왔다. 민족은 수세기 동안 숨어 지내거나 억압당했지만, 결국은 모습을 드러내야 했다.

지식인 집단이 그리스도교의 보편주의가 아니라 민족이라는 용어로 생각하도록 이끈 주요 요인은 라틴어가 지식인들이 소통할 때 다 같이 사용하는 학술어로서 기능을 상실했다는 점이다. 민족주의가 발전하는 과정에서 언어만큼 중요한 요소는 없었던 듯한데, 학술어로서 라틴어의 기능이 소멸하자 토착어vernacular language가 살아났다. 꽤 오랫동안 프랑스어가 라틴어를 대신해 지식인들의 소통 언어로 사용되었지만, 지역 토착어의 도전에 거듭거듭 직면했을 터이다.

물질 관점에서 살펴보면 19세기 초 인쇄 문화계는 민족주의가 살아 움직이는 가장 중요한 현장이었다. 인쇄 문화는 몇 가지 측면에서 민족 토착어의 가능성을 여는 데 기여했으며, 이어서 민족 토착어는 민족주

---

* 철학에서는 보편자가 개체보다 우월하고 참된 현실이라고 주장하는 견해를 가리키며, 개체주의individualism와 대립한다. 종교 분야에서는 종교심이 인간의 보편적 성질이라고 주장하는 견해를 가리킨다. 만인 구원설도 보편주의를 담고 있는데, 그리스도교 역사에서 여러 번 등장했다. 특히 3세기 알렉산드리아의 오레게네스Oregenes의 저술에서 뚜렷하게 나타나며, 18세기 중엽 미국에서 시작되어 19세기 유일신교도의 보편 구원설Unitarian Universalism로 발전했다. 사회와 문화 측면에서도 보편주의가 나타난다. 예컨대 만인은 동등하다거나 만인은 자유를 추구한다는 사실을 받아들이는 견해, 다양한 문화에 공통된 보편적 특징이 있다는 견해를 들 수 있다.

의 이념을 형성하는 바탕이 되었다.

첫째, 인쇄 문화는 세속 지식인들이 소통할 수 있는 세계를 만들어냈다. 이 세계는 라틴어로 소통하는 세계 아래 있지만, 널리 통용되나 인쇄되지 않는 지역 토착어 위에 있었다. 라틴어가 아닌 언어로 인쇄된 세계는 라틴어를 쓰지 않지만, 지역 토착어를 사용하는 문맹인보다는 지성과 문화 생활에서 고상하고 범위가 넓은 세속 지식인들이 서로 소통하고 자신에 관해 언급하는 세계를 확립했다.

둘째, 이전 강의에서 말했듯이 인쇄 문화는 언어가 불변한다고 느끼게 만들었다. 수천 가지 책과 소책자, 잡지와 신문이 인쇄된 상태로 존재했으므로, 인쇄를 거쳐 실제로 존재하게 되고 불변하게 된 언어는 언제나 실존했던 것처럼 보였다. 이렇게 인쇄된 자료들이 차곡차곡 쌓이면서, 독자들은 몇 세기 전 사람들과 상상으로 그린 공동체imagined community 의식을 나눴다. 하지만 대체로 16세기 이전에 살았던 사람들과 공동체 의식을 나누기는 쉽지 않았다.

셋째, 인쇄 문화에는 언어를 불변하고 균일하게 보전하는 힘이 있어서, 지역 토착어나 행정 토착어로 사용되기 시작한 몇몇 인쇄 언어는 길게 보면 폭넓은 인쇄 문화에 진입하지 못한 다른 지역 토착어보다 더 강한 힘을 발휘하게 되었다. 인쇄 문화계와 나중에 라디오 방송 문화계에 진입한 언어의 힘은, 19세기 이후 신생 민족 국가들 내부의 소수 민족들이 자주 언어 보존을 요구할 때나, 민족 정부들이 소수 민족의 그런 요구를 억압할 때도 흔히 드러났다.

내 주장대로 민족주의가 유럽의 작가들과 지식인들이 만들어낸 문화 구성물이었다면, 지식인들이 민족주의를 퍼뜨리려고 사용한 도구는 무엇이었는가?

출판과 언론

민족이 인쇄 문화를 거쳐 상상으로 그린 공동체에 근거한 창조물이라면, 18세기 영국에서 처음 시작되어 19세기 유럽 전역으로 퍼진 신문세계의 팽창은 공통 경험, 설령 부정확하고 편향되었더라도 공통된 지식, 공통 언어에 근거한 세계를 확립했다. 유명한 민족주의자들은 대부분 신문과 주간, 월간, 계간 잡지에 아주 많은 글을 발표했다. 이런 출판물들은 처음 발표되었을 때와 이후 당대에 진행 중인 이야기에 따라 책으로 묶여 출간되었을 때 민족주의자들이 참조하고 방향도 잡을 수 있는 세계를 형성했다.

대체로 작가 집단이나 뛰어난 지식인들은 출판계를 이용해 민족주의에서 비롯된 민족 개념을 널리 퍼뜨렸다. 그들은 대부분 역사가와 문인이었는데, 민족의 과거에 대한 글을 쓰기도 했고, 민족 언어로 쓰인 글을 수집하고 출판함으로써 민족 문학을 확립하기도 했다. 19세기 후반민족의 공식 언어와 공식 역사를 가르친 학교 교사들은 민족주의 신념을 퍼뜨린 중요한 인물이었다. 민족주의자들에게 학교와 정부 관공서에서 사용하는 언어는 언제나 쟁점이었다. 이런 과정은 프랑스어나 이탈리아어가 공식 언어로 확산됨으로써 학교에서 사용하는 지역 방언을대체했다는 뜻일 수도 있다. 스칸디나비아와 동유럽의 일부 민족주의자들은 초창기 더 순수한 형태의 민족 언어를 부활시키려고 했다. 흔히이렇게 부활한 언어는 사실 근대 학자들이나 언어학자들이 발명한 언어였다. 이렇게 민족 언어를 확립하는 과정은 유럽 언어를 19세기 이전보다 더 균일하게 만들었다. 그렇지만 1850년에도 아마 프랑스에 사는 주민들 가운데 공식 프랑스어로 말하는 사람의 수는 절반에도 미치지 못했을 터이다.

그런 점에서 민족주의자들은 인쇄 문화의 출현 덕분에 언어를 민족성의 토대로 삼을 수 있었다. 인쇄된 수많은 책과 학술지와 잡지, 신문이 발행되면서, 언어는 구어보다 더 영속하고 '불변하는' 특징을 지니게 되었다. 균일하게 인쇄된 언어는 구어로 된 다양한 지역 방언을 넘어서 단일 지배 언어로 자리 잡았다. 그리하여 모든 점에서 민족을 구성한다고 생각되지 않았던 다양한 지역 사람들이 민족의 구성원이라는 주장에 설득되었다.

베네딕트 앤더슨Benedict Anderson은 어떤 토론에서 민족주의로 기운 작가들과 여러 지식인들이 민족 개념을 창조했음을 입증하기 위해, '상상으로 그린 공동체'라는 은유를 사용했다. 19세기가 흘러가는 동안 수많은 사람들, 실제로는 공통점이 비교적 적은 다수의 사람들이 민족 공동체나 민족을 구성한다고 확신했다. 민족 공동체를 구성하려는 계획은 홍보와 교육의 결과이자 실제로 문학과 언어, 사전과 대중 전달 매체를 만들어냄으로써 거둔 성과였다. 민족주의자들은 지식인들이었고, 그들 가운데는 국외로 추방되어 살던 지식인들도 아주 흔했다. 그들은 사회와 정치 분야에서 능력이 뛰어난 인재들에게 자신들이 쓴 많은 글을 계속 널리 퍼뜨려 민족성의 의미를 만들어냈다. 민족과 민족성은 19세기에 출현한 중요한 문화 유물cultural artifact과 창조물 가운데서도 두드러진다.

사전, 어휘, 문법, 언어 교과서

유럽의 지성 생활에 새로운 학문이 18세기에 등장해 19세기에 충분히 꽃을 피운다. 새로운 학문은 역사주의의 출현과 개별 문화가 지닌 독특함에 주목한 헤르더Johann Gottfried Herder, 1744~1803의 사상과 밀접한 관계가 있었다. 바로 문헌학philology, 곧 언어 형식을 연구하는 학문이다. 새로 떠오른 문헌학의 세계에서는 모든 언어가 관심의 대상이며 연구할 가치가 있었다. 이렇게 언어 다양성에 엄청난 관심이 쏟아지면서, 이전에 히브리어와 그리스어, 라틴어가 보편성을 표현할 수 있는 언어로서 지닌 특권은 많이 약해졌다. 문헌학은 언어가 자라고 바뀌며 역사까지 지녔다는 사실을 보여주었다. 19세기 동안 유럽 전역에 걸쳐 문헌학자들은 토착 언어에 대한 사전과 문법책, 역사서를 편찬해 내놓았다. 실제로 최초의 민족 역사서는 언어 역사서였다. 언어는 특히 언어 관련 서적을 만들어내면서 민족주의 이념의 발생에 중요한 영향을 미쳤다. 이것은 유럽, 특히 19세기 유럽에서 도서관을 갖춘 대학교가 민족주의자들과 민족주의로 기운 지식인들에게 중요한 장소가 되었다는 뜻이다. 그 후 지역 교사들이 민족 언어로 어린 학생들을 가르치는 국립 교육 체계는 민족주의를 퍼뜨리는 가장 중요한 수단이 되었다.

18세기 동안 영국과 스코틀랜드의 합병으로 영문법이 번성했는데, 그 까닭은 영국에서 일하거나 웨스트민스터 의회에 참석하고자 했던 수많은 스코틀랜드인들이 영어 사용 능력을 기를 필요가 있었기 때문이다. 1790년대 초에는 러시아 학술원이 최초로 방대한 러시아어 사전을 발간했다. 러시아어 문법책은 1802년에 나왔다. 1792년 요세프 도브롭스키Joseph Dobrovský는《보헤미아어와 옛 문학의 역사*Geschichte der* *böhm: Sprache und alten Literatur*》를 출간했는데, 체코어를 다룬 최초의 역사서였다. 오래지 않아 북부 발칸 지역의 학자들도 슬로베니아어와 세르비아크로아티아어, 불가리아어를 드디어 형식이 갖추어진 언어로 확립한 저작을 내놓았다. 1817년에는 최초의 우크라이나어 문법책이 나왔다. 18세기 중반 핀란드어와 노르웨이어는 별개의 언어로 갈라졌다. 우리가 고찰할 필요가 있는 중요한 논점은 이렇게 확립된 여러 언어가 자연스럽게 발생하지 않았다는 점이다. 형식을 갖춘 여러 언어는 구어를 불변하는 인쇄 문화계 안으로 끌어들이겠다고 결정한 지식인들과 작가들, 교사들이 지역 토착어인 구어를 바탕으로 구성한 것이었다. 그 후 언어는 민족 의식을 고취하는 강력한 수단이 되었다. 이러한 과정은 '문헌학과 사전 편찬 혁명'이라고 불렸다.[1]

하지만 19세기 전반, 읽고 쓰는 능력을 갖춘 사람의 수는 그리 많지 않아서, 앞서 말한 언어 혁명 초기에 충격을 가장 많이 느꼈던 사람들은 교육받은 귀족 계급과 군 장교 계급, 관료 계급, 중간 계급이었다. 다시 말해 처음 아주 폭넓은 공동체를 상상으로 그려낸 사람들은 경제, 사회, 정치 면의 권위와 밀접하게 결합되었다. 동시에 읽고 쓰는 능력은 선거권의 확대로 이어졌다. 선거권이 확대되자, 정부는 교육 체계를 세워 인쇄 문화를 이용해 민족 언어를 가르쳤다. 이렇게 복잡한 과정을 거쳐, 다양한 집단이 특정한 언어를 가졌을 뿐만 아니라 그런 언어가 아득한 옛날에 생겼다고 믿게 되었다. 더욱이 인구가 다민족으로 구성된 왕조 국가의 지도자들도 관행에 따라 한 가지 토착어를 제국의 정치와 행정 언어로 선택했다. 예컨대 합스부르크 왕조는 제국 전역에 걸쳐 독일어를 사용했고, 로마노프 왕조는 러시아어를 사용했다. 이런 경향에 따라 군주들은 한 민족 집단은 같은 언어를 쓰고 동일한 문화를 가짐으로써 동일시된다고 생각하게 되었다. 군주들은 왕조의 지배를 뒷받침하려고 제국 전체에서 민족 언어를 사용하라고 촉구했고, 특히 정치 계급에게는 더 강력히 요구했다. 이렇게 한 토착어를 공식 언어로 선택하자, 다른 토착어를 사용하는 사람들은 왕조 권위에 저항했다. 따라서 19세기 내내 지역 학교에서는 지역 언어를 계속 사용하고 유지하려고 노력했다. 정부 측이 자신의 의지대로 공식 언어를 사용하라고 강제한 가장 유명한 사례는 1832년 인도에서 영어를 공용어로 도입한 경우이다.

민족의 정치 역사

19세기는 민족의 역사가 담긴 수많은 책들이 쏟아져 나온 대단한 시대였다. 수많은 저작은 대개 제각기 인종 집단에 적합한 과거 이야기를 확립하겠다고 의식하면서 쓰였다. 특정한 민족의 바람직한 특성을 강조하는 과거 이야기와 오랜 역사 속에서 민족 집단과 맞선 적들이 누구였는지 분명하게 밝히는 이야기도 꽤 자주 등장했다. 몇몇 집단의 경우 민족의 역사는 신성한 역사의 대체물로서 지역에 고유한 세속 역사를 만들어냈다. 폴란드가 제일 눈에 띄는데, 폴란드 민족은 신성한 역사 속에서 특별한 역할을 맡았다고 여겼다. 이런 민족들의 역사는 민족성에 기반한 시민을 양성하려고 만들어졌다. 또한 인종 또는 민족에게 바치는 충성이나 민족 국가 안에서 갖추어야 할 시민 의식을 키우려면 무엇보다 연대가 중요했으므로, 여러모로 민족에게 바치는 충성이나 시민 의식은 종교에 바치는 충성을 대체하거나 그것과 혼합되었다.

역사가들은 민족 경험과 민족 의식을 고취할 때, 민족이라는 개념이 단련된 순간을 구체적으로 설명하려고 고대와 근대에 일어난 사건 두 가지를 지적했다. 근대에 경험한 가장 중요한 사건은 나폴레옹이 모스크바에서 퇴각하던 도중 독일의 여러 군소국 군대가 나폴레옹을 무찌른 사건이었다. 이 사건은 근대 독일의 역사에서 독일어로 말하는 군소국 전체가 처음으로 협력하여 일으켰다. 그런 행동에 따른 기억은 독일인에게 민족 의식이 분명하게 나타난 순간들 가운데 하나가 되었다. 에른스트 모리츠 아른트Ernst Moritz Arndt는 민족 의식이 나타난 순간의 흥분과 열광을 다음과 같이 묘사했는데, 한 세기 넘게 독일 역사 교과서에 여러 번 반복해서 인쇄되곤 했던 구절이다.

> 열의에 불타는 민중이 '신과 함께 왕과 조국을 위해' 들고 일어났다. 프로이센인은 조국의 구원과 독일의 자유를 꿈꾸며 오로지 한 목소리, 한 감정, 한 분노, 한 사랑으로 똘똘 뭉쳤다. 프로이센인은 전쟁을 원했다. 그들은 바로 전쟁과 죽음을 원했다. 나폴레옹에 굴복하여 얻는 명예롭지 못한 평화를 바라지 않았기에, 도리어 평화가 두려웠다. 카르파티아 산맥부터 발트 해까지, 네멘 강부터 엘베 강까지 전쟁, 전쟁을 외치는 함성이 울려 퍼졌다. 전쟁! 궁핍해진 귀족들과 지주들은 외쳤다. 전쟁! 자신의 마지막 말을 죽일 수밖에 없었던 농부는 외쳤다. ……전쟁! 군대에 잘 곳을 내어주고 세금을 내느라 점점 진이 빠져가던 시민들은 외쳤다. 전쟁! 외아들을 전쟁터로 보낸 과부도 외쳤다. 전쟁! 자긍심과 고통으로 눈물을 쏟으며 약혼자를 떠나보내야 했던 젊은 여자도 외쳤다. 무기를 들 수도 없을 만큼 어린 소년들, 반백의 중년 남자들, 부상을 입었거나 불구가 되어 오래전 명예롭게 제대한 장

교들, 부유한 지주들과 관료들, 대가족을 거느린 아버지들, 큰 사업체를 운영하는 경영자들도 모두 뒤에 남아 있으려 하지 않았다. 젊은 여자들도 갖가지 도구로 변장하고서 무기를 들고 돌격했다. 모두 조국을 위해 훈련하고 스스로 무기를 들고 나가 싸우다 죽고 싶어 했다. …… 이렇게 거룩한 열의와 행복이 넘치는 혼란 상태에서 가장 아름다운 일은 지위와 계급, 나이에 따른 온갖 차이가 잊힌 것이었다. ……위대한 조국애와 조국의 자유와 명예가 다른 모든 감정을 삼켜버려서 다른 고려 사항과 관계는 모두 잊혔다.[2]

이런 역사에서 특정한 민족 집단은 거듭하여 다른 민족 집단 또는 잠재 민족 집단과 대립하는 것으로 정의된다. 이들은 최근의 적이거나 역사 속에서 적이었던 집단이다. 어떤 민족의 경우 민족 집단은 집단 내부에 도사리고 잠재하는 어떤 '타자 집단', 또는 어떤 위협 집단과 대립했다. 중앙 유럽과 동유럽 전역에 퍼진 반反유대주의anti-Semitism*가 바로 이런 구실을 했다. 민족과 정치가 결합한 역사에서 역사와 신화가 백지 장 차이일 수도 있음을 인식하는 것이 중요하다. 중세의 전투를 마치 어제 일어났던 일처럼 현대의 사회 문제와 연결하기 위해, 사실 그 사이에 있는 엄청난 시간을 제거해버린 것이다.

---

* 유대 민족을 차별하고 증오하는 견해를 가리킨다. 유대 민족이 예수를 죽였다는 이유로 유럽의 그리스도교도 사이에서 유대인을 열등한 인종으로 여기고 차별하는 반유대주의가 생겨났다. 개인의 증오부터 집단의 폭력 수단을 동원한 박해까지 다양한 형태로 나타났다. 특히 현대 이슬람 급진주의자들도 반유대주의를 내세운다.

문학과 예술의 역사

이것들은 정치의 역사와 정치에 바치는 충성과 인접한 문화유산을 확립하는 요소이다. 대체로 이런 역사 저술을 거쳐 민족 문학은 문화와 관련된 참고 문헌의 뚜렷한 정본 목록이자 핵심으로 등장했다.

국립 박물관과 지역 박물관

여러 면에서 근대 박물관은 바로 19세기의 발명품이다. 박물관은 민족의 과거와 민족 문화에 딸린 유물을 전시하려고 지어졌다. 박물관 방문은 어른과 아이 모두에게 의도적으로 문화 정체성과 인종 또는 민족 정체성을 찾으려는 경험이었다. 프랑스 민족의 정치사와 문화사를 알리려는 목적으로 세워진 박물관의 실례로 1795년에 건립한 프랑스 문화재 박물관을 들 수 있다. 이 박물관은 원래 프랑스 혁명 기간에 훼손될 위기에 빠진 기념물과 예술 작품을 보호할 목적으로 세웠다. 하지만 그후 전시 책임자들이 대부분 중세 프랑스에서 유래한 중요한 기념물의 복제품을 박물관으로 들여놓고 안내하기 시작했다. 여기에는 대성당과 다른 중세 구조물의 일부분과 군주의 무덤이 포함되었다. 이 박물관은 프랑스의 예술과 역사 발전을 모두 한 곳에 모은 기록 보관소였다. 나중에 19세기가 낳은 위대한 역사가가 되어 프랑스 혁명을 연구한 쥘 미슐레Jules Michelet는 소년 시절 박물관을 방문했던 경험을 이렇게 묘사했다.

나는 꼬마였을 적에 어두운 지하 묘지로 들어가 창백한 얼굴을 뚫어지게 바라보고, 그러고 나서 눈빛을 반짝이고 호기심을 느끼면서도 겁을 내며 이 방 저 방으로, 이 시대에서 저 시대로 걸어 다니며 바라보던 때 심장이 콩닥콩닥 뛰던 느낌을 떠올릴 수 있다. 지금도 그때와 똑같이 신나서 마음이 설렌다. 무엇을 기대했던 걸까? 시대에 따른 생활상을 잘 몰랐고 시대정신은 전혀 알 수 없었다. 무덤에 드러누워 잠자는 대리석 인간들이 살아 있지 않은지도 확실하지 않았다. 또 설화 석고로 은은하게 빛나는 16세기의 호화스러운 기념물을 본 다음 메로빙거 왕조의 왕들이 있는 지붕이 낮은 방으로 가서 다고베르 왕의 검을 보았을 때, 나는 갑자기 힐페리히 왕과 프레데공드 왕비가 되살아나 단정하게 앉을 것 같은 느낌에 사로잡혔다.[3]

학교 체계와 대학교

민족주의에 따른 사고 방식과 시민을 양성할 때, 가장 강력한 지성의 힘을 보여준 제도는 다양한 국립 초등 교육 체계였다. 이는 19세기 후반 유럽 전역에 걸쳐 확립되었다. 이러한 학교 체계는 어린이를 민족 구성원으로 사회화하는 데 거대한 동력이 되었고, 지역에 자리한 학교 교사들은 의식하든 의식하지 못하든 세속인으로서 사제나 목사에 맞먹는 지위를 차지했다. 심지어 군대보다 학교가 민족 의식이 투철한 시민을 더 많이 양성했으니, 시민으로 교육된 다음 군대의 일원이 되었던 셈이다.

학생들과 대학들이 민족주의 사고방식을 주도적으로 형성할 뿐만 아니라 왕조 지배자들에게 도전하는 세력으로서 중요한 역할을 한다고 인식하게 된 때는 19세기 초였다. 민족주의는 나폴레옹이 몰락한 직후 독일의 대학생들 사이에서 꽃을 피웠다. 독일의 대학생들은 대부분 학생회Burschenschaften로 알려진 다양한 학생 동아리에 가입했다. 학생 동아리는 이해관계가 일치하는 사람들이 모여서 만든 조합과 조금 비슷했는데, 흔히 반유대주의 경향을 나타냈다. 1817년 예나에서 대규모 대학생 축하 행사가 열렸다. 이때 독일 지역의 여러 군소국에서 학생들이 모여들어 라이프치히 전투 4주년과 마르틴 루터의 95개 논제 발표 300주년 기념일을 축하했다. 프랑스에 맞서 독일의 군대가 거둔 승리, 교황의 지배에 맞선 독일의 종교 개혁, 성경을 독일어로 번역함으로써 독일어를 불변하는 형태로 정착시킨 사람을 기념한 축제는 의미심장했다. 학생들이 바르트부르크 성 근처에 모여들어 행사를 벌였기 때문에 바르트부르크 축제로 알려졌다.* 민족 감정을 이렇게 공공연하게 드러내자, 오스드리아인들은 우려했다. 오스트리아 제국은 다민족 국가였고, 민족주의는 오스트리아인들에게 정치적 죽음을 선고하는 것처럼 보였다. 1819년 극작가 아우구스트 폰 코체부August von Kotzebue를 민족주의자인 대학생 잔트Karl Sand가 암살한 사건이 일어나자, 이 암살 사건을 수습하는 과정에서 오스트리아 재상 메테르니히Klemens Wenzel Lothar von Metternich, 1773~1859는 카를스바트 결의를 채택했다. 이 결의에 따라 독일 대학교의 정치 활동은 엄격히 통제되고 독일 언론도 검열당했다. 민족주의에 반대하는 적들은 대학과 언론을 탄압함으로써, 민족주의 사상이 당시 인쇄 문화와 교육 제도 안에서 행사하는 힘을 어떻게 이해하고 있었는지 여실히 보여주었다.

---

* 독일 튀링겐 지방 아이제나흐 부근의 바르트부르크 성은 1521년부터 1522년 사이에 루터가 신약 성서를 번역한 곳이다.

인종 이론

인종 이론과 민족주의의 관계는 11강에서 다루겠다. 여기서는 인종 이론이, 민족 집단 또는 인종 집단은 자연 속에 뚜렷하게 존재한다고 주장하던 광범위한 사상들 중 하나였다는 점만 말하는 것으로 충분하다.

민족주의는 19세기가 흘러가는 동안 변화무쌍한 정치 세력으로 성장했다. 이제 민족주의 사상을 실현하는 각각 다른 형태를 알아보기 위해, 민족주의가 변형된 양상을 몇 가지 살펴보겠다. 19세기 내내 민족주의자들은 자주 자신들이 내세운 대의가 정치 자유주의가 펼쳐 보인 전망의 일부인 것처럼 보이려 애썼다. 예컨대 유럽 전역에 인민 주권의 이상과 인권 사상을 퍼뜨린 프랑스 혁명군은 19세기 초 민족주의에 편승해 강력한 세력을 형성했다. 이러한 프랑스 제국주의는 스페인과 독일을 비롯한 여러 민족 해방 전쟁을 촉발했다.

자유주의나 공화주의와 빈번하게 결합되는 민족주의 운동은 이탈리아에서 일어났다. 이탈리아의 상황은 보수주의 세력에 맞서 싸운 민족주의 양상을 드러낸 상징처럼 보였다. 이탈리아에서 민족주의에 맞선 적대자는 합스부르크 제국과 교황권, 부패한 나폴리 왕국이었다. 다른 한편 민족주의가 내세운 대의를 설득한 유창한 대변인은 주세페 마치니Giuseppe Mazzini, 1805~1872였다. 그는 공화주의자로서 교회 권력의 정치 개입에 반대했으며 직업 문인이기도 했다. 마치니는 런던에서 망명 생활을 하면서 이탈리아 민족주의가 내세운 대의를 이끌고 대표했다. 요컨대 이런 상황은 망명지에서 활동하는 지식인이 상상으로 그린 민족 공동체를 규정했다는 사실을 보여주는 전형이다. 그는 민족성을 인민 주권에 대한 경의와 민족의 신성한 운명이라는 종교적 개념을 결합한 의미로 정의했다. 마치니에 따르면 민족 정신의 본질은 공통 사상과 공통 원칙, 공통 목적이다. 민족은 언어와 특정한 지형 조건, 역사 속에서 주어진 역할에 따라 모인 사람들의 결사association이다. 민족의 구성원들은 같은 원칙을 승인하며, 균일한 법체계의 규칙에 따라 단 한 가지확고한 목표를 이루려고 모두 같이 행진한다.

> 한 민족의 생명은 똘똘 뭉쳐 행동할 때, 곧 결사의 구성원으로 살아가는 개개인의 능력과 기력이 하나로 보아져 단 한 가지 복표를 이루고자 할 때 살아난다. ……
> 그런데 민족 정신nationality에는 이보다 더 깊은 뜻이 깃들어 있다. 민족 정신은 신이 어떤 민족에게 내린 인류의 과업을 나눠서 수행할 때도 드러난다. 그 민족은 신이 내린 임무를 신의 이념이 세상에 실현되는 최후의 순간까지 수행해야 한다. 그런 임무는 한 민족에게 인류의 구성원으로서 자격과 권리를 부여한다. 이는 민족의 고유한 성격과 인류애 안에서 민족들의 지위를 정하는 일종의 세례 의식이다. ……
> 민족 정신은 국경 안에서든 국경을 넘어서든 신성함에 기대어 생존한다.
> 아군이든 적군이든 똑같이 모든 인간이 민족 정신을 침범해서는 안된다면, 민족 정신은 나라 안에서는 종교처럼 신성하고, 나라 밖에서는 막중한 임무를 떠안았다고 여길 수밖에 없다. 한 나라 안에서 생겨난 여러 사상은 반드시 모든 민족 정신이 비롯된 원천, 곧 인류에게 타

당한 일반 법칙의 일부로 꾸준히 성장해야 한다. 다른 나라들에게 이러한 사상은 아름답고 순수해 보여야 하며, 이민족과 뒤섞이지 않아야 하고, 노예 근성에 따른 두려움, 회의하고 주저하는 태도에서 자유로워야 한다. 힘차고 적극적으로 민족의 모든 면에서 진화와 생활상을 포용해야 한다. 민족 정신이라는 생각은 전 세계의 운명이 달린 질서를 세우는 필수 요소이며, 인류 전체의 진보와 조화되더라도 독창성은 결코 사라지지 않는다. 민족은 민족 정신이 생겨나는 기초여야 한다. 말하자면 민족이 논리적으로 도출하고 정력을 쏟아 적용하는 원칙은 민족 정신의 수단이어야 하고, 모든 민족의 생활 개선과 최대 다수의 최대 행복은 민족 정신의 결과여야 하며, 신이 민족에게 부여한 과제를 수행하는 것이 바로 민족 정신의 목표여야 한다. 이것이 바로 민족 정신이 지닌 의미이다.[4]

민족주의를 이렇게 해석하는 관점은 서유럽에서 널리 받아들였다. 더할 수 없이 온건한 관점이지만, 이 논의는 민족주의와 민족성에서 비롯된 이상을 실현할 때 폭력이 끼어들 여지가 있다는 점을 간과했다. 이 관점은 민족 정신의 원칙을 자유주의 의제에 딸린 다른 요소와 결합시켰다. 영국의 자유주의자들은 민족 원칙에 대한 이토록 명확한 표현에 무척 끌렸다. 사실 빅토리아 시대 영국에는 마치니와 가리발디Giuseppe Garibaldi, 1807~1882를 숭배하는 집단이 있었으며, 영국의 자유주의자들은 19세기가 끝날 때까지도 계속 민족주의에 따른 대의와 자유주의 이념을 연계하려 했다.

민족 정신 원칙과 자유주의를 연계한 다른 해석은 1848년 합스부르크 영토 안에 다양한 혁명이 일어나면서 나왔다. 여기서 민족주의 원칙은 유럽의 다른 자유주의자들에게도 다소 명확지 않아 보였다. 이탈리아는 유럽의 권력 정치판에서 중요한 요인이 아니었다. 합스부르크 제국은 이탈리아 북부 일부만 통치했다. 하지만 민족 정신 원칙이 독일 지역 여러 군소국의 학생들과 지식인들, 자유주의 성향의 관료들 사이에 퍼져 영향력이 커지자, 당시 중앙 유럽의 정권을 장악한 모든 체제가 개입하기 시작했다. 1848년 오스트리아 제국의 혁명가들이 프라하에서 범凡슬라브 민족 회의를 소집했을 때 난국이 드러났다.

제1차 범슬라브 민족 회의는 1848년 6월 프라하에서 열렸다. 회의를 거쳐 작성한 선언문은 다름 아니라 오스트리아 제국의 재조직과 동유럽의 나머지 대부분 지역에 대한 정치 개편을 요구했다. 여러 슬라브 민족들이 국가를 세우겠다며 변화를 요구했고, 이런 변화의 바람은 러시아 제국과 오스트리아 제국, 오스만 제국뿐 아니라 회의에 참석하지 않았던 독일의 여러 군소국까지 퍼져 나갔다. 민족 국가를 세우겠다는 대망aspiration을 담은 선언문은 당대 유럽뿐 아니라 현재까지도 영향을 미치고 있다. 1848년 당시 선언문을 쓴 사람들이 슬라브 민족들의 정치 생활에 맞춰 조정된 민족 정신 원칙을 다른 사상에 비하면 새롭다고 인정했다는 점도 중요하다.

프라하 슬라브 민족 회의는 슬라브 민족들에게만이 아니라 유럽에서도 전대미문의 사건이다. 처음 역사 속에 등장한 이래 각지에 흩어진 우리 위대한 인종은 형제임을 다시 알리고 중대사를 평화롭게 숙고하려고 먼 길을 마다않고 모였다. 우리는 8,000만 인구가 말하는 아름다운 언어뿐 아니라 하나 된 마음, 비슷한 정신의 특성으로 막힘없이 서로 이해한다. ……

우리가 목청을 돋우어 우리의 요구를 알리는 것은 국가 안에서 살아가는 개인을 대신하는 데 그치지 않는다. 민족은 모든 지성의 가치를 가지고 있으니, 우리에게 자연법에 따른 개인의 권리만큼 신성하다. ……

오늘날 이 시대를 이끌어갈 강력한 정신의 흐름이 새로운 정치 형태를 요구하니, 국경선을 새로 긋지는 않더라도 바뀐 원칙에 따라 국가를 다시 세워야 한다. 이러한 신념이 확고하기에 우리는 오스트리아 제국에, 곧 대다수 슬라브 민족이 사는 입헌 정부에, 동등한 민족들이 모인 연방 국가로 제국을 탈바꿈시키자고 제안했다. ……

우리는 불운한 형제, 폴란드인들을 대신하여 힘차게 외친다. 그들은 교활한 세력에게 민족 정체성을 강탈당했다. 우리는 각국 정부에게 촉구한다. 행정 정책을 동원해 폴란드인들에게 저지른 악행과 오래전부터 세습된 무거운 죄를 바로잡으라. 우리는 온 유럽인의 측은지심을 믿는다. ……헝가리에 사는 슬라브 인종, 곧 세르비아인과 크로아티아인, 슬로바키아인, 루테니아인에게 비인도적인 강압 수단을 사용한 헝가리 내각을 지체 없이 해산하라. 또한 그들에게 즉각 민족으로서 권리를 완전 보장하라. 끝으로 오스만 제국 정부는 야멸친 정책으로 터키에 사는 슬라브 형제들이 민족 정신을 고취해 자연스럽게 발전시키려는 활동을 더는 방해하지 말라. 오스만 제국 정부의 비열하기 짝이 없는 행동에 분명히 반대함으로써, 우리는 자유를 위해 일한다고 확신한다. 자유는 이제까지 통치한 사람들을 더 정의롭게 만들고, 불의와 오만이 그것을 견뎌낸 사람들이 아니라 그렇게 행동한 사람들에게 불명예가 된다는 점도 이해하도록 만든다.[5]

1848년 민족주의자들은 승리할 기회를 놓쳤으나, 프로이센 오스트리아 제국의 억압을 피해 떠난 망명자들은 민족주의가 추구한 이상을 유럽 전역에 퍼뜨렸다. 미국에서도 1840년대 이후 중앙 유럽 출신의 정치 자유주의, 급진주의 성향 이민자들이 민족주의 사상을 전파했다. 마치니와 범슬라브 민족주의가 내세운 이상은 미국의 외교 정책에 영향을 미쳤는데, 특히 역사가이자 지식인이었던 우드로 윌슨Woodrow Willson, 1856~1924이 세운 외교 징책이 그랬다.

모든 민족주의를 자유주의로 보아서는 안 되므로, 보수 정권이 민족주의를 이용해 어떻게 목적을 달성했는지 상기할 필요가 있다. 1870년대에 프로이센 군주국 보수 정권과 그 군대가 정치 보수주의에 맞춰 독일 민족주의를 공략함으로써 마침내 통일된 독일 제국을 수립했다. 그런데 그에 앞서 유럽에서 최초로 민족주의를 이용한 보수 정권은 러시아의 차르 니콜라이 1세Nikolay I였다.

니콜라이 1세 치하의 정부는 1820년대 후반부터 1840년대까지 '관제 민족주의 계획Official Nationality Programme'을 실행에 옮겼다. 정부 문서와 신문, 잡지, 교과서에 '러시아 정교회, 전제 정치, 민족주의'라는 표어가 반복하여 등장했다. 러시아 정교회는 도덕성과 교육, 지식인의 생활을 세우는 기초였다. 교회는 표트르 대제Pyotr I시대부터 세속 정부의 한 팔로 학교와 대학교를 통제했다. 러시아의 젊은이들은 분수를 지키고 사회 구조 안에서 일어나는 신분 상승을 멸시하도록 교육받았다.

전제 정치를 유지하려는 계획은 차르의 무제한 권력을 유일한 권위로 내세웠고, 광활한 러시아와 러시아의 민중을 일사불란하게 단결시킬 수 있었다. 정치 문제로 글을 쓰는 작가들은 러시아가 표트르 대제와 예카테리나 여제Yekaterina II, 알렉산드르 1세Aleksandr I의 전제 정치 아래서만 번영하고 세계사에 중요한 영향을 미칠 수 있었다고 강조했다.

러시아는 러시아인의 민족 정신을 아름답게 꾸며냄으로써, 러시아의 종교와 언어, 관습을 영원한 지혜의 원천으로 삼으라고 촉구했다. 이를 통해 서유럽에 일어난 도덕의 타락과 정치 소동에서 민족을 떼어놓았다. 관제 민족주의를 주재한 사람은 1833년부터 1849년까지 교육부 장관을 지낸 세르게이 우바로프Sergey Uvarov 백작이었다. 우바로프 백작과 차르 정권이 노력한 결과로, 러시아에서 중요한 지식인의 생활은 차르 정부와 멀어져 단절되고 말았다. 우바로프의 정의에 따르면, '관제 민족주의'는 차르 정권 아래서 잠재한 문명의 붕괴에 맞서는 러시아 민족주의의 입장이다. 그에 따라 1843년 우바로프는 차르 정권이 놓인 상황을 이렇게 설명했다.

유럽에서 종교와 시민 제도가 빠르게 붕괴하고, 파괴를 일삼는 사상이 널리 퍼지는 때에 사방에서 우리를 에워싼 통탄할 현상을 볼 때 민족의 안녕과 강성과 생명을 위해 우리의 조국을 반석 위에 세울 필요가 있다. 러시아를 다른 나라와 뚜렷이 구분하고 오로지 러시아에 알맞은 원칙을 찾을 필요가 있다. 러시아 민족 정신에 따라 나머지 신성한 여러 나라를 하나로 모으고 우리를 구원할 닻에 붙들어 맬 필요가 있다. 다행히 러시아에는 신성한 원칙을 믿는 따뜻한 신앙심이 살아 있다. 신성한 원칙이 없다면 러시아는 번성할 수 없고 부강해질 수도 없고 살 수도 없다. 조상들이 세운 교회에 애착이 많은 러시아인들은 예전부터 교회가 사회와 가족의 행복을 보장해준다고 생각했다. 조상의 신앙을 아끼고 소중히 여기지 않으면 개인뿐 아니라 민족도 멸망할 수밖에 없다. 조국에 충성하는 러시아인은 **러시아 정교회**의 교리 하나를 지키지 않는 것이 차르의 왕관에서 진주 하나를 훔치는 것과 같다는 데 동의하리라. **전제 정치**는 러시아의 정치가 생존하기 위한 조건이다. 큰 건물을 지으려면 주춧돌을 잘 놓아야 하듯이, 거대한 러시아는 전체 정치에 기초한다. **폐하**에게 복종하는 수많은 신하와 백성들이 이것이 진리라고 생각한다. 다시 말해 그들은 시민 생활에서 서로 다른 지위를 차지하더라도, 또한 교육이나 정부와 맺는 관계에서 차이가 나더라도 충분히 그렇게 느낀다. 러시아가 강하고 인도주의에 충실하며 계몽된 전제 정치로 살고 보호받고 구원받았다는 확신은 대중 교육에 고루 퍼져야 하며 교육과 함께 발전하지 않으면 안 된다. 이런 두 민족주의 원칙에 더하여, 중요도와 힘이 덜하지 않은 세 번째 원칙은 **민족 정신**이다.[6]

1830년 폴란드 반란 이후, 러시아는 폴란드에서도 비슷한 민족주의 원칙을 적용해 러시아 문화를 따르도록 강요하는 정책을 펼쳤고, 그 결과로 폴란드라는 나라는 18세기 말 유럽의 지도에서 사라졌다.

하지만 민족주의 원칙에 자유를 제한하거나 침해하는 측면이 숨어 있다는 점은 전제 정치에 따른 관제 민족주의를 언급하지 않아도 드러났다. 민족주의자들이 어떤 길을 찾든 핵심 문제는 소수 집단이 당하는 상황이었다. 언제나 그렇지는 않더라도 민족주의 개념의 뒤에는 으레 인민 주권 사상이 자리를 잡는다. 왜냐하면 민족의 성격을 결정하는 것은 통치자가 아니라 인민의 자질이기 때문이다. 그런데 민족주의가 나타내는 이러한 양상이 과거는 물론 현재까지도 자주 혼란을 빚거나 갈등을 일으키곤 했다. 한 민족 집단이 주류를 이룬 많은 영토 안에서도 여전히 적지 않은 소수 민족 집단들이 살기 마련이다. 이때 다수를 차지하는 한 민족 집단은 소수 민족 집단들이 동의하거나 말거나 마음대로 통치했다. 경우에 따라 민족주의자들은 어떤 나라의 한 지역에서 우위를 차지하지만, 그들과 같은 인종으로 문화 동질성을 가진 사람들이라도 그 나라의 다른 지역에서는 민족주의에 따른 대망을 품지 않을 수 있다. 이때 한 지역의 민족주의자들은 다른 지역 사람들에게 자신들과 같은 대망을 품으라고 강요할 수도 있다. 합스부르크 제국 안에서 한 민족주의자 집단이 권리를 주장한 중요한 지역마다 소수 민족 거주지들이 있었다. 독일에 거주한 폴란드인들과 대부분 가톨릭교를 믿는 아일랜드에 거주한 개신교도들도 그와 같은 경우에 해당했다. 19세기에 소수 민족 집단들이 추구하는 대의는 거의 주목받지 못했다. 하지만 영국 출신인 한 작가는 소수 민족 문제의 핵심을 꿰뚫어보았다.

존 액턴John Acton 경은 19세기를 대표하는 중요한 역사가이자 평론가로 당대의 종교와 정치 영역에서 일어난 사건을 연구했다. 액턴의 모든 저술을 살펴보면, 자유의 성격을 밝히고 자유를 보존하는 데 관심이 아주 많았다. 그는 민족주의가 정치 측면에서 어떤 위험을 안고 있는지를 일찌감치 지적했다. 1862년에 그는 이렇게 썼다.

민족의 권리를 방해하는 최대 적은 바로 근대에 민족 정신을 내세운 이론이다. 그런 이론은 국가와 민족의 범위가 서로 같다고 주장함으로써, 실제로 같은 국경선 안에서 살아가는 다른 모든 민족들을 한 국민으로 축소한다. 근대 민족주의 이론에 따르면 국가를 지배하는 민족은 다른 민족 구성원들과 동등해질 수 없다. 왜냐하면 그때 국가는 더는 민족성을 드러내지 않을 텐데, 민족성은 국가의 생존 원칙과 모순되기 때문이다. 그러므로 공동체에 딸린 모든 권리를 주장하는 권력 집단이 인간성과 문명을 받아들이는 정도에 따라, 열등한 인종들은 몰살되거나 노예 상태로 전락하거나 법률의 보호를 받지 못하거나 의존하는 처지에 놓인다.

우리가 도덕 의무의 실현에 어울리는 자유주의 체제를 시민 사회의 목적으로 삼으면, 대영 제국과 오스트리아 제국처럼 별개의 다양한 민족을 억압하지 않으면서 포용하는 국가는 현실적으로 아주 완벽하다고 결론지어야 한다. 인종이 혼합되지 않은 국가는 불완전하고, 인종 혼합의 효과가 사라진 국가는 노쇠해진다. 서로 다른 인종을 만족시킬 능력이 없는 국가는 스스로 파멸한다. 다른 인종의 특징을 없애거나 흡수해버리거나 쫓아내려고 애쓰는 국가는 활력을 잃고 만다. 다른 인종을 포용하지 않는 국가는 자치 정부 수립에 중요한 기반도 튼튼하지 않다. 그러므로 민족 정신을 내세운 이론은 역사 흐름에 역행한다. ……민족 정신은 자유도 번영도 지향하지 않는다. 도리어 민족을 국가가 세워지는 틀이자 척도로 삼아야 할 필요에 휘둘려 둘 다 희생시키고 만다. 민족 정신이 밟는 경로는 도덕 측면의 타락뿐 아니라 물질 측면의 파멸로 얼룩지고, 새로운 발명품은 신이 행한 일과 인류의 이익을 외면하고 널리 퍼질지도 모른다. 이것보다 더 포괄적이고 체제를 전복하기 쉽고 전횡을 일삼는 변화의 원칙은 없으며, 정치적 사색의 대상으로 생각해볼 만한 어구도 없다. 민족 정신을 따르는 길은 민주주의가 틀렸다고 반박하는 것과 매한가지이다. 왜냐하면 민족 정신은 민의popular will가 행사되는 범위를 제한할뿐더러, 민의를 민족 정신이라는 상위 원칙으로 대체하기 때문이다.[7]

액턴은 19세기 민족주의를 형성하고 민족주의자들을 이끈 여러 목표와 가치들이 얼마나 혼란스럽게 얽혀 있었는지 당대에 활동한 어떤 작가보다 더 명료하게 이해했다. 민족주의자들은 실제로 민족 국가의 경제 상황과 관료주의, 군대가 제공하는 권력을 얻어, 유럽이 종교 전쟁과 프랑스 혁명으로 인한 세속 종교 전쟁을 겪으며 익히 알게 된 파괴를 똑같이 자행했다.

제11강

인종과 반유대주의,
세상을 휩쓸다

19세기는 대개 한 가지 중요한 요인에 기대는 원대한 이론들이 쏟아져 나온 시대였다. 19세기 사회와 정치 상황에서 비롯된 사상은 결정론의 시각에 따라, 인간의 본성과 인간 사회를 설명할 방법을 찾아내려는 시도로 가득했다. 마르크스와 추종자들은 경제력과 경제 계급에 주의를 기울였다. 콩트Auguste Comte, 1798~1857에게 영감을 받은 실증주의자들은 세 단계 이론과 과학의 발흥, 과학 원리에 따라 사회를 조직하는 일로 시선을 돌렸다. 민족주의자들은 민족 국가의 수립에 몰두했다. 다른 사상가들은 다윈의 진화설과 결합된 각양각색의 진화 형태와 발전 사상을 기꺼이 받아들이려 했다. 이런 이론은 제각기 옹호자들이 있었고 적지 않게 영향을 미쳤다.

그런데 인간의 본성과 인간관계를 결정론의 시각으로 설명하는 이론들 가운데 당대뿐 아니라 이후까지, 다른 이론보다 현실에 영향을 더 많이 미친 이론이 있었다. 바로 인종을 구별하거나 차별하는 사상이었다.

19세기가 흘러가는 동안 '인종race'이라는 말은 새로운 의미를 얻었고, 서양의 여러 사회뿐 아니라 서양인들이 모험을 감행해 찾아내고 영향력과 권한을 주장한 세계의 다른 여러 사회에서도 새로운 역할을 수행했다. 서로 다른 인간이 인종의 차이 탓에 모습도 다르다는 사실은 고대부터 주목받았고 관찰되었다. 18세기 말 이전에도 인종에 근거한 편견과 편협한 태도가 실제로 차별로 이어지곤 했다. 다시 말해 지구상의 서로 다른 지역에 퍼져 살았던 인간은 인종이 구별된다고 생각했으며, 요즘 '인종 차별racism'이라는 느슨한 용어로 아우를 수 있는 편견을 품었다. 인종을 구별하거나 차별하는 태도는 서양에 국한되지 않았고, 지금도 그렇다.

하지만 18세기 말로 접어들 무렵 지성사에 새로운 요인이 등장해 영향을 미치기 시작했다. 그때부터 20세기 초반까지 인종을 구별하거나 차별하는 사고는 여러 분야를 연결시켜 설명하는 사상 체계로 떠올라, 역사를 해석하고 사회 문제를 정의하고 문화 차이를 설명하고 경제 발전 수준의 차이까지 밝히는 수단으로 기능했다. 사실 인종이 노예 제도와 제국주의, 반反유대주의, 민족성을 연결시켜서 한꺼번에 방어하는 이념 요인으로 작용했던 시대는 19세기뿐이었다.

이번 강의의 목적에 맞춰 인종 차별 사상이나 이론은 공식 또는 비공식인 다섯 가지 주장에 따라 검토할 것이다.

첫째, 인종주의자들racial thinkers은 인종의 차이가 자연 속에 뚜렷이 존재한다고 믿었다. 이들은 이런저런 방식으로 동물 사이에 종의 차이가 분명히 나타나듯이 인간 사이에도 인종의 차이가 뚜렷이 존재한다고 주장했다. 따라서 인종주의자들에게 인종은 혈통으로 이어지며 자연에 따라 나뉘는 유형이다. 19세기 동안 인종에 따른 피부색이 유럽의 인종주의에 반드시 수반되는 쟁점이 아니었다는 점은 중요하다. 혈통이 핵심 요인이었다. 실제로 인종을 구별하는 모든 규정은 피부색이 아니라 혈통을 들먹였다. 인종이 서로 다른 사람들이 만나 자손을 낳을 수 있으므로 인종을 나누는 경계가 확고부동하지 않다고 여겼는데도, 인종주의자들은 그 경계가 진짜로 존재한다고 생각했다. 그들은 대체로 인종 혼합에 반대하기도 했다. 이런 주장이 본래 과학과 아무 상관 없다는 점도 꼭 알아두어야 한다. 단순하게 인간의 외형 가운데 눈에 보이는 차이점을 특별한 관점으로 해석하여 주장한 것뿐이다.

둘째, 그들은 신체 유형과 도덕 특성 사이에 어떤 종류든 연속성이 있다고 역설했다. 다시 말해 신체 특성과 비非신체 사회 특성을 잇는 고리가 있다고 주장했다. 이런 주장의 뒤에는 으레 신체 특성이 사회, 지성, 문화 특성을 결정한다는 막연한 가정이 깔려 있다. 이따금 이런 점을 미사여구로 과장하더라도, 인종 사상은 본래 역사와 인류를 유물론의 관점으로 해석한다.

셋째, 그들은 특별한 문화 집단에 퍼진 인종 특성이 교대로 나타나며 집단 안에서 살아가는 개인의 성격을 결정한다고 역설한다. 어떤 평론가의 소견에 따르면, "인종주의는 집단 심리를 보여주는 학설이어서 본래 개인주의 이념을 적대시한다."[1]

넷째, 그들은 추론을 통해 문화 상대주의 또는 인종 상대주의가 옳다는 결론을 도출하지 않는다. 오히려 모든 경우에 인종들 사이의 위계질서를 주장하고 각 인종들에 다른 가치를 부여하거나 형질을 인종의 차이와 결합시키는데, 이는 가치의 위계질서를 암시한다. 이러한 가치는 으레 인종이 지닌 심미, 지성, 도덕 자질에 따른 판단과 이어졌다. 보통 이런 위계질서에서는 사상가 자신이 속한 인종을 제일 높은 자리에 둔다.

끝으로 인종주의자들은 자신들이 내놓은 사상을 정치, 사회 상황에 따른 정책이나 행동과 연결시켰다. 인종주의가 주장된 지식 기반에는 이전에 편견에 근거하여 내린 판단을 확증하는 실용적 성과를 산출하려는 의도가 있었다. 따라서 드러난 인종 간 위계질서를 주장하거나 뒷받침하는 사회 행동이나 정책을 이끌어내려 한다.

인종주의가 역사에 등장한 이후 내내 과학주의나 과학 숭배와 결합되었다는 점은 잘 알려져 있다. 다시 말해 인종주의가 문화 속에서 얻은 권위는 대부분 18세기 이후 과학이 문화 속에서 성취한 권위에 근거했다. 과학, 그리고 문화 속에서 과학의 권위와 관계가 있다는 점 때문에 19세기와 20세기를 뒤흔들었던 인종주의는 문화 속에서 스스로 권위를 내세울 수 있었다. 특히 19세기의 과학과 성별에 따른 사회적 영역 분리라는 이념 사이에서도 그와 비슷한 관계를 찾아볼 수 있다.

19세기 인종주의는 당대의 지성과 문화 측면에서 중요한 세 가지 세력에 맞서 일어난 반동 세력을 대표했다. 바로 프랑스 혁명의 보편주의 원리, 자유주의에 따른 제도와 법률 체계, 수많은 전통적 위계질서와 경계를 혼란에 빠뜨리는 것처럼 보였던 새로운 도시 산업 질서였다. 사실 인종주의는 유럽 내부에서는 유럽 문화의 균질화에 맞선 반동이었으나, 세계의 다른 지역에서는 오히려 유럽의 주도권을 유지하려는 강요였다. 인종주의는 미국에서도 비슷한 역할을 했다. 우선 인종주의는 미국 대륙에서는 자유주의에 반하는 노예 제도를 유지하고, 백인 문화 운동의 정당성을 입증하는 데 이용되었다. 나중에는 유럽과 아시아에서 이민자들을 받아들이는 정책에 저항하고, 끝내는 합법적인 인종 분리 체제를 비호하는 쪽으로 작용했다.

19세기 유럽에서 인종주의는 학술적인 관심의 대상으로서 흥미를 끈 주제였다. 학자 집단에서도 당대에 널리 퍼진 과학의 이상과 결합된 연구를 수행한 존경받을 만한 인물들이 인종주의를 지지했다. 그들은 바로 인류학자들과 문헌학자들이었다.

프랑스의 생물학자 뷔퐁이 1749년에 쓴 과학 논문에서 '인종'이라는 말을 처음 사용했다. 그는 '인종'을 주로 사실을 기술하는 말로 사용했다. 18세기 인종 문제를 논의한 제일 중요하고 영향력도 대단한 저술가는 요한 프리드리히 블루멘바흐Johann Friedrich Blumenbach, 1752~1840였다. 그는 1775년에 《인류의 자연 변종Über die natürlichen Verschiedenheiten im Menschengeschlechte》을 출간했다. 블루멘바흐는 인류를 특별하거나 정확한 변종들로 나누려는 모든 시도를 사실과 거의 관계가 없거나 전혀 사실에 근거하지 않은 독단적 행동으로 간주했다.

하지만 블루멘바흐는 편의를 위해 인류를 주요한 다섯 가지 계통 또는 인종으로 나눌 수도 있다고 제안했다. 유럽인을 기술하려고 코카서스인Caucasian이라는 용어를 도입했는데, 코카서스 산맥이 최초 유럽인이 정착했던 고향이라고 믿었기 때문이다. 블루멘바흐는 19세기 전반에 모든 인류학자들이 참고하는 중요한 자료의 출처였다. 그에 따르면 수많은 인간은 최초에 존재한 한 쌍의 인간에서 유래했으므로, 인종들 사이에 타고난 차이나 우열을 가릴 수 있는 요인도 없었다. 이런 입장을 인류 일원 발생설monogenesis이라 부른다. 상이한 두 집단이 인류 일원 발생설을 지지했다. 한 집단은 모든 인간과 모든 민족이 동등하다는 견해를 지지하던 자유주의자들이고, 다른 집단은 성경에 나오는 창조설을 믿거나 모든 인간을 신의 자녀로 여기던, 종교를 중시하는 보수주의자들과 인도주의자들이었다.

19세기 내내 자유주의자들과 복음주의를 표방한 그리스도교도들은 노예 제도와 노예 무역을 둘 다 배격했다. 대체로 두 집단이 힘을 합쳐 노력한 결과로 19세기에 미국뿐만 아니라 1833년 영국 식민지와 1848넌 프랑스 식민지, 1863년 네덜란드 식민지에서 노예 해방 운동이 널리 퍼져 나갔다.

인종의 차이에 근거하여 노예 제도를 변호하는 사람들이 신봉한 아주 유명한 학설은 인류 다원 발생설polygenesis이었다. 이 입장은 인종마다 따로따로 창조되었다거나 기원이 다르다고 주장했다. 인류 다원 발생설은 계몽 철학자들이 대부분 받아들인 사고방식이었다. 볼테르 같은 일부 계몽 철학자들은 인류 다원 발생설이 성경의 권위를 깎아내리기 때문에 끌렸다. 이런 논증에 알맞은 분명하고 중요한 입장은 1774년 에드워드 롱Edward Long, 1734~1813이 《자메이카의 역사History of Jamaica》에서 진술했다. 롱은 장래에 영국이 자메이카 섬에서 펼칠 정책을 안내하려고 이 책을 썼다. 그는 유럽인들과 자메이카의 흑인 노예들이 서로 다른 종에 속한다고 주장했다. 또한 경험으로 명백히 알 수 있는 모든 증거를 무시한 채, 백인과 흑인의 혼혈 인종인 물라토가 열등한 잡종이라고 단언했다. 그는 인종이 다르면 기원도 다르다고 주장했다. 롱의 책은

75년 동안 인류 다원 발생설을 믿는 사람들에게 정보와 권위의 원천으로 남아 있었다. 그런 점이 바로 19세기 인류학의 중요한 특징을 예시한다.《자메이카의 역사》는 당시 영향을 아주 많이 미친 여행기에서 간접적으로 관찰한 내용이 대부분을 차지한 저술이었다. 누구나 다윈의 《종의 기원》과 《인간의 유래》에 달린 주석을 보기만 해도, 심지어 대단히 진보한 과학자들이 어떻게 이런 문헌에 의존하게 되었는지 여실히 볼 수 있다. 이런 현상은 19세기에 아주 가까워질 때까지 이어졌다.

얼마 후 19세기에 이르자 과학자들은 서로 다른 두개골의 치수가 서로 다른 정신 역량을 나타낸다는 증거에 끌려서 인류 다원 발생설을 되살렸다. 이때 인류 다원 발생설은 식별된 차이를 설명하는 데 쓰였다. 1850년대 말과 1860년대 초, 에든버러 대학교의 로버트 녹스Robert Knox, 1791~1862와 프랑스의 폴 브로카Paul Pierre Broca, 1824~1880는 혼혈 인종이 생존 경쟁에서 언제나 순혈 인종에게 진다고 주장하려고 인류 다원 발생설을 끌어들였다. 1850년 녹스는 파급력이 엄청난《인종Races of Man》이라는 책을 썼다. 인류 다원 발생설과 여기서 비롯된 이념은 세 가지 견해로 표현되었다.

첫째, 가정된 경험 증거에 근거하여 노예 제도에 찬성했다.

둘째, 유럽인들은 피부색, 관습, 도덕이 다른 인간들을 대면했을 때 그들과 공통된 인간성을 공유할 수 없다고 스스로 해명했다.

셋째, 식민지 착취를 정당화했다. 식민지의 관리가 인종은 태어날 때부터 다르며 유색인종이 백인종과 다르다고 생각해버리면, 비非유럽인들을 완전한 인간으로 대우할 필요가 없어졌다. 이런 생각은 식민지의 원주민들을 인류의 범주 바깥으로 밀어내는 빌미가 되었다.

인류 다원 발생설은 노예 소유주나 식민지 지배자가 되어 도덕적으로 의심받는 상황에 놓인 유럽인들을 도와주는 학설이었다. 이 학설을 핑계로 유럽인들은 유럽 문명과 관계 깊은 인간의 권리를 노예들과 식민지 원주민들에게까지 넓히지 않았을 뿐만 아니라 최소한의 예의도 지키지 않았다.

문헌학은 학술과 과학이 인종주의를 퍼뜨리는 데 얼마나 애썼는지 보여주는 둘째 영역이었다. 문헌학자들은 '아리아족의 신화Aryan Myth'로 알려진 사성을 내놓있다. 18세기 밀부터 19세기 초까지 영국의 문헌학자, 윌리엄 존스William Jones 경과 토머스 영Thomas Young은 그리스어와 산스크리트어, 페르시아어, 켈트어, 독일어의 비슷한 특징에 주목했다. 영은 이 언어들을 묶어 '인도유럽어족'이라고 불렀다. 이런 관찰에서 인도유럽어족이 공통된 한 인종, 곧 인도유럽 인종에서 유래했다는 신화가 생겨났다. 인도유럽 인종은 먼저 인도를 정복하고 자기 인종의 언어를 강제로 사용하게 한 다음, 유럽의 북쪽과 서쪽 끝까지 퍼뜨렸다. 인도유럽어족의 우수성은 언제나 정복으로 증명되었다.

이 신화는 독일에서 인기를 많이 얻었는데, 특히 독일의 낭만주의자들에게 인기가 높았다. 1859년과 1860년 사이에 옥스퍼드로 이주한 독일의 문헌학자 프리드리히 막스 뮐러Friedrich Max Müller는 '인도유럽어족'이라는 말을 '아리아족'으로 대체해야 한다고 주장했다. 그때 아리아족의 고향을 찾기 시작하면서 관련 서적이 쏟아져 나왔다. 따라서 인도유럽어족 또는 아리아족의 신화는 유럽 사상사 속에 정복자들이 지배 인종이라는 이념을 끼워넣고, 정복자들의 자손들 가운데 일부는 근대 유럽에 살아남았으며 우월한 씨앗을 퍼뜨려야 한다는 생각을 심었다. 어떤 작가들은 아리아족의 자손들이 한 민족이라고 간단히 말하고, 다른 작가들은 그들을 특별한 계급이라고 생각했다. 아리아족은 으레 게르만족과 튜턴족을 연상시켰다. 두 인물이 주로 아리아족의 신화에 근거하여 역사를 인종의 차이로 해석하는 인종주의를 분명한 형식으로 표현했다. 바로 아르튀르 드 고비노Arthur de Gobineau, 1816~1882와 휴스턴 스튜어트 체임벌린Houston Stewart Chamberlain, 1855~1927이다.

아르튀르 드 고비노 백작은 1816년에 태어났다. 그는 어린 시절 내내 낭만주의와 정치 반동으로 기운 사상을 가까이했다. 운 나쁘게 100년 일찍 태어나지 못한 까닭에, 그는 귀족 정치가 쇠퇴하던 세기에 귀족으로 살았다. 고비노는 루이 필리프Louis Philippe I, 1773~1850의 7월 왕정 아래서 신문과 잡지에 글을 썼다. 그는 당시 다른 여러 지식인들과 마찬가지로, 자본가 계급이 왕정을 장악했을지라도 자본가 계급의 둔감하고 평범한 속물적인 생활을 혐오했다. 대체로 그는 자신과 세상에 중대한 두 가지 문제를 설명하고 싶어 했다.

첫째, 프랑스 귀족 계급은 왜 쇠퇴했는가?
둘째, 자본가 계급의 생활은 왜 그토록 둔감하고 비천하고 빈약한가? 또 왜 점점 더 나빠지는가?

달리 말해 고비노는 프랑스의 자유주의에 대한 비판을 쓰기 시작했다. 그래서 정치적 평등이 섭리에 따라 불가피하게 일어난다고 주장한 토크빌의 논의에 반대하는 글을 썼다. 게다가 콩트 같은 여러 작가들이 역사가 발전한다는 진보 이론을 내놓은 반면, 고비노는 과거로 돌아가자는 이론을 제안했다.

1853년과 1855년 사이에 고비노는《인종 불평등론*Essai sur l'inégalité des races humaines*》을 네 권으로 출간했다. 이 책은 프랑스 혁명 원칙과 민주주의 이념에 반대하려는 정치 의도를 담고 있었지만, 역사와 철학을 위주로 구성되었다. 모든 역사를 이해하는 열쇠이자 비결은 인종이다. 고비노는 인종 요인이 충분히 평가될 때까지 역사 발전과 현재에 이어질 미래는 암담하고 무의미하게 남아 있을 것이라고 역설했다.

이제 고비노의 역사관과 역사 철학은 스스로 부여한 과제에 따라 비관주의로 흘러갔다. 고비노의 비관주의에 따르면, 귀족 계급은 아무 잘못 없이 몰락할 수밖에 없는 운명을 짊어져야 했다. 또한 자본가 계급의 생활은 이전 귀족 정권 아래서 누리던 수준에 미치지 못하므로 만족도가 떨어졌다. 낭만주의 경향이 있었으나 현실주의자이기도 했던 고비노는 귀족 계급이 예전의 지위를 되찾지 못하리라고 인정하지 않을 수 없었다. 따라서 생활이 결코 그의 조상들이 지배할 때의 수준만큼 좋아지지는 않으리라는 점을 입증하고자 했다.

고비노의 역사 이론에서 주요 요인은 셋이다. 첫째 요소는 인종 특성이고, 둘째 요소는 인종 혼합이고, 셋째 요소는 퇴화degeneration이다.

이전과 당대 인류학자들이 내놓은 견해를 대부분 수용한 고비노는 모든 인간을 세 인종으로 분류하고, 각 인종을 특별한 문화, 도덕 특성과 결부시켰다.

첫째, 흑인종은 지력知力이 모자라 한계가 있고, 성욕이 강하며, 기력과 충동, 의지력이 넘친다.

둘째, 황인종은 지력이 흑인종보다 뛰어나지만 무정하고 모든 면에서 평범한 것을 좋아하며, 공리를 추구하고 법을 존중하고 온건한 자유를 높이 평가한다.

셋째, 백인종 곧 아리아족은 사색적이고 지력이 매우 뛰어나며, 넓은 의미의 공리를 추구하고 인내심이 강하며, 자유를 추구하고 명예를 중시하며, 다른 인종들보다 성욕이 약하다.[2]

고비노는 이러한 도덕, 문화 특성이 모두 혈통으로 이어진다고 생각했다. 그에 따르면 진정한 문명은 인종이 혼합되어야 비로소 이룩할 수 있다. 따라서 그는 인종 순혈주의자가 아니다. 인종마다 다른 인종에 도움이 되는 특징이 있다. 예컨대 흑인종의 충동 기질과 의지력은 백인 지배 계급에게 쓸모가 있을 터이다. 한편 고비노에 따르면 문명은 언제나 백인종이 만들어낸다. 그러니까 문명이 발견되는 곳은 어디든 반드시 백인 혈통이 우위를 차지한다. 더욱이 유럽의 귀족 계급은 모두 라틴족과 대립하는 백인 또는 아리아족 혈통이 우위를 차지했다. 따라서 프랑스는 실제로 서로 다른 두 인종으로 구성되었다고 주장했다. 바로 귀족 계급인 북유럽족과 귀족 계급이 아닌 프랑크족이다. 북유럽족 귀족 계급이 프랑스를 지배하는 동안에는 살기가 좋았고 문명이 풍요로웠다. 그런데 좋은 시절은 모두 지나가버렸다.

좋은 시절이 지나가버린 이유는 바로 퇴화였다. 퇴화는 인종이 계속 혼합되기 때문에 불가피했다. 백인종은 성욕이 약해서, 아리아족 혈통은 언젠가 더는 우위를 차지하지 못할 테고, 이어지는 각 세대마다 아리아족 혈통은 점점 줄어들 터이다. 고비노에게 퇴화는 어떤 민족이 다른 인종과 혈통이 섞여서 본래 지녔던 가치를 잃어버렸다는 뜻이다. 고비노에 따르면 인종은 본래 불안정하다. 인종의 명칭은 이전과 같을지 몰라도 과거의 존재와 같지는 않다. 환경도 제도도 이미 퇴화로 접어든 인종을 회복시킬 수 없다. 따라서 19세기에 자유주의자들이 정치나 사회 문제를 풀려고 내놓은 해결책들 가운데 어떤 것도 인종의 퇴화 문제에 적용할 수 없었다. 인종의 퇴화로 일어난 귀족 계급의 몰락은 자본가 계급의 생활에 나타난 평범한 속성을 설명해주었으며, 미래는 평범함에 더 많이 물들 것이라고 예견할 수도 있었다.

고비노는 실제로 인종 이론을 내세워 19세기 유럽 사상의 중요한 두 흐름, 곧 그리스도교와 자유 인도주의liberal humanitarianism가 타당하지 않다고 주장함으로써 당대 유럽의 모든 가치를 파괴하려 했다.

훌륭한 가톨릭교도였던 고비노는 그리스도교가 중요하지 않다고 말할 수는 없었다. 그래서 그리스도교는 내세에만 관련될 뿐 현세에는 영향력이 없다고 주장했다. 그리스도교는 문명을 조금 덜 잔혹하게 만들기는 했으나, 인종의 퇴화를 막을 수도 없었고 인종이 혈통으로 이어진 특성을 넘어서 우월해지게 만들 수도 없었다.

인종주의에 찬성하는 사람들은 자유주의에 맹렬하게 반대하면서 환경 결정론environmentalism을 부정하고, 개인이 도덕 측면에서 자유롭다는 자유주의의 도덕 기반을 무너뜨렸다. 인종주의에 따르면 자유로운 개인은 존재하지 않는다. 그 대신 모든 개인은 인종이 혼합되어 태어나고 자라나므로, 인종에 수반되는 기질의 포로이다. 좀 더 인상적으로 표현하자면, 이렇게 말해도 좋겠다. 고비노에 따르면 모든 인간은 태생에 따라 살아갈 수밖에 없으므로 더 나은 미래를 기약할 희망조차 품지 못하는 무력한 포로가 되고 만다. 이 점에서 고비노는 대체로 저물어가는 귀족 정치 시대에 미약하기 그지없는 귀족으로 살아가는 자신의 입장에서 인류를 바라보고 글을 썼다. 고비노는 생전에 인기 작가가 되지 못했다. 그러나 고비노의 저작은 유럽 전역에서 읽었을 뿐만 아니라, 특히 지식인들이 많이 읽었다. 인류학 학회지에 서평이 실리기도 했다. 고비노의 사상은 이제 역사를 추적해 설명하는 방대한 이론 가운데 19세기에 익숙한 전형과 꼭 들어맞는다. 더욱이 고비노가 내놓은 사상은 1870년대 이후 프랑스 지식인 사회에 중요한 영향을 미쳤다. 당시 프랑스의 보수주의자들은 프랑스가 프로이센과 벌인 전쟁*에서 왜 패배했는지, 1871년 파리 자치 정부Paris Commune**의 폭력 사태는 왜 일어났는지, 제3공화국***은 왜 보잘것없었는지 설명하고자 했다. 사실 19세기 후반 동안 인종주의는 독일보다 프랑스의 지성 생활에서 더 중요했을 개연성이

---

* 프로이센 프랑스 전쟁 또는 보불전쟁은 프로이센 오스트리아 전쟁에서 오스트리아를 패배시킨 비스마르크Otto von Bismarck가 독일 통일의 마지막 걸림돌인 프랑스를 제거하고 독일 통일을 마무리하려고 일으킨 전쟁이다. 전쟁에서 승리한 프로이센은 1871년 1월, 파리 시 교외에 위치한 베르사유 궁전에서 제국의 성립을 선포했고, 프로이센 국왕이었던 빌헬름 1세 Wilhelm I가 초대 독일 제국 황제로 추대되었다.

** 1870년과 1871년에 걸친 대프로이센 전쟁에서 패한 프랑스 제국 정부의 무능에 반발해 프랑스 민중들이 세운 사회주의 자치 정부를 가리킨다. 1871년 3월 18일부터 5월 28일까지 활동한 파리 자치 정부는 세계에서 처음으로 노동자 계급이 주도하여 세운 민주주의 정부로서 사회주의 정책들을 실행에 옮겼으며, 나중에 일어난 사회주의와 공산주의 운동에 영향을 크게 미쳤다.

*** 프로이센 프랑스 전쟁에서 패배한 제2제정 황제 나폴레옹 3세Napoleon III를 내쫓고 1871년 아돌프 티에르Adolphe Thiers를 대통령으로 선출하여 제3공화국이 수립되었다. 같은 해에 세워진 파리 자치 정부를 진압했다. 1946년에 제4공화국이 수립될 때까지 존속했다.

높다. 아마도 고비노는 프랑스 지식인 사회에서 널리 논의된 20세기 초반 25년간 가장 큰 영향력을 행사했을 것이다.

고비노가 무엇보다 전면에 내세운 생각은 퇴화였다. 1857년 베네딕트 오귀스탱 모렐Bénédict Augustin Morel, 1809~1873은 퇴화를 다음과 같이 정의했다. "퇴화는 정상 인간 유형에서 벗어난 성질이고, 유전으로 전달되며, 점점 나빠져 파멸에 이른다." 이런 생각은 유럽 의료계를 거쳐 사회 과학자들에게 급속히 퍼졌다. 막스 노르다우Max Nordau, 1849~1923는 1892년에서 1893년 사이에 출간한《퇴화Entartung》에서 고비노의 사상을 논의한 것으로 유명했다. 여기서 말하는 퇴화는 귀족 계급이 추구하는 가치와 자질의 상실이 아니라, 중간 계급의 가치와 사회적 지위를 위협하는 요소와 결부되었다. 이것이 중요한 전환인 까닭은, 19세기 후반에 퇴화를 제일 걱정하는 것처럼 보인 사람들이 중간 계급 출신 저술가와 전문직 종사자였기 때문이다. 퇴화는 생활상과 외모 면에서 백인종이고 교육받았으며 깨끗하고 건강하고 단정한 유럽인들과 상반되는 속성으로 정의되었다.

고비노 이후 19세기가 끝나갈 무렵 유럽의 인종주의는 바그너의 사위이기도 했던 체임벌린의 영향으로 두드러지게 확산되었다. 체임벌린은 영국 사람이었으나 독일에서 살았고, 바그너와 교류하면서 인종주의 견해를 흡수했다. 바그너는 고비노의 책을 읽은 데다 일찍이 독일에 여러 경향으로 나타난 반反유대주의도 흡수한 터였다.

1899년 체임벌린은《19세기의 토대Foundations of Nineteenth Century》를 출간했다. 두 권으로 묶어 내놓은 이 저작은 유럽 전역에 열풍을 일으켰는데, 고비노보다 인종 차별 요소가 더 많고 차이점도 몇 가지 있었다.

첫째로 체임벌린은 과거 귀족 계급의 잃어버린 영광이 아쉬워서 글을 쓰지 않았다. 그는 인종의 퇴화가 아니라 순혈 인종의 미래를 염려했다. 그래서 순혈 인종을 보존하는 수단이 바로 민족 국가라고 상상했다.

둘째로 그는 부끄러운 줄도 모르고 대놓고 말하는 반유대주의자였다. 그는 역사를 게르만족 아리아 인종의 신과 유대 인종의 악마가 양극으로 나뉘어 치르는 싸움으로 그렸다. 체임벌린은 자신과 세대가 같은 독일의 몇몇 작가들처럼, 예수가 유대인이었을 가능성마저 부정하는 데까지 나아갔다.

셋째로 그는 유전에 인종을 향상시킬 해결책이 있다고 상상했다. 이미 존재하는 우월한 지배 인종은 확실히 인종 혼합으로 생겨났다. 이런 혼혈 인종은 퇴화하거나 오염되지 않도록 보존되어야 마땅하다.

넷째로 그가 말하는 인종의 의미는 고비노의 경우보다 조금 더 애매했는데, 유물론보다는 형이상학에 근거한 의미를 담고 있었다. 인종은 우주와 특별한 관계를 암시했다. 정신과 도덕과 유관한 특성이 신체의 특징보다 더 중요했다. 체임벌린의 사상에 나타난 이런 측면은 모두 타고난 잠재력에 대한 낭만주의 사상과 연결되어 있었다. 쇼펜하우어의 의지라는 관념과 관계가 있었을지도 모른다.

체임벌린은 《19세기의 토대》에서 이렇게 단언했다.

아무것도 인종의 소유에 대한 의식만큼 확실하지 않다. 남들과 뚜렷하게 다른 순혈 인종에 속한 사람은 그런 감각을 결코 잃지 않는다. 그가 발 디딜 곳을 찾지 못하면 그 사람의 혈통을 지키는 수호 천사가 언제나 떠받쳐주고, 길을 잃을 위험에 빠지면 소크라테스의 수호신처럼 경고하고, 강제로 순종하게 만들고, 도저히 불가능하다고 생각하여 감히 시도하지 않을 과업도 수행하도록 힘을 준다. 모든 인간은 약하고 실수를 저지를 수밖에 없지만, 순혈 인종에 속한 사람은, 다른 사람들이 그를 알아보듯이, 흔들리지 않는 성격과 단순하고 독특해서 위대함이 드러나는 행동으로 자기 자신을 알아본다. 이렇게 위대함이 드러나는 행동이 순혈 인종에만 뚜렷이 나타나는, 인격을 초월한 자질도 설명해준다. 순혈 인종에 속한다는 사실이 그 사람을 높이 끌어올린다. 순혈 인종에 속한 사람은 비범한, 거의 초자연적인 능력을 타고난다. 그래서 세계 도처에서 모여든 어지럽게 뒤섞인 사람들에게서 태어난 개인과 완전히 다르다. 순수한 혈통을 타고난 사람은 아마 다른 인간보다 우월한 재능을 타고나야 마땅하리라. 그때 순혈 인종이라는 사실이 특별한 그 사람을 모든 면에서 강건하고 고상하게 만든다. 그는 나머지 인류 위에 천재로 우뚝 서 있다. 그는 자연의 장난으로 생겨난 별똥별처럼 지구로 떨어진 것이 아니라, 수천 갈래로 뻗은 뿌리에서 양분을 얻어 튼튼하고 위풍당당하게 자라는 나무처럼 하늘로 솟구쳐 오른다. 달리 말해 그는 고독한 개인이 아니라, 같은 목표를 달성하고자 분투하는 수많은 영혼들의 살아 있는 총합이다.[3]

1899년에서 1914년 사이에 8판까지 발행된 《19세기의 토대》는 여러 나라 언어로 번역되어 10만 부 넘게 팔렸다. 심지어 독일의 황제는 이 책을 장교단에 배포하고 독일의 여러 도서관에 소장하라고 명령했다.

지배하는 집단이 자신과 지배받는 민중을 구별하려 하거나, 지배 계급 문화 내에서도 다른 집단의 결점을 설명하려고 할 때 거의 언제나 인종주의가 유럽 사상계로 침투했다는 점도 중요하다.

누구나 아일랜드에 대한 영국 작가들의 논의에서 인종주의가 어떻게 이용되는지 알아볼 수 있다. 바로 앞 강의에서 지적했듯이, 아일랜드의 민족주의는 19세기 내내 영국이 맞닥뜨린 어려운 문제였다. 당시 영국의 작가들은 아일랜드인들이 영국의 앵글로색슨족과 다르고 그들보다 열등한 인종이라는 논증을 연이어 내놓았다. 아일랜드인들은 켈트족이었다. 반면에 영국인들은 앵글로색슨족, 곧 모든 것을 정복하는 아리아족의 후손이었다. 영국인들은 아일랜드인들이 켈트족이어서 독립과 자치 정부를 운영하는 데 적합하지 않다고 강변했다. 존 그린John R. Green과 에드워드 프리먼Edward A. Freeman, 윌리엄 스텁스William Stubbs 주교 같은 영국의 역사가들이 모두 비슷한 논증을 제시했다. 그들은 이렇게 논증할 때 녹스 같은 인류학자들의 견해를 추종했는데, 녹스는《인종》에서 켈트족은 색슨족이 말하는 '독립'의 의미를 이해할 수 없을 것이라고 주장했다. 실제로 그는 켈트족이 군사 규율을 파악할 수 없고, 질서를 싫어하며, 종교 광신주의에 빠지는 경향도 드러낸다고 말했다. 켈트족의 이런 경향으로 켈트족은 스스로 지배할 수 없게 된다는 뜻이었다.

1866년 매슈 아널드Matthew Arnold, 1822~1888는《켈트족 문학 연구On the Study of Celtic Literature》를 주제로 강의했는데, 거기서 색슨족의 문학은 활력과 정직함이 특징으로 드러나지만, 켈트족의 문학은 정감과 감상벽이 두드러진다고 주장했다. 정감이나 감상벽이라는 말과 결합된 가치관은 아일랜드 사람들에게 불이익을 주는 쪽으로 작용했다. 영국 정치판의 권력 집단은 이러한 논증을 모두 활용하여 아일랜드의 자치를 부정하고 영국의 지휘권을 유지하려 했다.

유럽의 모든 집단에게 가장 참담한 결과를 낳은 인종주의는 반유대주의였다. 개념을 보면, 1800년의 반유대주의는 실제로는 인종 이론이 아니라 문화와 종교에 따른 편견이 낳은 유행이었다. 반유대주의가 인류학과 문헌학, 의학에서 싹이 터서 자라난 인종 이론과 꾸준히 결합되면서 강화된 것은 19세기에 일어난 일이었다. 그런 점에서 19세기 말 반유대주의는 과학의 파도를 타고 최고조에 이른다. 과학과 인종, 반유대주의와 결합된 사상은 유럽 전역뿐 아니라 미국에서도 나타났다. 이런 사상은 보통 과학의 세 분야, 그러니까 진화론과 우생학Eugenics, 공중보건학과 관련이 있었다. 이러한 결합은 인종주의를 과학의 방법으로 다루려는 것이었는데, 19세기로 넘어가는 시기부터 유럽에서는 반유대주의도 과학의 방법을 응용해 연구하기 시작했다. 이제 세 과학 분야의 사고방식이 각각 반유대주의 형성에 어떻게 작용했는지 살펴보자.

사회 진화론

나중 강의에서 충분히 알아보겠지만, 다윈의 진화론은 자연 질서 안에서 다양한 종이 벌이는 생존 경쟁을 강조했다. 유럽과 미국의 몇몇 과학자들과 전문가가 아닌 출판업자들은 바로 경쟁을 강조하는 측면 때문에 자연 선택에 따른 진화 사상에 끌렸다. 다윈의 논증에 따르면 일종의 한계 이익을 차지한 집단이 생존 경쟁에서 승리했으므로, 종은 시간이 흐르면서 발전하고 진화했다. 그러자 과학과 사회 과학 분야에서 활동하는 작가들은 다윈의 사상보다 한 단계 더 나아가려 했다.

이런 작가들은 민족과 계급, 인종을 비롯한 다양한 사회 집단도 생존 경쟁을 벌인다고 역설했다. 그들의 주장에 따르면 약자는 살아남아서는 안 되며, 공공 정책과 개인의 도덕은 마땅히 강자를 보호해야 한다. 따라서 대중 언론에 등장하는 사회 진화론은 지배 집단이 세운 사회 이상에 따라 인구가 조정되어야 한다는 견해를 강조했다. 예컨대 1900년 독일의 유명한 기업가이자 무기 판매상 알프리트 크루프Alfried Krupp는 다음과 같은 주제로 열린 논문 공모전을 후원했다. "진화론의 원리를 국내 정치 발전과 국가 법률에 응용할 때 무엇을 배울 수 있는가?"

우생학

과학으로서 우생학은 영국에서 프랜시스 골턴Francis Galton, 1822~1911 과 칼 피어슨Karl Pearson, 1857~1936이 발전시켰다. 분명히 말하면 우생학 은 대규모 사회에 가장 도움이 될 신체, 사회, 도덕적 특성에 맞춰 결혼 하고 자식을 낳아야 한다고 역설했다. 그러니까 동물을 선택 교배시키 듯이 인간의 경우에도 선택 번식selective breeding이 필요하다고 주장했다. 유럽의 주요 민족들은 다양한 우생학 협회를 결성했다. 우생학은 여러 면에서 19세기 초 인종주의를 수용한 집단에 비해 확실히 낙관주의로 기울었다. 우생학자들은 인간이 선택 번식을 함으로써 대규모 사회에 바람직한 특성이 점점 널리 퍼질 것이라고 믿었다. 그들은 타고난 반민 주주의자였다. 그들은 대중 정치 문화의 등장을 염려했으며, 소수 지식 인 집단이 지능이 떨어지고 지성이 모자라는 사람들에게 단지 수가 많 다는 이유로 압도당할까봐 두려웠다. 이런 점에서 우생학 운동은 중간 계급에 속한 전문직 종사자들이 장악했다. 골턴은 자신의 사상을 널리 알리려고 우생학 교육 협회를 창설했다.

그런데 우생학자들이 내놓은 사상은 중간 계급 집단을 넘어서 급속히 퍼졌다. 우생학은 단순한 기계론적인 생각을 담고 있었다. 사회 생활에 바람직하지 않은 자질을 타고난 사람들은 자기들끼리든 더 나은 사람과든 결혼을 막고 자식도 낳지 못하게 하면, 사회의 대규모 퇴화를 막을 수 있어 도덕과 정신, 사회 생활이 진보할 것이라는 생각이다.

폴 로즈Paul Rose가 1992년《바그너와 인종, 혁명Wagner, Race and Revolution》에서 입증했듯이, 19세기 내내 독일의 반유대주의 성향 작가들은 근대가 낳은 문제와 사회의 부정적 특성을 전부 유대인과 결부시켰다. 이런 성질이 모두 혈통으로 유전되며 자식을 낳음으로써 다음 세대로 전달된다고 생각해버리자, 다음으로 유대인과 비유대인이 결혼해서는 안 되며, 인구에서 유대인을 제거하는 만큼 유대인의 특성이 드러날 위험도 줄일 수 있다고 아주 간단히 주장했다.

그런데 많은 우생학자들이 유럽을 벗어난 지역의 비非백인종들을 두고도 비슷하게 생각했다는 점이 중요하다. 우생학자들은 유럽의 유대인들을 정확히 겨누어 공격한 다음, 사회의 유지와 발전에 바람직하지 않은 성질을 지닌 다른 집단도 유럽에서 찾아냈다. 그들이 찾아낸 집단은 유랑하면서 사는 집시들gypsies*과 다수의 슬라브족, 동성애자들이었다. 그러나 유럽의 문화 전통 때문에 우생학 관점에서 순수 혈통을 보존하기 위한 공격은 유대인에 집중되었다.

---

* 전 세계에 퍼져 살며 피부색이 짙고 유랑 생활을 한다. 집시어Romany를 쓰며, 처음 인도를 떠나 11세기에는 페르시아, 14세기 초에는 유럽 남동부, 15세기에는 서유럽에 살았고 20세기 후반에는 아메리카 대륙, 오스트레일리아까지 퍼져나갔다. 유랑민이어서 거주하는 나라의 핍박을 받는 일이 흔했다.

공중 보건학

공중 보건학은 19세기에 이룩한 업적 가운데 가장 인상 깊은 분야였다. 수질 정화, 홍역과 콜레라, 말라리아를 비롯한 전염병 퇴치 운동은 과학이 수명을 연장시키고 일생생활의 질을 높이는 힘이 있음을 유럽 전역에 보여주었다. 공중 보건 운동의 신망과 위생이라는 이상은 모두 인종 순혈주의에 고스란히 스며들었다. 예컨대 1904년 독일에서《인종 사회 생물학 학술지*Archiv für Rassen- und Gesellschafs-Biologie*》라는 이름의 새로운 출판물이 발행되었다. 같은 해 독일 인종 위생racial hygiene 협회가 창단했다. 그들은 우생학에 근거해 강제 불임을 지지했으나 아무 문제도 생기지 않았다.

반유대주의가 과학과 결합한 때는 1870년대이다. 이 10년 동안 독일의 작가들은 유대인 문제가 종교나 분명한 유대 문화와 거의 또는 아무 관계도 없으며, 오히려 인종의 문제일 뿐이라고 주장하기 시작했다. 함부르크 출신 기자 빌헬름 마Wilhelm Marr, 1819~1904는 '반유대주의'라는 말을 종교나 문화의 차이가 아니라 인종의 차이를 가리키려고 썼다. 1870년대부터 1880년에 이르는 동안 반유대주의는 근대 경제 생활 전반에 드리운 불안뿐 아니라, 유대인의 자금과 떼려야 뗄 수 없는 상업 자본주의의 순환과 결합되었다.

그런데 19세기가 끝날 무렵, 반유대주의는 제국주의와 함께 비유대 독일인들이 세계의 나머지 지역을 상대로 자신들의 정체성을 유리한 방향으로 확보하고자 했던 또 다른 요인이 되었다. 이러한 분위기가 조성되면서 독일의 대학교와 전문직 모임 내부에 인종 위생이라는 이상이 공중 보건이라는 이상과 결합되어 나타났다. 지역마다 인종 위생을 촉진하는 협회를 결성했다. 나치*의 인종주의는 대부분 독일에 이미 존재하던 인종을 둘러싼 여러 사상이 혼합되어 나타난 결과였다. 거의 같은 시기 미국에서도 비슷한 인종주의가 널리 퍼져 아프리카계와 아시아계 미국인들을 겨냥한 인종 위생 운동이 일어났다.

두 이야기는 별개이지만 주목해야 한다. 미국과 여러 서유럽 국가들이 1930년대 독일 민족 사회주의nazism 정책을 규탄하지 않고 우유부단한 태도를 보였다는 것은 오늘날 많은 미국인들에게 뜻밖으로 보일 듯하다. 그런데 1935년 서양 세계 어느 나라에서든 교육을 제일 많이 받은 집단들이 인종주의와 과학을 연결하고 인종주의에 사로잡히는 일이 아주 흔했다는 점을 꼭 알아두어야 한다.

바로 이 점을 살피면서 19세기 유럽 사상사에 일반적으로 나타난 인종주의와 특별한 경우로서 반유대주의에 관한 논의도 마무리하겠다. 카시러Ernst Cassirer, 1874~1945가 언젠가 말했듯이, 인종에서 비롯된 여러 사상과 그 매력의 근원은 인류가 품은 어떤 형이상학적 열망이었을지도 모른다. 우리 안에 있을까봐 두려운 성질들을 가진 숙주로서 타자를 설정해, 그와 반대되는 우리를 정의하려는 파괴적인 요구가 존재했던 듯하다.

---

* 민족 사회주의 독일 노동자당Nationalsozialistische Deutsche Arbeiterpartei은 1919년부터 1945년까지 존속했으며, 흔히 '나치Nazi'라고 줄여서 부른다. 민족주의, 반유대주의, 반공주의, 전체주의, 군국주의를 내세웠으며 사회주의를 절충한 정도는 논란이 분분하다. 제1차 세계 대전을 끝내면서 맺은 베르사유 조약에 강력히 반대해서 폭넓은 지지를 얻었으며, '아리아족' 또는 '게르만족'이나 '독일인' 우월주의를 내세웠다. 1933년 독일 국민의 지지를 얻어 히틀러Adolf Hitler가 정권을 장악한 다음 독재 정치를 하면서 제2차 세계 대전을 일으켜 승승장구했다. 그러나 1945년 독일이 연합군에 패하면서 해체되었다. '독일 민족 사회주의Nazism'는 나치의 사상 체계와 그들이 수립한 전체주의 체제를 뜻하는 말로 쓴다.

게다가 역사가라면 당연히, 19세기 인종주의가 당시 진보한 근대 사상으로 여기던 여러 가지 관념을 결합한 결과로 나타났다는 점에도 주의해야 한다. 인종주의는 구속받지 않고 발전하는 자본주의에 맞서려는 생각, 유럽과 미국이 영국 시인 키플링Joseph Rudyard Kipling, 1865~1936이 말한 '백인의 책무White Man's Burden'를 이행해야 한다는 이상, 문명화와 경제 진보라는 이념, 민족주의, 인류학과 문헌학을 비롯해 진화론, 우생학, 공중 보건학 같은 새로운 과학이 뒤섞여 나타났다. 인종주의는 분명히 이른바 진보주의가 일으킨 파도를 타고 승승장구했다. 유럽을 비롯한 여러 식민지 제국에서 일어난 대량 학살mass murder과 대규모 타락mass degradation의 원흉은 바로 인종주의였으며, 지고한 원칙과 교육받은 사람들의 진지한 신념에 따라 일어났다. 이런 사실은 단지 새롭다거나 앞섰다거나 과학에 부합한다거나 진보적이라는 이유로 어떤 사상을 받아들이려 할 때, 회의주의자의 태도로 조금 더 진지하게 살펴보라고 우리를 독려한다.

토크빌은 1853년 친구 고비노의 저작을 비판하는 글을 썼을 때 인종주의가 일으킨 문제를 분명하게 이해했다. 1853년 11월 17일, 토크빌은 고비노에게 이런 편지를 썼다.

자네의 학설은 도리어 일종의 운명론이나 숙명론, 그러니까 예정설인데, 어쨌든 성 아우구스티누스와 얀센주의자들, 칼뱅 추종자들의 운명론과는 아주 다르지. ……자네는 계속 인종에게 새로운 피를 주입해 이전에 없던 사회 역량을 재생하거나 퇴화시키고, 잃거나 얻는다고 말했지. ……솔직히 말해 이런 예정설은 아주 순수한 형태의 유물론과 가까운 친척일세. 또한 언제나 아주 익숙한 관습에 따라 추론하는 대중이 자네의 학설을 받아들일 텐데, 그러면 대중은 인종에서 곧바로 개인을 이끌어내고, 사회 역량에서 온갖 잠재력을 이끌어내려 할 테지. 물질계에 숙명의 요소를 끌어들여야 하는가? 아니면 신이 다른 종류의 인간을 만들어 일부 인종에 특별한 책무를 부여하려고 다른 인종에게는 특정한 감정, 특정한 생각, 특정한 습관, 특정한 자질에 맞는 역량을 주지 않으려 했는가? 이런 질문은 모두 그런 철학이 담긴 학설이 실제 생활에서 어떤 결과를 낳을지 우려하는 나의 관심사에 아무런 답도 줄 수 없네. 유물론과 예정설은 인간이 누려 마땅한 자유를, 완전히 철폐되지는 않더라도 아주 심각하게 제한하는 결과로 이어지지. 따라서 나는 자네의 책을 읽고 나서도 이전처럼 자네의 학설에 단호히 반대하네. 나는 자네가 지지하는 유물론과 예정설이 틀렸을 개연성이 높다고 믿네. 내가 아는 한 두 학설은 확실히 해로워. 분명히 같은 인종에 속한 서로 다른 가족들 가운데도 서로 다른 수천 가지 원인에서 비롯된 특정한 경향, 어떤 고유한 적성이 실제로 존재하지. 그런데 이런 경향과 역량이 극복될 수 없다는 주장은 한 번도 증명된 적이 없을뿐더러, 아무도 증명하지 못할 테지. 증명하려면 과거뿐 아니라 미래도 알아야 하는데, 아무도 그럴 수 없는 까닭일세.[4]

제12강

바그너,
음악으로 이상향을 꿈꾸다

이상향을 추구하는 사상의 흐름은 19세기 초반의 특징인데, 다른 형식으로 20세기 생활에도 계속 영향을 미쳤다. 이런 흐름은 바그너라는 예술가의 생애와 예술 작품으로 정점에 도달했다. 바그너는 사회 불만과 자본가 계급의 생활에 품은 적개심에다 미학의 흐름을 통합해 예술로 승화시키는 재능이, 당대의 어떤 예술가보다 뛰어났다. 동시에 바그너는 자신을 당대의 문화 현상으로 탈바꿈시켰다. 바그너가 작곡해 남긴 음악 작품은 끊임없이 청중에게 최고 수준의 새로운 심미 경험을 제공하고, 바그너가 정치 영역에서 드러낸 사상이나 활동은 후대까지 계속 골칫거리로 분노를 불러일으킨다.

마르크스의 사상은 호기심을 자아내는 방향 전환을 여러 번 거치지만, 주로 합리주의와 형이상학적 자연주의가 강조되는 계몽주의에서 유래한다. 바그너의 사상과 미학은 주로 예술가의 초월성과 중세 취향, 비합리성이 강조되는 낭만주의에서 유래한다. 바그너도 마르크스만큼 중간 계급과 속물적 가치를 공격했다. 하지만 바그너는 사회를 뒤집어엎고 탈바꿈시킬 힘이 자신이 생각하는 예술과 음악 속에 있다고 보았다.

바그너와 주변 사람들, 사후에 그의 예술 작품을 독일과 다른 지역으로 퍼뜨린 사람들은 모두 자신들이 중간 계급이 지지하는 자유주의 국가와 자본가 계급 사회의 퇴폐decadence를 극복할 새로운 문화를 준비하고 있다고 생각했다. 그런 점에서 바그너는 자본가 계급의 문화와 근대 세계에 유죄 판결을 내린 위대한 인물로 우뚝 서 있다.

바그너는 1813년 5월 라이프치히에서 태어났다. 누가 바그너의 아버지인가 하는 문제는 아주 오래 관심을 끌었다. 그의 어머니는 바그너라는 성을 가진 남자와 결혼했지만, 1813년 말에 사별했다. 이듬해 루트비히 게이어Ludwig Geyer와 재혼했는데, 두 사람은 이전부터 불륜 관계였다는 소문이 파다했다. 이 문제는 게이어가 유대인이었다는 사실을 빼면 거의 흥미를 끌지 못했다. 성인이 된 후 바그너의 이력에서는 이상하리만치 강경한 반유대주의가 눈에 띈다. 바그너가 정식으로 받은 음악 교육은 1831년과 1832년 사이 몇 달 동안에 불과했다. 그런데도 바그너는 엄청난 재능을 타고난 데다 자신감까지 넘쳤다. 1834년 무렵 그는 마크데부르크 가극 극장의 음악 감독이자 지휘자로 취임했다. 그리고 1836년 자신보다 나이가 많은 여배우 미나 플라너Minna Planer와 결혼했다. 이 결혼은 바그너가 나중에 다른 여자를 사랑하면서 비극으로 끝날 문제 많은 결혼 생활의 시작이었다. 1866년 미나는 바그너에게 버림받은 지 얼마 되지 않아서 죽었다. 당시 바그너는 프란츠 리스트Franz Liszt, 1811~1886의 딸, 코지마 폰 뷜로브Cosima von Bülow와 동거하고 있었다. 코지마는 유부녀였으나, 1870년 이혼 후 바그너와 재혼하기 전에 이미 그와의 사이에서 아이를 낳았다. 바그너는 이런 일을 겪으면서 사랑과 순수, 감각적 쾌락에 빠진 인간의 구원 등의 문제를 다룬 가극*과 음악극**도 작곡했다.

1841년 바그너는 첫 가극 《리엔치Rienzi》를 작곡해 1842년 드레스덴에서 초연했다. 대체로 이 작품은 '대가극grand opera'으로 알려진 가극 형식의 모범이었다.

《리엔치》의 음악 형식과 특색은 당시 파리에서 인기가 있었던 가극 양식을 본떴고, 당시 인기가 높았던 작곡가 자코모 마이어베어Giacomo Meyerbeer, 1791~1854를 연상시켰다. 처음부터 끝까지 기존 형식에 따른 가극이었다. 서창recitativo과 영창aria, 대규모 합창chorus으로 구성되었다. 관현악단orchestra은 규모가 아주 커서 떠들썩하고 화려했다. 이런 가극은 파리에서 인기가 높아 수많은 청중을 끌어들여 돈을 많이 벌었다. 대가극은 파리를 비롯한 유럽의 다른 여러 도시의 부유한 자본가 계급을 겨냥한 상업 가극이었다.

1843년 바그너는 드레스덴 가극 극장의 음악 감독으로 취임해 1849

---

* 언어 예술과 시각 예술, 음악 예술이 혼합된 종합 예술이다. 일반적으로 대사를 말하듯이 노래하는 서창, 기악 반주가 있는 서정적 독창인 영창, 합창으로 구성된다. 중세 미사극에서 유래하여, 16세기 이탈리아 피렌체에서 그리스 고전 비극과 결합되며 형식이 완성되었고, 프랑스와 오스트리아의 궁정에서 공연되곤 했다. 19세기에 바그너는 막 전체에 걸쳐 음악이 이어지는 가극 형식을 만들었다.

** 가창 중심의 가극에 맞서 생겨난 악극의 한 형식이다. 바그너가 창시했다고 평가하지만 바그너가 자기 작품을 '음악극Musikdrama'이라고 부르지는 않았다. 바그너의 음악극 몇 편의 양식을 계승한 리하르트 슈트라우스Richard Straus를 비롯한 여러 작곡가의 작품을 통틀어 음악극이라고 부른다. 가극처럼 독창이나 합창으로 음악이 끝나지 않고 막 전체에 걸쳐 음악이 이어지고, 관현악단의 표현 범위가 넓어져 규모가 커졌다. 대본에 담긴 사상이 중시되었으며, 문학과 연극의 요소가 음악에 더 긴밀하게 결합되었다.

년까지 감독직을 수행했다. 이 기간에《탄호이저》와《로엔그린Lohen-grin》,《방황하는 네덜란드인Der fliegende Holländer》을 작곡했다. 이 작품들은 지금도 세계 곳곳에서 상연하는 가극 목록에 빠지지 않고 포함된다. 바그너의 가극이 당시의 다른 가극들과 다른 한 가지 특징은, 바그너 자신이 곡뿐만 아니라 대본까지 썼다는 점이다. 같은 시기 바그너는 작센 왕국의 수도인 드레스덴 지역의 급진적인 정치 상황에 관여하면서 작센의 사회와 정치에 대해 비판했다.* 처음에 그는 군주제가 개혁을 이끌 동력이라고 생각했다. 게다가 독일이 도덕과 정치 측면에서 품은 민족의 지고한 염원을 고취하기 위해 고유한 예술을 발전시키리라 기대했다.

1848년 무렵 바그너는 삭센 왕조에 품었던 환상을 버렸다. 빚도 많이 졌다. 그해에 무정부주의자anarchist 미하일 바쿠닌Mikhail Aleksandrovich Ba-kunin, 1814~1876이 프라하에서 일어난 혁명을 피해 드레스덴에 와 있었는데, 바그너와 가까이 지내게 되었다. 1849년 드레스덴이 혁명의 여파에 휘말렸을 때 바그너도 가담했다. 군주제가 질서 회복에 성공하리라는 점이 분명해지자, 바그너와 가족은 바이마르에 피신했다가 온갖 고초를 겪은 끝에 스위스에 정착했다. 이렇게 바그너는 1830년대와 1840년대에 활동한 수많은 급진주의자들처럼 유랑하는 망명자 신세가 되었다.

---

* 바그너가 머무르던 1840년대 작센 왕국은 군주제와 성장한 시민 의식 사이에서 혼란을 겪고 있었다. 1830년에 일어난 민중 봉기의 결과로 1831년 헌법이 인정되었고, 1848년에 일어난 혁명으로 왕 프리드리히 아우구스트 2세Friedrich August II가 폐위되었다. 그러나 아우구스트 2세는 일주일 후 프로이센 군대에 의해 권좌에 복귀했다. 1871년 독일 제국이 수립되면서 작센 왕국은 독일 제국의 일부로 편입되었다.

바그너는 마침내 스위스에 정착하기까지 15년 남짓 유럽 각지를 떠돌아다녔다. 이 시기에 바그너는 왕성하게 창작에 몰두했는데,《니벨룽겐의 반지Der Ring des Nibelungen》가극 대본을 쓰고 음악도 대부분 작곡했으며,《뉘른베르크의 명가수Die Meistersinger von Nürnberg》와《트리스탄과 이졸데Tristan und Isolde》의 가극 대본과 음악까지 창작했다. 그러는 사이 그는 유럽의 음악을 탈바꿈시켰다. 베토벤과 더불어 시작되었던 탈바꿈을 진정한 의미로 완성한 예술가가 바로 바그너였다.

바그너의 산문을 읽고 음악을 즐겼던 바이에른 왕국의 루트비히 2세 Ludwig II, 1845~1886는 1864년 즉위한 다음, 곧바로 빚에 쪼들리며 채권자들에게 쫓기던 바그너를 자신의 궁정으로 불러들여 아낌없이 후원했다. 원대한 꿈을 스스로 이루겠다는 망상에 사로잡힌 루트비히 왕은 기꺼이 독일 예술을 부활시킬 예술가의 후원자가 되었다. 루트비히가 왕위를 계승하기 전, 바그너는 15년 동안 독일 예술을 부활시키겠다는 계획을 세웠다. 바그너는 루트비히 왕을 위해 일하게 되어 무척 행복했다. 하지만 오래지 않아 뮌헨의 정치 집단이 바그너에게 등을 돌렸다. 그는 자신의 목적을 이루려고 젊은 왕을 조종하는 부도덕한 사람으로 보였다. 그래서 바그너는 뮌헨을 떠났다.

하지만 바그너는 꿈과 야망도, 루트비히 왕에게 느끼는 애착도 포기하지 않았다. 바그너는 자신의 착상과 자기 과시 능력을 이용하여 비스마르크Otto von Bismarck, 1815~1898가 전쟁과 외교술로 이룩한 통일 독일에서 이득을 얻을 수 있다고 간파했다. 1872년 바이로이트로 이사한 바그너는 독일 각지의 바그너 협회에서 재정 지원을 받아 세계에서 가장 유명해질 건물을 지었다. '대가극'이 아니라 '음악극'을 상연하려고 설계된 극장이었다. 그가 지은 극장은 관객이 참다운 예술을 체험하게 될 무대이자, 일종의 종교 체험을 하게 될 장소였다. 1876년 10월 최초로 《니벨룽겐의 반지》 전곡 4부를 하루에 1부씩 나흘 밤에 걸쳐 공연했다. 이 공연은 그때부터 현재까지 바이로이트에서 계속 열려 수많은 군중을 끌어들였을 뿐만 아니라 논란도 많이 일으켰다.

1882년 바그너는 《파르치팔Parzival》을 완성했는데, 앞으로 보겠지만 여러 동시대인들에게 그의 초기 작품을 부정하는 것처럼 비쳤다. 이듬해 바그너는 지금은 시립 도박장으로 바뀐 베네치아의 한 건물에서 죽었다.

바그너의 생애 자체가 스스로 창조한 가장 놀라운 작품이었을지도 모른다. 그는 엄청나게 성공하고 자기를 과시하는 '예술가'의 형상으로 자신을 그려냈다. 그런 형상은 낭만주의 미학으로 이해되었고, 2세대 또는 3세대에 걸친 작곡가들과 음악가들에게 이어졌다. 그런데 바그너는 드레스덴 혁명 직후부터 미학과 해설이 담긴 여덟 권 분량의 방대한 산문으로 자신의 음악을 포장했다. 이 저술을 통해 자신의 음악이 문화사와 지성사에서 당대의 다른 작곡가들이 이룩한 수준보다 훨씬 폭넓은 의미를 담고 있다고 주장했다.

드레스덴 혁명이 실패한 다음 2년 동안, 바그너는 자신의 미학을 설명하려는 계획에 따라 중요한 이론서를 네 권 출간했다. 네 이론서와 이후 작곡한 음악을 기준으로 바그너의 예술가로서 경력은 전기와 후기로 나뉘었다. 네 저작은 바로 《예술과 혁명Die Kunst und die Revolution》(1849), 《미래의 예술 작품Das Kunstwerk der Zukunft》(1850), 《음악에 스며든 유대교Das Judentum in der Musik》(1850), 《가극과 연극Oper und Drama》

(1851)이었다. 유럽의 여러 곳에서 일어난 1848년 혁명과 1849년 드레스덴 반란은 실패했지만, 바그너는 네 권의 저술을 통해 미학 관점에서 자본가 계급, 자본주의, 상업주의에 물든 문화를 맹렬히 비난했다. 그는 당대 예술이 퇴폐와 속물주의로 타락했다고 규탄하면서, 퇴폐주의는 유대인들에게 영향을 받은 탓이라고 비난했다. 더 나아가 새로운 예술로 이러한 결함을 모조리 극복해야 한다고 주장했다. 지나가는 말이지만 이런 생각들 가운데 바그너가 독창적으로 내놓은 생각은 하나도 없었다. 1860년대 중반 이후 바그너가 예술과 문화, 정치 분야에서 거둔 승리가 그의 생각에 영향을 훨씬 많이 미쳤을 법하다. 바그너의 사상은 1870년 이후 독일 통일로 민족주의가 성공을 거두고, 교육받은 수많은 독일인들이 독일만의 고유한 문화를 창조하려는 욕구를 드러냈을 때 최고조에 이르렀다. 마르크스의 사상이 독일의 사회민주당과 결합되어 성공가도를 달렸듯이, 바그너의 사상도 독일 통일 이후 드높아진 문화 창조 열기와 맞물려 꽃을 피웠다.

바그너는 사회와 문화를 더욱 광범위하게 비판하려고 음악, 특히 가극에 관한 글을 썼다. 그는 당대의 가극, 곧 '대가극'이 속물 취미에 아첨한다고 역설했다. 당대의 가극은 돈과 재미만 좇았으며, 인위적이고 천박하고 부패했다. 바그너는 이런 견해에서 중간 계급 문화와 프랑스의 취향에 굴복한 독일 문화를 공격한 이전 작가들의 여러 견해를 그대로 반복했다. 바그너에게 '대가극'은 프랑스 가극을 가리키는 암호 문자였다. 그는 천박한 오락에 맞춰진 연극 단체들이 '우리의 대도시 주민들이 느끼는 사교 생활의 권태감에 게으르게 휩쓸렸다'고 묘사했다.

바그너에 따르면 속물 자본가 계급이 좋아하는 예술은 처음부터 끝까지 물질주의 성향을 나타냈다. 그것은 오로지 세상에 속한 것이었다. 영혼과 인간다운 경험의 심층에 대해서는 말할 수도 없고 말하지도 않았으며, 그런 경험으로 탈바꿈시키지도 못했다. 달리 말해 바그너는 '대가극'에 낭만주의 시인들이 신고전주의 시에서 보았던 여러 단점을 덮어씌웠다.

그런데 바그너는 가극의 피상적이고 상업적인 특징을 다르게 설명했다. 가극이 도덕과 문화 측면에서 실패할 수밖에 없도록 이끈 배후 세력은 유대인들이었다. 이런 점에서 바그너는 인종 이론이 아니라 문화 이론의 입장에 선 반유대주의자였다. 그는 초기 마르크스를 비롯한 독일의 여러 급진주의자들처럼 상업을 유대인과 결합하였고, 속물 사회를 유대인들이 주도하는 상업 가치와 하나로 엮었다. 더욱이 자신이 혐오한 예술이 여러 예술 분야에 미친 유대인들의 강력한 영향에서 기인했으며, 프랑스 혁명과 나폴레옹 전쟁 기간 동안 유럽의 유대인들이 해방된 이후 그 영향력이 더욱 강해졌다고 믿었다. 특히 한때 자신을 도와주었던 마이어베어와 펠릭스 멘델스존Felix Mendelssohn, 1809~1847을 아주 싫어했다. 바그너는 1850년《음악에 스며든 유대교》에서 예술과 문화 전반에 걸친 유대인의 영향을 비판하는 이유를 설명했다.

바그너는 유대인이 독일 속의 외국인이며, 유럽 문화 속의 외국인이라는 점은 더욱 중요하다며 비난했다. 그는 이렇게 단언했다. "유대인은 대대로 자신이 섞여 사는 민족 집단의 언어를 말하지만, 언제나 외국인으로서 다른 민족의 언어를 말한다." 바그너에 따르면 이런 문화적 입장은 유대인이 자신이 사는 나라에 얼마나 철저하게 동화되었든, 언어를 진정으로 말할 수는 없다는 뜻이다. 왜냐하면 유대인은 해당 언어를 발달시킨 역사적 공동체의 일원이 아니기 때문이다. 이것은 유대인이 자신의 예술을 유럽의 언어로 표현할 수 없다는 뜻이었다. 바그너에게 유대인들은 하물며 최고 도덕이 깃든 열정을 불러일으키는 음악으로도 자신들이 누구인지 표현할 수 없는 것처럼 보였다. 바그너의 주장에 담긴 논리는 점점 심하게 왜곡된다. 유대인들은 그들을 둘러싼 유럽 문화에서 소외될 수밖에 없으며, 더욱이 유럽 문화에 동화된 유대인들은 유대 문화에 등을 돌림으로써 예술의 원천으로부터 이중으로 분리되었다는 것이다.

바그너는 강한 반유대주의를 결코 포기하지 않았으며, 이런 경향은 나이를 먹을수록 점점 더 심해졌다. 그러면서도 유대인들과 계속 만났고, 유대인 지휘자 헤르만 레비Hermann Levi, 1839~1900가 바이로이트 관현악단을 이끌어야 한다고 주장하기도 했다. 그럼에도 바그너는 독일과 유럽 전역에서 다른 어떤 예술가보다 더 열렬히 문화의 합법성과 예술가의 위신을 반유대주의에 근거하여 세웠다.

바그너는 상업주의에 물든 생활과 유대교, 프랑스 문화의 영향으로 오염된 '대가극'을, 모든 예술이 결합된 이른바 종합 예술 작품Gesamt-kunstwerk 또는 총체 예술 작품Total-Art-Work으로 대체해야 한다고 주장했다. 이것이 바그너가 《미래의 예술 작품》과 《가극과 연극》에서 공식적으로 전달하고자 한 내용이었다. 19세기 중엽 속물 예술의 퇴폐에 맞선 바그너의 대응책은 그리스로 돌아가는 것, 그리스 비극을 닮은 예술 형식으로 돌아가는 것이었다. 이번에도 바그너는 결코 원조가 아니었다. 왜냐하면 앞에서 말한 견해는 빙켈만과 괴테Johann Wolfgang von Goethe, 1749~1832의 시대부터 독일 문학에 퍼져 있었기 때문이다.

《미래의 예술 작품》과《가극과 연극》에서, 바그너는 예술이 민중, 곧 민족과 맞닿아 발전해야 할뿐더러 중요한 예술을 완전히 종합해야 한다고 주장했다. 바그너에게 가극을 대체할 종합 예술 작품은 '음악극'이었다. 그는 이미 1840년대 후반부터 자신의 가극에서 대가극 특유의 서창과 영창, 합창을 버리고 대화를 선보이기 시작했다. 바그너는 음악극의 대본과 음악이 아주 가깝게 연결되어야 한다고 역설했다. 음악에 흐르는 악상motif은 관객들이 이전 사건과의 관계를 떠올리게 해야 했다. 음악극의 각 부분은 다른 부분을 강화해야 하고, 무대 설치도 한몫을 담당해야 했다. 이러한 모든 요소는 주요 소통 수단이 감각임을 전제하며, 감정을 움직이려는 의노가 늘어 있었다. 그는《가극과 연극》에서 이렇게 썼다.

> 감각을 결합시키는 지성은 분명히 극예술 작품과 아무 관계도 없다. 우리는 극을 관람할 때 감정을 통해 아는 사람이 되어야 한다. ……그런데 이런 감정은 그 자체로 이해된다. 다시 말해 감정은 그 자신 말고는 다른 어떤 언어로도 이해되지 않는다. 오로지 지성의 무한한 수용력으로 설명될 수 있는 사물은 감정으로 파악할 수 없으며 감정에 방해가 될 따름이다.[1]

바그너는 이렇게 모든 예술을 종합한 총체 예술 작품을 그리스인들이 성취했으며, 근대 예술은 고대인이 성취한 예술을 모방해야 한다고 생각했다. 그리스 비극에는 종교와 감정, 신념, 공동체의 역사, 공동체의 도덕에 거는 기대, 음악 예술과 시, 춤이 녹아들었다. 모든 예술을 종합함으로써 종교와 인간성을 모두 구현한 비극 양식은 그리스인들을 하나의 공동체에 소속시켰으며, 공동체 의식도 강화시켰다. 그리스인의 천재성이 드러나는 부분, 특히 연극은 신화에 호소했다. 바그너와 동시대에 살았던 많은 사람들에게 신화는 아주 특별한 힘을 지녔다.

> 신화를 둘러싼 비길 데 없는 특징은 시간을 초월해 영원히 참되며, 신화의 내용은 아무리 압축되더라도 시대가 지나도 무궁무진한 의미를 지닌다.

바그너는 이어서 신화가 시인이 소재로 삼을 만한 이상적인 재료였다고 단언했다. "……토착민이 지어 민간에 전승된 작자 미상의 시들은 대대로 이어져, 문화 절정기의 위대한 시인들이 새로운 양식으로 개작했다." 미래의 예술은 민간에 전승된 시에 담긴 신화를 통합된 총체 예술 작품의 일부로 녹여내고 표현하려고 애써야 한다.

바그너가 신화의 힘에 호소하고 그리스 신화를 모범으로 삼은 것이, 당대 그리스도교에 대한 공격과 그리스도교를 신화의 상태로 되돌리려 한 다비트 프리드리히 슈트라우스David Friedrich Strauss, 1808~1874의 노력에 뒤를 이었다는 점도 떠올리면 좋겠다. 더욱이 바그너는 칼라일을 좋아서 글을 쓰기도 했다. 칼라일은 당시 유럽에서 널리 읽히는 작가였으며, 교회에 갈 때 걸치는 낡은 옷을 더는 입기 힘든 근대인들에게 어울리는 새로운 신화를 확립해야 한다고 주장했다. 바그너는 평생 자신이 쓴 산문과 작곡한 음악 주제를, 전통 종교와 고대 그리스 신화, 중세 신화, 가장 중요하게 생각한 독일의 신화에서 이끌어낸 관심사와 혼합했다. 바그너가 지식인이자 정치 활동가이자 예술가로서 쌓은 모든 경력은, 그리스도교가 지성과 문화 측면에서 문제시되는 분위기가 형성되지 않았다면 불가능했을 터이다.

이렇게 초기 미학 이론을 아주 충분히 구체적으로 표현한 작품이 《니벨룽겐의 반지》였다. 이 장대한 음악극은 각각 분리된 네 편의 극 〈라인의 황금Das Rheingold〉, 〈발퀴레Die Walküre〉, 〈지크프리트Siegfried〉, 〈신들의 황혼Götterdämmerung〉으로 구성되었다. 악극은 나흘 밤에 걸쳐 따로따로 공연되지만, 하나로 종합되는 음악을 경험하도록 짜였다. 바그너는 1850년대 초 독일의 신화를 원천으로 삼아 악극에 필요한 가사를 지었다. 그리고 나서 곡을 썼는데 1860년대 중엽에 거의 완성되었다. 가사와 악보는 둘 다 출판되어 음악계에 알려졌다. 나중에 바이로이트에 가극 극장을 지을 때, 바그너는 이렇게 거대한 총체 예술 작품에 알맞은 연극 예술 무대를 만들어 새로 통일된 독일의 고위층에게 팔았다. 이는 고대 그리스 이후 유럽에서 아무도 목격한 적이 없던 예술 작품의 부활에 근거한 새로운 민족 문화를 확립하는 바탕이 되었다. 바이로이트와 이곳에서 상연하는 음악극은 독일의 정치와 문화 측면에서 논란거리로 남았다. 1876년 《니벨룽겐의 반지》를 초연한 때부터 민족 사회주의자들이 바이로이트로 떼를 지어 몰려든 1920년대와 제2차 세계 대전 이후 독일 재건 시기를 거치는 동안 바그너 가문은 《니벨룽겐의 반지》를 원래 장소에서 계속 상연했다.

《니벨룽겐의 반지》에 담긴 서사와 의미는 너무 방대하고 복잡해서 이 작품의 주제를 이 강의에서 모두 다루기 어렵다. 관객들은 나흘 저녁 내내 신들의 세계가 탐욕과 부정으로 파괴되는 가슴 뭉클하고 강렬한 이야기를 헤쳐 나간다고만 말해두고 넘어가겠다.《니벨룽겐의 반지》는 황금 반지를 얻으려는 탐욕으로 저주받은 신들의 이야기이다. 바그너는 사랑과 돈 사이의 긴장과 남자들이 사랑을 포기하고 돈을 소유하려고 할 때 치를 끔찍한 대가를 확실하게 보여주는 데 관심이 있었다. 이 점에서《니벨룽겐의 반지》는, 나중에 조지 버나드 쇼가 주장했듯이, 바그너가 초기에 보였던 급진주의 성향과 뗄 수 없게 연결되어 있다.

《니벨룽겐의 반지》에 나오는 주역은 거의 모두 실제로 인간이 아니라는 점도 주목할 만하다. 신과 난쟁이, 라인 강의 요정, 거인, 다른 비非인간 존재 들이 등장한다. 바그너는 당대의 다른 어떤 예술가보다 신화가 지배하는 과거로 돌아가 자신의 주장을 입증하려고 했다.

바그너가 1853년에 완성한《니벨룽겐의 반지》의 대본에는 1840년대 급진주의 사상뿐 아니라 1850년대의 미학 이론도 반영되었다. 1876년《니벨룽겐의 반지》전곡이 초연될 무렵, 유럽의 상황은 바뀌었고 바그너도 달라졌다. 1848년 혁명은 틀림없이 실패했지만, 독일의 통일을 비롯한 혁명이 겨냥한 여러 목표는 급진 성향의 정치 세력이 아니라 보수 세력이 수행했다. 바그너 자신도 더는 동전 한 푼 없는 망명자가 아니었다. 그는 바이에른의 왕에게 후원을 받았으며, 명예도 얻었을 뿐만 아니라, 새로운 독일에서 민족주의 성향인 중간 계급 부호에게 재정 지원도 받았다. 더욱이 바그너의 생각도 1850년대에 아르투어 쇼펜하우어의 저작을 읽으면서 바뀌기 시작했다.

쇼펜하우어는 헤겔과 동시대 철학자이다. 그의 제일 중요한 저작《의지와 표상으로서 세계 *Die Welt als Wille und Vorstellung*》는 1818년 출간되었다. 그런데 1850년대 유럽에 쇼펜하우어의 책이 되살아나 유행하기 시작했고, 그런 인기는 적어도 1920년대까지 이어졌다. 쇼펜하우어의 형이상학과 미학은 둘 다 바그너를 감동시켰고, 바그너를 거쳐 유럽의 많은 사람들에게 감동을 주었다. 그런데 쇼펜하우어는 1840년대 바그너에게 영향을 미친 여러 작가들과 달랐다. 그는 비관주의로 기울었으며, 비합리성에도 깊이 빠졌다.

쇼펜하우어는 칸트 이후 수많은 철학자들과 마찬가지로 사물 자체에 딸린 문제에 정신을 빼앗겼다. 칸트는 우리가 사물 자체에 대해 알 수 없다고 논증했지만, 쇼펜하우어는 사물 자체를 인식할 방법을 탐색했다. 쇼펜하우어는 이성과 의지will를 대비하면서 사물 자체 문제에 접근했고, 칸트 이후 수많은 철학자들이 으레 그렇듯 이성은 한계가 있으며 능력도 모자란다고 생각했다. 쇼펜하우어에 따르면 "이성은 본래 여성적이다. 왜냐하면 이성은 받은 다음에야 비로소 줄 수 있기 때문이다".[2] 이성은 인식에 적합한 형식을 부여할 수 있지만 깊은 인식에 도달할 수 없으며, 감각 경험에서 일반 법칙을 이끌어낸다. 이런 지식은 다음과 같은 점에서 진정한 가치를 지녔다. "합리적이거나 추상적인 지식의 최고 가치는 소통될 수 있고 영원히 보존될 수 있다는 데 있다."

하지만 쇼펜하우어에 따르면 이성은 결코 사물의 심장부에 도달할 수 없고 참으로 깊은 지식이나 경험을 제공할 수도 없다. 칸트는 인간에게 가능한 철학은 대체로 진짜 현실의 핵심을 꿰뚫을 수 없다고 논증한 터였다. 쇼펜하우어는 다른 주장을 펼쳤다. 그는 세계가 실제로 어떠한지 확인할 수 있다고 생각했다. 그런데 진짜로 존재하는 세계에 대한 지식은 결코 이성에 따라 형성되고 배열되는 관념, 곧 표상 영역에서 도출할 수 없었다. 쇼펜하우어는 이렇게 설명했다.

……우리는 결코 바깥으로부터 사물의 진짜 본성에 도달할 수 없다. 아무리 많이 탐구해도, 우리는 심상과 이름 말고는 어떤 것에도 이르지 못한다. 우리는 성에 들어가려고 헛되이 주위를 맴돌다가 이따금 성벽에 대해 묘사하는 사람과 비슷하다.[3]

쇼펜하우어에 따르면 우리는 표면을 꿰뚫으려면 자신의 내면에 자리한 본성을 반드시 검토해야 한다. 이런 검토는 우리 내면의 자기가 이성이 아니라 의지라는 점을 보여줄 터이다. 더욱이 우리의 신체는 의지가 객체로 드러난 형태에 지나지 않는다.

의지는…… 가능한 모든 개념들 가운데 그 원천이 현상계, 곧 지각될 뿐인 관념으로서 세계에 있지 않은 유일한 개념이다. 그것은 안에서 나오며 우리가 제각기 자신을 직접적으로 의식하는 데서 흘러나온다. 우리는 제각기 의지의 본성에 따라 주체와 객체로 구성된 모든 형태뿐 아니라 자신의 개성individuality을 인식한다. 이런 개성이 바로 의지이다. 왜냐하면 여기에서 인식의 주체와 객체는 하나이기 때문이다.[4]

쇼펜하우어의 논증에 따르면 전체 현상계는 모두 분투하며 쉬지 않지만 결코 만족하지 못하는 의지가 객체로 드러난 형태에 지나지 않는다. 의지는 법칙이 없으며, 원인과 결과에 지배받는 세계 너머, 곧 일상으로 생활하고 경험하는 세계 너머에 놓여 있다.

쇼펜하우어는 쉬지 않고 분투하는 의지의 성격을 강조하는 데 관심이 있었다. 왜냐하면 그는 인간, 적어도 몇몇 인간은 의지를 극복하고 마침내 표상의 영역을 꿰뚫고 나아갈 수 있다고 생각했다. 표상의 영역을 아는 것은 객체로 드러난 의지를 아는 것에 지나지 않았다.

천재 예술가는 표상의 영역을 꿰뚫음으로써 변화를 만들 수 있는데, 이 점에서 쇼펜하우어의 철학은 예술가에 대한 숭배가 드러난 또 다른 사례이다. 쇼펜하우어에 따르면 천재는 예술이나 미를 창작하고 관조하는 순간에 의지를 일시적으로 극복할 수 있다. 이렇게 의지를 극복하려면 의지를 부정하고 포기하는 행위가 필요하다. 쇼펜하우어에게 인간이 의지와 완전히 통일됨으로써 일상을 지배하는 이성의 표상 영역에서 벗어나 자유로워지는 예술은 바로 음악이다. 여기서 우리는 바그너가 왜 쇼펜하우어에게 그토록 끌렸는지 알 수 있다. 회화 같은 다른 여러 예술은 표상의 형식을 사용하지만, 음악은 그런 제약에서 벗어날 수 있었다.

> 음악은 전체 의지가 직접적으로 객체로 드러난 형태이자 전체 의지의 복사물이다. 이는 세계 자체, 사실은 이상理想들이 다양하게 드러나 개별 사물의 세계를 이루는 것과 같다. 그러므로 음악은 다른 여러 예술과 결코 비슷하지 않고…… 의지 자체의 복사물, 이상들이 객체로 드러난 형태이다. 그래서 음악의 효과는 다른 예술의 효과보다 훨씬 강렬하고 모든 것을 꿰뚫어 보여준다. 왜냐하면 다른 예술은 그림자에 지나지 않는 표상을 두고 말할 뿐이지만, 음악은 본질을 꿰뚫어 보여주기 때문이다.[5]

더 나아가 쇼펜하우어는 계속 이렇게 역설했다.

선율melody을 작곡하여 인간의 의지와 감정에 딸린 심오한 비밀을 드러내는 일이 천재의 일이다. 다른 어느 곳보다 여기에서 더욱 분명하게 드러나는 천재의 행위는 모든 반영과 의식에 따른 의도와 아주 거리가 멀어서 영감으로 떠오른 착상이라고 불러도 좋다. ……작곡가는 세계 속에 자리한 본성을 드러내고 이성이 이해하지 못하는 언어로 심오한 지혜를 표현한다. 그는 최면 상태에 빠진 사람처럼 자신이 깨어 있을 때 짐작조차 하지 못하는 이야기를 풀어놓는다.[6]

이런 견해는 분명히 천재 예술가의 역할을 둘러싼 다른 낭만주자들의 생각과 아주 비슷하다. 하지만 쇼펜하우어의 견해는 19세기 후반 내내 크게 영향을 미쳤지만, 다른 중요한 낭만주의자들의 여러 이론은 잊혔다. 과학 숭배가 만연하고 자본가 계급의 물질만능주의가 최고조에 달한 19세기 후반에 살았던 사람들에게, 쇼펜하우어의 철학은 물질만능주의에서 벗어날 도피처를 제공했다. 세계의 심장부는 기계가 아니라 분투하는 충동이 일어나는 곳이며, 실제로 거대한 생명력이 꿈틀댄다. 물리 자연을 보든 인간의 본성을 보든, 법칙과 규칙에 따른 자연 활동이 일어나는 현상의 이면에는 펄펄 끓는 가마솥이 놓여 있었던 것이다.

쇼펜하우어의 사상은 행위가 사물의 심장부에 놓인 위치에 더 가깝기 때문에 언제나 사고보다 더욱 중요하다고 암시했다. 그런데 이런 철학은 비관주의 경향을 많이 드러내기도 했다. 이성과 계획, 예지 따위는 세계를 결정할 수도 없고 결정하지도 않는 것이 분명했다. 지성은 의지가 행동으로 드러나거나 결정을 내린 다음에 비로소 의지와 의지에 따른 동기를 이해할 수 있을 따름이다. 더욱이 의지 자체는 이성에 따르지 않는다. 의지는 개체가 어떻든 전혀 신경 쓰지 않으며 자신의 목표를 이루려고 분투할 따름이다. 개체는 의지가 잠시 객체로 드러난 형태일 뿐이다. 사람은 의지가 객체로 드러난 형태로 머무는 동안만 의식을 가지며, 이후에는 다시 영원한 의지의 일부로 돌아간다. 이는 의지가 부도덕하다는 의미였다. 쇼펜하우어는 이렇게 주장했다.

> 왜냐하면 자연은 개체가 아니라 종을 돌보고, 엄청난 양의 씨앗을 뿌려 많은 양을 낭비하게 함으로써 열매를 맺으려는 강력한 충동을 갖게 하여 종을 보존하려고 열심히 분투하기 때문이다.[7]

쇼펜하우어의 세계는 어떤 점에서 다윈이 후기에 보여주었을 법한 세계와 비슷했으며, 다윈이 그려놓은 세계상이 주목받고 부각되었던 수십 년에 걸쳐 인기를 끌었다. 다윈이 기계론에 따른 분투와 변화 양상을 보여주었다면, 쇼펜하우어는 주의주의主意主義 voluntarism*에 입각한 분투와 변화 양상을 시사했기 때문이다.

그런데 비관주의에는 훨씬 더 깊은 의미가 담겨 있었다. 이는 일단 누구든 자신 앞에 놓인 목표를 달성했다면, 더는 행복할 수 없다는 뜻이었다. 목표를 달성하자마자 의지에 딸린 충동은 다시 일어날 수밖에 없다. 개인이 잠시라도 의지를 꺾는 유일한 방법은 세계를 포기하고 분투를

---

* 주지주의主知主義 intellectualism와 대립하는 견해이다. 관념론에 따른 세계관으로, 의지라는 정신 작용이 세계의 근본 원리이며 의지의 작용으로 만물이 나타난다고 본다. 주의주의는 의지가 비합리성과 맹목성을 지닌다는 입장과 의지가 일정한 목적을 추구하면서 세계에 질서를 부여한다고 보는 입장으로 나뉜다.

포기하는 것이다.

쇼펜하우어는 두 가지 뚜렷한 방식으로 바그너에게 영향을 주었다. 첫째, 바그너는 쇼펜하우어의 새로운 철학을 받아들여서 1850년대 초의 미학을 철저히 수정했고 작곡하는 방식도 바꾸었다. 쇼펜하우어는 바로 음악만이 모든 예술 가운데 가장 높고 심오한 자리를 차지한다고 주장함으로써 종합 예술 작품이라는 개념을 부정했다. 이 새로운 견해는 1859년 바그너의 《트리스탄과 이졸데》에 처음 등장했다. 이 작품은 남녀 주인공이 열정으로 온갖 시련을 이겨내지만 끝내 둘 다 죽고 마는 사랑 이야기이다. 바그너는 이 가극에서 역할을 맡은 인물들이 노래로 대화를 주고받는 대신 함께 노래하는 방식으로 돌아갔다. 더욱이 처음부터 끝까지 음악이 다른 어떤 요소보다 우위를 차지한다. 관현악단만 연주하는 악절은 선율이 거의 없거나 전혀 없었다. 바그너는 새로운 견해를 1860년 《미래의 음악Zukunftsmusik》에서 요약했는데, 여기에서 쇼펜하우어의 영향을 숨김없이 고백했다. 이 음악론에서 바그너는 관현악단의 작업을 성악가나 대본 작가의 작업보다 위에 두었다. 관현악단, 추정하건대 작곡가는, 순수 음악에 도달함으로써 진짜 현실의 심층에 놓인 본질을 드러내야 했다.

둘째, 바그너는 쇼펜하우어의 윤리학을 받아들여서 사회와 정치 문제에 침묵하는 입장으로 돌아섰는데, 바그너가 새로이 명성과 부를 거머쥔 때도 마침 이 시기였다. 세계를 오로지 의지로 이해하게 되자, 영웅들이 나타나 세계를 구원하거나 세계가 나아갈 방향을 바꾸는 일은 불가능해졌다. 1850년대 말 이후 바그너가 1840년대 후반처럼 세상을 바꾸는 일에 관심을 갖고 중요한 의미를 부여했는지는 분명치 않았다.

바그너의 예술 작업은 정치 보수주의와 반유대주의에 보인 강한 애착과 마찬가지로 진화를 거듭했다.

바그너의 마지막 가극은 《파르치팔》이었다. 이 작품은 바그너의 찬미자들을 대부분 놀라게 했으나, 곧 꽤 인기를 끌었다. 놀란 까닭은 《파르치팔》이 종교 색채가 뚜렷한 사이비 그리스도교 가극이었기 때문이다. 게다가 도덕 교훈이 담긴 작품을 만들려는 의도가 분명히 드러나 있었다. 1882년 《파르치팔》이 상연되었을 때, 바그너의 찬미자들에게는 그가 자신의 모든 초기 작품들에 등을 돌린 것처럼 보였다. 바그너는 초기에 쓴 여러 저술에서 두드러졌던 이성과 개혁을 포기했다. 이 가극의 이야기는 일종의 피로 맺어진 형제애를 둘러싸고 전개되는데, 언제나 현실로든 잠재력으로든 반유대주의 성향을 띤다고 여겨졌다. 가극에서 그린 공동체는 아리아족의 순수 혈통을 담아서 보존할 성배를 찾는 공동체이다. 그리스도의 피는 퇴폐 상태로 몰락한 아리아족의 세계를 되살릴 수단으로 그려졌다.

《파르치팔》은 인종의 퇴화를 다룬 가극이었다. 바그너를 연구하는 사람들을 오래도록 흔들고 어지럽힌 문제는 이 작품이 바그너의 초기 입장을 반영하는 동시에 거부하는 방식이다. 예술, 추정하건대 인간 사회가 그리스 시대 이후 오랫동안 퇴폐기를 겪었다는 것이 그의 초기 견해와 일치한다. 하지만 급진적인 정치 개혁이나 새로운 미학에 따른 모험이 그런 퇴폐를 극복할 열쇠라고 보지 않고, 일종의 인종 갱생racial re-generation으로 세상을 구할 수 있다고 강하게 암시하면서 초기 견해를 거부한다.

바그너에 관해 입심 좋게 빈정대고 비꼬아 말하기는 쉽다. 그는 자기를 과시했고 도덕 측면에서 위선자였으나 새로운 차원의 업적도 남겼다. 토마스 만Thomas Mann, 1875~1955이 언젠가 논평했듯이, 바그너는 여러 면에서 예술 애호가dilettante였다. 예술 애호가로서 바그너는 자신을 둘러싼 지식인들과 문화에서 비롯된 분위기를 한껏 흡수했다. 그는 개혁과 혁명을 주장하다가 민족주의와 권위주의, 비합리적인 요소를 수용하는 입장으로 선회했다. 바그너는 사회 통념에서 벗어난 근친상간의 사랑을 미화했고, 신흥 중간 계급은 그런 작품에 박수갈채를 보냈다. 바그너의 인기는 정말 대단했는데, 20세기에 록 스타가 나타나기 전까지 어떤 음악가도 그만큼 자신이 만든 문화 속에서 자의식을 뚜렷이 드러내면서 창작을 하지는 못했을 것이다. 바그너의 미학은 문학과 음악 두 방면으로 서양 세계 전역에 영향을 미쳤다.

누구나 예상할 수 있듯이, 바그너 숭배는 독일에서 절정에 이르렀다. 여러 요소가 혼합된 바그너의 사상은 수많은 찬미자들을 매료시켰다. 독일의 수많은 젊은이들은 바그너가 창조한 세계가 독일 민족의 고유한 예술을 다시 젊어지게 만들어 부흥시킬 수 있으리라고 믿었다. 후기의 바그너는 독일의 통일을 바라는 열렬한 민족주의자들과 사위인 체임벌린처럼 인종주의를 지지하는 사상가들에게 더욱 호소력이 있었다.

바그너 유행에 따른 아주 혐오스럽고 해로운 측면은 대체로 1883년 그가 죽은 다음 뚜렷이 드러났다. 미망인 코지마는 바그너의 예술 작품과 사상을 널리 알리고 바이로이트 음악 축제도 계속 열기로 결심했다. 코지마는 주도면밀하게 정치가들과 접촉하면서 바그너의 예술을 독일 제국의 크나큰 영광에 기여할 예술로 그려내려고 가능한 모든 일을 다 했다. 과거와 영웅주의, 군사력의 가치, 비합리적인 요소를 찬미한 바그너는, 비스마르크의 철혈 정책이 성공을 거둔 현실을 목격하면서 동시에 물질만능주의에 넌더리를 내던 독일인들의 마음을 사로잡았다. 당대 독일인들은 예술가의 도움으로 중간 계급의 퇴폐에서 벗어나 갱생하기를 바랐다. 누구나 《파르치팔》이나 《니벨룽겐의 반지》에 나오는 영웅 지크프리트의 모습에서 그런 바람을 알아차릴 수 있다. 바그너라는 비범한 인물에게서 가장 주목할 만하고 생각해볼 점은 아마 미학과 문화를 한데 묶음으로써 이제까지 서양에서 작곡된 가장 아름다운 음악을 정치와 사회사상, 인종주의와 결합한 역량일 것이다. 특히 인종주의는 근대 서양 역사상 가장 비난받아 마땅한 나치의 인종 학살로 이어졌다.

제13강

남성과 여성, 따로 또 같이 살게 되다

이번 강의에서는 지식인 세력이 어떻게 여자들을, 남자들이 활동하는 세상을 바라만 보면서 집에 계속 머물게 했는지 고찰하고 싶다. 여자들은 카스파르 다비트 프리드리히Caspar David Friedrich, 1744~1840의 1822년작 〈창가의 여자Frau am Fenster〉에 묘사된 대로 살았다. 나는 이 강의에서 논의할 주제가 19세기 동안 서양 전역에 걸쳐 중상층 계급 사이에 널리 퍼진 사회관social outlook을 형성한 지배 이념 또는 사상 체계임을 강조하고 싶다. 그런 사회관은 남자들과 여자들의 생활을 타고난 본성에 따라 별개의 두 영역으로 나누었다. 이런 사상 체계를 검토할 때 나는 여자들의 삶에 따른 이상과 현실, 그리고 성별에 따라 분리된 영역이 있다는 지배 이념 사이에 적지 않은 불일치가 있었다는 점을 강조하고 싶다. 더욱이 성별에 따라 영역을 나누는 사회관은, 중간 계급 여자들과 생활 수준이 보통 이상이었던 노동자 계급 여자들의 생활에 많은 영향을 미쳤다. 그러나 수백만에 이르는 가난한 여자들과 시골에 사는 여자들에게는 영향력이 미미했다.

19세기 사회에서 여자들이 차지한 지위와 여성관은 우리에게 특별한 의미가 있는 역설을 보여준다. 19세기 사람들은 여러 생활 분야에서 자유가 신장되는 변화를 목격했다. 19세기 동안 정치 활동의 자유가 확대되었다. 경제 활동의 자유가 많이 늘어났을 뿐만 아니라, 종교의 자유도 이전 어느 때보다 꽃을 피웠다. 생각을 표현하고 토론하기 위한 일반적인 자유도, 자주 곤경에 빠지기는 했어도 전에 없이 확대되었다. 더욱이 유럽의 수많은 단체들은 이전보다 더 자율적으로 활동할 방법을 찾아냈다. 예컨대 곳곳에 흩어져 살던 인종 집단들과 민족들은 행동하고 스스로 결정권을 행사할 새로운 세상을 만들고자 했다. 19세기가 끝날 무렵 노동자 조합과 정당이 유럽의 대다수 나라에서 중요한 세력을 형성했다. 19세기가 흘러가는 동안 신세계, 곧 아메리카 대륙에서는 노예 제도가 종식되었고, 러시아에서는 농노 제도가 철폐되었다.

이런 변화가 일어났지만 19세기가 끝날 때까지도 여자들은 여전히 정치, 경제, 종교, 지성 측면에 걸쳐 아주 많이 종속된 처지에 놓여 있었다. 물론 앞으로 보겠지만, 19세기 말 25년 동안 소수 여자들에게도 교육받을 기회가 주어졌다. 그러나 실제로 교육받을 수 있는 여자들의 수는 매우 적었고, 1900년 유럽의 어떤 나라에서도 참정권은 여자들에게까지 확대되지 않았다. 여자들이 재산을 소유하는 조건도 개선되기는 했지만, 법률은 아직 국내법이 적용되는 모든 분야에서 압도적으로 남자들에게 유리했다. 존 스튜어트 밀은 《여성의 종속》(1869)에서 이렇게 썼다.

근대 세계의 고유한 성격, 다시 말해 근대 제도와 근대 사회사상, 근대
인의 생활을 오래전 과거에 존재하던 제도나 사상, 관습과 구별하는
본질적인 차이는 무엇인가? 인간이 더는 지위를 타고나지 않고, 변하
지 않는 지위에 매여 있지도 않다는 점, 자신의 능력을 자유롭게 발휘
하고, 가장 하고 싶은 일을 많이 이룰 수 있도록 유리한 기회가 제공된
다는 점이다. ……현재 인권이 더 많이 개선된 나라에서 여자들만이
유일하게 장애물에 맞닥뜨린다. ……여자들은 법률과 제도에 따라 태
어난 때부터 인격을 인정받지만, 법률과 제도는 여자들이 일생 동안
어떤 일을 이루려는 경쟁에 결코 참여하지 말라고 규정한다.[1]

극소수 작가들과 사상가들을 빼고, 모든 사람이 여자의 자리는 가정
에서 아내와 어머니로서 역할을 다하는 것이라고 믿었다. 더욱이 앞으
로 보겠지만, 다른 사회 집단들에게 정치적 자유와 더 넓은 영역에서 행
동할 자유를 허용하도록 이끌었던 사상 체계들 가운데 다수가 사실상
여자들이 개인 생활과 공공 생활에서 자유를 누리는 데 반대했다.

18세기가 끝날 무렵 구체제에서 여성들을 대하는 태도와 프랑스 혁
명 말기에 여성들을 대하는 태도 사이에 기이하고 역설로 보이는 병
행 관계가 서서히 나타났다. 장오노레 프라고나르Jean-Honoré Fragonard,
1732~1806의 그림 〈그네L'escarpolette〉와 〈좋은 어머니La Bonne Mère〉를 예로
들어보자.

두 그림은 귀족처럼 우아한 여성의 모습을 보여준다. 묘사된 장면은
여자는 생각이 없고 경박하며, 남성이 갈망하는 대상에 지나지 않을뿐

더러, 여자의 인생에서 최종 목표는 어머니라고 암시한다.

우리는 이 강의에서 루소가 이런저런 방식으로 구체제의 문화에 붙어 다니는 지성과 도덕 측면의 전제들에 도전했다고 입증한 바 있다. 루소는 당시와 다음 두 세대에 걸쳐 여러 사람들의 생각 속에 악동enfant terrible의 모습이었다. 하지만 성별에 따른 영역과 활동 문제에 대해 아마 18세기 어떤 작가도, 여자들이 사회에서 차지하는 지위를 루소만큼 많이 제한하지 않았을 터이다. 더욱이 루소가 문화와 정치 측면에서 급진주의자로 정당하게 평가되었기 때문에 여성의 지위를 제한하는 루소의 입장은 남성 급진주의자들에게 여성들이 놓인 사회와 정치 상황을 근본적으로 바꾸지 않고도 세상을 변혁할 수 있다는 믿음을 심어주었다. 이런 태도는 대체로 나중에 급진주의 성향의 사회주의자 집단들에서도 계속 나타났다.

루소는 《에밀》(1762)에서 자신의 여성관을 털어놓았다. 꽤나 긴 이 책은 루소가 어린 에밀을 어떻게 교육했는지 차근차근 보여준다. 루소는 에밀이 청소년기로 접어들자마자, 에밀에게 어울리는 젊은 여자를 찾아주어야 했다. 젊은 여자는 바로 소피다. 루소는 소피가 에밀과 같은 부류의 여성이 되어야 한다고 주장한다. 그러나 루소는 즉시 여자가 갖추어야 할 자질을 늘어놓는다. 그는 조용히 공표한다.

> 우리는 남자와 여자의 공통점은 모두 종에 속하고, 여자와 남자의 차이점은 모두 성에 속한다는 점만 확실하게 알 따름이다. ……남자와 여자는 공통으로 지닌 속성 측면에서 동등하다. 그들의 차이점은 비교가 되지 않을 정도다. 완벽한 여자와 완벽한 남자는 정신과 외모 측면

에서 서로 비슷해서는 안 된다. ……성의 결합으로 여자와 남자는 제 각기 동등하게 공통 목표에 이바지하지만, 같은 방식으로 기여하지 않 는다. 이러한 상이점에서 최초로 다른 성에 따른 도덕 관계의 차이가 생겨난다. 한쪽은 능동적이고 강할 수밖에 없고, 다른 쪽은 수동적이 고 약할 수밖에 없다. 한쪽은 반드시 의지를 발휘해 무슨 일이든 할 수 있어야 한다. 다른 쪽은 저항하지만 않으면 충분하다. 이런 원칙이 확 립되자마자 여자는 특히 남자에게 기쁨을 주도록 만들어졌다는 결론 이 도출된다.[2]

루소는 이런 원칙을 받아들임으로써 여자들에게 유해한 논리적 결론 을 잇따라 끌어낸다. 여자들은 본성에 따라 복종하므로 스스로 남자들 에게 기쁨을 주지 않으면 안 된다. 여자는 정숙한 태도로 자신의 성욕과 남자의 성욕을 둘 다 조절한다. 이런 방식으로 루소는 여자들이 실제로 연약한 본성을 발휘하여 남자들을 지배한다고 믿었다.

하지만 루소는 곧바로 여자들의 타고난 신체가 남자들과 결코 동등 할 수 없다는 논증으로 넘어간다. 그는 성별에 따른 지성과 사회 생활의 분리가 여성의 월경과 임신, 수유, 양육 때문은 아니라고 힘주어 말한 다. 물론 모든 여자들이 자신의 평가에 동의하지 않을 수도 있다고 인정 하지만, 이렇게 응수한다.

여자가 남자가 만든 부당한 불평등에 관해 불평할 때, 그녀는 틀렸다. 그런 불평등은 인간다운 제도가 아니지만, 적어도 편견이 아니라 이성 의 작품이다. 자연은 성별에 따라 여성에게 아이 낳는 부담을 지우고 남성이 아이를 책임지게 한다. 의심할 여지 없이 누구든 신의를 저버려서는 안 되며, 바람을 피워 자기 아내에게서 여성의 소박한 의무에 따른 유일한 보상을 빼앗은 남편은 부당하고 악랄한 남자이다. 바람을 피운 여자는 더욱 부당하고 악랄하다. 왜냐하면 바람을 피운 여자는 가족을 해체하고 자연의 모든 유대를 깨뜨리기 때문이다. 남자에게 다른 남자의 아이들을 맡기는 여자는 양측을 모두 배신한다. 그런 여자는 부정에다 배신을 더한다.[3]

설상가상으로 루소는 자신의 논증에 이런 질문과 대답을 덧붙인다, "그대 여자들이여, 아이를 늘 낳는 것은 아니라고 말하는가? 물론 아니다. 그러나 여자들이 추구할 고유한 목적은 아이를 낳는 것이다."

루소는 계속 여자의 인생에 제한을 가하려고 끈질기게 시도하면서 이렇게 주장했다.

일단 남자와 여자가 성격이든 기질이든 같은 방식으로 만들어지지 않고 만들어져서도 안 된다고 입증되면, 남자와 여자가 같은 교육을 받아서는 안 된다는 결론이 도출된다.

그러면 루소는 여자들에게 어떤 교육이 어울린다고 상상하는가? 그는 다시 한 번 곧바로 비타협적인 답변을 내놓는다.

……여자들이 받아야 할 교육은 모두 남자들과 이어져야 한다. 남자들을 기쁘게 하고, 그들에게 쓸모가 있으며, 남자들로 하여금 자신을 사

랑하고 예우하게 만들고, 그들이 어리면 일으켜주고, 자라면 돌보며, 그들에게 조언하고 위안을 주며, 그들의 인생을 유쾌하고 달콤하게 만들어주는 것이 언제나 여자들이 이행할 의무이다. 여자들은 어린 시절부터 이렇게 교육받아야 한다.[4]

루소는 이후의 논의에서 여자들은 본성과 양육에 따라 남자들과 똑같은 이성을 갖출 수 없다고 주장한다. 그들은 강건한 사고를 할 수 없을뿐더러 추상적인 진리를 제대로 이해하지 못한다. 여자들은 종교 안에서 조심스럽게 가르쳐야 한다. 소피는 모든 면에서 에밀을 도와주어야 하고, 인격과 성의 측면에서 그를 기쁘게 해야 하고, 그의 아이들을 낳아 기르고, 정숙하게 살아야 한다. 또한 여자는 루소가 '여성의 제국'이라고 부른 가정에 머물러야 한다. 누구라도 자신의 견해에 의혹을 제기하지 않도록, 루소는 이렇게 단언한다. "재능이 뛰어난 아내는 남편과 아이들, 친구들과 하인을 비롯한 모든 사람에게 끔찍한 재앙이다."

이런 사고방식의 파급력은 매우 컸다. 루소는 성의 차이에 관해 이미 존재하던 편견을 눈이 부실 만큼 똑똑히 표현했다. 나중에 버크는 루소와 똑같은 방식으로 정치에 관한 편견을 똑똑히 보여주었다. 역설로 보이겠지만 이런 생각은 공화제를 지지하는 정치사상에 계승되어, 공화제에 따른 시민권이 보장되는 세계는 남성의 영역으로 보고, 가사와 가정의 세계는 여성의 영역으로 적합하다고 보았다.

자크루이 다비드Jacques-Louis David, 1748~1825의 〈소크라테스의 죽음La Mort de Socrate〉과 〈브루투스에게 그의 아들들의 시신을 돌려주는 호위병들Les licteurs rapportent à Brutus les corps de ses fils〉 같은 회화에는 구체제의 귀

족 사회를 비판하려는 정치적 의도가 담겨 있다. 다비드는 자코뱅 당원으로서 프랑스 혁명에 적극적으로 가담했다. 그는 자신의 작품에서 귀족제가 지배하는 근대 사회가 고대 로마의 공화제 사회가 갖춘 덕을 따라잡을 수 없다고 암시한다. 하지만 다비드는 루소처럼 당대 정치 구조를 아주 열심히 비판하지만, 성별에 따라 관계를 규정하는 기존 구조에 의문을 제기하지 않는다.

프랑스 혁명의 보편적인 정치 이념은 논리 정연하게 여성들까지 넓게 적용될 수 있었다. 그러나 상황은 그렇게 돌아가지 않았다. 실제로 1794년에는 여성이 정치 조직에 가담할 권리가 공식적으로 취소되었다. 더욱이 유럽 전역에 걸쳐 널리 영향을 미친 나폴레옹 법전은, 사실상 국내법과 가족법이 적용되는 모든 영역에서 남성들의 우위를 확립해주었다.

그런데 프랑스 혁명 기간 동안, 여자들을 대표하여 성별에 따라 영역을 분리하는 지배 이념에 정면으로 맞서며 반론을 펼친 한 목소리가 울려 퍼졌다. 바로《여성의 권리 옹호*A Vindication of the Rights of Women*》를 쓴 메리 울스턴크래프트Mary Wollstonecraft의 목소리였다. 울스턴크래프트는 18세기 말과 19세기 초에 활동한 주요 여성주의 작가들 가운데 단연 두드러진 인물이다. 그녀는 영국의 비국교도와 친하게 지냈으며, 유일신교도 지식인 단체의 일원이었다. 버크가《프랑스 혁명에 관한 성찰*Reflections on the Revolution in France*》에서 이런 단체들을 공격했을 때, 울스턴크래프트는 비평을 써서 버크에게 응수했다.

울스턴크래프트는 1792년에 출간한 저서《여성의 권리 옹호》에서 어떤 주장을 펼쳤는가? 그녀는 여성들을 가사 영역에 가두는 관행과 남성이 누리는 기존 권리들을 여성들까지 확대하지 않으려는 처사가 규정의 문제라고 주장했다. 이런 상황에 놓이게 된 까닭은 아주 단순했다. 합리적인 이유가 있기 때문이 아니라 오랫동안 이어진 관행 탓이었다. 울스턴크래프트는 이런 근본적인 질문을 던졌다. "만약 여성이 남성과 더불어 이성의 재능을 나눠 지니고 있다면, 누가 남성만을 심판자로 만들었는가?" 이 책을 관통하는 기본 주장은 인류에게 공통된 이성을 여성과 결합하여 여성들의 지위를 끌어올리는 것이었다. 달리 말해 그녀는 여성들을 암컷이 아니라 인간으로 여기게 만들겠다고 결심했다.

울스턴크래프트는 여성들에게는 이성의 재능이 없다는 생각이 어떻게 널리 퍼지게 되었는지 물은 다음 이렇게 답변했다.

> 꽃이 피었으나 열매를 맺지 못한 까닭은, 남성들이 이런 주제에 관해 쓴 책들에서 끌어모아 가르친 잘못된 교육 체계 탓이다. 그들은 여성을 인간이 아니라 암컷으로 여기면서 다정한 아내이자 이성적인 어머니가 아니라 매혹적인 정부로 만들지 못해 안달했다. 남성들이 여성을 이해하는 방식은 허울 좋은 경의 표시로 넘쳐난다. 오늘날 개화된 교육을 받은 여성들 대부분은 고귀한 야심을 소중히 여겨 스스로 능력을 키우고 덕을 쌓음으로써 존경받으려 애쓰지 않고, 사랑에만 매달린다.[5]

울스턴크래프트는 저작 전체에서 남자들뿐 아니라 여자들도 설득해야 한다고 느꼈다. 여성이 자신을 유행에 따르고 예민하고 감정적인 존재가 아니라 이성적인 존재로 보면 더 나은 사람이 되리라고 확신을 주어야 했다. 그녀의 주장에 따르면, 여자와 가족, 아이를 주제로 다룬 거의 모든 작가들은 여자들을 사회에서 쓸모없는 존재로 만들려고 획책했다.

다음으로 울스턴크래프트는 루소가 《에밀》에서 그린 여성상을 조목조목 비판했다. 그녀는 우선 이렇게 설명했다.

> 제일 완벽한 교육은 …… 오성을 훈련시킴으로써 신체의 단련과 심정의 형성에 최선의 결과를 내는 것이다. 혹은 달리 말하면 개인이 독립하는 데 필요한 덕을 갖추도록 습관을 들이는 것이다. 사실 덕이 있는 사람이 자신의 이성을 훈련하여 덕을 쌓지 않는다면 어처구니없는 일이다. 이것이 남성들에 관한 루소의 견해였다. 나는 루소의 견해를 여성들까지 확대했다.[6]

울스턴크래프트는 더 나아가 이렇게 설명했다.

> 루소는 여자란 한 순간도 자신을 독립된 존재로 느껴서는 안 되고, 교활한 본성이 드러날까봐 두려워해야 하며, 남자가 쉬고 싶어 할 때마다 매혹적인 욕망의 대상이자 상냥한 동반자가 되기 위해 요염한 노예인 체해야 한다고 단언했다. 그는 자신의 주장이 자연에 따라 일어난 사실로부터 도출된 것인 양 귀납 논증을 꾸며냈다. 더 나아가 진리와 인내, 인간의 모든 덕의 토대를 쌓으려면, 여성의 성격에 관한 한 가차없이 엄격하게 다루어 복종시켜야 하므로 일정한 제한이 필요하다는 거짓된 신념을 은근히 심어주었다. 얼마나 터무니없는가! 이렇

게 오만과 관능이 여성 교육 문제에 퍼뜨린 해로운 기운을 걷어낼 위대한 인간은 언제 나타날 것인가![7]

이런 위대한 인간은 아직 나타나지 않았으니, 울스턴크래프트는 여성의 교육 문제를 명료하게 다룰 필요가 있다면서 이렇게 단언했다.

성격이 갖춘 참다운 존엄성을 딸에게 물려주고 싶은 어머니는, 무지한 자들의 업신여기는 태도와 말에 신경 쓰지 말고, 루소가 마음을 현혹하는 온갖 능변과 철학적 궤변으로 내놓은 권고와 정반대로 계획을 세우지 않으면 안 된다. 왜냐하면 루소의 능변은 부조리를 그럴듯하게 포장하고, 독단에 빠진 결론은 반박할 능력이 없는 사람들을 설득하기는커녕 당혹스럽게 만들기 때문이다.[8]

울스턴크래프트는 이렇게 주장한다.

여성다운 방식으로 혁명을 일으켜 여성들이 잃어버린 존엄성을 회복할 때가 왔다. 또한 여성들은 인류의 일부로서 자신을 개혁하고 세계를 개혁하려면 노동해야 한다. 불변하는 도덕과 편협한 관습을 분리할 때가 온 것이다.[9]

울스턴크래프트는 여성의 교육에 중대한 전환이 일어나야만 여성이 놓인 상황도 바꿀 수 있다고 생각했다. 그렇지 않으면 여자들은 사회가 훈련시키는 대로 사회에서 쓸모가 없고 개인으로서도 헛된 삶을 살며,

경제적으로나 심리적으로 남자들에게 의존하며 살 수밖에 없을 터이다. 울스턴크래프트의 책은 합리주의 경향을 강하게 드러냈다. 그녀는 여성을 합리적인 존재로 볼 수 있도록 합리적인 논증을 폈다. 그런데 울스턴크래프트도 이해했듯이, 그녀가 새로운 사상으로 맞선 세력은 오래된 관습과 편견으로 굳은 기존 사상이었다. 기존 사상은 사회를 지배하는 독단이었고, 추기경 존 헨리 뉴먼은 나중에 18세기에 관해 이렇게 주석을 달았다. "수없이 많은 남자들이 비판적 증명이 허용되지 않은 교리에 의지하여 살고 죽을 것이다. 왜냐하면 어떤 남자도 결론을 내리기 위해 자신을 희생하려 들지 않을 것이기 때문이다."

울스턴크래프트의 책은 사실 그녀가 글을 썼던 세상에 곧바로 영향을 미치지 못했다.《여성의 권리 옹호》는 1790년대에 급진주의 성향의 성명을 담고 있는데, 여성들이 놓인 조건을 현실 관점에서 다룬 몇 안 되는 저술 가운데 하나였다. 이 책은 19세기 동안 대체로 무시되는 비운을 겪었다. 그런 상황은 자유주의가 지배하던 유럽 사회 내부에 도사린 여성 문제를 구체적으로 보여준다. 자유주의 이념, 곧 대의제를 통해 보편적 권리와 절차를 법으로 보장한다는 생각은 여자들까지 확대될 수 있었다. 그러나 19세기 내내 보편적 인권은 대체로 여자들까지 확대되지 않았다. 울스턴크래프트가 당대 여성의 상황을 아주 정확히 이해했다는 점도 중요하다. 그녀의 통찰에 따르면 여자들은 법률에 따라 열등한 존재로 규정된 사실 못지않게, 교육받은 방식과 사회가 길들인 방식 탓에 이성을 충분히 갖춘 온전한 인간으로 인정받지 못했다.

자유주의가 지배한 19세기 유럽 사회는 여성 문제와 비슷한 여러 가지 역설로 가득했다. 자유주의를 옹호하고 주장하는 사람들은 자유에 관해 되풀이하여 쓰고 말했지만, 유럽의 어느 자유주의 사회에서나 허용하는 자유에 아주 현실적인 제약이 있었으며, 그러한 제약은 미국에서도 나타났다.

자유주의를 표방하는 사회에서 언제나 자유를 확대하지 않으려 했던 별개의 집단이 분명히 있었다. 재산권을 근거로 노동자 계급의 자유를, 인종을 근거로 유색인들의 자유를, 성별을 근거로 여자들의 자유를 각각 제한했다. 자유주의자들의 시각에서 보면, 국내의 이런 집단은 자유주의가 내세운 온전한 인간성 개념과 연결하기에는 부족한 점이 있었다.

하지만 이런 상황에 얽힌 역설에 더하여, 길게 보면 자유주의 사회는 마침내 자유를 확대하므로 여전히 가치가 있었다. 자유주의 사회는 자기 비판이 가능했다. 시민의 권리 주장에 대해서도 서로 차이를 드러내는 자유로운 토론이 허용되었다. 그래서 인권 문제를 두고도 오랜 토론이 이어졌다. 여성의 권리라는 문제는 바로 루소와 울스턴크래프트 사이에 벌어진 논쟁의 핵심 문제로 거듭 되돌아갔다. 어떤 방식으로든 여자들이 인류 사회의 일원이 되는 데 필요한 이성을 갖추고 있지 않다는 주장을 둘러싸고 지난한 토론이 벌어졌다.

19세기 초반 75년 동안 유럽에서 여성들, 특히 중간 계급에 속한 여성들과 중간 계급의 생활 방식을 동경하는 여성들 가운데 자유로운 투옥 상태, 곧 성별에 따라 영역이 분리된 현실에 도전하려는 사람은 극소수였다. 그런 극소수 가운데 한 사람이 프랑스의 소설가 조르주 상드 George Sand, 1804~1876였다.

조르주 상드는 아망딘 뤼실 오로르 뒤팽Amandine Lucile Aurore Dupin이라는 이름으로 세상에 나왔다. 열여덟 살이 된 오도르 뒤팽은 1822년 뒤드방Casimir Dudevant 남작과 결혼했다. 결혼한 다음 몇 해 동안 두 아이를 낳았는데, 친부가 뒤드방 남작이었을 수도 있고 아니었을 수도 있다. 1831년 오로르 뒤팽은 남편을 버리고 두 아이와 함께 파리로 가서 작가가 되었고, 마침내 작품을 많이 발표하면서 널리 읽히는 소설가로 이름을 날렸다.

그녀는 지방에서 파리로 이사하고 지방 귀족의 아내로 살다가 대도시의 작가가 되면서, 개인 생활과 문화 측면에서 엄청난 변화를 겪으며 탈바꿈했다. 뒤드방 남작 부인은 남편을 떠나 독립했고 법률상 별거 끝에 이혼했다. 그녀는 그저 그런 여성 작가가 아니라 예술가로서 자신을 세우겠다는 의향도 아주 분명했다. 파리 출판계에 몸담기로 결심했는데, 그렇게 하려면 남자들의 세계로 들어가야 했다. 인습에 얽매이지 않고 자유분방하게 살았던 그녀는 여성의 신분을 감추려 남장을 하고 다녀서 유명해졌다. 남장을 함으로써 평소 남자들에게만 출입이 허용된 공공 장소에 드나들 수 있었다. 그녀는 당대 사람들에게 알프레드 드 뮈세Alfred de Musset, 1810~1857와 쇼팽Frédéric François Chopin, 1810~1849을 비롯한 숱한 남성 연인들을 거느린 것처럼 보였기 때문에 인기를 모았다. 그리고 조르주 상드라는 남자 이름을 필명으로 썼다. 1832년의 편지에서 그녀는 이렇게 썼다. "파리에서 뒤드방 남작 부인은 죽었다. 그러나 조르주 상드는 원기왕성하게 활동하는 작가로 알려졌다."

조르주 상드는 성별에 따라 분리된 영역을 넘어서 인생을 즐기고 업적도 이룩할 수 있는 사람으로 탈바꿈했다. 역사가들과 전기 작가들은 으레 그녀의 자유분방한 생활 방식과 남장, 연인들, 담배, 늘 지녔던 단도를 들먹인다. 하지만 조르주 상드는 자서전에서 이런 점은 하나도 언급하지 않았다. 그녀는 두 가지 점에서 자신이 성별에 따른 영역 구분을 깨뜨린 사람이라고 묘사했다.

첫째, 조르주 상드는 루소가 《에밀》에서 분명히 밝혀 여자들에게 충고한 내용을 따르지 않고, 루소의 인격과 인생 경험을 본보기로 삼았다. 루소는 남자로서 당대의 관습을 비웃으며 도전했는데, 조르주 상드도 비슷하게 살았다. 그녀는 루소의 사상을 대부분 비판했지만, 루소와 마찬가지로 예술가라는 특별한 입장에서 당시 사회를 비판했다. 그녀는 루소의 사상을 이용하여 여성으로서 인생을 해방시킴으로써 루소가 성별에 따라 영역을 분리하려고 세운 장벽도 무너뜨렸다.

둘째, 조르주 상드는 예술가의 가면을 쓴 인격으로 자신을 공들여 만들었다. 그녀는 자서전에서 이렇게 말했다.

> 예술가가 되고 싶은가! 그렇다. 나는 예술가가 되고 싶었다. 그래서 많든 적든 돈을 벌기 위해 지겹고 시시한 직업에 갇힐 수밖에 없는 물질에 얽매인 감옥을 탈출할 뿐만 아니라, 편협하고 어리석으며 이기적이고 나약하며 지방색이 드러날 수밖에 없는 여론의 통제도 벗어나려 했다. 허위로 가득하고 시대에 뒤떨어지고 오만하고 잔혹하며 불경하거나 우둔한 세상의 편견에서 벗어나 살려고 했다. 무엇보다도 나는 나 자신과 화해하고 싶었다.[10]

상드는 자신의 인생과 소설을 통해, 성별에 따라 영역을 분리하는 지배 이념과 현실을 거부했다. 그녀는 1832년 《앵디아나Indiana》를 출간했다. 여기에서 19세기에 살았던 여자들이 결혼 생활에서 받는 다양한 제약을 묘사했다. 상드는 여주인공 주변에 남성 중심 사고방식과 당대 정치관의 서로 다른 양상을 대표하는 남자들을 배치한다. 앵디아나는 아주 젊은 여자인데, 나이가 많을뿐더러 사랑하지도 않는 남자와 결혼한다. 앵디아나의 남편은 나폴레옹 보나파르트의 열렬한 지지자로서, 남편이 아내를 때리고 멋대로 명령해도 된다는 견해를 비롯해 여성에 대한 인습적 견해를 그대로 따른다. 왕당파를 지지하는 바람둥이 레이몽은 당시 프랑스의 풍속을 따르던 보통의 상류층을 대표하는 인물이다. 그는 상류 계급에 속한 다른 남자들보다 더 낫지도 않았고, 실제로 더 나쁘지도 않았다. 랠프는 속내를 드러내지 않는 영국 남자인데, 아버지 같은 인물로 최후의 연인이 된다. 그 밖에 레이몽에게 유혹당해 끝내 자살하는 크리올* 하녀 눈이 있다. 그런데 눈은 단순한 등장 인물로 그치지 않는다. 그녀는 성별에 따라 분리된 영역 밖으로 나가려는 여자들의 내부에서 꿈틀거리는 힘, 특히 관능을 상징하는 인물이다.

상드는 많은 사람들이 결혼 생활을 공격한 책으로 여겼던 소설에서 등장인물들을 통해 당대 여자들이 놓인 상황에 의문을 제기하며 저항했다. 동시에 '분리된 영역'에 기댄 사고방식은 사회와 신체 측면뿐 아니라 정신적으로도 파괴력이 커서 해롭다고 밝힌다. 소설의 처음부터 끝까지 분명하게 나타나는 내용은 상드가 여성들이 분리된 영역을 탈

---

* 본래 유럽인의 자손으로 식민지에서 태어난 사람을 부르는 말이었으나, 오늘날에는 유럽계와 현지인의 혼혈을 부르는 말로 쓴다.

출하려고 하면 누구나 직면하게 되리라고 믿은 곤경이다. 첫째로 소설에 등장하는 앵디아나를 비롯한 여자들은 계속 남자들의 어두운 매력에 끌려서 곤경에 빠진다. 소설 속에 등장하는 남자들은 여성을 성욕의 대상으로 만들어 착취하고, 신체를 학대할뿐더러 정신적 노예로 만들어, 끝내 여자들이 죽는 꼴까지 보려고 한다. 앵디아나는 계속 이런 남자들에게 끌린다. 해방되어 자유로워진 앵디아나가 어떻게 랠프 같은 남자와 사귀게 되었는지 사연은 분명하게 드러나지 않는다. 둘째로 여자들은 학대를 당할 때 법률이나 사회 차원에서 의지할 데가 없다. 셋째로 의지할 수단이 매력적이지 않다. 눈은 자살하고 앵디아나는 랠프와 도피 행각을 벌인다. 상드는 소설에서 사실 프랑스나 유럽 사회에서 살아가는 여자들이 성별에 따라 분리된 영역에서 탈출할 수 있다고 제안하지 않는다. 확실히 모든 여자가 예술가가 될 수 있다고 생각하지도 않는다. 예술가의 가면을 쓴 인격은 단순히 상드가 의견을 말하고 논평할 발판이었을 뿐이다. 이 소설에서 가장 중요한 순간에 앵디아나는 장래에 자신을 유혹할 남자인 레이몽에게 편지를 쓰는데, 이렇게 단언한다.

신에 대해 생각하라고 말하지 마세요. 신은 성직자들에게 맡겨두세요. 죄인의 딱딱하게 굳은 심장을 부드럽게 만드는 일이 성직자들의 의무니까요. 나로 말하면 당신보다 훨씬 종교심이 강하답니다. 나는 성직자들이 믿는 신과 똑같은 신을 섬기지 않고, 더욱 선량하고 순수한 심정으로 나의 신을 섬기지요. 당신의 신은 남자들이 믿는 신, 당신들의 왕이자 창시자, 지지자일 뿐이죠. 나의 신은 우주를 만든 신이자 조물주, 모든 피조물의 지지자이고 희망이 되는 존재입니다. 당신의 신은 남자들만을 위해 만물을 창조했지만, 나의 신은 어느 종이나 다른 모든 종의 선을 위해 일하도록 만드셨지요. 당신은 남자들이 세상의 주인이라고 생각하지만, 나는 당신네 남자들이 세상에 군림하는 독재자일 뿐이라고 생각합니다. 당신은 신이 남자들을 보호하고 이 땅을 지배할 권위도 주었다고 생각하지만, 나는 신이 아주 잠깐 동안 당신들이 이 땅을 지배하도록 허락했을지 몰라도 신이 한 점 바람으로 당신들을 단숨에 날려버릴 날이 오리라고 생각합니다. ……나로 말하면 오로지 하나를 믿는데, 그것은 남자들이 유일하게 갖지 못한 신념일 테지요. 나는 신을 믿습니다. 그러나 당신네 남자들이 날조한 종교는 거부합니다. 당신들은 모두 그렇지 않은 체하지만, 당신들의 도덕과 원칙은 남자들로 구성된 사회 집단의 이익을 대변할 뿐입니다. 남자들은 자신들의 이익을 위해 법을 만들어놓고 신에게서 받았다고 속입니다. 마찬가지로 남자 성직자들은 권력과 부를 쌓기 위해 종교 의례와 의식을 만들고는 어느 민족이나 믿게 만들었지요. 그것은 전부 새빨간 거짓말일 뿐만 아니라 불경스러운 짓거리입니다. 신께 기도하고 신을 이해하는 나는 신과 당신들 사이에 아무 공통점이 없다는 점도 아주 잘 알지요. 나는 온 힘을 다해 신에게 매달림으로써 당신들에게서 나 자신을 떼어냅니다. 당신들이 하는 행동은 무엇이든지 신이 하시는 의로운 행위를 망쳐놓고 신이 내린 재능을 모독합니다. 연약한 여자들의 저항을 짓밟고 마음에 입은 상처로 울부짖는 소리를 막으려고 신의 이름을 들먹인다면, 당신들답지 않습니다. ……아니요, 나에게 신에 관해서 말하지 마세요. 레이몽, 당신은 아닙니다! 신의 이름으로 나를 쫓아내고 나에게 침묵하라고 말하지 마세요. 왜냐하면 신의 뜻이 아니라 남자들의 권력이 나에게 복종을 강요하기 때문입니다. 신이 남자들에게 주었던 내면의 소리와 굳세고 대담한 본성을 지닌 고귀한 본능, 아마도 유일하게 참된 양심에 귀를 기울이면, 나는 사막으로 달아나 도움이나 보호, 사랑 없이 살아갈 방법을 배울 테지요. 나는 아름다운 산 속 깊은 곳에서 혼자 스스로 살면서 독재자들이나 불의, 배은망덕 따위는 잊어버릴 테지요.[11]

이렇게 상드는 자신의 입장과 남자들의 입장이 철저하게 분리되어 있다고 지적한다. 심지어 남자들의 신과 여자들의 신이 다르다고 말했다. 그런 상황에서는 가사와 가정을 돌보는 신들에 대해서조차 공유할 수 없다.

울스턴크래프트와 상드가 본보기와 생각거리를 주었는데도 유럽 사회가 방향을 바로잡지 못하게 막은 힘은 무엇인가? 첫째로 아주 명백한 사실은 남자들의 이익뿐 아니라 경제적, 정신적으로 남자들에게 의존하는 여자들의 이해관계가 확고하게 자리 잡았다는 점이다. 이는 지금도 여전히 남아 있다. 둘째로 유럽 사회 전반에 걸쳐 급진주의 방향으로 기운 해결책에 대한 공포 분위기가 조성되었다는 점이다. 19세기 초반 75년 동안 정치와 사회 생활에 필요한 권리를 여자들까지 확대하자는 입장을 지지한 거의 모든 사람들은 정치적으로나 사회적으로 급진주의 성향의 집단들과 묶여 있었다. 셋째로 가족 제도에 내재한 강력한 지배 이념이 영향을 미쳤다. 여자들이 사회에서 맡은 역할이 바뀌면 가족 제도가 무너질지도 모른다는 두려움은 아주 강력한 이념으로 고스란히 남았다. 넷째로 메리 울스턴크래프트가 여성에 대한 '편견'이라고 부르고, 상드가 여론 표명이라고 여긴 풍속과 관습이 건재했다. 편견과 여론은 일상의 관행 속에, 여자들을 양육하는 과정에, 여자들에 관한 소설 속에, 여자들에 관한 의학 지식 속에, 또 예술 속에 그대로 남아 영향을 미쳤다.

그래도 성별에 따라 영역이 분리되어 있다는 지배 이념이 어떻게 강요되는지를 보여주기 위해 교묘한 사회 구조만 살피는 것은 잘못일 터이다. 그런 지배 이념은 법률로도 강요되어 19세기 말까지도 여자들은 온갖 경제 활동의 자유를 누리지 못하고 재산도 소유하지 못했다. 법률은 매춘에 의지해 살던 가난한 여자들에게 강제로 신체 검사를 시행하고 사실상 병원 감금도 허용했다. 또한 교육이나 전문적 훈련도 여전히 여성들에게는 문이 닫혀 있었다. 고등 교육을 담당하는 기관의 부재가 그런 상황을 명확하게 보여준다. 지식을 탐구하는 생활에 진입하는 여자는 거의 없었다. 19세기 전반 50년 동안 유럽과 미국의 그 어떤 대학에서도 여자들의 입학을 허용하지 않았기 때문이다.

그러다 유럽 대륙의 몇몇 대학교들이 제한된 범위 안에서 여자들에게 입학을 허용함에 따라 여자들도 지식을 습득하기 시작했고 전문직에 접근할 수도 있었다. 취리히 대학교는 1860년대에, 런던 대학교는 1878년에 처음으로 여자들의 입학을 허용했다. 하지만 소르본 대학교는 1880년대까지, 프로이센은 1900년까지도 개방하지 않았다. 게다가 대학에 들어갈 수 있는 여성들은 매우 적었다. 관례에 따라 여자들에게 개방된 전문직은 초등학교 교사였는데, 여성에게 어머니로서 본능이 있다는 가정과 가장 잘 맞아떨어지는 직업처럼 보였다. 성별에 따라 영역이 분리되어 있다는 이념이 여전히 영향을 미쳤다.

이런 상황이 여자들에게 어떤 영향을 미쳤는지는 고전 그리스어 과목이 드물었다는 사실로 분명히 보여줄 수 있다. 유럽 전역에 걸쳐 대학교에서 공부하는 주요 과목은 수학, 그리스어와 라틴어였다. 19세기 중반까지 그리스어는 라틴어보다 더 많이 쓰여 우위를 차지했다. 조지 엘리엇의 《미들마치Middlemarch》(1871~1872)에 나오는 구절은 고전 언어 교육에서 배제된 여성이 지식인들 사이에 끼어들지 못하고 고립되는 모습을 분명하게 보여준다. 이 소설의 여주인공은 도로시아라는 젊은 여자인데,《모든 신화의 핵심》이란 책을 쓰고 있는 커소번이라는 나이 많은 학자와 결혼한다. 결혼하기 전 도로시아는 약혼자를 기쁘게 하려고 중요해 보이는 집필 작업을 도와주려 한다. 그때 다음 구절이 나온다.

"이제 내가 좀 더 쓸모 있는 사람이 되면 좋지 않을까요?" 처음 교제하던 시기 어느 날 아침, 도로시아는 약혼자에게 말했다. "밀턴의 딸들이 무슨 뜻인지 이해하지 못하면서 아버지에게 읽어드렸듯, 나도 라틴어와 그리스어를 배워 당신에게 소리 내어 읽어주면 안 되나요?"

커소번 씨는 미소를 지으며 말했다. "당신이 지루하고 피곤할까봐 걱정이라오. 사실, 내 기억이 맞는다면, 당신이 말한 밀턴의 딸들은 아버지에게 반항하려고 모르는 언어를 소리 내어 읽었을 텐데."

"그래요. 밀턴의 딸들은 아주 짓궂은 소녀들이긴 했어도 아버지를 돌보는 일이 자랑스러웠을 테지요. 어쩌면 그들은 몰래 따로 공부해서 그 구절이 무슨 뜻인지 이해했을지도 몰라요. 그러면 흥미를 느꼈을 테죠. 당신이 나를 짓궂고 바보 같은 여자로 생각하지 않았으면 좋겠어요."

"나는 당신이 어느 모로 보나 고상한 젊은 숙녀처럼 살기를 바라오. 확실히 그리스 문자를 베껴 쓸 수 있고 조금이나마 읽기 시작하면 아주 큰 장점이 있을 것도 같지만."

도로시아는 이것이 허락을 뜻하는 귀중한 말이라 생각하고 움켜잡았다. 그녀는 커소번 씨에게 그리스어를 가르쳐달라고 하지는 않을 것이다. 그가 쓸모 있어 하기는커녕 피곤해할까봐 걱정이 되어서였다. 그런데 그녀가 라틴어와 그리스어를 알고 싶어 한 것은 장래의 남편에게 헌신하겠다는 마음가짐과 전혀 무관하지는 않았다. 그녀가 볼 때 남성들의 지식 분야는 모든 진리를 좀 더 제대로 볼 수 있는 토대 같았다. 사실을 말하면 그녀는 자신이 무지하다고 느껴서 스스로 내린 결론도 끊임없이 의심했다. 고전을 아는 남자들이 방 한 칸짜리 오두막집들에 대한 무관심을 신의 영광을 드높이려는 열의와 일치시킬 때, 그녀가 어떻게 그런 오두막집들이 그런 영광에 어울리지 않는다고 확신할 수 있겠는가. 사물의 핵심에 도달하고 그리스도교 사회에서 이행해야 할 의무가 무엇인지 건전하게 판단하려면, 아마 히브리어도 알파벳과 어근 몇 개 정도는 필요할지도 모른다. 도로시아 브룩 양은 영리하다고들 하지만 확실히 아주 순진했다. 셀리아는 사고력이 결코 뛰어나지 않았지만 가식으로 포장한 다른 사람들의 행동이 얼마나 공허한지 훨씬 더 쉽사리 알아보았다. 대개 감정이 거의 없는 편이 언제나 감정이 너무 풍부해지는 경우에 맞서는 유일한 안전장치인 것처럼 보인다.

하지만 커소번 씨는 한 시간 동안 약혼녀가 읽는 것을 듣고 가르쳐주겠다고 승낙했다. 남자 아이들을 맡은 교사처럼, 정확히 말해 연인처럼 말이다. 어떤 연인에게 사랑하는 여자가 드러내는 초보 수준의 무지와 곤경은 감동을 자아내는 데 적합하다. 이런 상황에서 알파벳 가르치는 일을 마다하는 학자는 없을 터이다. 그러나 도로시아는 자신의 아둔함에 조금 충격을 받아 낙담하고 말았다. 그녀는 그리스어의 가치에 관해 소심하게 던진 몇 가지 질문에 답변을 떠올리면서, 여기에 정말로 여자의 이성으로 설명할 수 없는 비밀이 있을지도 모른다고 의구심을 가지며 괴로워했다.

도로시아의 아버지 브룩 씨는 그런 점에 관해 한 치도 의심하지 않았다. 어느 날 읽기 수업을 할 때 서재로 들어온 브룩 씨는 평소대로 자신의 의견을 강조했다.

"자, 이것 보게, 커소번. 이렇게 심오한 연구, 고전, 수학 같은 공부는 여자에게는 너무 힘들다네. 너무 부담을 주는 공부인 걸 자네도 알지."

"도로시아는 그저 문자 읽는 법을 배우고 있을 뿐입니다." 커소번은 질문을 피하려고 말했다. "그녀는 저의 눈을 쉬게 하려고 갸륵한 생각을 했답니다."

"아 그런가. 자네도 알지만 이해하지 않고 읽기만 하면 그렇게 나쁘지 않을 수도 있네. 그러나 여성다운 정신에는 가볍고 아슬아슬한 음악과 순수 예술 같은 공부가 어울리네. 여자들은 그런 공부를 어느 정도 해야 하지. 그러나 자네도 알지만 가볍게 해야 하는 법이네.[12]

이 구절은 의심할 여지 없이 19세기를 대표하는 가장 위대한 여류 소설가가 썼다. 여성의 지능이 높든 낮든 당대 교육 구조와 편견 탓으로 여자들이 더 넓은 학문의 세계에 접근할 수 있는 길이 막혔다는 점을 잘 포착했다. 그리스어와 라틴어는 오늘날 우리에게 순전한 연습으로 연마되고 적지 않은 각오를 해야 배울 수 있는 일종의 고급 학문처럼 보인다. 그러나 19세기 중반과 20세기로 접어들 무렵 그리스어를 모르면 아무도 옥스퍼드 대학교나 케임브리지 대학교에 입학할 수 없었다. 두 대학교는 여자 대학이 설립되어 여자들이 똑같은 시험에 통과한 다음에도, 20세기가 될 때까지 여학생들에게 학위를 주지 않았다.

19세기의 여성관에 얽힌 이야기에 숨은 최종 역설이 드러난다. 19세기 후반 과학, 의학, 사회학, 비판 윤리학, 정신 분석학 같은 연구는 유럽 사상사에서 가장 두드러진 진보주의 경향과 결합되었다. 이런 여러 연구는 유럽인들이 과거의 종교 지배와 편견에서 해방된 시기에 등장했다. 그런데 이렇게 등장한 사상이나 학문은 모두 성별에 따라 영역이 분리되어 있다는 기존 이념을 그대로 유지했거나 여성 혐오주의가 덧붙은 새로운 관점을 끌어들였다.

첫째로 생물학과 의학에서 나온 사상은 여자가 남자보다 열등하다는 견해를 그대로 유지했다. 성에 관한 논쟁이 벌어질 수도 있다는 이유로 여자들은 인류학과 인종학과 결부된 단체의 회의에서 배제되었다. 다윈은 《인간의 유래》(1871)에서 여자들을 바라보는 전통적인 견해를 그대로 유지했으며, 다윈의 유명한 옹호자 헉슬리는 여자가 남자보다 열등하다고 주장했다. 유럽 대륙에서 진화론을 지지한 다른 작가들도 마찬가지였다.

둘째로 사회학의 창시자들인 콩트와 스펜서, 에밀 뒤르켐Émile Durkheim, 1858~1917은 여성은 본질적으로 감정적 존재여서 여자들의 영역에서 아내와 어머니 역할을 가장 잘한다고 생각했다.

셋째로 19세기 후반 사회주의자들 가운데 여성 문제를 논의한 사람이 소수 있었지만, 아주 중요한 의제로 다루는 일은 드물었고 사회주의 정당들의 지도 아래 여성들의 전통적인 역할을 주장하는 데서 끝났다.

넷째로 첫 세대 정신 분석가들은 대부분 의과 대학에서 훈련을 받았는데, 의과 대학에서는 여성들의 신체와 정신을 열등한 것으로 간주하는 전통 의학 지식을 그대로 받아들였을 뿐만 아니라, 프로이트의 여러 이론을 수용하여 여성은 본성에 따라 불가피하게 아내와 어머니가 될 수밖에 없다고 보았다.

따라서 루소부터 프로이트에 이르는 시기까지, 당대 진보 성향 지식인 세력과 관계가 깊은 사상가들 대부분이 자신들의 자유주의 진보 사상을, 여자들이 놓인 상황을 개선하고 성별에 따라 영역을 분리한 철창을 부수는 데까지 확대하지 않았다.

제14강

구식 신앙,
신식으로 바뀌다

이번 강의에서는 넓은 의미로 쓰는 '세속화Secularisation'에 관해 다루고 싶다. 세속화는 그리스도교를 비롯한 종교가 수많은 개인들과 유럽 사회 전반에 걸쳐 생활을 지도하는 원칙으로서 역할을 더는 하지 못하게 만든 사상과 가치관의 변동을 뜻한다. 이러한 변동이 실제로 일종의 '운동'이었다면, 유럽 문명사에서 가장 심오한 전환점 가운데 하나를 대표할 것이다. 그것은 개인과 사회의 가치관을 세우려는 새로운 시도가 출현했다는 뜻이었다. 19세기는 신이 죽었다는 선언으로 그친 세기가 아니었다. 신과 초월적 가치가 유럽인들의 생활과 지식인들의 삶에서 사라진 듯이 보였다는 점이 가장 중요할 것이다.

1835년 스코틀랜드의 작가 칼라일은《의상 철학Sartor Resartus》이라는 특이한 제목으로 책을 출간했다. 원제의 뜻은 '다시 재단된 재단사'이다. 이 책은 당대에 종교와 정치를 둘러싸고 벌어진 수많은 쟁점을 넓은 의미의 의상에 비유하여 논의했다. 칼라일은 한 곳에서 이렇게 썼다.

교회 의상은 우리의 어휘로 표현하면, 인간이 스스로 여러 세대에 걸쳐 종교 원리를 구현하고 표현한 형식이자 제의祭衣 vesture이다. 다시 말해 신성한 세계 이념divine idea of the world에 감각할 수 있고 실제로 움직이는 몸을 주어, 신성한 세계 이념이 살아 있는 생명으로 인간들 사이에 깃들었을지도 모른다. ……우리가 살고 있는 시대에 이전과 똑같은 교회 의상이 누더기가 되었으니 애석한 일이다. 아니, 훨씬 더 나빠졌다. 교회 의상은 대부분 속이 빈 외형이나 가면일 뿐이어서 살아 있는 사람도 성령도 더는 머물지 않는다. 거미들과 더러운 벌레들만 진저리나게 우글거리며 제 할 일을 할 따름이다. 그런데 가면은 여전히 삶에 대해 섬뜩할 정도로 애착을 보이는 유리 눈알로 당신을 주시한다. 한 세대 반쯤 지나면 종교는 그런 교회 의상에서 아주 빠져나와, 눈에 띄지 않는 어느 후미진 곳에서 자신이 입을 새로운 제의를 만든다. 그것을 입고 다시 나타나 우리를, 우리의 아들과 손자들을 축복한다.[1]

칼라일은 종교가 닳아서 너덜너덜한 의상을 입고 있다고 기억하기 쉽게 묘사했지만, 19세기 초 칼라일을 비롯한 수많은 재단사들은 너덜너덜한 종교 의상의 구멍을 깁거나 새로운 의상을 지으려 옷감을 쟀다.

19세기 초반 사상의 발전사에 드러난 수많은 양상을 망라해볼 때, 그리스도교가 새로운 방향으로 나아가게 만든 추진력의 주요 근원은 루소의 사상이었다. 중요한 원문은 1762년에 출간한《에밀》에 나오는 '사부아 보좌신부의 신앙고백'이다. 이 책의 제1강에서 이 고백을 주체성으로 전환하는 것과 연결하여 설명한 바 있다. 보좌신부는 영원한 세계를 관조한 결과로 기계적 과정에 따른 결정론이나 도덕과 종교 일반에 걸친 혼동이 생겨났다고 믿었다. 따라서 그는 내부로 방향을 틀어 개인의 주관적 감정이 신성을 인식하는 적합한 통로라고 강조했다. 보좌신부는 한 곳에서 이렇게 외친다. "종교 의식과 종교 자체를 혼동하지 말라. 신이 바라는 숭배는 심정에서 우러나는 것이다. 또한 이러한 숭배는 성실할 때는 언제나 한결같다." 다른 곳에서는 이렇게 말한다. "숭배의 본질은 심정에서 우러나는 데 있다. 신은 어떤 형식으로 숭배하든 성실하기만 하면 심정에서 우러난 경의 표시를 거부하지 않는다." 보좌신부는 특별히 에밀에게 성경 같은 경전에 근거한 종교와 개신교, 이신론처럼 자연에 근거한 종교, 로마 가톨릭처럼 정교한 의식에 근거한 종교를 참되고 성실한 종교로 여기지 말라고 당부한다.

루소는 종교의 방향을 내면으로 돌림으로써 종교의 근거를 정감에서 찾았다. 이렇게 세간에 퍼진 루소의 종교 해석은, 칸트의 철학이 독일의 루터교파 신학자인 슐라이어마허Friedrich Schleiermacher, 1768~1834의 신학에 영향을 미치면서 새로운 힘을 얻었다. 루소의 종교적 통찰은, 그의 작업이 대부분 그렇듯이 구성이라기보다 비판에 더 가까웠다. 그것은 태도의 변화에 다른 해방을 유도했으나, 철학적이거나 형이상학적 근거에 따라 깊이 논증되지는 않았다. 슐라이어마허는 젊은 신학자로 베를린에서 살던 당시 《종교론: 종교를 경멸하는 교양인에게 보내는 연설 Über die Religion: Reden an die Gebildeten unter ihren Verächtern》(1799)이라는 책 속에서 가장 유명한 종교 선언문을 공표했다. 이 책이 출간되고 몇 해 지나지 않아, 그는 19세기의 가장 유력한 개신교 신학자로 인정받았다.

슐라이어마허는 같은 세대에 속한 수많은 독일 젊은이들과 마찬가지로, 칸트의 영향이 남은 철학과 신학의 상황에 불만을 품었다. 칸트는 자신이 제안한 인식론과《이성의 한계 안에서 종교》에서 인간을 극명하게 둘로 나뉜 세계 안에 버려두었다. 한쪽은 오성으로 알 수 있으며 자연을 지배하는 결정된 법칙이 작동하는 감각할 수 있는 현상계이고, 다른 쪽은 윤리에 따라 살기 위해 신과 영혼 불멸, 의지의 자유를 직관할 수 있는 본체계였다. 그런데 칸트의 생각에 따르면 인간은 신이 존재하는 영역, 곧 감각을 초월한 영역을 실제로 알거나 경험할 수 없었다.

슐라이어마허는 루소와 칸트가 멈춘 곳에서 시작했다. 그는 우리가 감정으로 신성과 관계를 맺을 수 있다고 주장했다. 이 주장이 바로 감정 신학theology of feeling으로 알려졌다. 19세기 그리스도교 사상에 감정 신학보다 더 많은 영향을 미친 신학적 통찰은 없다고 보아도 무방하다. 감정 신학은 개신교의 복음주의 각성 운동에서 움터 자라난 주체성과 독일의 관념론 철학을 결합하였다. 또한 자연 종교, 성경, 교회 조직의 타당성에 대한 문제로부터 개신교의 그리스도 정신을 온전히 방어하는 쪽으로 움직여, 감정과 정감이 근대 종교와 신앙의 중심에 놓였다. 슐라이어마허는 개신교도의 종교 행동에서 주체의 경험에 대해 진지한 신학 변론을 펼쳤다. 그는 1799년에 출간한 책에서 이렇게 썼다.

> 종교의 본질은 생각과 행위가 아니라 직관과 감정이다. 우주를 직관하기를 소망하고, 우주가 스스로 드러낸 모습과 몸짓을 엿보려고 간절히 소망하고, 어린아이처럼 수동적으로, 우주가 직접 미치는 영향에 붙잡혀 충만해지기를 갈망한다.[2]

슐라이어마허는 종교를 이렇게 정의함으로써 자신이 '종교를 경멸하는 교양인'이라고 부른 그리스도교 비판자들이 공격한 수많은 쟁점을 물리친다. 종교는 글로 옮겨 쓴 책이나 교회 조직에 의존하지 않는다. 신학 관점에서 보면 슐라이어마허의 주장은 훨씬 더 급진성을 띤다. 종교는 자연이나 계시, 종교에서 비롯된 신화나 신의 본성에 뿌리박혀 있지 않다. 슐라이어마허는 종교가 인간의 본성에 뿌리박혀 있다고 주장한다. 신성은 인간의 주관적 감정을 탐구함으로써 발견되어야 한다. 그는 이렇게 논증했다.

계시란 무엇인가? 우주를 꿰뚫는 본래적이고 새로운 직관은 모두 하나인데, 직관하는 모든 개인은 무엇이 본래적이고 새로운지 아주 잘 알 수밖에 없다. 또한 그들에게 본래적인 것이 당신에게도 새롭다면 그들이 받은 계시는 당신에게도 적합하며, 나는 당신에게 곰곰이 잘 생각해보기를 충고한다. 영감이란 무엇인가? 종교인들이 자유에 붙인 이름일 따름이다. 종교 행동으로 이어지는 자유로운 행위, 종교적 직관의 회복, 실제로 자신과 소통하여 우주를 직관한 경험이 타인에게 전달되는 종교 감정의 표현은 모두 영감에 의존하여 일어났다. 왜냐하면 영감은 하나가 다른 것에 영향을 주어 일어나는 우주 조화의 산물이기 때문이다.[3]

슐라이어마허는 다른 곳에서 이렇게 주장했다.

신을 믿는 마음은 상상력이 가리키는 방향에 의존한다는 주장을 신성

모독으로 여기지 말기를 바란다. 상상력은 우리 안에서 가장 상위의 요소이자 가장 본래적인 요소이며, 이것 말고 다른 모든 요소는 상상력에 따른 반영일 따름이다. 그러니까 상상력이 당신에게 적합한 세계를 창조하며, 세계가 없으면 어떤 신도 믿을 수 없으리라는 점도 알리라.[4]

슐라이어마허가 사용한 '상상력'이라는 말은 당대 미학 저술에서 시인이나 예술가의 아주 특별한 능력과 결합되었으며, 상상력은 무한한 신성을 주관적으로 경험하려면 누구든지 갖추어야 할 기본 역량이 되었다. 슐라이어마허는 모든 인간이 영감을 받은 예술가가 될 수 있다고 믿지는 않았으나, 똑같은 어휘를 사용해 모든 성실한 사람, 스스로 주관적 감정을 탐구하는 사람이 신을 체험할 수 있을뿐더러 교회나 성경, 또는 성직자에게 물어보지 않고도 진실한 종교를 알 수 있다고 주장했다. 그는 다른 저술에서 성경과 성직자, 교회에 적합한 자리를 마련해주려고 했으나, 신학을 연구하는 그의 기본 입장은 종교 측면에서 반反율법주의와 문화 측면에서 도덕률 폐기론으로 나아갈 길을 열었다. 더욱이 이는 19세기 신학이 일반적으로 자기도취에 빠져들게 만든 중요한 계기였다. 신을 알려면 인간의 본성을 알아야 했다.

19세기로 접어들 무렵 로마 가톨릭교를 지지하는 새로운 변론이 등장했다. 프랑스 혁명의 과도한 개혁 분위기가 더욱 보수적인 정책으로 선회하면서, 곧 처음 혁명 정부의 집정 내각에 이어 나폴레옹의 지배 아래 놓이게 되면서 프랑스에서 로마 가톨릭교의 부흥이 두드러졌다. 로마 가톨릭 교회에 충성하겠다는 맹세는 프랑스 혁명을 비판하는 성명서로 통했다. 로마 가톨릭 교회를 지지하면서 나온 새로운 변론 가운데 제일 중요한 목소리를 대표하는 사람은 샤토브리앙이었다. 그의 최고 중요한 저작인《그리스도교의 진수》는 1802년에 출간되었다.

샤토브리앙은 이 저작에서 로마 가톨릭교 신앙의 힘이 신비를 직관하는 인류의 감각 속에 뿌리박혀 있음을 보여주고자 했다. 샤토브리앙은 슐라이어마허와 마찬가지로 심정에 호소했다. 그는 로마 가톨릭 그리스도교에 대해 이렇게 주장했다. "우리가 체험하는 신비는…… 심정과 가슴에 직접 호소한다. 신비 체험은 바로 우리의 생존에 필요한 비밀을 감추고 있다." 그는 어느 날 배 위에서 친구와 함께 저녁노을을 지켜본 경험을 이야기한다. 그는 그때 이렇게 말했다.

이렇게 멋진 광경을 보면서도 신의 아름다움을 인정하지 않는 사람은 연민을 불러일으킬 만했으리라. 나의 친구들이 방수포 모자를 들어 올리며 쉰 목소리로 바다의 수호 성녀를 찬양하는 단순한 성가 〈우리를 도우시는 착한 성모Our Lady of Good Help〉를 읊조릴 때 나도 모르게 눈물이 흘렀다. 넓은 바다 한가운데 부서질 듯 약한 갑판에서, 파도 너머로 가라앉는 태양을 가만히 바라보던 남자들의 기도는 얼마나 감동을 자아내는가! 가난한 선원이 슬픔의 성모에게 드리는 간청은 얼마나 폐부를 찌르는가! 무한한 신의 현존 속에서 우리는 얼마나 보잘것없는지 의식한다. 우리의 성가는 저 멀리 적막한 파도 너머로 울려 퍼지고, 밤은 위험을 몰고 온다. 우리가 타고 있는 배는 놀랍기 그지없는 경이로움을 느끼게 하며, 신앙심 깊은 뱃사람들은 무한한 신을 숭배하고 경외하며, 덕망 있는 성직자는 기도하며, 심연을 굽어보는 전능한 신이 한 손은 서쪽에 지는 해로 뻗고 다른 손은 동쪽에서 떠오르는 달로 뻗은 채 엄청난 주의력으로 연약한 피조물의 소리에 귀를 기울인다. 이런 모든 것이 모여 어떤 예술로도 재현할 수 없고, 인간의 심정으로는 도무지 느낄 수 없는 장관을 펼쳐 보였다.[5]

샤토브리앙에 따르면 "그리스도교 자체가 일종의 정념이어서, 그 속에 황홀, 열정, 특유한 시각, 기쁨, 눈물, 사회와 고독에 대한 사랑을 담고 있다". 샤토브리앙은 그러한 정념이 아주 오래된 유적과 고딕 양식으로 지어진 교회, 버려진 수도원을 에워싼 장소와 거기서 풍기는 신비한 분위기를 느낌으로써 일깨워진다고 말한다. 이런 장소와 기억, 그것들이 불러일으키는 감정이 정념과 주관적 느낌으로 가득한 그리스도교의 정감을 일깨웠다.

개신교도인 슐라이어마허와 로마 가톨릭교도인 샤토브리앙은 내재신divine immanence이라는 개념이 19세기에 미친 영향을 보여준 대표 사례다. 두 사람은 모두 신성 체험을 인간의 주관적 느낌으로 돌렸다.

이제 토머스 칼라일로 되돌아가보자 이렇게 주관적인 종교관이, 평신도이자 전통 종교에 신앙심을 품지 않았으나 여전히 세계와 세계 안에서 영혼을 지닌 존재로서 인류가 차지하는 지위를 알고 싶었던 작가에게 어떻게 영향을 줄 수 있었는지 알아보자. 칼라일은 1795년 스코틀랜드에서 태어났다. 이 해는 존 키츠가 출생한 해이기도 하다. 칼라일은 엄격한 칼뱅 교파 가정에서 자랐는데, 부모는 자식이 성직자가 되기를 바랐다. 그러나 칼라일은 에든버러 대학교에 다니면서, 계몽 시대의 회의론자들 가운데 몇몇 사람의 저술을 읽고 나서 신앙심을 잃었다. 성직자로서 소명 의식이 없었던 그는 당시 급성장하던 에든버러 출판계에 뛰어들었다. 독일어를 번역하고 독일 문학에 관한 긴 평론을 잡지에 기고해 돈을 벌어 먹고살 수 있음을 알았던 것이다. 칼라일은 평론을 써서 독일 문학을 영국에 알리는 전달자로 활동했다. 1833년부터 1834년, 앞에서 이미 언급한《의상 철학》을《프레이저 잡지Fraiser's Magazine》에 연재했다. 독일 문학 양식으로 쓴 영어 산문 작품이었다. 이 작품은 칼라일이 살아 있는 동안 영국에서 단행본으로 출간된 적이 없었으며, 랠프 월도 에머슨Ralph Waldo Emerson, 1803~1882의 노력으로 1836년 보스턴에서 처음 단행본이 출판되었다.

솔직히 말하면《의상 철학》은 아주 이상하지만 마음을 끄는 힘이 있는 책이다. 이 책에서는 '악마의 배설물Teufelsdröckh'이라는 뜻의 이름을 가진 독일 작가 디오게네스 토이펠스드뢰크Diogenes Teufelsdröckh 교수가 남긴 글을 편집하는 사람이 서술자로 등장한다. 토이펠스드뢰크 교수는 일평생 의상 철학에 관심을 갖고 연구한다. 책의 처음부터 끝까지 의상은 변화무쌍한 은유로 사용되며, 칼라일은 의상 은유로 우주의 본성과 인류가 우주에서 차지하는 지위, 그것에 대한 대응을 탐구한다. 작품 전반에 걸쳐 칼라일의 목표는 어떤 형태든 기계론이나 기계론 철학, 또는 자연을 원인과 결과의 법칙에 따라 움직이는 영역으로 환원하려는 철학이나 지식인의 태도에 맞서는 것이다. 칼라일이 특히 토이펠스드뢰크라는 인물을 내세워 그에게 찬사를 보내는 까닭은 그가 로크의 심리학을 거부하고 직관을 강조하기 때문이다.

칼라일이 이 주제를 다루는 내내, 의상은 자연에 대한 온갖 피상적인 견해, 또는 심층에 놓인 진짜 현실을 캐물어 살피지 못하는 인간을 상징한다. 의복은 우리가 같이 살며 사랑하고 서로 영향을 주고받는 사람의 진짜 모습을 알 수 없게 만든다. 자연을 해석하는 방식으로 등장한 기계론은 자연에 깃든 영혼의 특성을 알아보지 못하게 만든다. 논리학에 현혹된 생각은 직관에 따른 통찰을 체험하지 못하게 만든다.

칼라일은 의상 은유를 사용하여 인간의 본성 개념과 물질 개념을 탈바꿈시켰다. 그는 인간의 본성에 대해 이렇게 썼다.

> 저속한 논리학의 시각으로 볼 때…… 인간이란 무엇인가? 바지를 입고 두 발로 걷는 잡식성 동물이다. 순수 이성의 시각으로 볼 때 인간이란 무엇인가? 영혼이자 정신, 신령이다. 신비로운 나는 양털 누더기 안에 천상의 베틀로 짠 육신, 감각의 옷을 입고 있다. 이로써 인간은 비슷한 유형의 사람들에게 드러나며, 그들과 일치되어 살거나 분리되어 산다. 또 그는 별이 총총 박힌 공간이 펼쳐진 우주와 수천 년의 긴 세월을 스스로 알아보고 형성한다. 인간은 이상한 옷 밑 깊숙한 곳에 영혼을 꼭꼭 숨긴 채, 이를테면 소리와 빛깔, 형태로 에워싸여 떼려고 해도 뗄 수 없게 완전히 가렸다. 그렇더라도 이상한 옷은 하늘이 지었으니 신의 일부가 될 만하다. 인간은 그것 때문에 광대무변한 우주의 중심, 영원한 존재들이 합류하는 곳에 당당히 서지 않는가? 인간은 자신이 알고 믿기 위해 받은 힘과 능력을 느낀다. 아니, 사랑이신 성령은 태곳적 하늘의 광휘 속에 자유롭게, 순간일지라도 여기 옷을 꿰뚫고 드러나지 않는가?[6]

우리가 보고 감각하는 것은 인류가 지닌 본성의 일부일 따름이다. 우리는 광대무변한 우주와 영원한 존재들 가운데 느끼는 피조물, 감정과 직관으로 심층에 놓인 진짜 현실에 닿을 수 있는 존재로 우뚝 서 있다. 더욱이 물질로서 우주는 심층에 놓인 영혼과 정신에 더욱 가까운 진짜 현실을 덮은 외투일 뿐이다. 칼라일은 이렇게 주장했다.

> 왜냐하면 물질은 그렇게 비루하지 않았다면 영혼과 정신이자 그것의 현현이기 때문이다. 물질이 그렇게 고결하지 않았다면, 더 나은 것이 될 수 있겠는가? 눈으로 볼 수 있는 것은 더욱 높은 하늘에 있어 볼 수 없고 상상할 수도 없으며 형체도 없고 너무 밝게 빛나서 오히려 어두운 존재가 입은 옷이자 의상일 따름이다.[7]

칼라일과 토이펠스드뢰크가 기계론에 따라 움직이는 우주 안에서 평화와 목적을 찾도록 허용한 생각은 자연적 초자연주의natural supernatural-ism였다. 이러한 생각에 따르면, 기계론에 따라 움직이는 자연 현상의 배후에 기계론을 초월하는 심층에 놓인 진짜 현실이 있다. 자연적 초자연주의는 감정으로 자연에 다가서는 입장인데, 이러한 입장에 설 때 관망자는 자연의 장관을 경외감에 차서 바라볼뿐더러 자연의 질서는 엄청난 신비이자 대단한 기적으로 나타난다. 이렇게 칼라일은 기계론에 딸린 무감각 상태를 극복하고, 자연에 다시 생명과 영혼을 불어넣으려 했다. 칼라일을 비롯한 낭만주의자들은 과학 혁명의 기반을 새로 세우거나 어떤 경우에는 전복해, 기계론으로 해석된 자연 질서를 소생시키려 애썼다. 독일 철학은 기계론이 지배하는 우주에서 빠져나갈 통로를 열었다.

칼라일이 대응한 종교 위기를 초래한 요인은 무엇인가? 심지어 당대에 수많은 사람들이 자연의 정신화spiritualization와 칼라일이 제안한 우주관으로 기울도록 만든 요인은 무엇인가? 첫째 요인은 계몽주의자들이 기존 종교 제도에 퍼부은 비판이 세간에 널리 퍼졌다는 점이었다. 일부 유럽인들이 볼 때 기존 종교 제도는 부패하고 타락했거나 절충된 형태의 종교였다. 더욱이 주체성으로의 전환이 삶의 구석구석 영향을 미쳐 형성된 문화 속에서, 기존 종교 제도는 얄팍한 데다 구식처럼 보였다. 그런데 19세기 초 반세기 동안 그리스도교를 공격하는 새로운 경향이 나타났다. 성경이 역사 속에서 타당성을 지니는지 의문이 제기된 것이다. 이런 입장은 고등 성경 비판higher criticism of the bible이나 고등 성서 비판higher criticism of the scripture으로 알려진다.

종교 개혁 이후 개신교를 믿는 나라에서는 언제나 성경이 그리스도교 신앙의 바탕이었다. 여러 종파나 교파가 성경 해석을 두고 논쟁을 벌였지만, 성경의 권위에 의문을 제기하는 일은 거의 없었다. 그러나 19세기로 접어들면서 성경의 본질, 진리, 타당성을 둘러싼 의문은 유럽과 미국의 지식인들이 마주할 수밖에 없는 중요한 문젯거리가 되었다. 계몽 시대의 계몽 철학자들은 성경에 기록된 수많은 사건, 특히 기적은 참일 가능성이 거의 없다고 논증했다. 그들은 성경을 기록한 저자들이 독자들을 속이려 했다고 비난했다. 또한 18세기 작가들은 기적을 합리화하려고, 그러니까 성경에 기록된 기적을 합리적으로 설명하고자 했다. 예컨대 독일의 한 저술가는 예수가 자신을 따르던 오천 사람을 먹인 기적을, 제자들이 동굴에 저장해둔 음식을 나눠준 것이라고 설명했다.

19세기 동안 성경 비평가들 가운데 종교심이 매우 강한 여러 사람들은 전혀 다른 방식을 따랐다. 그들은 성경이 도대체 역사인지, 성경을 실제로 일어났던 일에 대한 기록으로 믿어도 되는지 물었다. 이렇게 질문한 저술가들은 역사주의의 영향을 받았다. 만약 모든 일이 특별한 시간과 장소, 특별한 문화 또는 절대 정신이 자신을 이해하고자 밟아나가는 특별한 단계의 산물이라면, 기록물로서 성경도 비슷하게 시간의 제약을 받는다. 종교의 진리도 다른 분야의 진리와 마찬가지로 상대성을 지닐 수밖에 없다. 한 시대와 장소, 문화에 타당한 것이 다른 시대와 장소, 문화에서 사는 사람들에게는 타당할 수도 있고 타당하지 않을 수도 있다.

이런 사고방식, 특히 헤겔에서 유래한 역사주의에 물든 독일의 신학자들은 성경을 검토하기 시작했다. 그들은 성경의 내부 정합성에 특별히 관심을 두지 않고, 오히려 성경이 역사 기록물로서 지닌 일반적인 성질에 관심을 기울였다. 검토한 다음 성경은 신빙할 만한 기록물이 아니라는 결론에 도달했다.

고등 성경 비판 분야에서 가장 유명한 전문가는 다비트 프리드리히 슈트라우스인데, 당시에는 평판이 아주 좋지 않았다. 그는 1835년《예수 생애의 비판적 연구*Das Leben Jesu, kritisch bearbeitet*》를 출간하고 나서, 개신교도들의 반발로 교수직을 잃었다. 슈트라우스는 신약 성서에서 예수의 생애를 보고한 네 복음서*가 실제 역사가 아니라고 주장했다. 심지어 예수와 직접 만난 어떤 개인의 경험에 근거한 이야기도 아니라고 말했다. 네 복음서는 역사가 아니라 오히려 신화였다. 복음서의 예수는

---

* 복음서는 고대 그리스어에서 '좋은 소식'을 뜻하는 '유앙겔리온euangelion'을 한자어로 풀이한 말로 그리스도교에서 문서나 구전 형태로 전승된 예수 이야기를 복음서 저자들이 기술한 신학 문헌을 가리킨다. 신약 성서의 네 복음서는 천주교에서는 마태오 복음서, 마르코 복음서,

실존한 어떤 인물의 생애를 이상화된 표상으로서 보여준다. 하지만 그의 생애를 사실대로 기술한 것은 아니었다. 복음서를 쓴 작가들은 예수라는 인물을 중심으로 1세기에 팔레스타인 지역에 살았던 히브리 민족*의 희망과 염원을 모두 끌어모았다. 예수의 신화는 히브리 민족이 큰 위기에 빠진 시대에 구세주가 나타나기를 바라면서 품었던 집단 희망과 염원을 대표했다. 네 복음서의 이야기는 신화나 이상화를 보여주는데, 역사를 기술한 것이 아니며, 오류가 있는 역사 기술은 더더욱 아니다. 오히려 네 복음서는 역사 속 특별한 순간에 고대 히브리 민족이 지닌 구세주 의식을 담은 그림을 보여준다. 이로써 슈트라우스와 그의 추종자들은 그리스도교 신앙의 역사가 놓인 토대를 뒤흔들었다.

그리스도교에 대한 역사적 비판과 함께, 19세기 중엽 그리스도교의 핵심 교리를 문제 삼는 강한 도덕 비판이 등장했다는 점도 중요하다. 계몽과 진보 사상의 영향을 받은 수많은 지식인들은 근대에 어울리는 더욱 섬세하고 인간미 넘치는 새로운 도덕이 필요하다고 믿었다. 인간이 맺는 계몽되고 품위 있는 관계가 신의 도덕성에 맞선 새로운 도덕의 규범이 되었다. 이러한 규범에 따르면 그리스도교의 핵심을 이루는 속죄 교리, 곧 성부로서 신이 아무 죄도 없는 자신의 외아들을 희생시켜 인류를 구원하고 인류가 신에게 진 빚을 갚게 했다는 가르침은 근본적으로

루카 복음서, 요한 복음서로 부르고, 개신교에서는 마태 복음, 마가 복음, 누가 복음, 요한 복음이라고 부른다. 요한 복음을 제외한 세 복음서를 공관 복음서로 구분하기도 한다.
* 유대인의 조상을 뜻한다. 역사학에서는 구약 성서에 나오는 야곱의 열두 아들의 자손으로서 기원전 2000년대 말 가나안, 곧 팔레스타인 지역을 정복한 사람들을 가리킨다. 이때부터 기원전 6세기 말 바빌로니아를 탈출하여 다시 팔레스타인으로 돌아오는 시기까지는 이스라엘인이라고 부르며, 그다음에는 유대인이라고 부른다.

부도덕해 보였다. 사람들은 정말로 의로운 신이 이렇게 끔찍하고 부도덕한 행위를 했을 리가 없다고 생각했다. 이 주제는 19세기 중엽 이후 여러 작가들이 연달아 다루었다. 이로써 또다시 그리스도교를 포기하는 사람들이 생겼고, 성부인 신과 예수를 마주할 때 감상주의에 젖어드는 사람들도 있었다.

슈트라우스의 논증이나 그를 추종한 제자들의 논증이 타당하다고 치자. 그렇다면 그리스도교의 역사와 교리, 종교의 가르침에 어떤 영향을 미쳤을까? 어떤 사람들은 슈트라우스의 주장을 간단히 거부해버렸으며, 사실 슈트라우스도 나중에 자신의 견해를 조금 수정했다. 다른 사람들은 슈트라우스가 제시한 논증의 영향으로 그리스도교 신앙을 포기했다. 칼라일처럼 교회가 입은 낡은 의상을 벗어버리고 새로운 의상을 지어 입으려는 사람들도 있었다. 종교가 입은 새로운 의상은 대개 명확하지 않은 신앙, 믿음, 직관에 의지해 만들어졌다. 그것에 따르면 우주는 어떻게든 영혼과 정신을 지녔으며, 자연적이고 인간적인 경험의 배경과 핵심에는 비물질적인 영혼과 정신이 깃들어 있다.

이런 관점은 무수한 형태로 나타날 수 있었다. 사람들이 성경을 계속 영혼과 정신의 안내서로 사용하도록 허용하는 관점도 있었고, 단순히 인생과 우주를 마주할 때 성경에 제약받지 않는 열린 태도로 다양한 종교 경험을 하도록 이끄는 관점도 있었다. 종교 전반에 다가설 때나 특별히 그리스도교에 다가설 때, 아주 감상적인 태도를 갖게 하는 관점도 흔하게 나타났다. 성경에 매달리면서도 근대의 가치와 필요에 따라 해석해야 한다고 주장하는 방법도 아직 있었다. 이런 사고방식은 그리스도교와 유대교에서 모두 등장한 자유 신학liberal theology과 결합되어, 성

서는 쓰였을 당시와 다른 시대의 필요에 맞춰 조정될 수 있다는 믿음에
이르렀다.

영어권에서 이러한 사고방식을 보여주는 중요한 사례가 둘 있다. 하나는 일련의 학술 논문이고, 다른 하나는 가장 잘 팔린 소설이었다.

고등 성경 비판은 1860년 《논문과 논평Essays and Reviews》이라는 책이 출판되면서 영국의 지성 생활에 대세로 자리 잡았다. 이 책에는 일곱 편의 논문이 수록되었는데, 영국 국교회 성직자 여섯 사람과 평신도 한 사람이 썼다. 이 작가들은 모두 독실한 그리스도교도였지만, 그리스도교 신앙에서 특히 성경 해석이 근대 과학의 발견과 문헌학의 발달에 맞춰 조정되어야 한다고 믿었다. 문헌학은 고대 언어를 비롯한 고대 문헌도 새롭게 이해할 길을 열어주었다. 이 점을 가장 많이 다룬 논문은 벤저민 자우엣Benjamin Jowett, 1817~1893의 〈성서 해석론On the Interpretation of Scripture〉이었다. 이 논문을 썼을 당시 그는 영국의 국왕이 임명한 그리스어 교수로서 이미 중요한 성경 주석가로 자리 잡은 상태였다. 그는 성경도 다른 책과 마찬가지로 해석되어야 한다고 주장했다. 다시 말해 성경은 경외심을 갖고 읽어야 마땅하지만, 플라톤의 저작 같은 고대 문헌을 읽고 연구하고 해석하는 방식과 다르게 읽어서는 안 되었다. 자우엣이 썼듯이 "비평의 결과를 더는 무시할 수 없는 시대가 왔다".

《논문과 논평》은 극도로 적대적인 반응을 불러일으켰다. 저자들 가운데 두 사람은 기고문 때문에 고소까지 당했다. 모든 종교계 잡지에 비평하는 글이 넘쳐났다. 고등 성경 비판은 영국의 종교 생활과 지성 생활의 전면에 놓였고 중심으로 자리 잡았다.

1860년대가 흘러가는 동안 성서를 비평하고 역사적으로 이해하는

관점에 근거한 저작이 점점 더 많이 출판되었다. 이런 환경이 조성됨으로써 젊은이들은 자라면서 종교에 품은 신앙을 계속 유지하기가 점점 힘들어졌다. 1873년 매슈 아널드는《문학과 교리 Literature and Dogma》에서 이 문제를 다루었다. 이 책에서 그는 성경의 저자들이 과학자가 아니라 시인으로서 글을 지었으므로, 성경도 시처럼 읽어야 한다고 주장했다. 위대한 지혜가 담긴 고대의 시를 기록한 문서로서 읽어보라. 그러면 성경에 등장하는 기적이나 초자연 현상들은 한쪽으로 치워둘 수 있으니, 독자들은 성경에서 선한 행동의 준칙을 찾을 수 있다. 성경은 과학이나 역사를 가르치지 않지만, 사람들을 독려해 스스로 높은 도덕을 갖추게 했다.

매슈 아널드에게는 조카딸이 있었는데, 언제나 남편의 이름을 따서 험프리 워드 부인 Mrs Humphrey Ward, 1851~1920으로 불렸다. 1888년 그녀는 신앙 상실을 주제로 다룬 당대에 최고로 잘 팔린 소설,《로버트 엘즈미어 Robert Elsmere》를 출간했다. 이 책은 영국과 미국에서 25만 부 이상 팔렸다. 주인공 로버트 엘즈미어는 온건하고 경건한 종교 생활이 몸에 밴 가정 출신인 젊은 남자로 옥스퍼드 대학교에 다닌다. 거기서 만난 그레이 선생은 엘즈미어에게 동료 인간을 섬기는 철학을 소개한다. 그레이 선생은 그리스도교 신앙에 심각한 의혹을 품지만, 학생들이 어린 시절의 신앙을 버리도록 꾀어내지는 않는다. 엘즈미어는 졸업한 다음 성공회 주임 신부가 되고, 3년 동안 대학교에서 가르치면서 지방 보좌신부로 일한다. 거기서 교구의 가난한 사람들을 헌신적으로 돌보는 모습에 관심을 갖게 된 젊은 여자, 신앙심이 아주 깊은 캐서린과 결혼한다. 그는 보좌신부로서 의무를 다하는 과정에서 지방의 대지주 웬도버 씨와 친분을 맺는다.

웬도버 씨는 성미가 까다로운 사람으로 독일의 성경 고등 비판 서적을 탐독한다. 웬도버는 로버트 엘즈미어를 불신앙의 길로 이끌려고 한다. 로버트는 역사 연구로 대지주의 주장을 반박하기로 결심하지만, 패배를 인정하고 성경에 기록된 어떤 기적도 믿을 수 없다는 결론에 도달한다. 마침내 그는 예수의 신성과 속죄, 부활을 믿을 수 없다고 고백한다. 로버트는 이것이 사제직을 떠나야 한다는 뜻이라고 생각한다. 이전까지 행복했던 결혼 생활에도 부담을 느낀다. 하지만 그는 여전히 신을 믿고 자신이 신과 동료 인간을 섬겨야 한다고 믿는다. 로버트 엘즈미어는 새로운 신앙과 개혁을 추구하며, 런던의 빈민가로 가서 가난한 사람들을 돌보려고 새 형제회를 조직한다. 그는 인간화된 그리스도 해석이 자신이 추구하는 신앙 모형이라고 주장한다. 새로운 길에 들어서고 오래 지나지 않아 열병에 걸린 그는, 오랫동안 고통을 겪은 사랑하는 아내의 품에서 죽는다.

엘즈미어의 이야기는 그리스도교 안에서 신앙 상실이 사람들을 이끌어간 한 방향을 구체적으로 보여준다. 그것은 동료 인간에게 봉사하겠다는 의식으로, 신학과는 상관이 없지만 일종의 그리스도교 윤리이다. 그런데 19세기가 흘러가는 동안 유럽의 다른 철학자들과 종교 사상가들은 새로운 형태의 세속 종교를 세워 그리스도교를 대체하려고 했다. 이러한 대안 가운데 가장 유명하고 영향력이 컸던 새로운 세속 종교 형태는 프랑스의 작가 콩트가 기초를 세운 실증주의positivism였다.

콩트는 1798년에 태어났으므로 프랑스 혁명을 직접 경험하지 못했으며, 나폴레옹이 집권한 시기와 어린 시절이 겹쳤을 따름이다. 그는 종합 기술 학교Ecole Polytechnique 재학 시절, 기하학을 가르치는 방식에 반대하는 학생 저항 운동에 적극적으로 가담했다. 정부는 학교를 폐쇄했고 학생들은 집으로 돌아가야 했다. 콩트는 이후로 학위를 받지 못했다.

이런 경험을 한 직후, 스무 살 청년 콩트는 이상향을 꿈꾸는 프랑스의 사회주의자 생시몽Claude Henri de Rouvroy Saint-Simon, 1760~1825의 비서가 되었다. 생시몽은 유럽 사회주의의 창시자로 세간에 널리 알려진 사상가이다. 그는 이성이 뛰어난 기술 전문가들technocrats이 사회의 지도자가 되는 세상을 마음속에 그렸다. 밀의《자서전》을 읽을 때 다시 마주하게 될 중요한 역사 이론도 내놓았다. 생시몽은 역사가 위기 단계critical periods와 유기 발전 단계organic periods 사이를 계속 오갔다고 가르쳤다. 위기를 맞은 시대에는 모든 제도와 관습, 사상, 사회 관행이 비판을 받은 끝에 무너졌다. 그 결과 위기 시대에 사회는 혼란에 빠지고 동요가 끊이지 않았다. 그 뒤에는 무너진 것들을 건설하는 유기 발전 단계가 이어졌다. 유기 발전 단계에는 광범위한 가치와 사상이 공유되었다. 사회는 안정을 유지하는데 적합한 제도를 통해 평화롭고 건설적인 방식으로 작동했다. 생시몽과 그의 추종자들은 계몽주의와 프랑스 혁명, 새로운 산업 경제 질서의 결과로 유럽이 위기 시대를 맞아 혼란의 한가운데 놓여 있다고 믿었다. 그들은 유럽을 새로운 유기 발전 시대로 나아가도록 이끌 만한 사상을 내놓고 제도도 확립하려 했다.

청년 콩트는 생시몽의 사상을 무조건 추종하지는 않았는데도 제자가 되었다. 하지만 끝내 두 사람은 갈림길에 접어들어 각자의 길을 갔다. 1820년대 동안 콩트는 불행한 결혼 생활을 시작해 심각한 우울증으로 고생했다. 이어서 콩트는 대단히 생산적인 시기를 맞았다. 1830년과

1842년 사이《실증 철학 강의*Cours de philosophie positive*》라는 제목의 저작을 여섯 권으로 출간했다. 이 저작에서 그는 인류를 위한 지성사와 사회학의 새로운 출발점이 되리라고 생각한 사상 체계의 기초를 놓기 시작했다. 그는 인간 지성 발전의 세 단계 이론을 내놓았다. 그는 인류와 인류의 일부인 개인은 각각 별개의 세 단계를 거쳐 발전한다고 주장했다.

첫째 신학 단계Theological stage에 사는 사람들은 자연과 자신의 경험을 영혼, 정신과 신에 비추어 해석한다. 몇몇 인류학자들이 물활론物活論animism과 결합시켰던 시대이기도 하다. 물활론에 따르면 자연과 인간의 경험은 모두 영혼, 정신이 영향을 미쳐 생겨난다.

둘째 형이상학 단계Metaphysical stage에서 마침내 인간 사회는 세계를 신학으로 해석하는 방식에서 벗어나 새로운 단계로 이동한다. 형이상학 단계로 접어든 인간은 세계를 형이상학 범주에 따라 바라본다. 신학 범주가 없어서 신이나 영혼, 정신 같은 존재는 배제된다. 형이상학 범주는 오히려 지성에 걸맞은 범주이다. 이 단계는 신학 단계보다 진일보한 상태이지만, 아직 실수와 혼란으로 가득하다.

셋째 실증 단계Positive stage에서 인간 지성 발전의 역사는 최후의 실증 또는 과학의 정점에 이른다. 이런 마지막 단계에서 인간은 단순히 감각 경험에 주의를 기울여서 세계를 검토하고 해석하려고 한다. 감각 경험을 신들이나 형이상학에서 가정하는 본질을 통해 설명하려고 하지도 않는다. 실증 단계에서 사는 인간은 어떤 것이든 현상 배후에 놓인 힘을 끌어들여 설명하지 않을 터이다. 콩트는 이런 과학 또는 실증에 근거한 방법이 물리 자연과 인간 사회의 모든 측면에 적용되어야 한다고 믿었다. 그래서 콩트는 흔히 사회학의 아버지로 알려진다.

여기서 멈추었다면, 어쩌면 콩트는 최후의 계몽 철학자로 알려졌을 터이다. 콩트의 지식 이론은 대부분 계몽 신학에 뿌리를 두고 조금 더 발전시킨 것이었다. 그런데 1851년과 1854년 사이 콩트는《실증 정치 체계Système de politique positive》를 네 권으로 출간했다. 이 저작은 콩트를 따르던 몇몇 숭배자들을 경악시켜 혼란에 빠뜨리기도 했으나, 완전히 새로운 성향의 제자들이 생겨나기도 했다.《실증 정치 체계》에서 콩트는 다름 아니라 새로운 종교 생활 양식의 윤곽을 그리려고 했다. 그는 새로운 종교 생활 양식이, 도래할 실증 단계에서 사회를 결속시키는 데 필요하다고 믿었다. 콩트는 언제나 신학과 종교를 구별했다. 신학은 나쁜 과학이라고 믿었던 반면, 종교는 개혁되고 초자연적 요소를 일소하면 사회를 결속시키는 새로운 접착제로 기능할 수 있다고 생각했다.

《실증 정치 체계》에서 콩트는 사랑이 인류를 하나로 묶는 강한 힘이 되어야 한다고 주장했다. 그는 구식 그리스도교의 미신에 빠질 우려가 없으면서도 사랑이 꽃피는 사회가 가능한 온전한 종교 체계를 내놓았다. 아마 프랑스 혁명 기념 축제에서 착안한 듯한데, 그리스도교에서 정한 성인의 날을 고대부터 당대에 이르는 유명한 사람의 업적을 기념하는 날로 대체할 실증주의 달력도 만들자고 제안했다. 그리고 인류에 대한 헌신의 중심에 여자의 사랑을 놓았다. 콩트는 아내가 떠난 다음, 작가이기도 했던 클로틸드 드 보Clothilde de Vaux라는 여자와 깊은, 거의 신경증 같은 사랑에 빠졌다.

사랑하는 클로틸드가 죽자 콩트는 클로틸드에 대한 기억을 문자 그대로 숭배하여, 그녀가 늘 앉았던 의자 앞에 엎드려 기도까지 했다. 놀랍게도 콩트는 자신이 인류교religion of the humanity라고 부른 새로운 종교의 주창자로서 적지 않은 추종자들을 끌어모았다. 콩트 철학을 믿는 교회가 파리와 런던에 세워졌다. 이렇게 설립된 교회는 성인의 그림 대신 벽을 따라 유명한 사람들의 흉상이 놓였다는 점만 빼면 개신교 교회와 비슷했다. 다른 사람들은 이해하기 힘들지만 콩트만 아는 이유로 교회는 언제나 연녹색으로 칠했다. 콩트는 자신에게 인류교 최고 사제라는 별명을 붙였다. 시간이 흘러 콩트는 보수 성향으로 상당히 기울었고 루이 나폴레옹 제국을 지지하게 되었다. 새로운 종교가 내세운 표어는 '질서와 진보'였다. 많은 사람들이 인류교는 '그리스도 정신이 빠진 로마 가톨릭교'에 지나지 않는다고 비웃었다.

콩트와 그가 만든 새로운 종교를 웃음거리로 만들기는 너무 쉬우며, 그런 유혹에 빠지는 일은 말할 것도 없다. 당대의 많은 사람들이 그를 조롱하고 비웃었다. 그렇더라도 1857년 콩트가 죽은 다음, 세속 지식인들과 종교계의 작가들 가운데 그를 추종한 사람들이 꽤 있었다. 콩트의 인식론이 수많은 숭배자를 낳은 까닭은, 스코틀랜드 학파의 네 단계 이론이 경제 진보에 알맞은 처방이었듯이, 그가 제안한 세 단계 이론이 지성 생활에 알맞은 처방이었기 때문이다. 이것이 바로 존 스튜어트 밀 같은 사람들이 콩트의 초기 저작에서 찾아낸 매력이었다. 그러나 종교에 관한 저술들도 영향력이 매우 컸다. 우선 콩트의 종교 저술은 반反성직, 반反그리스도 사상을 매우 강하게 드러냈다. 이렇게 성직자 계급에 반대하는 사상이 영향을 가장 많이 미친 곳은 라틴 아메리카였다. 라틴 아메리카에서 실증주의는 19세기 후반 내내 강력한 사회 세력과 지식인 세력을 형성하는 데 기여했다. 콩트가 내세운 '질서와 진보'는 브라질의 국기에도 등장한다.

인류교의 숭배 양상은 대체로 진전을 보지 못했으나, 인류애가 인간 사회와 종교 단체를 결속시켜야 한다는 윤리 이상과 개념은 대단히 매력이 있었다. 콩트의 사상은 유럽인과 미국인의 생활에 스며들었는데, 무엇보다 자유주의 성향인 그리스도교 성직자들과 평신도 작가들에게 영향을 미쳤다. 그리스도의 속죄와 결합된 도덕에 환멸을 느낀 사람들은 그리스도교와 결합시킬 새로운 도덕을 찾으려 했다. 이런 점에서 인류 자체가 19세기와 20세기에 상당수 종교인들이 숭배하는 대상이 되었던 것이다.

슐라이어마허 이후 19세기 종교 사상의 발전 과정에는 억누를 수 없는 확실한 논리가 있었다. 그는 종교 사상의 중심을 인간의 주관적 감정에 두었다. 신을 아는 방법은 우리 자신의 감정을 스스로 탐구하는 것이었다. 샤토브리앙은 인간의 종교 역사에서 종교 감정을 불러일으킬 수 있는 기념물을 강조했다. 칼라일은 전 우주를 신의 의상으로 보려고 했다. 콩트와 더불어 인류는 자신의 감정과 역사, 진보하는 지성의 발전을 탐구하고, 인류가 보고 좋다고 말한 것을 좋아하며, 인류 자신을 숭배하는 일보다 더 나은 일은 있을 수 없다고 결정했다. 1841년 독일의 철학자 루트비히 포이어바흐가 《그리스도교의 본질》이라는 책에서 "모든 신학은 인류학이다"라고 단언했던 것도 그리 놀랄 일은 아니다.

제15강

니체,
새로운 세상을 열다

자본가 계급은 19세기 중반과 후반 유럽의 지성, 문학, 예술 등 문화 전반을 지배했다. 독일이 통일 국가를 형성할 무렵, 자본가 계급은 자신들이 오래 지속되리라고 기대한 세계를 건설했다. 대륙에 철도를 놓았고, 대륙과 대륙을 잇는 해저 전선을 깔아 멀리 떨어진 사람들 사이에 통신이 가능해졌다. 새로운 계획 도시가 곳곳에 들어섰다. 대형 증기선은 유럽에서 제조한 상품들을 전 세계로 실어 날랐다.

민족 국가는 정치 생활을 좌우했다. 과학은 자연의 중요한 비밀을 풀어냈을 뿐만 아니라 자연을 인류의 살림과 경제 상태에 도움이 되는 수단으로 만든 것처럼 보였다. 사실 유럽인들은 토머스 헉슬리가 '사실에 입각한 과학으로 펼쳐낸 새로운 자연'이라고 부른 세계에서 살았다.

하지만 이러한 생활 양식의 표층에 드러난 편안한 삶은 착각에 지나지 않았다. 유럽 전역의 자본가 계급은 불안했고, 심지어 두려움에 떨었다. 언젠가 피터 게이Peter Gay, 1923~2015가 지적했듯이 '신경과민'이 행동에 널리 퍼진 질병이자 증상으로 나타나기 시작했던 시기이다. 중간 계급은 사회주의자들을 몹시 두려워했으며, 여전히 귀족 계급에 대해 상당한 존경심을 품고 있었다. 중간 계급은 다양한 민족 국가의 안과 밖에서 인종이 다른 적들을 찾아냈다. 중간 계급에게 편안한 세상을 만들어 준 산업 혁명은 군사력 면에서 살상 능력도 키웠다. 중간 계급이 중요시하며 집착한 그리스도교는 과학과 역사학에 포위당한 채 공격받았다. 자유주의 정치는 도무지 짐작대로 작동하지 않았다. 유권자의 확대는 사회주의자들의 세력 확장을 도왔을 뿐만 아니라 정치력을 지닌 민족 내부의 보수파에도 이롭게 작용한 듯했다. 교회와 귀족 계급, 나중에 나타난 반유대주의자들은 저마다 민주주의 제도를 이용하여 자신의 목적을 달성하려고 했다.

그런데 지나고 나서 보니, 가장 충격이 크고 인상 깊었던 점은 자본가 계급이 만든 세상에 대한 지식인들의 비판이었다. 이는 주로 19세기 후반에 나타났다. 조지프 슘페터Joseph Schumpeter, 1883~1950가 반세기 전에 지적했듯이, 이런 비판은 대부분 자본가 계급의 문화 자체에서 유래했다는 점이 특히 의미심장하다. 서양 문명은 언제나 자기 비판을 즐기는 경향이 짙었는데, 그런 서양 문화 안에서도 중간 계급만큼 자기 비판을 즐긴 집단은 없었다.

사실주의realism 소설을 예로 들어보자. 사실주의에 충실한 작가들은 흔히 과학의 방법을 문학에도 적용하자고 주장하면서, 중간 계급의 문화를 비판할 때 자본가 계급이 과학을 신뢰한다는 사실을 이용했다. 더욱이 비판을 담은 매체, 곧 문학 양식으로서 소설은 어쩌면 모든 문학 형식 가운데 자본가 계급의 특징을 가장 잘 드러냈을지도 모른다. 자유주의에 물든 자본가 계급은 전통으로 내려온 제도의 권위를 거부하는 습관이 몸에 배어 있었다. 예술가들은 자본가 계급의 이런 성벽proclivity을 흉내 내서, 전통으로 내려온 미술 전람회salons의 권위를 거부하고 자신들만의 미술 전시회를 열고 미술관도 건립했다. 이들은 흔히 부유한 중간 계급의 박수갈채와 후원을 받았다.

자본가 계급의 자기 비판적인 문화 양상이 드러난, 의미가 가장 큰 사례는 19세기 후반 동안 합리성을 불신하고 비합리성을 탐구하려고 이성을 이용한 경우였다. 이는 두 가지 매우 다른 경향으로 나타났다. 한 경향은 비합리성에 대한 찬미로, 인종주의 사상에서도 찾아볼 수 있다. 다른 경향은 훨씬 복잡하다. 합리적인 수단으로 비합리성을 탐구하는 활동은 비합리성 찬미로 이어지기도 하고 그렇지 않을 수도 있었다. 단순히 비합리적인 요소가 중요하다고 인정하고, 비합리적인 요소를 이성의 한계 안에 두려고 할 수도 있었다. 아니면 비합리적인 영역의 발견으로 나아가, 합리성과 더불어 비합리성이 잘 자라나게 할 수도 있었다. 어떤 경우에는 합리성 자체가 쓸데없다는 믿음으로 이어질 수도 있었다. 이러한 대안들은 어떤 것이든 자본가 계급의 문화에 도전했으며, 특히 계몽 시대의 유산에 이의를 제기했다.

실증주의에 반항하고 자본가 계급 문화를 급진적으로 비판한 목소리 가운데 가장 중요하게 여겨지는 인물이 프리드리히 니체이다. 오늘날 니체만큼 명성이 자자한 철학자는 드물다. 그런 점에서 니체는 근대 문화modernism와 중간 계급 문화를 비판한 사람들의 다른 목소리와 마찬가지로, 근대 문화에 붙들려 동화되었다고 말할 수 있다.

니체가 오늘날 명성을 얻기까지 과정은 아주 복잡했다. 니체가 살아 있는 동안 출간한 책들은 인기가 없었거나 제대로 인정받지 못했다. 종종 출판사를 찾지 못해 고생했고, 출판사는 책이 팔리지 않아서 곤란을 겪었다. 니체의 명성은 덴마크의 비평가 기오 브란데스Georg Brandes, 1842~1927가 니체의 저작을 논의하기 시작한 1880년대 말에야 비로소 조금씩 알려졌다. 그때부터 여러 나라의 작가들이 니체를 찬미하기 시작했다. 그러나 초기에 생겨난 명성과 찬탄은 니체의 저작을 잘못 편집하거나 위조하는 등의 오류에서 비롯되었다. 그 결과 니체의 사상은 대부분 실제 의도와 정반대로 해석되었다.

브란데스는 1888년 코펜하겐에서 니체에 관해 강의했다. 다음 해 초 정신 이상 증세를 보인 니체는 1900년 죽을 때까지 회복하지 못했다. 1890년대 동안 니체의 저작권 대리인이자 유고 관리자는 여동생 엘리자베트 퍼르스터니체Elizabeth Förster-Nietzsche였다. 엘리자베트는 독일의 가장 극단적인 인종 차별주의와 반유대주의에 물든 베르나르트 퍼르스터Bernard Förster의 아내였다. 1890년대에 남편은 죽고 오빠는 미쳤다. 그러자 엘리자베트는 죽은 남편의 생각과 정치관을 뒷받침하고 널리 퍼뜨리려고 니체의 저작을 편집하기 시작했다. 퍼르스터니체 부인은 니체가 생전에 남긴 글에 대한 권리를 독점하고, 자신이 출판하고 싶은 부분만 골라 출판했다. 그녀가 생존한 1930년대까지 니체의 저작은 전집이 아니라 선집만 몇 차례 출판되었다.

엘리자베트는 특히 《이 사람을 보라Ecce Homo》의 출판을 1908년까지 미뤘다. 이 책은 니체의 후기 저작들 가운데 하나인데, 여기서 니체는 반유대주의와 민족주의, 채식주의, 군국주의, 권력 정치에 맞서 비판의 목소리를 높였다. 그래서 엘리자베트는 값이 아주 비싼 판에만 《이 사람을 보라》를 포함시켰다. 그녀가 초기에 출판한 저작은 니체가 아주 사악한 사상가라는 평판을 얻게 만든 열쇠였다. 니체가 남긴 문서 가운데는 수백 쪽에 이르는 토막글과 경구도 있었다. 엘리자베트는 일부를 1901년에 출판했고, 더 많은 문서를 나중에《힘에의 의지Der Wille zur Macht》라는 도발적인 제목으로 편집해 출간했다. 여기에는 초기 저술에 붙인 주석들도 들어 있었다. 엘리자베트는 니체의 토막글과 경구를 위험천만한 방식으로 편집했을 뿐만 아니라, 그가 체계를 세워 내놓은 마지막 저작이라고 암시했다. 이렇게 교묘하게 조작한 편집 탓으로, 니체는 이해할 도리가 없을 만큼 복잡하고 모호하며 체계가 없을뿐더러 반유대주의와 극렬한 민족주의로 기운 친親나치 사상가라는 믿음이 널리 퍼졌다. 이런 견해는 1914년 독일의 수많은 군인들이 배낭에《차라투스트라는 이렇게 말했다Also sprach Zarathustra》를 넣고 다녔다는 이야기로 확증되었다.

제1차 세계 대전 이후에 비로소 독일 학계에서 니체를 조금 덜 왜곡한 견해가 나왔고, 미국의 학자들이 니체를 체계적으로 검토하고 가르치기 시작한 때는 사실상 제2차 세계 대전 이후였다.

니체의 사상은 적어도 두 단계를 밟아 발전했다. 첫 단계를 밟는 동안, 니체는 반대자들의 수많은 저항에 부딪치면서도 낭만주의 전통을 가까이하면서 동조했고 자주 비합리성을 찬미했다. 당시 니체는 바그너와 절친한 사이였다.

둘째 단계로 접어든 니체는 계몽주의에 더 가까워졌다. 니체는 비평과 사해동포주의, 선한 유럽인이라는 개념을 옹호하며 민족주의를 비판했다. 두 단계를 통틀어 니체는 일반적으로 자유주의와 중간 계급 문화의 속물주의를 비판했다. 그는 독일의 여러 철학자들과 마찬가지로 이성을 사용하여 이성의 영역에 도전하거나 이성에 한계를 그으려고 했다.

1860년대에 7년 남짓 바그너와 니체는 절친하게 지냈다. 두 사람의 우정과 결별을 둘러싼 이야기는 자체로 흥미롭지만, 19세기 후반에 니체의 지성이 발전한 과정을 보여주기도 하다. 청년기의 니체는 음악에 매료되어 작곡가가 되겠다는 희망도 품었다. 특히 독일의 낭만주의 음악에 끌렸다. 대학생으로 공부하던 1860년대 초 니체는 바그너뿐만 아니라 쇼펜하우어도 찬미했다. 그는 바그너를 쇼펜하우어가 묘사한 일종의 예술가 천재로 여겼다. 1868년 니체는 처음 바그너를 만났다.

이듬해 니체는 스위스 바젤 대학교의 문헌학 교수가 되었다. 바젤은 바그너의 집이 있는 루체른 호수 근처 트립셴에서 멀지 않은 곳이었다. 니체가 바그너를 대단히 존경한다는 사실이 알려지면서 다음 만남이 이어졌다. 바그너는 젊은 학자를 마음대로 부려먹을 수 있어 기뻤다. 두 사람의 우정이 결코 동등하지 않았다는 것은 놀랄 일도 아니다. 하지만 분명히 우정이었다. 바그너와 그의 아내 코지마는 니체에게 성탄절 선물을 사러 보냈을 뿐만 아니라 다른 심부름도 시켰다. 니체는 독일과 유럽의 예술과 음악에 활기를 되찾아줄 바그너의 젊은 친구를 자처했다. 니체는 스물세 번 이상 트립셴을 방문했고, 여동생 엘리자베트도 바그너 주변에 모여든 사람들과 친구가 되었다. 니체는 처음 바이로이트에 가극 전용 극장을 짓겠다는 바그너의 계획에 찬성한 열성 지지자였다.

1872년 니체는《비극의 탄생 *Die Geburt der Tragödie*》을 출간했는데, 원

고와 초고를 바그너에게 보여주고 조언도 들었다. 니체는 이 책을 바그너에게 바쳤다. 사실 바그너의 비위를 맞추려 여러 군데 고치기도 했다. 《비극의 탄생》은 일차로 비극에 대한 연구서로서 비극이 무엇인지 탐구하면서 시작했으나, 바그너의 예술을 기리는 찬가로 끝을 맺었다. 그는 바그너의 예술이 그리스인들 이후 유럽인들이 알지 못하거나 경험하지 못한 새로운 예술의 탄생이라고 칭송했다. 또한 이성보다 신화를 찬미하고, 그리스 문화의 퇴폐는 소크라테스Socrates, 기원전 469~399와 에우리피데스Euripides, 기원전 480경~406 두 사람과 함께 시작되었다고 생생하게 묘사했다.

《비극의 탄생》은 처음 출간한 작품의 특징이 많이 나타난다. 주장을 대담하게 내세울뿐더러 저자가 나중에 수용한 견해보다 훨씬 극단적인 입장을 여러 곳에서 밝힌다. 그런데 니체가 훗날 근대 문화에 맞서 제기할 비판의 징후도 드러나 있다. 니체는 제대로 훈련받은 고전 학자이자 문헌학자였다. 일반적으로 말하면 19세기 중엽에 그리스인들의 생활 가운데 제일 강조된 측면은 기원전 5세기 아테네와 관계가 깊은 고전주의의 이상, 곧 절제와 균형이었다. 그리스인들의 생활 방식에 드러난 비합리적인 측면도 알려지기는 했으나 대체로 무시되었다. 아테네의 문화적 성취는 합리적인 생활의 발흥이며 매슈 아널드가 조너선 스위프트Jonathan Swift, 1667~1745가 《책들의 전쟁The Battle of the Books》에서 한 말을 빌려 '지성을 수반한 고상한 매력Sweetness and Light'이라고 표현한 성과로 보였다.

니체는 고대 그리스 문화를 합리성과 지성의 산물로 해석하는 방식과 소크라테스를 서양 합리성의 아버지로 찬미하는 오래된 관행에 도전했다.

니체는 그리스 비극의 기원을 디오니소스 숭배 의식까지 추적하기도 했다. 그는 그리스 비극이 디오니소스*의 광기와 아폴론**의 형상이 결합하여 출현했다고 보았다. 니체가 디오니소스와 아폴론을 나눈 이분법을 처음 제시한 학자는 아니었다. 디오니소스와 아폴론을 나누어 대립시키는 경향은 실제로 당대 독일의 문학과 음악에 관한 문헌에 널리 퍼진 공통된 특징이었다. 하지만 니체의 비극론은 유럽의 정신에 이런 이분법을 지워지지 않게 각인시켰다. 니체는 이렇게 말했다. "우리는 인위로 세운 아폴론 문화라는 건축물을 떠받치는 토대를 찾아낼 때까지 돌 하나하나까지 해체할 필요가 있다."[1] 아폴론의 형상에 따른 제약은 쇼펜하우어의 의지와 표상으로 이루어진 세계에 해당하는 영역이었다. 그런 세계 아래 디오니소스의 광기가 꿈틀거리고 있다. 니체는 이렇게 단언했다.

---

* 디오니소스는 고대 그리스 신화에서 술과 풍요를 상징하는 신이다. 로마 신화에서 바쿠스에 해당한다. 제우스와 세멜레의 아들이고 아리아드네의 남편이다. 고대 그리스에는 디오니소스를 숭배하는 종교 의식이 있었다. 주로 부녀자들이 살아 있는 산짐승이나 가축, 때로는 어린 아이를 제물로 바치며 광란에 빠진 상태에서 제물을 산 채로 뜯어먹고 피를 마셨다고 한다. 디오니소스 숭배 의식은 그리스 문화의 비합리적인 면을 보여준다.

** 아폴론은 고대 그리스 신화에서 태양과 예언, 광명과 의술, 궁술과 음악, 시를 주관하는 신이다. 로마 신화에서 아폴로에 해당한다. 제우스와 레토 사이에서 태어난 아들이며 아르테미스와 남매이다. 호메로스 시대 이후 아폴론은 신들과 거리를 두고 멀리서 제우스의 뜻을 전하거나 위험을 경고하며, 인간이 자신의 죄를 깨닫게 하여 정화시켜주며, 종교의 율법과 도시의 법령을 주재했다. 아폴론의 강인한 성격은 거리감과 죽음, 공포와 두려움을 상징하는 활에 집약되어 있고, 부드러운 성격은 음악과, 시, 춤을 상징하는 리라로 나타난다. 두 상징은 고대 그리스 문화의 합리적인 특징을 보여준다.

디오니소스의 광기에서 솟아나는 마력으로 인간들 사이에 유대감이 새로워질 뿐만 아니라, 소외되고 적대시되거나 예속된 자연도 다시 한 번 자신의 잃어버린 아들, 곧 인류와 화해의 잔치를 벌이며 축하한다.

……이제 사람들은 우주의 조화라는 복음을 들으며 저마다 이웃과 단결하고 화해하거나 융합되어야 한다고 느낄 뿐만 아니라, 마치 환영으로 가려진 장막이 갈가리 찢어져 그 조각들이 신비로운 최초의 통일, 곧 근원적 일자das Ur-Eine 앞에서 흔들리며 떠는 것처럼, 이웃과 문자 그대로 하나가 되어야 한다고 느낀다.[2]

이제까지 예술과 비극에 관한 한, 니체는 디오니소스의 광기와 아폴론의 형상이 둘 다 필요하다고 믿었다. 니체는《비극의 탄생》에서 디오니소스의 광기에 무조건 찬사를 보내지 않았다. 오히려 그리스의 최고 예술에서 예술의 효과는 아폴론의 현상 세계 아래 놓인 영혼의 내부 심층을 드러내는 것이라고 주장했다.

니체는 쇼펜하우어를 이용했지만, 그를 제대로 넘어섰다. 쇼펜하우어는 비관주의를 설파하고 삶을 포기하라고 가르쳤지만, 니체는 예술이 삶을 긍정하는 방식이라고 생각했다. 그리스인은 극장에서 공연하는 비극을 관람함으로써 자신의 삶과 자신이 몸담고 사는 공동체를 긍정했다. 예술의 문제, 특히 그리스 비극의 문제는 아폴론의 형상이 책임을 전부 떠맡을 때 생겨났다. 디오니소스의 광기를 포기할 때, 예술은 형식뿐 아니라 내용도 당대 도덕에서 가져왔다. 그리스의 경우에는 비극이라는 배가 소크라테스의 지혜와 분석이라는 모래톱에 부딪혀 난파했다는 뜻이었다.

　니체가 왜 소크라테스를 그렇게 많이 비판하고 경멸했는지 이해하려면, 19세기에 소크라테스가 어떻게 해석되었는지를 조금 더 알아보아야 한다. 니체는 소크라테스에 관해 논평할 때 19세기의 수많은 관심사를 기원전 5세기 아테네에 대한 논의로 바꾸어 해석했다.

　19세기 초중반 소크라테스를 해석한 두 가지 중요한 관점이 영향을 미쳤다. 하나는 헤겔의 해석이고, 다른 하나는 조지 그로트George Grote, 1794~1871의 해석이다.

　헤겔의 소크라테스 해석에서 중요한 내용은 1832년 헤겔이 죽은 다음에 발간된 《철학사 강의Vorlesungen über die Geschichte der Philosophie》에 나와 있다. 헤겔의 철학에 대부분 나타나는 특징과 반대로, 헤겔이 소크라테스를 다룬 방식은 비교적 명료하고 간단하지만, 엄청난 반향을 불러일으켰을 법하다.

　헤겔에 따르면 소크라테스와 소피스트들Sophists은 그리스 사상의 발전사에서 중요한 전환점을 대표했다. 소피스트들은 전통 지식을 따른 시인들을 비롯한 당대의 목소리를 대체한 최초의 집단이었으며, 문화를 조직하고 그리스인들의 생각을 새로운 방식으로 조직할 세력이었다. 헤겔은 소피스트들이 18세기의 계몽 철학자들과 흡사했으며, 소피스트들의 영향으로 고대에 계몽이 시작되었다고 생각했다. 헤겔에 따르면 소피스트들이 받은 악하다는 평판은 부당했다. 소피스트들은 실제로 나쁜 일을 전혀 하지 않았다. 그들은 그리스인들에게 생각하는 법을 가르쳐 추리하고 반성할 수 있게 도왔고, 추리와 반성을 거친 사고는 필연적으로 전통에 따른 신념과 도덕에 의문을 제기하도록 만들었다. 달리 말해 소피스트들은 회의주의를 조장했다. 사실 이런 결과는 소피스트들의 잘못이 아니었다. 그것은 단지 사고나 정신의 발전이 시대의 영향을 받은 결과였을 뿐이다. 소피스트들은 회의주의에 한계가 없음을 인식했던 것이다.

헤겔에 따르면 소크라테스는 소피스트들이 시작한 계몽주의 속에서 다른 단계를 밟았다. 소크라테스는 이성으로 반성하는 도덕reflective morality을 탄생시켜 전통 가치와 전통 종교를 넘어서 뻗어나갔다. 헤겔은 이렇게 썼다.

> 정신의 반성 운동에 의존하는 도덕, 곧 정신이 자신에게 근거하여 자신으로 돌아가는 일은 아직 없었다. 그런 도덕은 소크라테스의 시대에 이르러 비로소 시작되었다. 그런데 반성함에 따라 개인들이 저마다 자신 안으로 침잠하고 자신의 뜻대로 살려고 자신과 기존 관습을 분리하여 생각하자마자, 퇴화가 일어나고 모순이 발생했다. 그러나 정신은 대립 상태에 머물 수 없다. 정신은 통일을 추구하며 이렇게 통일된 상태에 더 높은 원리가 놓여 있다.[3]

이런 과정을 거쳐 소크라테스는 그리스인들이 주체 안에서 스스로 도덕의 방향을 찾도록 이끌었다. 소크라테스와 그의 제자 플라톤은 소피스트들과 달랐다. 두 사람은 이렇게 주체로 방향을 돌려도 전통 도덕만큼 구속력이 있는 객관적인 도덕 현실objective moral reality을 진짜로 발견할 수 있다고 믿었다. 그런데 헤겔은 소크라테스가 주체로 이행하면서 곤란을 겪었으며, 소크라테스에게 말하는 영혼의 목소리 또는 수호신이 소크라테스 자신에게 드러난 주체를 대표한다고 믿었다. 소크라테스는 영혼의 목소리, 또는 수호신과 진짜로 대화를 나누고 자신을 들여다봄으로써 지침을 얻고 도덕적으로 옳은 방향도 정했다. 소크라테스가 동료 아테네인들과 갈등을 빚게된 원인이 바로 강력한 주체성이었다. 그의 수호신은 당대의 사실에 비추어 볼 때 새로운 신, 곧 주체에 깃든 신이었다. 기원전 4세기 동안 이러한 신에 집착함으로써 도시 국가 polis의 통합이 깨졌다.

따라서 헤겔은 소크라테스가 기소된 죄목에 대해 실제로 유죄였다고 해석했다. 하지만 그런 죄목이 소크라테스가 죽음으로 내몰린 이유는 아니었다. 아테네 법정의 배심원들이 내린 결정은 반드시 집행될 필요는 없었다. 사형 선고는 소크라테스가 타협을 거부하고 사리에 맞는 합당한 대안을 제시하는 데 실패한 다음에 내려진 결정이었다. 소크라테스가 타협을 거부한 까닭은 자신의 양심, 곧 주체를 아테네의 집단 양심과 전통보다 위에 두었기 때문이다. 이것은 주체를 근본에 두고 생각할 때 일어난 논리적 결과였다.

그러므로 헤겔에 따르면 소크라테스의 죽음은 본질적으로 비극이었다. 왜냐하면 헤겔이 썼듯이 '진짜 비극에는 충돌하는 양측에 모두 타당한 도덕적 힘이 있어야 하기' 때문이다. 소크라테스와 아테네인들 양측에 모두 타당한 도덕이 있었으나, 두 도덕이 서로 달라서 비극이 벌어졌다. 헤겔의 해석에는 도덕의 상대성을 암암리에 수용하는 태도가 숨어 있다. 아니 어쩌면 숨기지 않았을지도 모른다. 그런데도 헤겔은 도덕의 상대성 문제를 외면했다. 그는 소크라테스와 플라톤, 그리스도교의 궁극 목적이 안정된 도덕을 찾아냄으로써 소피스트들이 열어젖혀 인간의 정신이 빠져든 회의주의에 한계를 정하는 것이었다고 주장했다.

조지 그로트는 은행가이자 정치 급진주의자로 의원이었고, 존 스튜어트 밀의 친구이기도 했다. 그는 1846년과 1856년 사이에《그리스 역사*History of Greece*》를 열두 권으로 출간했다. 세 권짜리《플라톤과 소크라테스의 다른 친구들*Platon, and the Other Companions of Socrates*》은 1865년에 나왔다. 그로트는 이 저작들에서 빅토리아 시대에 영향력이 가장 컸을 소크라테스 해석을 펼쳐냈다.

그로트는 우선 기세등등하게 고대의 소피스트들을 철저히 옹호하는 작업에 착수했다. 그는 소피스트들이 두 가지 이유로 나쁜 평판을 얻었다고 논증했다. 첫째로 근대인들은 '소피스트'라는 말과 이 단어에서 파생된 '궤변*Sophistry*'이라는 말에 경멸하는 의미를 담아서 사용했는데, 시간을 거슬러서 고대 소피스트들에게도 그런 의미를 투사했다. 둘째로 플라톤이 소피스트들에 대해 기술한 내용을 액면 그대로 받아들인 나머지, 역사 측면에서 검토하지 않았을 뿐만 아니라 비판하지도 않았다. 둘째 이유는 첫째 이유보다 훨씬 중요하다.

그로트의 주장에 따르면 소피스트들은 이전에 시와 서사시를 가르치던 교사들과 비교하면 두 가지 예외 때문에 약간 새롭거나 근본적으로 달랐다. 소피스트들은 선배 교사들보다 잘 가르쳤고, 가르친 대가로 돈을 받았다. 플라톤은 고대 철학 안에서 자신이 싫어하는 모든 요소를 소피스트와 결합시켰다. 더욱이 플라톤의 여러 대화편에서도, 소피스트들은 근본적으로 부도덕한 어떤 견해도 지지하지 않았다.

소피스트들은 아테네의 젊은이들이 민주주의 시민 생활에 참여하도록 준비시키는 교사들이었다. 그로트에 따르면 소피스트들은 바로 이런 역할을 해서 명성을 얻고 진가도 인정받았다. 그가 썼듯이 소피스트들은 젊은이들에게 공공 생활이든 사생활이든 아테네에서 능동적이고 명예로운 삶에 필요한 자질을 길러주겠노라고 공언했다.

이런 점에서 소피스트들은 근본적으로 보수 성향으로 기울었으며, 당대 민주주의 체제가 분별 있게 작동하는 데 중요한 사람들이었다. 덧붙여 그로트는 독자들에게 소크라테스의 목소리로 말하는 플라톤이 재산 소유와 결혼, 아이 양육 방식을 급진적으로 개조하자고 주장했음도 상기시켰다.

그로트의 해석은 헤겔의 해석과 조금 닮은 데가 있었지만, 그가 처음 책을 썼을 때는 의식하지 못했던 것으로 보인다. 두 사람은 모두 소피스트들이 개인주의를 조장했다고 보았는데, 헤겔에게 개인주의는 위험한 견해였다. 그러나 그로트에게 개인주의는 민주주의가 제대로 작동하기 위한 바탕이었다.

그로트는 소크라테스로 주의를 돌려 논의할 때 독자들을 대경실색하게 만들었다. 소크라테스를 소피스트로 보았기 때문이다. 펠로폰네소스 전쟁이 벌어지고 있을 때, 가장 중요한 소피스트의 이름을 대라고 요구받는 아테네 사람이라면 누구든 주저하지 않고 소크라테스라고 대답했으리라는 주장이었다.

소크라테스는 왜 인기를 끌지 못했는가? 또한 이렇게 인기가 없는 소크라테스의 사명이 어떻게 소피스트의 직무가 되었는가? 소크라테스의 사명은 일차로 과학의 방법과 비판하는 이성적인 지성을 아테네에

도입하는 것이었다. 이러한 임무는 과학과 종교의 갈등으로 이어지는 것을 피할 수 없었다. 소크라테스는 장터나 광장에서 가르칠 때, 아테네의 문화와 전통 가치, 흔히 소피스트들과 결합된 종교에 대해 좋지 않은 점을 지적하면서 비판했다. 이런 부정적 비판이 실제로 소크라테스의 중요한 역할이었다. 소크라테스는 아테네에서 거의 모두 받아들인 여론에 이의를 제기한 위대한 비판자로 우뚝 섰다. 특히 소크라테스는 과학을 옹호했으므로, 아테네의 종교와 직접 갈등을 빚을 수밖에 없었다.

그러면 그로트는 소크라테스의 죽음을 어떻게 설명하는가? 그는 소크라테스의 죽음을 개인이 여론에 도전함으로써 불가피하게 일어난 결과로 보았는가? 그로트는 친구인 존 스튜어트 밀이 《자유론》에서 주장했듯이 소크라테스를 적대적인 여론의 희생자로 볼 수는 없었다. 어떻게 그럴 수 있었는가? 두말할 것 없이 그로트는 빅토리아 시대에 고대 아테네의 민주주의를 옹호한 가장 열성적인 대변자였다. 놀라운 점은 아테네인들이 소크라테스를 처형했다는 사실이 아니라, 그들이 반세기 동안이나 소크라테스가 등에 역할을 하도록 허용했다는 사실이었다.

그로트는 여론이 아닌 다른 악역을 찾아냈는데, 바로 종교였다. 소크라테스를 죽음에 이르게 만든 원흉은 아테네 종교의 영향력과 신앙심이었다. 그로트는 소크라테스가 신들이 자신에게 동료 시민들을 개혁하라는 임무를 맡겼다는 델피 신탁을 한 치 거짓없이 성실하게 믿었다고 생각했다. 게다가 소크라테스가 '단순한 철학자가 아니라 철학을 하도록 이끈 독실한 전도사였다'고 썼다. 그로트는 소크라테스를 열렬히 비판 철학을 전파한 광신자와 다름없는 인물로 그렸다. 그로트에 따르면 소크라테스 자신의 인격에서 우러난, 종교에 가까운 광신fanaticism이 그를 죽음으로 내몰았다. 사실 어떤 사람은 그로트가 소크라테스에 대한 유죄 판결과 처형의 책임을 신들에게 지웠다고 말할지도 모른다. 평론가 알렉산더 그랜트Alexander Grant는 그로트가 소크라테스의 죽음을 '사법 자살'로 바꾸어놓았다고 썼다.

이제 니체가 소크라테스를 어떻게 해석하는지 살펴보자. 니체는《비극의 탄생》에서 소크라테스에 관해 썼을 당시 헤겔과 그로트의 견해와 저술을 아주 잘 알고 있었다. 요컨대 니체가 공격한 대상은 헤겔과 그로트가 해석한 소크라테스였다. 두 사람의 해석은 정확하게 일치하지 않았으나 비슷한 점이 많았다. 달리 말해 니체는 19세기 전반기에 해석된 인물로서 소크라테스를 공격한 셈이다. 당시 소크라테스는 주체와 비판적 합리성, 고대 세계에서 과학을 촉진한 철학의 사고방식을 상징하는 인물이었다.

니체는 19세기에 살았던 다른 어떤 인물보다 그로트의 해석을 많이 수용하고 인정했다. 소크라테스를 전도사로 빗댄 은유를 수용했으며, 소크라테스가 자신의 죽음을 초래하는 데 적극적으로 협력했다는 견해도 받아들였다. 더욱이 니체는 소크라테스가 고대 세계에서 비판 정신과 과학의 사고방식을 보여준 전형이라고 믿었다. 하지만 그로트의 해석에 빚을 졌더라도, 니체는 소크라테스에 관한 견해를 스스로 정립해야 했다. 소크라테스를 근대 사상의 형성에 기여한 중심인물이자 근대 문화를 비판할 때 참조할 중심점으로 삼은 사람은 다른 어떤 작가도 아닌 바로 니체였다.

이미 말했듯이 니체는《비극의 탄생》에서 디오니소스의 광기를 몰아내려는 시도가 그리스 문화에 대재앙이 되었다고 그렸다. 이런 시도를 비난한 극작가가 에우리피데스였다. 그러나 니체에 따르면 에우리피데스는 소크라테스의 목소리와 별반 다르지 않았다. 소크라테스와 에우리피데스가 힘을 합쳐 아이스킬로스와 소포클레스의 비극을 결딴냈고 그리스 문화를 합리주의 경향으로 이끌어 퇴화의 길로 내몰았다. 니체는 이렇게 단언했다.

> 에우리피데스는 연극을 순수하게 아폴론적인 토대 위에 세우는 데 성공하지 못했으며, 그의 비非디오니소스적인 경향은 자연주의로 기운 비非예술적인 연극 속에서 길을 잃었다. 그러므로 우리는 이제 **미학적 소크라테스주의**aesthetic Socratism의 본성에 더 가까워졌다. 미학적 소크라테스주의의 최고 법칙은 거칠게 말하면 다음과 같다. "아름다우려면 모든 것은 이성에 비추어 합당해야 한다." 이것은 "아는 자만이 덕을 갖추고 있다"는 소크라테스의 유명한 격언과 유사하다.[4]

소크라테스의 철학에 감염된 탓에, 소크라테스가 죽은 다음 에우리피데스와 그리스 문화는 니체가 '예리한 비판 절차와 이성의 대담무쌍한 적용'[5]이라고 불렀던 문제와 맞닥뜨렸다. 바로 이런 합리성이 비극을 불가능하게 만들었다.

이렇게 해석할 때 소크라테스는 그리스 문화 속에 자리한 디오니소스의 가장 큰 적수로 떠오른다. 그러나 니체가 보기에 소크라테스의 계획은 훨씬 더 급진성을 띠었다. 니체는 이렇게 썼다.

소크라테스의 철학은 똑같은 척도로 기존 예술과 기존 윤리를 매도한다. 소크라테스가 면밀히 살피며 시선을 돌리는 곳마다 통찰 부족과 망상의 힘이 드러난다. 다음에 이런 부족으로부터 이미 존재하는 예술과 윤리 안에 잘못된 점이 있으니 반대할 만하다는 결론을 끌어낸다. 바로 이 한 가지 논점에서 시작하여, 소크라테스는 기존 예술과 윤리를 바로잡지 않을 수 없다고 믿는다. 개인에 지나지 않는 소크라테스는 완전히 다른 문화와 예술, 도덕의 선구자로서 무례하고 우월감이 드러난 표정을 지으며, 우리가 그의 옷자락을 스치기만 해도 최고 행복에 이를 법한 경이로운 세계 속으로 걸어 들어온다.

니체는 계속 이렇게 말했다.

호메로스와 핀다로스이든, 또는 아이스킬로스, 피디아스, 페리클레스, 델피의 여사제 피티아와 시라쿠사의 왕 디오니시우스이든, 가장 깊은 심연이든 가장 높은 정상이든, 우리가 확실히 경탄하고 숭배해야 마땅한 그리스인들의 정수를 감히 부정해도 되는 이 사람은 누구인가?[6]

니체는 모든 것을 파괴하는 소크라테스의 주지주의intellectualism를 설명해줄 원흉을 찾아냈다. 그것은 바로 소크라테스의 목소리, 바로 수호신이었다. 거의 모든 사람에게 본능은 창조력의 원천이며 충동질하는 힘이다. 의식하는 나conscious self는 합리적이어서 본능의 표출을 방해한다. 그러나 소크라테스에게 본능과 의식하는 나의 관계는 정반대로 뒤바뀐다. 소크라테스에게는 내면의 자기가 전면에 나타나 언제나 본능적인 자기를 만류하고 방해한다.

> 생산적인 모든 사람에게 본능은 바로 창조하고 긍정하는 힘이며 의식
> 은 비판하고 경고하는 태도를 나타낸다. 반대로 소크라테스에게 본능
> 은 비판자가 되고 의식은 창조자가 된다. 이것은 정말 **결함으로 생겨난**
> per defectum 괴물이 아닌가!**7**

본능이 자신을 압도할 때마다, 소크라테스는 자신의 내면에서 울리
는 이성, 곧 지성의 목소리를 듣고 행동을 멈춘다. 그런 점에서 소크라
테스는 창작하려 할 때마다 내면의 지성으로 작동이 멈추는 거대한 창
작 기계이다. 더욱이 기꺼이 죽겠다는 소크라테스의 선택은 그리스의
젊은이들에게 영웅의 삶이 아니라 철학에 헌신하는 삶을 새로운 본보
기로 삼도록 만들었다. 동시에 소크라테스는 본래부터 합리성과 지성
에 자신감을 타고나서 비극을 불가능하게 만드는 낙관주의를 구현한
인물이기도 했다.

예술가는 어떤 대상, 어떤 문제든 다룰 때 기뻐하지만, 니체가 소크라
테스에서 시작되었다고 말한 '이론적 인간Theoretical Man'은 가면을 벗겨
내 정체를 밝히고 설명할 때 비로소 기뻐한다. 바로 이렇게 이론 중심인
사고방식이 불만스러웠던 니체는 다음과 같이 말했다.

> 소크라테스라는 인물에게 처음 나타난 의미심장한 **망상**이 하나 있다.
> 그 망상은 사유가 인과성이라는 실마리를 따를 때 존재의 가장 깊은
> 심연까지 이를 수 있으며, 사유가 실존을 단순히 이해하는 데서 그치

지 않고 **바로잡을** 수도 있다는 흔들리지 않는 믿음이다.[8]

이 점에서 소크라테스는 모든 미래 과학의 아버지로 우뚝 서 있다. 그는 세속의 세계에서 죽음으로써 과학을 받아들이게 만들었다. 이에 관해 니체는 이렇게 썼다. "우리는 소크라테스가 이른바 세계사를 뒤바꿀 하나의 전환점이자 소용돌이라는 점을 알아채지 않을 수 없다."[9] 소크라테스에게 모든 악은 그저 오류일 뿐이며, 가장 고귀한 인간의 사명은 오류에서 참다운 지식을 분리하는 일이다.

이렇게 모든 것을 추구하고 바로잡는 정신은 늘 이해하고 바로잡을 새로운 세계를 추구할 텐데, 끝에 가서는 넘어설 수 없는 경계를 찾아낼 터이다. 경계가 생기는 곳에서 비극이 다시 나타나고, 대답할 수 없는 특징과 비논리성이 다시 모습을 드러낼 것이다. 그런 경계에서 위대한 디오니소스 신도 다시 등장할 터이다.

니체는 소크라테스에 관해서 말한 내용을 대부분 실제로 조지 그로트의 상당히 단조로운 분석에서 직접 끌어냈다. 요컨대 니체는 소크라테스를, 합리성과 과학을 대변하는 목소리로 해석한 그로트의 견해를 대부분 수용한다. 그런 다음 합리성과 과학을 법정에 세운다. 그로트는 합리성이 개혁을 이끈다고 보아서 찬미했으나, 니체는 합리성이 생명과 활력의 원천인 본능을 질식시킨다고 보아서 몹시 싫어했다. 니체는 영국의 공리주의도 혐오해서, 그로트의 소크라테스를 공격할 때 근대 공리주의와 근대 과학, 존 스튜어트 밀이 옹호한 근대의 비판적 개인주의도 공격했다.

니체는 합리성을 대변한 소크라테스, 곧 고대의 이론적 인간이자 고대 비극을 파괴한 사람을 누구와 대립시켰는가? 소크라테스와 과학, 비판적 합리주의를 녹여 없앨 힘을 가진 해결책은 라하르트 바그너와 그의 음악이었다. 니체는 쇼펜하우어의 미학을 다루면서, 음악이 고대 디오니소스에서 유래한 비극의 세계를 이해하는 열쇠였고, 음악이 새로운 상징주의를 생겨나게 했다고 강조했다. 음악이 비극적인 신화를 낳을 수 있었다는 점이 가장 중요했다. "이런 음악 정신만이 비극을 탄생시킬 수 있다."[10]

음악은 개인의 소멸annihilation에 따른 기쁨을 담을 수 있다. 하지만 니체에 따르면 당대 음악은 대부분 이런 목표를 달성하지 못했다. 이런 목표 달성에 관한 한, 특히 대가극은 실패했다. 니체는 이렇게 단언하기도 했다. "우리는 소크라테스의 사상이 근대에 가장 깊숙이 스며든 문화를 가극 문화라고 부르는 것보다 더 명백하게 나타낼 수 없다."[11] 물론 이것은 바그너의 가극과 음악극 이론을 직접 참조해 언급한 주장이었다. 그러나 니체는 디오니소스의 광기에 따른 경험의 깊이를 독일과 유럽에서 되찾을 수 있다는 희망을 품었다. 그는 이렇게 단언했다.

독일 정신이 뿌리를 내려야 할 디오니소스의 대지에서 힘이 솟아났다. 이런 힘은 소크라테스가 주도한 문화가 원래 놓인 조건과 공통점이 전혀 없고, 그런 문화 조건으로 설명될 수도 없고 양해될 수도 없다. 오히려 그런 문화는 우리가 보듯 바흐Johann Sebastian Bach에서 베토벤Ludwig van Beethoven으로, 베토벤에서 바그너로 이어진 힘차고 눈부신 경로를 두렵고 이해할 수 없는 것, 당해낼 수 없을 만큼 강력하고 적대감을 불러일으키는 것이라고 느낀다.[12]

디오니소스적인 통찰이 드러내는 깊이가 바그너의 음악을 거쳐 다시 한 번 아폴론의 형상과 합류함으로써 바야흐로 새로운 미학의 시대, 새로운 도덕의 시대가 열렸다.

> 그렇다, 나의 벗들이여, 나와 함께 디오니소스의 삶과 비극의 재탄생을 믿으라. 소크라테스와 닮은 인간의 시대는 지나갔다. 담쟁이넝쿨로 화환을 만들어 머리에 얹고, 바쿠스의 지팡이를 쥐어라. 호랑이와 표범이 기분 좋은 소리로 가르랑거리며 그대들의 다리 주변에 웅크리고 누워도 놀라지 말라. 이제 그대들은 감히 비극적 인간이 되어야 할 뿐이다. 그대들은 풀려나 구원받을 테니까.[13]

두말할 나위 없이, 바그너는《비극의 탄생》을 매우 반겼다. 니체가 쓴 첫 작품《비극의 탄생》은 어떤 점에서 바그너가 1850년대에 쓴 음악 이론 저술을 직접 계승했다. 당대의 기준에 따르면 바그너와 니체는 둘 다 비非정통파에 속했으며, 학계의 기준을 무시했다. 니체는 주석도 달지 않았다. 그런데 바그너는 눈이 부실 만큼 멋지게 글을 쓰는 사람이 한낱 제자로 주저앉거나 스승의 가족을 위한 성탄절 선물 사는 하인으로 만족하지 않으리라는 점을 알아채지 못했다. 실제로 바그너와 결별은 단순히 젊은이의 지성이 성숙해감에 따라 일어난 일일 뿐이었다. 아무도 니체가 바그너에게 받은 비판을 좋아했으리라고 예상할 수 없을 터이다. 왜냐하면《비극의 탄생》이후 바그너에게 바친 책은 달리 없기 때문이다.

하지만 니체와 바그너의 결별에는 훨씬 근본적인 다른 이유가 몇 가지 있었다. 첫째로 니체는 바그너가 새로운 독일의 중간 계급에 속한 지도층이 떠받드는 명사가 되었을 때, 자신의 예술과 문화의 목표도 배반했다고 믿었다. 니체는 바이로이트에서 《니벨룽겐의 반지》 첫 공연을 보았을 때 심기가 불편했다. 왜냐하면 니체는 유럽에서 비극이 다시 탄생하는 순간이 독일의 민족주의를 경축하는 행사와 조금 더 비슷할 것이라고 기대했기 때문이다. 《니벨룽겐의 반지》가 공연된 1876년, 니체는 《바이로이트의 바그너*Richard Wagner in Bayreuth*》를 출간했는데, 마지막 친親바그너 저작이었다.

바그너와 갈라서게 된 둘째이자 중요한 이유는 니체가 바그너의 예술과 예술 이론을 대부분 부인하게 되었기 때문이다. 바그너가 그리스도교 정신이 숨어 있는 데다 인종주의가 분명하게 드러난 《파르치팔》을 발표하면서, 니체의 바그너 비판은 정점에 다다랐다. 이 시기에 니체는 쇼펜하우어를 지지하는 입장을 철회하고 볼테르와 계몽주의의 가치를 옹호하는 입장으로 돌아섰다. 그는 음악 취향도 바꾸어 비제*Georges Bizet, 1838~1875*가 작곡한 《카르멘*Carmen*》의 매력에 푹 빠졌다. 그는 《카르멘》의 마음을 뒤흔드는 선율이 바그너의 음악을 대신할 처방이라고 생각했다. 니체는 1888년 바그너를 통렬하게 비판한 글을 발표했다. 바그너는 죽었지만 아내 코지마가 바그너 숭배 집단을 독려하던 때였다. 《바그너의 경우*Der Fall Wagner*》에서 니체는 다음과 같이 역설했다.

바그너의 예술은 병들었다. 그가 무대에 올리는 문제는 순전히 신경증 환자의 문제이다. 발작에 가까운 정서, 과민한 감수성, 취향은 점점 더 강한 양념을 갈구하고, 불안정은 원리로 위장되며, 특히 생리 유형별로 남녀 주인공들을 선택한다. 이것은 병리 증상의 전시관이 아닌가!
종합하면 의심할 여지 없는 임상 그림을 보여준다. 바그너는 신경증 환
자이다.[14]

니체는 바그너와 결별함으로써 어떤 의미로 보면 낭만주의가 남긴
유산과도 단절했다. 니체의 사상은 낭만주의 요소가 많이 남아 있기는
했으나, 계몽주의에 훨씬 가까워졌다. 그런데 니체는 여전히 이성과 이
성의 사용에 대항하여 계속 비판하기로 결심했다. 왜냐하면 그는 1870
년대 중엽 바그너 현상에 대항한 비판에 몰두하고 있었기 때문이다.

1870년대 중엽 니체는 자신의 모든 후기 저작에 영향을 미친 결론에
도달했다. 역사가 기록된 이래 처음으로 인류는 가장 급진적인 방식으
로 신이 없는 우주에 거주한다는 사실에 직면해야 했다. 이전 작가들은
신의 존재를 부정하고, 의심하고, 존재하거나 존재하지 않는다고 공표
했다. 그러나 니체는 신이 존재하느냐 하는 문제를 철학자가 사색할 대
상으로 보고 접근하지 않았다. 니체에게 신이 없는 우주가 펼쳐 보이는
전망은 인류의 도덕 역사에서 최대 전환점이 도래했다는 뜻이었다. 인
간이 더 높은 데 있거나 초월하는 것들과 아무 관계 없는 가치를 사실
로 받아들이지 않을 수 없게 되리라는 말이었다.

니체의 관점과 이전의 과학에 기울거나 합리주의에 경도된 자유 사
상가들을 구별하는 차이점은 선배 사상가인 슈트라우스의 책을 니체가
비판한 데서 찾을 수 있다. 슈트라우스는 지식인들 사이에서 그리스도
교 신앙을 없애는 데 크게 공헌했다.

슈트라우스는 감탄이 나올 만큼 솔직한 태도로 자신이 더는 그리스도교도가 아니지만, 어느 누구든 마음의 평화를 깨고 싶지 않다고 공포한다. 한 단체를 무너뜨리려고 다른 단체를 만드는 일은 그에게 모순처럼 보이지만, 사실은 전혀 모순이 아니다. 그는 확실히 무례한 태도로 만족감을 드러내면서, 우리의 원숭이 계보학자들이 입은 털이 많은 외투에 몸을 숨긴 채, 다윈을 인류의 가장 위대한 은인이라고 찬양한다. 그러나 슈트라우스의 윤리가 "우리는 어떤 개념으로 세계를 이해하는가?"라는 질문과 완전히 독립적으로 구성된다는 사실을 알고 우리는 혼란에 빠진다.

……슈트라우스는 심지어 관념이 인간을 더 선하거나 더 도덕적인 존재로 만든 적이 결코 없다는 점과 도덕을 가르치는 설교가 도덕의 근거를 찾는 것만큼 어렵다는 점도 배우지 못했다. 그의 과제는 차라리 인간에게 어울리는 선과 동정심, 사랑과 자기 부정이라는 현상을 다루는 것이었다. 이런 현상은 사실 다윈의 전제들에서 비롯되고 도출되며 설명된다. 그런데 슈트라우스는 도덕 명령imperative으로 비약함으로써 **설명**이라는 과제를 피해 달아나고 싶어 했다.[15]

사실은 당대의 다른 중요한 사상가들도 모두 슈트라우스와 똑같은 잘못을 저질렀다. 그들은 제각기 그리스도교가 없을 때 과학과 인간성, 자유 국가, 인종, 또는 민족주의 같은 다른 무엇이 윤리의 토대를 제공할 수 있다고 손쉽게 가정했다. 반대로 니체는 안이한 낙관주의에 오염되지 않은 자연주의를 받아들였다. 그는 어떤 가치관이 우위를 차지해야 하는지 묻지 않고, 인간이 사회 속에서 생존하려면 필요한 사실로서 가치의 원천이 무엇인지 물었다.

니체의 급진적 도덕 회의론은 비슷하게 급진적인 형이상학에서 비롯된 회의론에 뿌리를 내리고 있었다. 허무주의nihilism를 아주 좁게 정의하면, 니체가 허무주의자라는 생각이 적절할 수도 있다. 니체 철학의 바탕을 이루는 허무주의는 세계가 어떤 종류든 형상이나 본래적 가치를 소유한다는 생각을 부정하는 형태로 나타났다. 자연과 자연의 일부로서 인류는 선하지도 악하지도 않으며 그냥 실존한다. 우주는 그냥 존재한다. 우주를 넘어서든 우주 안이든 더 높은 가치는 어디에도 존재하지 않는다. 실제로 존재하는 현상 속에는 특정한 도덕관을 다른 도덕관의 우위에 놓는 것을 정당화할 이유가 전혀 없다. 니체는 언젠가 이렇게 단언했다. "도덕 현상은 아무데도 없고, 현상을 도덕 관점에서 해석할 따름이다."[16]

이렇게 철학하는 태도는 니체를 특별한 인식론으로 이끌었을 뿐만 아니라 그리스도교를 공격하고 당대의 자유주의 정치학도 비판하게 만들었다. 이 모든 것은 니체가 관심을 가진 도덕 문제와 뒤얽혔다. 니체는 세계를 완전히 자연주의에 따라 해석할 가능성이 있는가, 또 그래야 할 필요가 있는가 하는 문제와 맞서 답을 찾고 싶었다. 이 문제와 얽힌 주제는 어떤 점에서 니체의 세 가지 책 제목으로 보여줄 수 있다.

《선악의 저편 *Jenseits von Gut und Böse*》(1886)에서 우리가 세계와 인생에 다가가는 접근 방법은 이전에 도덕적이라거나 선하거나 악하다고 생각했던 것을 넘어서야 한다고 제안한다.

《도덕의 계보Zur Genealogie der Moral》(1887)에서 도덕은 시간이 흘러도 변치 않는 것이 아니라 역사를 거쳐 발전한다고 제안한다.

《우상의 황혼, 또는 망치를 들고 철학하는 방법Götzen-Dämmerung oder Wie man mit dem Hammer philosophiert》(1888)에서 새롭게 시작하려면 이미 존재하는 우상이나 철학, 도덕과 종교를 파괴할 필요가 있다고 제안한다.

어떤 점에서 니체는 인간이 본질적으로 미를 추구하는 입장에 서서 삶에 직면해야 한다고 요구했다. 인간은 삶의 현상을 살펴본 다음, 외부에 존재하는 어떤 권위의 안내도 받지 않고 자신의 내면 존재에 따라 판단해야 한다.

니체는 세계가 기본적으로 무형이라고 확신하면서, 인간이 세계에 형태를 부여해야 한다고 생각했다. 세계는 우리가 만들어야 할 무엇이었다. 콩트나 밀, 다윈이 믿었듯이 우리가 마침내 완전히 알게 될 객관적인 세계는 존재하지 않는다.

니체에게 과학은 진정한 지식이 아니다. 과학은 관례에 근거한 지식이거나 유용한 지식일 따름이다. 과학은 우리가 세계 안에서 길을 찾아 나아가도록 허용하는 한에서만 참되다. 과학은 그저 세계를 이해하려는 한 가지 방식일 뿐이어서 최종 지식이 아닐뿐더러 최종 지식일 수 없다. 니체는 명료하고 유용하다는 이유로 과학에 감탄하지만 과학 자체는 최종 지혜일 수도 없고 다른 가치의 원천일 수도 없다. 그는《즐거운 학문Die fröhliche Wissenschaft》에서 이렇게 썼다.

삶은 논증이 아니다. 우리는 물체, 선과 면, 원인과 결과, 운동과 정지,

형식과 내용을 가정함으로써, 우리가 살아갈 수 있는 세계를 스스로 배열하고 정리했다. 이 항목들을 믿지 않으면, 아무도 삶을 견뎌낼 수 없다니! 하지만 믿음이 그런 항목을 증명하지는 못한다. 삶은 논증이 아니며, 삶의 조건은 오류를 포함할지도 모른다.[17]

요컨대 니체는 진리는 도구라고 말하는 데까지 이른다. 그런 점에서 니체는 초기 실용주의자들이 모인 철학 진영에 매우 근접했다. 그에게 진리는 결코 영원하거나 시간이 지나도 변치 않는 것이 아니다. 진리는 세계 안에서, 또 세계를 가로질러 사는 한 방법이다.

니체는 이렇게 급진적인 회의론이 침울하지도 않고 비관주의로 기울지도 않음을 알아냈다. 비록 많은 사람들이 겁먹고 무서워하게 될 해방일지라도, 그런 회의론이 해방의 원천이라고 여겼다. 우선 니체의 진리관은 니체 자신을 그리스도교에서 해방시켰다. 니체는 입센Henrik Ibsen을 비롯한 당대의 다른 작가들과 마찬가지로, 당대의 도덕이 사람을 멍청하게 만든다는 것을 알아차렸고, 도덕은 기본적으로 그리스도교에서 파생되었다고 여겼다. 당대 도덕은 그리스도교 도덕이든 공리주의 도덕이든 금욕주의에 물들었으며 삶을 부정했다. 그리스도교와 그리스도교 도덕에 대한 니체의 비판은 바로 이전에 유럽의 도덕과 도덕 경험으로 여겼던 것의 핵심에 다가섰다. 그는 그리스도교 도덕의 기원을 플라톤과 유대교까지 추적했다. 그리스도교는 이천 년 전에 양쪽의 가장 나쁜 점들이 결합된 것이었고, 인류를 평범한 방향으로 이끌었다.

이런 주제는 《도덕의 계보》에서 충분히 논의되었다. 여기서 니체는 선과 좋음을 판단하게 만든 기원이 무엇인지 물었다. 선과 좋음이 무엇이라고 결정하는 판단은 확실히 선과 좋음을 최초로 드러냈던 사람들에서 비롯되지 않았다. 오히려 선과 좋음을 최초로 결정하는 판단은 힘 있는 귀족들에게서 유래할 수밖에 없었다. 그들은 자신들의 공리를 위해 선과 좋음이 무엇인지 판단할 수 있다고 스스로 가정했다. 니체는 이렇게 설명했다.

> 이런 기원 때문에 '선하다' 또는 '좋다'는 말은, 도덕 계보학자들의 미신대로 '비非이기적unegoistic' 행동에 필연적으로 붙이지 **않는다**. 반대로 귀족의 가치 판단이 쇠퇴할 때 비로소 '이기적' 행동과 '비이기적' 행동을 구별하는 전체 대립 구도가 인간의 양심에 파고들어 점점 더 큰 힘을 발휘한다. 나의 언어를 사용하자면 **무리 본능**herd instinct이 그런 대립 구도와 함께 기어이 '선하다' 또는 '좋다'는 말을 받아들이게 만든다.[18]

 귀족들이 정의한 선과 좋음의 쇠퇴는, 무리 본능이 니체가 고대 그리스에서 찾아낸 강한 고대 귀족 계급*의 본능을 물리치고 승리했음을 보여준다. 고대 귀족 계급은 가치 판단에서 건강하고 힘이 센 사람들을 전

---

* 니체가 고대 그리스에서 찾아낸 귀족 계급은 아테네가 아니라 스파르타의 귀족을 가리킨다. 스파르타의 정치 체제와 문화는 당대에 이미 선망의 대상이었으며, 경쟁하던 아테네에도 찬미자들이 적지 않았다. 예컨대 플라톤은 스파르타를 현실 세계에 구현된 이상 국가에 가까운 나라로 여겼다. 이런 경향은 중세와 근대에도 드물지 않게 나타났다. 루소도 《학문 예술론》에서 아테네와 스파르타를 대조하면서 세련된 아테네 문화보다 소박한 스파르타 문화를 더 높게 평가했다. 프랑스 혁명기와 나폴레옹 시대에도 스파르타는 사회 정화의 표본이었으며, 히틀러 같은 인종주의자들도 스파르타의 정치와 문화를 선망했다.

제했는데, 이들은 신체 활동이 활발하며 언제든 전쟁에 나가 싸우고 체력을 시험할 준비도 되어 있었다. 그들의 가치는 삶과 힘을 긍정했다. 시간이 흐르면서 귀족 계급의 가치는 무리와 성직자들, 이 세상을 부정하는 사람들의 도덕으로 대체되고 말았다.

니체의 견해에 따르면, 고대 이스라엘의 도덕 경험이 영향을 미쳐 귀족 계급이 판단한 가치에 대한 재평가가 시작되었다. 이렇게 시작된 재평가는 그리스도교의 성장으로 두드러지게 촉진되어 '노예 도덕의 반란'을 일으켰다. 이 반란의 중심에는 니체가 말한 원한 감정ressentiment이 놓여 있었다. 귀족은 세계를 마주보고 긍정하지만, 노예는 바로 자신이 놓인 상황 탓에 외부 세계를 부정한다. 노예는 세계를 긍정하려면 자신의 무능이 정당하다고 말해야 하므로, 그렇게 하기 위해 부정한 것을 정당화하고 미화한다. 이것이 바로 그리스도교 도덕이다. 그리스도교 도덕은 권력 의지, 곧 힘을 얻으려는 의지를 부정하고, 따라서 삶도 부정하고 제한한다. 그리스도교가 승리함으로써 노예 도덕은 유럽 전역에 퍼졌다. 이는 귀족을 부정하고 미천한 자, 약자, 비겁자를 찬미했다. 요컨대 노예 도덕은 인간다운 본성을 부정해버렸다.

니체의 비판에서 중요한 점은 니체 자신이 비판의 의미와 가치를 설명하겠다고 스스로 결정했다는 것이다. 이전까지 철학자들은 대부분 보편 가치universal values가 실제로 존재한다고 가정했다. 보편 가치가 정확히 무엇인지에 대해서는 의견이 다를지 몰라도, 보편 가치가 실제로 존재한다는 점에 토를 달지 않았다. 니체는 가치가 그 자체로 독립적으로 존재한다는 가정을 거부했다. 니체의 주장에 따르면, 그리스도교가 만들어낸 가치는 본질적으로 힘과 권력이 없는 사람들이나 계급들이 자신들의 힘과 권력을 최대로 높여야 할 필요에서 비롯되었다. 또한 힘과 권력이 없는 사람들은 노예로서 생존에 필요한 가치를 귀족의 가치보다 훨씬 고상하고 가치가 뛰어나다고 가정했다. 더욱이 노예들이 일으킨 반란은 끝나지 않았다. 19세기 혁명과 자유주의, 사회주의가 일으킨 조류는 노예 반란에 새로운 기회를 제공했다. 니체는 이렇게 단언했다.

> 그때보다 훨씬 더 결정적이고 심오한 의미로 유대 정신은 프랑스 혁명과 함께 다시 한 번 고전 시대의 이상을 물리치고 승리했다. 유럽의 마지막 정치 귀족 계급, 17세기와 18세기 **프랑스** 귀족 계급은 **원한 감정**, 곧 천민 계급의 본능으로 붕괴되고 말았다. 세상에서 이보다 더 큰 소리로 환호하고 이보다 더 시끌벅적하게 열광한 적은 없었다![19]

니체는 《도덕의 계보》 말고 다른 곳에서도, 근대 자유주의는 그리스도교가 멈춘 곳에서 다시 시작했을 뿐이라고 주장했다. 그리스도교와 자유주의는 둘 다 인간의 본성을 부정하는 잘못을 저질렀다.

니체는 금욕주의적 이상ascetic ideal이 어마어마하게 중요한 기능을 담당했다고 보았다. 금욕주의적 이상은 인간에게 의미를 제공해주었는데, 특히 괴로움에 가장 큰 의미를 부여했다. 그런 탓에 인류는 실존이 근본적으로 의미가 없다는 냉혹한 현실에 직면하지 못했다. 하지만 금욕주의적 이상도 아주 값비싼 대가를 치렀다.

> 금욕주의적 이상으로 방향이 정해진 모든 의욕 활동이 실제로 표현한 것을 숨기는 일은 절대로 불가능하다. 인간에 대한 혐오, 동물성과 물

질성에 대한 더 큰 혐오, 오감과 이성 자체에 대한 공포, 행복과 미에 대한 두려움, 현상, 덧없음, 성장, 죽음, 소망, 갈망 자체에서 벗어나고 도망치려는 갈망은 모두, 감히 파악해보자면, **무로 돌아가려는 의지**will to nothingness이자 삶에 던지는 혐오, 삶에 가장 필요한 근본 전제에 맞선 반항을 의미한다. 하지만 그것도 **의지**이며, 계속 의지로 남으리라! ……이제 내가 처음 했던 말로 결론을 내리자면, 인간은 아무 의지도 갖지 **않는** 것보다는 차라리 **무로 돌아가려는 의지**를 택한다.[20]

도덕을 최종 검토한 끝에 드러난 사실은 삶을 부정하는 도덕조차 의지에 근거한다는 것이었다. 부정 금욕주의negative asceticism는 본래 금욕주의가 아니었다. 그것은 니체가 모든 의식 존재의 특징이라고 생각한 권력 의지, 곧 힘을 얻으려는 의지가 드러난 양식이었을 따름이다.

그러므로 인간성을 찾는 문제는 삶을 부정하지 않고 긍정하는 가치를 의욕하거나 가정할 방법을 찾는 것이었다. 니체의 경우 그런 방법은 본질적으로 뛰어난 소수 귀족의 도덕도 포함했다. 귀족은 반드시 무리를 극복해야 한다. 무리지어 사는 사람들은 그리스도교의 명성뿐 아니라, 당대 자본가 계급이 받아들인 지배 이념들, 예컨대 자유주의와 공리주의, 민족주의, 인종주의, 채식주의 같은 온갖 이념의 명성에도 휩쓸렸다. 이런 모든 이념은 결과를 계산하는 데 관심이 있는 도덕 입장이며, 당연히 노예 도덕 양식이었다.

따라서 삶을 긍정하는 도덕을 가정할 수 있는 존재가 초인Übermensch 또는 극복인Overman이었다. 20세기 초 여러 해 동안 '초능력자Superman'로 부르기도 했다. 이 용어는 주로《차라투스트라는 이렇게 말했다》에 나타나는데, 의미가 명료하지 않은 개념이다. 초인은 삶을 긍정한다. 그는 기쁨에 넘치며 죄의식이 없고 본능에 충실하며 본능에서 비롯된 충동에 따라 산다. 초인은 미래에 나타날 존재인 듯하다. 왜냐하면 니체는 책 속에서 인간을 짐승과 초인 사이에 놓인 다리로 묘사하기 때문이다. 초인은 니체가 마음속에 그린 이상형처럼 보인다. 금욕적인 그리스도교의 이상과 근대 자유주의를 추방하고 자유로워진 인간은 니체가 그린 이상형대로 초인이 될 수 있을 터이다.

최근 평론가들은 초인 개념을 중립적으로 규정하려고 상당히 노력했으나, 무슨 말을 하고 어떻게 하든 아마 잘못된 접근일 것이다. 의심할 여지 없이 니체는 히틀러 같은 인물을 초인으로 상상하지 않았으며, 니체가 마음속으로 그린 초인은 괴테와 더 닮았을지도 모른다. 그렇더라도 초인은 분명히 자유주의가 추구하는 가치와 양립할 수 없을 듯하다. 게다가 니체 철학에서 사용되는 많은 용어들과 마찬가지로 이 용어를 포용하려는 최근의 시도들은, 19세기의 또 다른 주요 비평가들을 아직도 자본가 계급의 문화로 동화시키려는 시도에 지나지 않는 것처럼 보인다.

우리는 19세기 유럽 지성사 고찰을 루소에 관해 다루면서 시작했다. 니체의 사상을 다루면서 강의를 마무리하는 것도 우연이 아니다. 니체는 루소의 통찰과 미래상에 이의를 제기한 가장 조예가 깊은 비판자로 우뚝 서 있다. 루소가 귀족 사회와 자본가 사회에 내재한 문제를 알아보고 개탄하면서 내놓은 해결책은 급진적인 평등주의로 기울었다. 루소가 고대 세계에서 찾아낸 시민의 덕을 갖춘 사회는 대단히 불평등했다. 하지만 루소는 미래 세대에 적합한 평등주의 사회를 계획했다. 그는 성경에 나오는 아담과 이브의 타락을 세속 관점으로 해석하여 근대 사회가 어떠한지 묘사했다. 다음으로 순전히 의지의 힘으로 자신들을 도덕과 경제 양면에서 다른 인간들보다 우월한 자리에 선 인간들이 타락했다고 비판했다. 그렇게 타락한 상황으로부터 근대 사회의 허위를 이끌어냈다. 그는 급진 평등주의의 이름으로 근대 사회의 거짓과 위선을 물리치고 싶었다. 또한 일반 의지와 시민 종교를 세워, 인간이 그것을 위해 기꺼이 죽으려고 할 만한 세력으로 키우고자 했다.

니체는 루소의 통찰과 미래상을 둘러싼 모든 것을 혐오했다. 그는 고대에 자신을 남들보다 우월한 자로 세운 귀족을 찬미했으며, 루소의 모든 저술에서 플라톤과 세속화된 유대 그리스도교 전통의 냄새를 맡았다. 니체는 루소가 급진주의를 내세웠으면서도 지식인의 진실한 용기는 부족했다고 암시한다. 루소는 자연 상태에서 벗어난 인간을 스스로 본질적 성격을 구축해야 할 결정되지 않은 존재로 묘사했지만, 그런 통찰에 꼭 필요한 허무주의에서 물러나 뒷걸음쳤다. 니체는 허무주의를 다음 20세기 유럽의 지성 생활에서 가장 중요한 자리로 가져다놓았다. 니체가 볼 때 인간의 본성은 정말로 결정되어 있지 않았다. 인간은 자신의 본성을 스스로 결정해야 한다. 니체는 동시대 사람들이 호소한 지배 이념들이 모두 그러한 과제를 수행하는 데 부적합하다는 것을 알아차렸다.

|주|

제1강

1 소피 두스토 백작 부인의 말은 다음에서 재인용했다. 폴 존슨Paul Johnson, 《지식인 *Intellectuals*》(New York: Harper & Row, 1988), 2쪽 ; 레스터 크로커Lester Crocker, 《장 자크 루소*Jean-Jacques Rousseau*》(New York: Macmillan, 1968~1973), 1권, 353쪽.

2 장자크 루소Jean-Jacques Rousseau, 《에밀*Emile or On Education*》, 앨런 블룸Allan Bloom 옮김(New York: Basic Books, 1979), 39~40쪽.

3 장자크 루소, 〈학문 예술론Discourse on the Sciences and Art〉, 도널드 크레스Donald A. Cress 엮고 옮김, 《루소의 기초 정치학 저술*The Basic Political Writings*》(Indianapolis: Hackett Publishing Co., 1987), 4쪽.

4 같은 책, 4~5쪽.

5 같은 책, 6~7쪽.

6 같은 책, 5쪽.

7 같은 책, 7~8쪽.

8 같은 책, 12쪽.

9 같은 책, 12쪽.

10 같은 책, 13쪽.

11 같은 책, 17쪽.

12 장자크 루소, 〈인간 불평등 기원론Discourse on the Origin and Foundations of Inequality Among Men〉, 《루소의 기초 정치학 저술*The Basic Political Writings*》, 37~38쪽.

13 토머스 홉스Thomas Hobbes, 《리바이어던*Leviathan*》, 리처드 턱Richard Tuck 엮음 (Cambridge: Cambridge University Press, 1996), 89쪽.

14 장자크 루소, 《인간 불평등 기원론》, 38쪽.

15 같은 곳.

16 같은 책, 57쪽.

17 장 스타로뱅스키Jean Starobinski,《장자크 루소: 투명성과 장애물*Jean-Jacques Rous-seau: Transparency and Obstruction*》, 아르투어 골드해머Arthur Goldhammer 옮김(Chicago: University of Chicago Press, 1988), 297~298쪽 참고.

18 장자크 루소,《인간 불평등 기원론》, 65쪽.

19 장 스타로뱅스키,《장 자크 루소: 투명성과 장애물》, 299쪽.

20 장자크 루소, 〈사회 계약론On the Social Contract〉,《루소의 기초 정치학 저술》, 1권, 141쪽.

21 장자크 루소, 〈사회 계약론〉, 141쪽.

22 같은 책, 144쪽.

23 같은 책, 148쪽.

24 같은 책, 150쪽.

25 같은 책, 163쪽.

26 같은 책, 165쪽.

27 같은 책, 226쪽.

제2강

1 토머스 헉슬리Thomas H. Huxley,《논문집 1권 : 방법과 결과*Collected Essays: Vol. 1. Methods and Results*》(Cambridge: Cambridge University Press, 2011), 51쪽.

2 알렉시 드 토크빌Alexis de Tocqueville,《미국의 민주주의*Democracy in America*》, 아이작 크램닉Isaac Kramnick 엮음(New York and London: Norton, 2007), 1권, 13쪽.

3 같은 책, 19쪽.

4 같은 책, 12쪽.

5 같은 책, 1권, 14장, 196쪽.

6 같은 책, 197쪽.

7 같은 책, 198쪽.

8 같은 책, 1권, 15장, 210쪽.

9 제임스 매디슨James Madison, 〈연방주의 10번Federalist No. 10〉,《연방주의자 논집*The Federalist*》, 제이콥 어니스트 쿡Jacob Ernest Cooke 엮음(Middletown, CT: Wesleyan

University Press, 1961）; 니콜로 마키아벨리Niccolo Machiavelli, 〈리비우스의 첫 열 권에 대한 강의Discourses on Livy〉, 존 엠 나예미John M. Najemy 엮음,《케임브리지 마키아벨리 지침서*The Cambridge Companion to Machiavelli*》(Cambridge: Cambridge University Press, 2010).

제3강

1 존 스튜어트 밀John Stuart Mill,《존 스튜어트 밀 전집 1권: 존 스튜어트 밀 자서전*The Collected Works of John Stuart Mill: Vol. 1, Autobiography and Literary Essays*》, 존 롭슨John M. Robson · 잭 스틸링어 · Jack Stillinger 엮음(Abingdon: Routledge, 2013), 107쪽.

2 토머스 칼라일Thomas Carlyle, 〈의상 철학Sartor Resartus: The Life and Opinions of Herr Teufelsdröckh〉, 핸리 더프 트레일Henry Duff Traill 엮음,《토머스 칼라일 작품집 *The Works of Thomas Carlyle*》(Cambridge: Cambridge University Press, 2010), 187쪽.

3 데이비드 리카도David Ricardo, 〈정치 경제학과 조세의 원리On the Principles of Political Economy and Taxation〉, 피에로 스라파Pierro Sraffa 엮음,《리카도의 저작과 서신*The Works and Correspondence of David Ricardo: Vol. 1, On the Principles of Political Economy and Taxation*》(Cambridge: Cambridge University Press, 1981).

4 존 스튜어트 밀,《존 스튜어트 밀 전집 1권: 존 스튜어트 밀 자서전》, 113쪽.

5 같은 책, 114쪽.

6 같은 책, 137~138쪽.

7 같은 책, 193쪽.

8 존 스튜어트 밀,《자유론과 나머지 저술*On Liberty and Other Writings*》, 스테판 콜리니Stefan Collini 엮음(Cambridge: Cambridge University Press, 1989), 65쪽.

9 같은 책, 132~133쪽.

제4강

1 존 웨슬리John Wesley,《작품집*Works*》, 베이커F. Baker 엮음, 전 26권(Oxford: Oxford University Press, 1975), 1권, 23~24쪽.

2 장 자크 루소, 《에밀*Emile, or, On Education: includes Emile and Sophie, or, The Solitaries*》, 크리스토퍼 켈리Christopher Kelly · 앨런 블룸Allen Bloom 엮음(Hanover, NH: Dartmouth College Press, 2010), 425쪽.

3 같은 책, 428쪽.

4 같은 책, 438쪽.

5 같은 책, 449쪽.

6 같은 책, 451~452쪽.

7 같은 책, 454쪽.

8 이마누엘 칸트Immanuel Kant, 《순수 이성 비판*Immanuel Kant's Critique of Pure Reason*》, 노먼 켐프 스미스Norman Kemp Smith 옮김(London: Macmillan, 1933; 개정판, 1964), B판 16절, 22~23쪽.

9 아르투어 쇼펜하우어Arthur Schopenhauer, 《소론 두 편: I. 충분 이유율의 네 가지 뿌리, II. 자연에 내재하는 의지*Two Essays: I. On the Fourfold Root of the Principle of Sufficient Reason, II. On the Will in Nature. A Literal Translation*》, 카를 힐레브란트Karl Hillebrand 옮김(London: George Bell, 1889; repr. Cosimo: New York, 2007), 131~132쪽.

제5강

1 리처드 허드Richard Hurd, 《기사도와 모험담에 부친 편지*Letters on Chivalry and Romance*》(London: Millar, 1762).

2 프리드리히 슐레겔Friedrich Schlegel, 《고대와 근대 문학사 강의*Lectures on the History of Literature, Ancient and Modern, from the German of Frederick Schlegel*》, 로커트J. G. Lockert 옮김(Edinburgh and London: William Blackwood and Sons, 1861), 제7장, 180쪽.

3 같은 책, 제7강, 202~203쪽.

4 같은 책, 제8강, 221쪽.

5 같은 책, 제8강, 222~223쪽.

6 하인리히 하이네Heinrich Heine, 《낭만파와 논문 선집*The Romantic School and Other*

Essays》, 조스트 허먼드Jost Hermand · 로버트 홀러브Robert C. Holub 엮음(New York: Continuum, 2002), 49쪽.

7 토머스 칼라일, 〈과거와 현재Past and Present〉, 제16장 "성 에드먼드St Edmund",《토머스 칼라일 작품집》, 헨리 더프 트레일 엮음(Cambridge: Cambridge University Press, 2012), 118쪽.

8 같은 책, 133쪽.

9 존 러스킨John Ruskin,《베네치아의 돌 2권: 바다 이야기*The Stones of Venice: Vol. II, The Sea Stories*》(London: Smith, Elder & Co., 1853), 161~162쪽.

10 같은 책, 163쪽.

11 같은 책, 165쪽.

12 존 러스킨,《베네치아의 돌 3권: 타락*The Stones of Venice: Vol. III. The Fall*》(London: Smith, Elder & Co., 1853), 12쪽.

13 같은 책, 95쪽.

14 같은 책, 107쪽.

15 같은 책, 112쪽.

제6강

1 피터 보울러Peter J. Bowler,《다윈설의 쇠퇴*The Eclipse of Darwinism*》(Baltimore; London: Johns Hopkins University Press, 1983), 3~19쪽.

2 에른스트 마이어Ernst Mayr,《생물학 사상의 성장: 다양성과 진화, 유전*The Growth of Biological Thought: Diversity, Evolution, and Inheritance*》(Cambridge, MA: Belknap Press of Harvard, 1982), 353쪽에서 재인용.

3 찰스 라이엘Charles Lyell,《지질학 원리*Principles of Geology*》(London: John Murray, 1835), 2권, 429~430쪽.

4 같은 책, 433쪽.

5 찰스 다윈Charles Darwin,《종의 기원*On the Origin of Species*》(London: John Murray, 1872, 제6판), 63쪽.

6 같은 책, 63~64쪽.

7 토머스 헉슬리,《논문집 9권: 진화와 윤리, 다른 여러 논문*Collected Essays: Vol. 9 , Evolution and Ethics and Other Essays*》(London: Macmillan, 1893~1894), 81~82쪽.

제7강

1 토머스 헉슬리,〈종의 기원The Origin of Species〉(1860),《논문집 2권: 다윈설 자료집 *Collected Essays: Vol. II, "Darwiniana"*》(London: Macmillan, 1893~1894), 52쪽.

2 이 재판을 토대로 한 희곡은 1955년에 상연되었고, 1960년대에 스펜서 트레이시와 프레드릭 마치가 주연을 맡아 영화로 제작되었다. 피터 굿차일드가 연출한 극은 2009년 BBC에서 방송되었으며, 브라이언 데너히가 대로 역을 맡고 프레드 톰슨이 브라이언 역을 맡은 영화는 2011년에 개봉되었다.

3 윌리엄 페일리William Paley,《자연 신학*Natural Theology*》(Philadelphia: John Morgan, 1802), 306쪽.

4 같은 책, 309쪽.

5 같은 책, 314쪽.

6 같은 책, 127쪽.

7 같은 책, 339쪽.

8 같은 책, 348쪽.

9 같은 책, 348쪽.

10 같은 책, 340쪽.

11 1859년 11월 22일 다윈이 존 러벅에게 보낸 편지. 증쇄,《찰스 다윈의 생애와 편지 *The Life and Letters of Charles Darwin, including an Autobiographical Chapter*》전 3권, 프랜시스 다윈Francis Darwin 엮음(London: John Murray, 1887), 2권, 215쪽에 수록.

12 토머스 맬서스Thomas Malthus,《인구론*An Essay on the Principle of Population*》 (London: J. Johnson, 1798), XIX. 15, 395쪽.

13 찰스 다윈,《찰스 다윈의 생애와 편지》, 1권, 394쪽.

14 루이 아가시Louis Agassiz,〈동물 생명의 구조The Structure of Animal Life〉,《1862년 1월과 2월 브루클린 음악원 여섯 강연*Six lectures Delivered at the Brooklyn Academy*

of Music in January and February 1862》(New York: Scribner, 1866), 122쪽 ; 닐 길
레스피Neal Gillespie,《찰스 다윈과 창조 문제*Charles Darwin and the Problem of
Creation*》(Chicago: University of Chicago Press, 1979), 27쪽에서 재인용.

15　《1858년 리드에서 열린 과학 진흥 협회 제28차 회의 보고서*Report of the Twenty-
Eighth Meeting of the British Association for the Advancement of Science Held at
Leeds in September 1858*》(London: John Murray, 1859), 90쪽.

16　레너드 헉슬리Leonard Huxley,《토머스 헨리 헉슬리의 생애와 편지*The Life and Let-
ters of Thomas Henry Huxley*》(New York: Appleton), 1권 182쪽. 닐 길레스피,《찰스
다윈과 창조 문제》, 32쪽에서 재인용.

17　닐 길레스피,《찰스 다윈과 창조 문제》, 76쪽에서 재인용.

18　찰스 다윈,《자연 선택 방법에 따른 종의 기원 또는 생존 경쟁에 유리한 종의 보존*On
the Origin of Species by Means of Natural Selection, or the Preservation of Favoured
Races in the Struggle for Life*》(London: John Murray, 1859, 초판), 490쪽.

19　1856년 7월 13일 다윈이 후커에게 쓴 편지. 찰스 다윈,《찰스 다윈의 많은 편지: 미간
행 편지들에 나타난 그의 연구 기록*More Letters of Charles Darwin: A Record of his
Work in a Series of Hitherto Unpublished Letters*》, 프랜시스 다윈Francis Darwin · 수
어드A. C. Seward 엮음(London: John Murray, 1903), 1권, 94쪽에 수록.

20　이 구절들은 종의 기원 제2판에 처음 등장했다. 찰스 다윈,《종의 기원》(London:
John Murray, 1860), 481, 489~490쪽.

21　같은 책, 490쪽.

22　1860년 5월 22일 다윈이 아사 그레이에게 보낸 편지. 찰스 다윈,《다윈의 생애와 편
지》, 2권, 311~312쪽에 수록.

제8강

1　루트비히 포이어바흐Ludwig Feuerbach,《그리스도교의 본질*The Essence of Christian-
ity*》, 매리언 에반스Marian Evans 옮김(New York: Calvin Blanchard, 1855), 267쪽.

2　카를 마르크스Karl Marx, 〈유대인 문제에 관하여On the Jewish Question〉(1843), 루치
오 콜레티Lucio Colletti 엮음,《마르크스 초기 저술*Early Writings*》(London: Penguin,

1992), 216쪽 수록.

3 카를 마르크스, 〈경제 철학 수고Economic and Philosophical Manuscripts〉(1844), 같은
책, 324~325쪽.

제9강

1 존 러스킨,《존 러스킨 작품집*The Works of John Ruskin*》, 쿡E. T. Cook · 알렉산더 웨
더번Alexander Wedderburn 엮음(London: George Allen, 1903~1912), 4권, 239쪽.

2 조슈아 레이놀즈 경Sir Joshua Reynolds, 〈강연 9Discourse IX〉,《레이놀즈 경 강연*The
Discourses of Sir Joshua Reynolds*》(London: James Carpenter, 1842), 166쪽.

3 장 프랑수아 생랑베르Jean Francois de Saint-Lambert, 〈천재Genie〉,《백과사전*Encyclo-
pedie, ou dictionnaire raisonne des sciences, des arts et des metiers*》, 드니 디드로Denis
Diderot · 장 르 롱 달랑베르Jean le Rond d'Alembert 엮음(Paris: Andre le Breton et al.
1751~1772), 7권(1757), 582~584쪽.

4 같은 책, 582~583쪽.

5 알렉산더 포프Alexander Pope 엮음,《셰익스피어 작품집*The Works of Shakespear*》, 전
6권(London, 1725), 1권, 3쪽.

6 메이어 하워드 에이브럼스Meyer Howard Abrams,《거울과 등불: 낭만주의 이론과 비
평 전통*The Mirror and the Lamp: Romantic Theory and the Critical Tradition*》(Ox-
ford: Oxford University Press, 1953).

7 알렉산더 포프, 〈비평론An Essay on Criticism〉(1709), 제2부, 97행.

8 요한 고틀리프 피히테Johann Gottlieb Fichte,《작품집*Werke*》, 피히테I. H. Fichte 엮음
(Berlin: Walter de Gruyter, 1971), 1권, 284쪽.

9 같은 곳.

10 프리드리히 빌헬름 요제프 셸링Friedrich Wilhelm Joseph Schelling,《예술 철학*The
Philosophy of Art*》(1802~1803), 더글러스 스톳Douglas W. Stott 엮고 옮김(Minne-
apolis: University of Minnesota Press, 1989), 31~32쪽.

11 제임스 엥겔James Engell,《창조하는 상상력: 계몽 시대부터 낭만주의까지*The Crea-
tive Imagination: Enlightenment to Romanticism*》(Cambridge, MA: Harvard Univer-

sity Press, 1981), 305쪽.

12 새뮤얼 테일러 콜리지Samuel Taylor Coleridge,《문학평전*Biographia Literaria*》(London: West Fenner, 1817), 1권, 295~296쪽.

13 프리드리히 실러Friedrich Schiller,《인간의 미학 교육에 부치는 편지*On the Aesthetic Education of Man in a Series of Letters*》, 엘리자베스 윌킨슨Elizabeth Wilkinson · 윌로바이L. A. Willoughby 엮고 옮김(Oxford: Clarendon Press, 1967), 27~29쪽.

14 같은 책, 55~57쪽.

15 같은 책, 215~217쪽.

16 이 구분은 다음 책에서 찾을 수 있다. 프리드리히 폰 슐레겔Friedrich von Schlegel, 《시와 문학 경구를 두고 나눈 대화*Dialogue on Poetry and Literary Aphorisms*》(1800a), 에른스트 벨러Ernst Behler · 로만 스트럭Roman Struc 엮고 옮김(University Park: Pennsylvania State University Press, 1968).

17 퍼시 비시 셸리Percy Bysshe Shelley, 〈시 옹호론A Defence of Poetry〉, 메리 울스턴크래프트 Mary Wollstonecroft Shelley 엮음,《시론, 외국에서 보낸 편지, 번역, 단편 *Essays, Letters from Abroad, Translations and Fragments*》(London: Edward Moxon, 1840), 1~57쪽에 수록, 특히 45~46쪽 참고.

18 같은 책, 47쪽.

19 같은 책, 49쪽.

20 러네이 웰렉Rene Wellek, 〈문학사에 나타난 '낭만주의' 개념: 2부, 유럽 낭만주의의 통일성The Concept of 'Romanticism' in Literary History: II. The Unity of European Romanticism〉,《비교 문학*Comparative Literature*》(Spring, 1949), 147~172쪽에 수록, 특히 147쪽 참고.

21 노발리스Novalis,《노발리스 작품집*Novalis Schriften. Die Werke Friedrich von Hardenberg*》, 리처드 새뮤얼Richard Samuel · 한스요하킴 말Hans-Joachim Mahl · 게르하르트 슐츠Gerhard Schulz 엮음(Stuttgart: Kohlhammer, 1960~1988), 685~686쪽. 에른스트 벨러,《독일 낭만주의 문학 이론*German Romantic Literary Theory*》(Cambridge: Cambridge University Press, 1993), 183쪽에서 재인용.

22 같은 곳.

23 같은 책, 3권, 569쪽. 에른스트 벨러, 같은 책, 204쪽에서 재인용.

제10강

1 베네딕트 앤더슨Benedict Anderson, 《상상으로 그린 공동체: 민족주의의 기원과 확산을 반성한다*Imagined Communities: Reflections on the Origin and Spread of Nationalism*》(London: Verso, 1983, 2006), 85쪽.

2 에른스트 모리츠 아른트Ernst Moritz Arndt, 《해방 전쟁*The War of Liberation*》(1913), 마빈 페리Marvin Perry, 《서양 전통의 원천 2권: 문예 부흥기부터 현재까지*Sources of the Western Tradition. Volume II: From the Renaissance to the Present*》(Belmont, CA: Cengage Learning, 2012), 171쪽에서 재인용.

3 쥘 미슐레Jules Michelet, 〈키네에게A M. Edgar Quinet〉, 《민중*Le Peuple*》, 폴 비알라네 Paul Viallaneix 엮음(Paris: Flammarion, 1974), 67~68쪽. 이 편지의 영어 번역은 다음에 수록되었다. 하스켈F. Haskell, 《역사와 역사상*History and its Images*》(New Haven, CT: Yale University Press, 1993), 252쪽.

4 주세페 마치니Giuseppe Mazzini, 《평론집: 주세페 마치니의 교양, 정치, 종교 저술 선 집*Essays: Selected from the Writings, Literary, Political, Religious of Joseph Mazzini*》, 윌리엄 클라크William Clark 엮음(London: Walter Scott, 1880). 도널드 케건Donald Kagan · 스티븐 오즈먼트Steven E. Ozment · 프랭크 터너Frank Turner 엮음, 《1789년 이후 서양의 유산*The Western Heritage since 1789*》, 합본(Upper Saddle River, NJ: Prentice Hall, 2010), 596쪽에서 재인용.

5 〈프라하 슬라브 민족 회의 선언문Prague Slav Congress Manifesto〉(1848). 도널드 케건 · 스티븐 오즈먼트 · 프랭크 터너 엮음, 《1789년 이후 서양의 유산》, 651쪽에서 재인용.

6 세르게이 우바로프의 발언. 니콜라스 발렌틴 랴자놉스키Nicholas Valentine Riasanovsky, 《니콜라이 1세와 러시아의 관제 민족주의, 1815~1855*Nicholas I and Official Nationality in Russia, 1815~1855*》(Berkeley: University of California Press, 1959), 73~74쪽에서 재인용.

7 액턴 경Lord John Acton, 〈민족주의Nationality〉, 《국내외 논평*The Home and Foreign Review*》(Jul. 1862년).

제11강

1 레스 백Les Back · 존 솔로모스John Solomos 엮음,《인종 이론과 인종주의: 독본*Theories of Race and Racism: A Reader*》(New York: Taylor & Francis, 2002).

2 아르튀르 드 고비노Arthur de Gobineau,《인종 불평등론*Essai sur l'inégalité des races humaines*》, 오스카 래비Oscar Levy 엮음, 에이드리언 콜린스Adrian Collins 옮김(London: Heinemann, 1915).

3 휴스턴 스튜어트 체임벌린Houston Stewart Chamberlain,《19세기의 토대*Foundations of the Nineteenth Century*》, 존 리스John Lees 옮김(London: John Lane, The Bodley Head, 1912).

4 알렉시 드 토크빌,《유럽 혁명과 고비노 서신 교환*The European Revolution and Correspondence with Gobineau*》, 존 루카치John Lukacs 엮음(New York: Doubleday Anchor Books, 1959), 227쪽.

제12강

1 잭 스타인Jack M. Stein,《리하르트 바그너와 예술의 종합*Richard Wagner and the Synthesis of the Arts*》(Detroit: Wayne State University Press, 1960), 78쪽.

2 아르투어 쇼펜하우어,《의지와 표상으로서 세계*The World as Will and Idea*》, 홀데인 R. B. Haldane 옮김(London: Kegan Paul, Trench, Trubner & Co., 1909), 1권, 10편.

3 같은 책, 3편.

4 같은 곳.

5 같은 책, 257쪽. 울리치 포세스트Ulrich Pothast,《형이상학적 통찰: 쇼펜하우어의 예술 철학과 생애, 사무엘 베켓이 그것을 활용하는 고유한 방식*The Metaphysical Vision: Arthur Schopenhauer'sPhilosophy of Art and Life and Samuel Beckett's Own Way to Make Use of It*》(New York: Peter Lang, 2008), 64쪽에서 재인용.

6 아르투어 쇼펜하우어, 같은 책, 3편.

7 아르투어 쇼펜하우어,《철학 저술*Philosophical Writings*》, 볼프강 쉬르마허Wolfgang Schirmacher 엮음(New York: Continuum, 1994), 131쪽.

제13강

1 존 스튜어트 밀, 《여성의 종속*The Subjection of Women*》(New York: Cosimo, 2008), 16쪽.

2 장자크 루소, 《에밀》, 앨런 블룸 옮김(New York: Basic Books, 1979), 5편, 357쪽.

3 같은 책, 361쪽.

4 같은 책, 363쪽.

5 메리 울스턴크래프트Mary Wollstonecraft, 《인권 옹호와 여권 옹호, 몇 가지 주의 사항*A Vindication of the Rights of Man and a Vindication of the Rights of Woman and Hints*》, 실배너 토마셀리Sylvana Tomaselli 엮음(Cambridge: Cambridge University Press), 74쪽.

6 같은 책, 89쪽.

7 같은 책, 94쪽.

8 같은 책, 113쪽.

9 같은 책, 117쪽.

10 조르주 상드George Sand, 《조르주 상드 자서전*The Autobiography of George Sand*》, 셀마 주그로Thelma Jurgrau 엮음(Albany, NY: State University of New York Press, 1991), 936쪽.

11 조르주 상드, 《앵디아나*Indiana*》, 실비아 라파엘Sylbia Raphael 옮김(Oxford: Oxford University Press, 1994), 190쪽.

12 조지 엘리엇George Eliot, 《미들마치Middlemarch》, 데이비드 캐럴David Carroll 엮음(Oxford: Oxford University Press, 1996), 1권, 7장, 58쪽.

제14강

1 토머스 칼라일, 《의상 철학》, 핸리 더프 트레일 엮음(London: J. M. Dent, 1908), 3권, 2장.

2 프리드리히 슐라이어마허Friedrich Schleiermacher, 《종교론*On Religion*》, 리처드 크루터Richard Crouter 엮고 옮김(Cambridge: Cambridge University Press, 1988), 102쪽.

3 같은 책, 133쪽.

4 같은 책, 138쪽.

5 프랭클린 르 반 보머Franklin Le Van Baumer 엮음, 《서양 사상의 주류*Main Currents of Western Thought*》(New Haven: Yale University Press, 1978), 483쪽.

6 토머스 칼라일, 앞의 책, 1권, 10장.

7 같은 책.

제15강

1 프리드리히 니체Friedrich Nietzsche, 《비극의 탄생과 그 밖의 저술*The Birth of Tragedy and Other Writings*》, 레이먼드 게스Raymond Geuss·로널드 스피어스Ronald Speirs 엮음, 로널드 스피어스 옮김(Cambridge: Cambridge University Press, 1999), 3절, 22쪽.

2 같은 책, 1절, 18쪽.

3 게오르크 빌헬름 프리드리히 헤겔G. W. F. Hegel, 《세계사 철학 강의: 입문*Lectures on the Philosophy of World History: Introduction*》, 덩컨 포브스Duncan Forbes 서문, 니스벳H. B. Nisbet 옮김(Cambridge: Cambridge University Press, 1975), 62쪽.

4 프리드리히 니체, 《비극의 탄생》, 12절, 62쪽.

5 같은 곳.

6 같은 책, 13절, 66쪽.

7 같은 곳.

8 같은 책, 15절, 73쪽.

9 같은 책, 15절, 74쪽.

10 같은 책, 16절, 76쪽.

11 같은 책, 19절, 89쪽.

12 같은 곳, 19절, 94쪽.

13 같은 책, 20절, 98쪽.

14 프리드리히 니체, 《반그리스도, 이 사람을 보라, 우상의 황혼, 그 밖의 저술*The Anti-Christ, Ecce Homo, Twilight of the Idols, and Other Writings*》, 에런 리들리Aaron Ridley·주디스 노먼Judith Norman 엮음, 주디스 노먼 옮김(Cambridge: Cambridge University Press, 2005), 5절, 242쪽.

15 프리드리히 니체,《반시대적 고찰*Untimely Meditations*》, 대니얼 브라질Daniel Breazeale 엮음, 홀링데일R. J. Hollingdale 옮김(Cambridge: Cambridge University Press, 1997), 29쪽.

16 프리드리히 니체,《선악의 저편*Beyond Good and Evil*》, 롤프피터 호스트맨Rolf-Peter Horstmann · 주디스 노먼 엮고 옮김(Cambridge: Cambridge University Press, 2002), 4장, 108절, 64쪽.

17 프리드리히 니체,《즐거운 학문*The Gay Science*》, 바너드 윌리엄스Barnard Williams 엮음, 조세핀 녹호프Josefine Nauckhoff · 에이드리언 델 카로Adrian del Caro 옮김 (Cambridge: Cambridge University Press, 2001), 121절, 117쪽.

18 프리드리히 니체,《도덕의 계보*On the Genealogy of Morality*》, 키스 앤셀피어슨 Keith Ansell-Pearson 엮음, 캐럴 디드Carol Diethe 옮김(Cambridge: Cambridge University Press, 1994), 제1논문, 2절, 13쪽.

19 같은 책, 16절, 35쪽.

20 같은 책, 제3논문, 28절, 128쪽.

|인물 설명|

ㄱ

가리발디, 주세페 Giuseppe Garibaldi(1807~1882): 이탈리아의 혁명가이자 정치가로 주세페 마치니와 함께 이탈리아 통일 운동Risorgimento에 힘썼다.

게이, 피터 Peter Gay(1923~2015): 미국의 역사가이자 교육자이며 저술가이다. 예일 대학교의 역사학 교수로 재직하면서 25권의 저술을 남겼다.

게이어, 루트비히 Ludwig Geyer(1779~1821): 독일의 배우이자 극작가, 화가이다.

고비노, 아르튀르 드 Arthur de Gobineau(1816~1882): 프랑스의 귀족 출신 소설가이자 사상가. 인종의 불평등성을 지지하고 아리아족이 지배 인종이라는 이론을 세워 유명해졌다.

골턴, 프랜시스 Francis Galton(1822~1911): 영국 빅토리아 시대에 살았던 박식한 사람이다. 찰스 다윈의 사촌이다. 칼 피어슨과 함께 우생학을 창시했다.

괴테, 요한 볼프강 폰 Johann Wolfgang von Goethe(1749~1832): 독일의 작가이자 철학자, 과학자로 바이마르 대공국에서 재상 직을 수행하기도 했다. 1786년 이탈리아 여행을 계기로 고전주의 문학관을 확립했고, 1794년 실러와 함께 독일 바이마르 고전주의를 꽃피웠다. 1796년에는 대표적인 교양소설 《빌헬름 마이스터의 수업시대*Wilhelm Meisters Lehrjahre*》를 썼다. 역작 《파우스트*Faust*》는 스물네 살에 구상하기 시작하여 생을 마감하기 바로 한 해 전에야 완성했다.

그랜트, 알렉산더 Alexander Grant(1826~1884): 영국의 교육자이자 아리스토텔레스 연구자이다. 에든버러 대학교의 총장을 역임했다.

그레이, 아사 Asa Gray(1810~1888): 19세기 미국을 대표하는 가장 유명한 식물학자이다.

그로트, 조지 George Grote(1794~1871): 영국의 정치 급진주의자이자 고대 그리스에 관해 연구한 역사가이다. 고대 그리스 역사 연구에 전념하여 기원전 301년까지 역사를 다룬 《그리스 역사*History of Greece*》를 1846년부터 1856년까지 12권으로 출간했다. 이 책은 출간 이후 반세기 이상 최고 권위를 인정받았다.

그린, 존 리처드 John Richard Green(1837~1883): 영국의 역사가이다.

기번, 에드워드 Edward Gibbon(1737~1794): 영국의 역사가이자 정치가이다. 2세기부터

1453년 콘스탄티노플 멸망까지 로마 역사를 다룬 《로마 제국 쇠망사*The History of the Decline and Fall of the Roman Empire*》의 저자로 유명하다.

ㄴ

나폴레옹, 보나파르트 Napoléon Bonaparte(1769~1821): 프랑스의 군인이자 정치가이다. 프랑스 혁명 시기 말엽 정치 지도자로 떠올랐다. 혁명파와 반혁명파가 싸우는 혼란 속에서 국민의 인기와 무력을 기반으로 정권을 장악하고 1804년부터 1815년까지 프랑스의 황제를 지냈다.

노르다우, 막스 Max Nordau(1849~1923): 유대계 독일인으로 의사이자 작가이다. 초기 유대 민족주의자이며 팔레스타인이야말로 유대인이 가서 살아야 할 장래의 안식처라고 믿은 시온주의를 주도한 인물 가운데 한 사람이다. 주요 저작 《퇴화》는 도덕주의자의 관점에서 예술의 퇴화를 공격했으며, 급속한 도시화가 신체에 미치는 영향 같은 사회 문제도 다루었다.

노발리스Novalis(1771~1801): 독일의 시인이자 작가, 철학자이다. 본명은 프리드리히 폰 하르덴베르크Friedrich von Hardenberg이다. 독일의 초기 낭만주의에 영향을 크게 미쳤다. 시와 철학, 과학을 통합하고 예술과 종교의 융합으로 숭고한 세계를 지향하는 낭만주의 경향을 나타냈다.

녹스, 로버트 Robert Knox(1791~1862): 스코틀랜드의 해부학자이자 동물학자이며, 인종학자이자 의사였다. 진화론과 인종학의 발전에 기여했다.

뉴먼, 존 헨리 John Henry Newman(1801~1890): 영국 국교회의 목사이다. 나중에 로마 가톨릭교로 개종하여 추기경까지 올랐으며, 로마 가톨릭교의 사상과 전례의식을 새롭게 하고자 일으킨 옥스퍼드 운동을 이끌었다.

뉴턴, 아이작 Isaac Newton(1642~1727): 영국의 물리학자이자 수학자. 17세기 과학 혁명을 대표하는 인물로 광학, 역학, 수학 분야에서 뛰어난 업적을 남겼다. 1687년에 출판된 《자연 철학의 수학 원리*Philosophiae Naturalis Principia Mathematica*》는 근대 과학사에서 가장 중요한 책으로 꼽힌다. 여기서 만유인력의 법칙으로 천체 운동을 설명했다.

니체, 프리드리히 Friedrich Nietzsche(1844~1900): 독일의 철학자이며 문헌학자, 계보학의 창시자이고 예술가였다. '망치를 든 철학자'로 자처하면서 전통 사상과 개념을 뒤엎어 사후 20세기 사상과 문화에 지대한 영향을 미쳤다. 진리와 가치를 탐구하면서 던진 참신한 질문은 중대한 해석의 문제를 제기하여, 현상학과 분석철학 같은 현대 철학 분야에서 2차 문헌을 양산했다.

ㄷ

다비드, 자크루이 Jacques-Louis David(1748~1825): 신고전주의 양식을 대표하는 프랑스의 화가이다. 프랑스 혁명의 지지자로서 사실주의 양식으로 〈마라의 죽음Marat assassiné〉을 비롯해 혁명 지도자들과 희생자들을 그렸다.

다윈, 이래즈머스 Charles Erasmus(1731~1801): 영국의 의사이자 자연 철학자이다. 영국의 중부 지방에서 일어난 계몽주의 핵심 사상가였으며, 찰스 다윈의 할아버지였다.

다윈, 찰스 Charles Darwin(1809~1882): 영국의 박물학자로 진화론을 세운 것으로 가장 유명하다.《종의 기원》에서 생물 진화론을 내세워 창조설을 뒤집고 인류의 자연관과 정신 문명에 커다란 영향을 미쳤다. 특히 인간과 원숭이가 공통 조상을 갖는다는 그의 발언은 당대 유럽 사회에 충격을 주었고, 진화론과 창조론 논쟁에 불을 붙였다.

대수도원장 샘슨 Abbot Samson(1135~1211): 영국의 토팅턴에서 태어난 영국 베네딕투스 수도회 수사로 베리세인트에드먼즈 대수도원의 원장이 되었다. 칼라일은《과거와 현재》에서 19세기 영국인들이 샘슨의 지도력을 본받아야 한다고 주장했다.

데카르트, 르네 René Descartes(1596~1650): 프랑스의 철학자이자 수학자이다. 근대 과학 혁명과 주체성을 강조한 근대 철학의 발전에 기여한 중요한 인물이다.

도브롭스키, 요세프 Joseph Dobrovský(1753~1829): 보헤미아어 문헌학자이자 역사가이다. 체코 민족 부흥 운동을 이끈 중심 인물이다.

디드로, 드니 Denis Diderot(1713~1784): 프랑스의 계몽 철학자이다. 장 르 롱 달랑베르와 공동으로《백과전서》를 펴냈으며, 주요 편집자로서 기여했다.

디킨스, 찰스 Charles Dickens(1812~1870): 영국 빅토리아 시대에 활동한 위대한 소설가이다. 특히 가난한 사람에게 깊이 공감하고 동정해서 글을 썼고, 사회 악습을 비판하고 풍자했으며, 현실에서 실제로 일어난 일을 상세하게 묘사했다.

뒤르켐, 에밀Émile Durkheim(1858~1917): 프랑스의 사회학자로 사회학과 인류학의 형성에 크게 기여했다. 일생 동안 학생들을 가르치고 교육, 범죄, 종교, 자살, 사회주의 등 사회에 나타나는 여러 양상을 경험적으로 연구한 수많은 사회학 연구서를 출간했다. 사회학의 방법이 따르는 규준을 과학적으로 엄밀하게 밝힌 1895년작《사회학 방법의 규준

Les Règles de la Méthode sociologique》으로 명성을 얻었다.

ㄹ

라마르크, 장바티스트 드 Jean-Baptiste de Lamarck(1744~1829): 프랑스의 박물학자이자 생물학자. 진화론을 처음 주창했고, 용불용설과 획득 형질 유전설의 제창자로 유명하다.

라신, 장바티스트 Jean-Baptiste Racine(1639~1699): 프랑스의 극작가로 몰리에르, 피에르 코르네유와 함께 17세기 프랑스의 3대 극작가로 꼽힌다. 고전주의 양식으로 역사 속 인물을 주인공으로 삼아 비극을 주로 썼다.

라이엘 경, 찰스 Sir Charles Lyell(1797~1875): 영국의 법률가이자 지질학자이다. 당대의 일류 지질학자였다.

라플라스, 피에르시몽 Pierre-Simon Laplace(1749~1827): 프랑스의 수학자이다.《천체 역학*Mécanique céleste*》에서 뉴턴의 고전 역학에서 사용한 기하학적 접근방식을 해석하여 당대 물리학을 집대성하고 확장했다. 수리 물리학 발전에 공헌했으며, 라플라스 변환, 라플라스 방정식에 이름이 남아 있다.

러스킨, 존 John Ruskin(1819~1900): 영국 빅토리아 시대에 활동한 저명한 예술 비평가이다. 건축과 예술 분야에서 고딕 복고 운동을 주도했으며, 당대 예술 평단의 일인자로 명성을 날렸다.

레닌, 블라디미르 일리치 Vladimir Il'yich Lenin(1870~1924): 러시아의 혁명가이자 정치가이다. 러시아 사회민주당을 이끄는 주역이 되어 1917년 러시아 혁명을 성공시킨 다음 러시아 소비에트 대회에서 의장으로 선출되었다.

레이놀즈 경, 조슈아 Sir Joshua Reynolds(1723~1792): 영국 왕립 학술원 초대 회장을 지냈다. 18세기 중후반 영국 예술계를 주도했다. 주로 초상화를 그렸고, 엄격한 이론 교육을 실시하고 옛 거장들을 연구함으로써 예술의 위대함을 보여주고자 했다.

레이턴 경, 프레드릭 Lord Frederic Leighton(1830~1896): 영국의 화가이자 조각가이다. 역사와 성경, 고대 그리스 신화에서 소재를 따서 그림을 그렸다. 여성을 아름답게 묘사한 그림들이 유명하다.

로벅, 존 아서 John Arthur Roebuk(1802~1879): 영국의 정치가이다. 급진 공리주의 개혁가들과 교류했다.

로크, 존 John Locke(1632~1704): 서양 철학사에서 경험론의 체계를 확립한 영국 경험론자로 분류되며, 근현대에 영향을 가장 크게 미친 자유주의 철학도 최초로 이론화했다. 그는 역사상 가장 온건하고 전무후무하게 성공을 거둔 1688년 명예혁명의 주창자이자 명예혁명의 정신을 충실하게 구현한 사상가이다.

롱, 에드워드 Edward Long(1734~1813): 영국의 식민지 행정관이자 역사가이다. 인류 다원 발생설을 지지했으며 백인종이 흑인종과 다른 종이라고 주장했다.

루소, 장자크 Jean-Jacques Rousseau(1712~1778): 스위스 제네바 출신의 프랑스 철학자이다. 그의 저술은 프랑스 혁명의 기반을 제공했으며, 계몽 시대 이후 내내 서양 사상의 발전에 영향을 미쳤다. 사회 계약론을 제안했고, 민주주의와 공화주의를 지지했으며, 이성과 합리성뿐 아니라 감정의 중요성도 중시한 계몽 철학자였다.

루이 16세 Louis XVI(1754~1793): 1774년부터 1792년까지 프랑스를 통치한 부르봉 가문 출신의 왕이다. 프랑스 혁명으로 퇴위된 후 단두대에서 처형되었다.

루이 필리프 1세 Louis Philippe I(1773~1850): 오를레앙파 지도자로서 1830년부터 1848년까지 재임한 프랑스의 왕이다. 루이 필리프의 치세를 7월 왕정이라 부르는데, 부유한 자본가 계급과 이전 나폴레옹 시대의 관료들이 권력을 장악했다. 보수주의 정책을 펼쳤으며, 영국과 우호를 다지면서 알제리 정복으로 알려진 식민지 팽창을 지원했다. 1848년 혁명이 일어나자 강제로 양위했다.

루터, 마르틴 Martin Luther(1483~1546): 독일의 가톨릭 수사이자 신학자로, 개신교 종교 개혁을 촉발한 주 인물이다. 아우구스티노회 수사였던 루터는 로마 가톨릭 교회의 교리와 전통을 거부했다. 당시 가톨릭 교회의 대사 또는 면죄부의 오남용을 강하게 성토한 95개 논제를 발표함으로써 파문당했고, 신도 개개인이 고난과 십자가를 통해 하느님을 인식하고 하느님의 자비와 은총으로 구원받을 수 있다는 십자가 신학을 발표했다.

루트비히 2세 Ludwig II(1845~1886): 바이에른 왕국의 왕이다. 1864년부터 죽을 때까지 재위했다. 낭만주의 경향의 보수주의자로 바그너의 후원자였으며, 말년에는 정치에서 멀어져 은둔 생활을 하며 예술과 건축에 열중했다. 괴짜 왕, 광인 왕이라는 별칭을 얻기도 했다.

리스트, 프란츠 Franz Liszt(1811~1886): 헝가리의 피아니스트이자 작곡가이다. 뛰어난 기교로 유럽에 명성을 떨쳤으며, 역사상 가장 위대한 피아니스트로 평가된다.

리카도, 데이비드 David Ricardo(1772~1823): 영국의 정치 경제학자로서 애덤 스미스와 더불어 영국 고전 경제학 체계를 완성한 인물이다. 사회 생산물이 사회를 구성하는 세 계급, 곧 지주와 노동자, 자본가 사이에 분배되는 법칙이 무엇인지 탐구했다. 또한 실업이 거의 없다고 가정한 상태에서 이윤은 임금에 반비례하고 임금은 생필품 비용에 따라 변하며 지대는 인구 증가와 한계 경작 비용 증가에 따라 상승한다고 결론지었다.

리쿠르고스Lycurgos(기원전 820경~730): 스파르타의 입법자이다. 스파르타의 사회 구조를 군사 중심으로 개혁했다. 그의 개혁은 스파르타인이 갖추어야 할 세 가지 덕목, 곧 평등, 군인에 적합한 단련, 엄격성에 맞춰졌다.

린네, 칼 폰 Carl von Linné(1707~1778): 스웨덴의 식물학자이자 물리학자, 동물학자이다. 식물의 종과 속을 정의하는 원리를 세우고, 식물에 이름을 붙일 때 필요한 일정한 체계도 정립함으로써 근대 분류학의 창시자로 불린다.

ㅁ

마, 빌헬름 Wilhelm Marr(1819~1904): 독일의 정치 선동가이자 출판업자이다. 반유대주의를 대중에 널리 퍼뜨렸다.

마르크스, 카를 Karl Marx(1818~1883): 독일의 철학자이자 사회주의 혁명가이다. 역사학자이자 경제학자, 사회학자이기도 하다. 1847년 공산주의자동맹을 창설했으며, 프리드리히 엥겔스와 공동 집필하여 1848년에 발표한《공산당 선언》과 1867년 초판이 발행된《자본론》의 저자로 널리 알려졌다.

마이어베어, 자코모 Giacomo Meyerbeer(1791~1854): 프로이센의 가극 작곡가이다. 연애를 다룬 낭만주의 경향의 가극으로 파리에서 인기가 대단히 높았다.

마치니, 주세페 Giuseppe Mazzini(1805~1872): 이탈리아의 정치가이자 신문과 잡지에 글을 실은 문필가이다. 1832년 비밀 혁명 단체인 '청년 이탈리아당'을 세웠고, 이탈리아 통일 운동을 선도했다.

마키아벨리, 니콜로 Niccolò Machiavelli(1469~1527): 이탈리아의 역사가이자 정치 철학자이다. 이탈리아 문예 부흥기를 이끄는 중요한 인물이었다. 군주제를 옹호한《군주론Il Principe》과 공화제를 옹호한《리비우스의 첫 열 권에 대한 강의(국역본 제목 : 로마사 논고)》가 유명하다.

마틴, 존 John Martin(1789~1854): 영국의 낭만주의 시대 화가이다.

만, 토마스 Thomas Mann(1875~1955): 독일의 평론가이자 소설가이다. 형은 급진주의 성향의 작가 하인리히 만Heinrich Mann이다. 대표작으로《부덴브로크가의 사람들Die

Buddenbrooks》,《베네치아에서의 죽음*Der Tod in Venedig*》,《마의 산*Der Zauberberg*》 등이 있으며, 1929년 노벨 문학상을 받았다. 1930년 이후 나치 민족 사회주의자들의 비인도적인 광신에 맞서 교양 있는 시민 계급과 사회주의 노동 계급이 공동 전선을 펼치자고 호소했다.

매디슨, 제임스 James Madison(1751~1836): 미국의 정치가이자 정치 이론가로 1809년부터 1817년까지 미국의 4대 대통령으로 재임했다. 미국 헌법의 제정자들 가운데 한 사람이며, 미국 헌법 해석에 영향을 가장 크게 미친《연방주의자 논집》의 공동 저자였다.

매컬러, 존 John McCulloch(1789~18640): 스코틀랜드의 경제학자이자 작가, 편집자이다. 1823년 리카도가 죽음 다음 리카도 경제학파를 이끌었다.

맬서스, 토머스 Thomas Malthus(1766~1834): 영국의 경제학자이자 인구통계학자로서 인구 증가는 식량 공급을 앞지르는 경향이 있으며, 산아 제한을 하지 않으면 인간성과 인류의 운명은 나아질 가능성이 없다고 주장했다.

메테르니히, 클레멘스 폰 Klemens von Metternich(1773~1859): 오스트리아의 정치가이자 외교관으로 프랑스 혁명에 반대하고 귀족 정치를 회복하고자 노력했다. 1814년 나폴레옹이 몰락하자 유럽 문제를 논의하려고 소집한 빈 회의에서 의장으로 선출되어 빈 체제 확립을 주도하고, 노련한 외교 정책으로 오스트리아의 위신을 회복했다.

멘델스존, 펠릭스 Felix Mendelssohn(1809~1847): 낭만주의를 대표하는 유대계 독일인 작곡가로 유럽, 특히 영국에서 인기를 누렸다. 괴테와 월터 스콧 등 당대 유명 문인들과 엑토르 베를리오즈 등 예술가들과 교류하며 아름답고 섬세한 곡을 작곡했다.

모렐, 베네디트 오귀스탱Bénédict Augustin Morel(1809~1873): 오스트리아 빈 태생이지만 프랑스에서 교육받은 정신과 의사이다. 19세기 중반 퇴화 문제를 다룬 영향력 있는 인물이다. 정신병의 원인을 유전 요인으로 설명하려 했으나 나중에 술이나 마약 같은 외부 요인도 정신 기능 저하 과정에 영향을 미친다고 보았다.

몰스워스, 윌리엄 William Molesworth(1810~1855): 영국의 성직자이자 역사가이다. 영국 국교회의 한 분파인 고교회파에 속했으며, 정치적 급진주의자였다.

몽테스키외, 샤를 루이 드 스콩다 Charles-Louis de Secondat Montesquieu(1689~1755): 프랑스의 사회 평론가이자 정치사상가이다. 근대 정치 이론 확립에 크게 기여했다. 정치 권력을 입법권과 행정권, 사법권으로 나누면서, 국가 안에서 자유를 촉진하는 방법은 독립적으로 행동하는 서로 다른 개인이나 집단에게 세 권력을 맡기는 것이라고 주장했다.

권력 분립 이론은 영국에서도 권위를 인정받았을 뿐만 아니라 프랑스 혁명 인권 선언문과 미국 헌법에도 영향을 미쳤다.

뮈세, 알프레드 드 Alfred de Musset(1810~1857): 프랑스의 시인이자 소설가, 극작가이다. 20세에 시집《스페인과 이탈리아 이야기*Contes d'Espagne et d'Italie*》로 등단하여 낭만주의 시인으로서 알려졌다. 귀족 가문에서 태어나 최고 교육을 받았으면서도 모든 전통 가치관을 거부하고 감정에 따라 살았다.

뮐러, 프리드리히 막스 Friedrich. Max Müller(1823~1900): 독일의 문헌학자. 옥스퍼드 대학교 교수를 역임했고 다양한 언어의 비교 연구를 통해 종교의 기원을 밝히고자 했다.

미바트, 성 조지 잭슨 St. George Jackson Mivart(1827~1900): 영국의 생물학자이다. 처음에는 자연 선택의 신봉자였으나 나중에는 격렬한 비판자가 되었다.

미슐레, 쥘 Jules Michelet(1798~1974): 프랑스의 역사가이다.

밀, 제임스 James Mill(1773~1836): 존 스튜어트 밀의 아버지이다. 스코틀랜드의 역사가이자 경제학자, 정치 이론가이자 철학자이다. 데이비드 리카도와 함께 고전 경제학을 창시했다.

밀, 존 스튜어트 John Stuart Mill(1806~1873): 영국의 철학자이자 정치 경제학자이다. 공무원으로 일했으며, 공리주의와 자유주의를 지지했다.

밀, 해리엇 테일러 Harriet Taylor Mill(1807~1858): 철학자이자 여권 옹호자이다. 둘째 남편이 된 존 스튜어트 밀에게 끼친 영향으로 널리 알려졌다.

밀턴, 존 John Milton(1608~1674): 영국의 시인이자 청교도 사상가이다. 청교도 혁명을 일으켜 군주제를 폐지하고 잉글랜드 공화국을 세운 올리버 크롬웰의 측근으로서 외교 업무를 맡아 처리했다. 최초로 언론과 출판의 자유를 선언한《아레오파지티카*Areopagitica*》를 출판했으며, 이혼의 자유를 주창했을 뿐만 아니라, 군주제의 속박은 인간성에 대한 모독이라고 비판하고 공화주의를 지지했다.《실락원*Paradise Lost*》은 아담과 이브의 낙원 추방 이야기를 소재로 인간의 자유 의지와 원죄, 신의 아들과 인간 구원의 관계 문제를 다룬 대서사시로 영문학사에서 높이 평가받는 명저이다.

ㅂ

바그너, 리하르트 Richard Wagner(1813~1883): 독일의 작곡가이자 음악 이론가이다. 바그너의 음악극은 예술의 규모와 영역에서 대단한 업적으로 평가받는다.

바그너, 코지마Cosima Wagner(1837~1930): 프란츠 리스트의 딸이자 리하르트 바그너의 둘째 부인이다.

바이런 경, 조지 고든Lord George Gordon Byron(1788~1824): 영국의 낭만주의 시인으로 존 키츠, 퍼시 비시 셸리와 함께 낭만주의 문학을 선도했다. 1812년에《귀공자 해럴드의 순례*Childe Harold's Pilgrimage*》를 출판해 유명해졌다. 이후《돈 주앙*Don Juan*》을 비롯한 유명한 작품을 계속 발표했다.

바쿠닌, 미하일 알렉산드로비치Mikhail Aleksandrovich Bakunin(1814~1876): 러시아의 혁명가이자 자유주의 성향의 사회주의자이다. 카를 마르크스와 함께 유럽 노동자당 연합체인 제1 국제 노동자 협회 설립을 주도했으나 혁명 이론을 놓고 마르크스와 대립했다. 19세기 무정부주의의 주창자로 평가되며 후대 무정부주의 운동에 지대한 영향을 미쳤다.

바흐, 요한 제바스티안Johann Sebastian Bach(1685~1750): 독일의 작곡가이자 바로크 시대 최후의 대가로서, 독일뿐 아니라 영국과 이탈리아, 프랑스의 음악 양식을 융합해 독창성과 개성이 뛰어난 다양한 음악을 창작했다. 종교 음악과 세속 음악 두 분야에서 탁월한 작품을 많이 남겼다. 수많은 교회 칸타타를 작곡했으며, 귀족들을 위한 협주곡뿐 아니라 예술성이 뛰어난 바이올린과 첼로 독주곡도 창작했다.

버크, 에드먼드Edmund Burke(1729~1797): 아일랜드 출신의 영국 정치가이자 정치 철학자로서 근대 보수주의 지배 이념을 확립한 인물이다. 19세기에는 보수주의자들과 자유주의자들이 모두 그를 칭송했으나 현대에는 주로 근대 보수주의 철학의 창시자로 알려졌다.

버클런드, 윌리엄William Buckland(1784~1856): 영국의 신학자, 지질학자이자 고고학자이다. 옥스퍼드 대학교 선임 연구원과 학장을 지냈다.

베르길리우스 마로, 푸블리오스Publius Vergilius Maro(기원전 70~19): 고대 로마 아우구스투스 시대에 활동한 시인이다. 로마의 위대한 시인들 가운데 한 사람으로 추앙받았다. 서사시《아이네이스*Aeneis*》로 유명한데, 로마를 창건한 전설적 위인 아이네이스의 이야기를 토대로 신의 인도 아래 세계를 문명화하는 것이 로마의 사명이라고 천명했다.

베이컨, 프랜시스Francis Bacon(1561~1626): 법률가이자 정치가로 영국 경험론을 시작한 철학자이다. 제임스 1세 시대에 대법관까지 지냈으며, 우상론을 통해 지식을 얻으려면 피해야 하는 오류를 설명하고, 지식을 얻는 올바른 방법은 관찰에 입각한 귀납법이라고 주장했다. 또한 관찰을 통해 얻은 지식을 바탕으로 자연을 지배하고 인류의 삶을 풍요롭게 만드는 것이 철학의 과제라고 역설했다.

베토벤, 루트비히 판 Ludwig van Beethoven(1770~1827): 독일의 작곡가로, 고전주의에서 낭만주의로 바뀌는 시기에 활동했다. 하이든과 모차르트의 영향을 받으면서도 자신만의 새로운 음악 지평을 열었으며 다양한 음악 양식으로 창작했다.

벤담, 제러미 Jeremy Bentham(1748~1832): 영국의 철학자이자 경제학자이다. 모든 입법의 목표는 '최대 다수의 최대 행복'이어야 한다는 공리주의를 처음 철학 이론으로 주창했다. 일평생 공리 원리에 입각한 법률 개혁에 헌신했다.

보, 클로틸드 드 Clothilde de Vaux(1815~1846): 프랑스의 작가이자 시인이다. 오귀스트 콩트의 인류교 창시에 영감을 준 여성이다.

볼테르Voltaire(1694~1778): 프랑수아 마리 아루에François Marie Arouet의 필명이다. 프랑스의 계몽 철학자이자 작가이며 역사가이다.

부알로, 니콜라 Nicolas Boileau(1636~1711): 프랑스의 시인이자 문학 비평가로 유럽 지성사에서 고전주의가 무엇인지 판단하는 기준을 세우는 데 이바지했다. 1674년에 발표한《시학*L'Art poétique*》은 고전주의 전통에 따라 시를 짓는 규칙이 무엇인지 설명했다. 이 저작은 고전주의의 원리를 명확히 규정한 안내서로 영국 신고전주의가 유행한 앤 여왕 시대에 새뮤얼 존슨, 존 드라이든, 알렉산더 포프 같은 시인들에게 영향을 주었다.

뷔퐁, 조르주루이 르클레르 드 Georges-Louis Leclerc de Buffon(1707~1788): 프랑스의 박물학자이자 수학자, 우주학자이다. 1749년부터 1804년에 걸쳐 집필한《박물지: 총론과 각론*Histoire naturelle, générale et particulière*》은 44권에 달하는 방대한 분량으로 자연의 역사를 기록하고 있다.

브란데스, 기오 Georg Brandes(1842~1927): 덴마크의 비평가이자 학자로 1870년대부터 20세기로 접어든 시기까지 스칸디나비아 지역, 곧 북부 유럽의 문학계에 큰 영향을 미쳤다. 지나치게 미를 추구하는 저술과 공상 문학을 규탄하면서 신新사실주의와 자연주의 원리를 세웠다.

브로카, 폴 피에르 Paul Pierre Broca(1824~1880): 프랑스의 외과 의사이자 해부학자, 인류학자이다. 좌측 뇌의 특정 영역이 언어를 담당한다는 것을 밝혀냈다. 브로카 영역이라는 명칭은 그의 이름을 따서 지어졌다. 1859년 세계 최초의 인류학 학회인 파리 인류학회를 창설했고, 1876년 인류학 학교를 설립했다.

블루멘바흐, 요한 프리드리히Johann Friedrich Blumenbach(1752~1840): 독일의 의사이자 박물학자, 생리학자이자 인류학자이다. 최초로 인류를 자연사의 일부로 보고 탐구했다. 비교 해부학 지식에 근거해 인종을 분류했다.

비스마르크, 오토 폰Otto von Bismarck(1815~1898): 프로이센의 보수 성향 정치가로 1860년대부터 1890년까지 독일과 유럽의 정치에 지배력을 행사했다. 1862년 프로이센의 재상으로 임명되어 오스트리아, 프랑스와 전쟁을 치르며 독일 연방의 여러 국가를 역사상 최초로 통일함으로써, 1871년 강력한 민족 국가이자 강대국 대열에 오른 독일 제국을 건설했다. 독일 제국의 재상으로서 세계 최초로 의료 보험, 산재 보험, 노인 복지법 같은 정책을 실행하여 사회 보장 제도의 기틀을 마련하기도 했다.

비제, 조르주Georges Bizet(1838~1875): 프랑스의 작곡가로 가극《카르멘》을 작곡했다. 이 극은 당대 프랑스 작가 메리메의 소설을 기초로 지었으며 사실주의에 입각한 작품으로 가극 역사의 새로운 지평을 열었다. 현란한 지역 색채와 진솔한 감정이 기술의 화려함과 풍부한 선율과 한데 섞여, 전문 음악가와 일반 청중에게 모두 인기를 얻었다.

빙켈만, 요한 요아힘Johann Joachim Winckelmann(1717~1768): 독일의 미술사가이자 고고학자로, 최초로 그리스 미술과 로마 미술의 차이를 분명하게 밝힌 그리스 숭배자이자 연구자이다.《고대 예술사》등의 저술은 고고학과 미술사가 새로운 학문으로 자리 잡는 데 기여했을 뿐만 아니라 서양의 회화, 조각, 문학과 철학에 영향을 미쳤고, 18세기 말 신고전주의 운동에도 결정적인 역할을 했다.

ㅅ

상드, 조르주George Sand(1804~1876): 당대 사회 관습에 저항한 프랑스의 행동가이자 소설가, 극작가이자 수필가였다. 조르주 상드는 필명이고, 본명은 오로르 뒤팽Amantine Lucile Aurore Dupin이다. 인도주의에 바탕을 둔 전원 소설과 숱한 연애 사건으로 유명하다. 자유분방하고 인습에 도전하는 행동으로 구설에 오르기도 했으나, 스스로 세운 기준에 따라 남성 중심 사회의 권위에 도전한 여성으로 역사에 남았다.

생랑베르, 장 프랑수아 드Jean François de Saint-Lambert(1716~1803): 프랑스의 시인이자 철학자, 군인이다.

생시몽, 클로드 앙리 드 루브루아Claude Henri de Rouvroy Saint-Simon(1760~1825): 프랑스의 공상적 사회주의자이다. 그리스도교에 입각한 사회주의 이상향을 그렸다. 공유제와 여성 참정권, 상속권 폐지 등을 주장함으로써 당대의 사회 문제를 해결하고자 했으며, 후대 사회주의자들에게도 영향을 미쳤다. 그로부터 생시몽주의가 유래했다.

샤토브리앙, 프랑수아오귀스트르네 François-Auguste-René Chateaubriand(1768~1848): 프랑스의 작가이자 정치가, 외교관이자 역사가이다. 프랑스 초기 낭만주의를 대표하는 작가로 당대 젊은이들에게 영향을 많이 미쳤다. 종교와 합리주의 사이에서 갈등을 겪다가 정통 그리스도교로 귀의해 그리스도교와 중세 문화를 찬미하는 글을 썼다.

세르반테스 사아베드라, 미겔 드 Miguel de Cervantes Saavedra(1547~1616): 스페인의 소설가이자 시인, 극작가이다. 대표작인《돈 키호테*Don Quixote*》는 당시 기사 이야기의 인기를 타도하려고 쓴 풍자 소설이다. 이 작품은 중세 사회에서 근대 시민 사회로 바뀌는 역사 변화를 담고 있어 근대 소설의 출발점이 되었다.

세지윅, 애덤 Adam Sedgwick(1785~1873): 근대 지질학의 창시자 가운데 한 사람이다. 케임브리지 대학교 선임 연구원을 지냈으며, 나중에 다윈설에 반대했다.

셰익스피어, 윌리엄 William Shakespeare(1564~1616): 영국의 극작가이자 시인으로, 그의 작품은 영어로 지은 작품 가운데 최고라고 평가받는다. 타고난 언어 구사 능력과 무대 예술을 이해하는 천부적인 감각, 다양한 경험, 인간의 심리를 꿰뚫는 통찰력을 가진 위대한 작가였다. 희곡 36편과 14행시 154편을 남겼다.

셸리, 퍼시 비시 Percy Bysshe Shelley(1792~1822): 영국의 시인이자 작가로 바이런, 키츠와 함께 영국 낭만주의 3대 시인으로 꼽힌다. 서사시 〈고독한 영혼Alastor〉, 정치시 〈이슬람의 반란The Revolt of Islam〉, 극시 〈사슬에서 풀린 프로메테우스Prometheus Unbound〉, 〈서풍에 부치는 노래Ode to the West Wind〉와 〈종달새에 부쳐To a Skylark〉 같은 뛰어난 서정시를 발표했다.

셸링, 프리드리히 빌헬름 요제프 폰 Friedrich Wilhelm Joseph von Schelling(1775~1854): 독일 관념론을 대표하는 철학자로, 게오르크 빌헬름 프리드리히 헤겔과 동시대인이다. 바뤼흐 스피노자와 이마누엘 칸트, 요한 고틀리프 피히테의 영향을 받았다. 예술 작품에서 자연과 정신, 무의식 영역과 의식 영역이 통일되어 있으므로 예술이 자연 영역과 정신 영역을 매개한다고 생각했다.

소크라테스Socrates(기원전 469~399): 고대 그리스의 철학자로 주지주의 경향을 띤 서양 철학 전통의 창시자로 여겨진다. 아테네의 광장에서 시민들과 대화를 나누며 철학 문제를 탐구했으나 어떤 저술도 남기지 않았다. 당대 진리를 상대적이고 주관적으로 해석한 소피스트들에 반대하여, 객관적인 보편타당한 진리를 추구했다. 아테네 법정에서 사형 선고를 받고 죽었다.

소포클레스Sophocles(기원전 497/496~406/405): 고대 그리스 3대 비극 시인 가운데 한 사람이다. 다른 두 사람은 아이스킬로스와 에우리피데스이다.

솔론Solon(기원전 638경~558): 고대 아테네의 정치가이자 입법자, 시인이다.

쇼, 조지 버나드 George Bernard Shaw(1856~1950): 아일랜드 출신의 극작가이자 소설가 이며 비평가이다. 유미주의를 거부하고 신랄한 비판과 풍자로 사회의식 개혁을 위한 집필 활동에 전념했다. 런던 경제학파의 공동 창시자이며, 사회주의 단체 페이비언 협회를 설립 했다. 신랄한 비판과 기지, 풍자로 유명한 작가답게 독설과 재치 있는 명언도 많이 남겼다.

쇼팽, 프레데리크 프랑수아 Frédéric François Chopin(1810~1849): 폴란드 출신이지만 프 랑스에서 활동한 피아니스트이자 작곡가이다. 녹턴을 깊고 세련된 양식으로 만들었고, 폴란드의 춤곡 마주르카나 빈 왈츠의 선율과 표현의 폭을 넓혔으며, 전주곡을 독립된 음 악 양식으로 확립했다. 쇼팽의 음악은 독특하고 감미로운 선율로 대중들에게 공감을 불 러일으켰다. 음악사에서 낭만주의 경향을 띤 작곡가로 분류된다.

쇼펜하우어, 아르투어 Arthur Schopenhauer(1788~1860): 독일의 철학자이다. 대중에게 흔히 비관주의 철학자로 알려져 있으며, 이성에 근거한 헤겔의 관념론에 정면으로 맞서 의지의 형이상학을 주창한 비합리주의 철학자이다. 베를린 대학교에서 잠시 교수 생활 을 하기도 했으나 이후 프랑크푸르트에서 은둔하며 작가로 활동했다. 1819년에 저술한 《의지와 표상으로서 세계》는 실존 철학은 물론 심리학과 예술, 문학 분야에 많은 영향을 미쳤다. 지크문트 프로이트와 카를 융, 리하르트 바그너, 레프 니콜라예비치 톨스토이에 게 영감을 준 것으로 유명하다.

슈트라우스, 다비트 프리드리히 David Friedrich Strauss(1808~1874): 독일의 개신교 신학 자이자 전기 작가이다. 예수의 신성을 부정함으로써 당대에 파란을 일으켰다. 헤겔의 변 증법에 착안하여 신약 성서와 그리스도 이야기를 대립과 종합의 과정으로 분석했다. 이 러한 분석을 토대로 《예수 생애의 비판적 연구》를 썼다. 여기서 복음서의 초자연성을 부 정하고, 복음서는 '역사 속에서 만들어진 신화'라고 주장했다.

슐라이어마허, 프리드리히 Friedrich Schleiermacher(1768~1834): 독일의 개신교 신학자 이며 철학자이다. 계몽주의 비판과 개신교 그리스도교를 종합하고자 했다. 종교 체험과 감정을 종교 생활의 핵심으로 보아, 19세기 자유주의 신학의 시조로 평가받는다. 만인을 위한 성서를 신앙과 은총이 아니라 문법과 심리 차원에서 해석할 필요에 따라 보편 해석학을 창시해서 현대 해석학의 발전에도 기여했다.

슐레겔, 프리드리히 Friedrich von Schlegel(1772~1829), **슐레겔, 아우구스트 빌헬름**August Wilhelm von Schlegel(1767~1845): 슐레겔 형제로 불리는 두 사람은 시인이자 비평가로서 초기 독일 낭만주의 운동을 주도했다.

슘페터, 조지프 Joseph Schumpeter(1883~1950): 오스트리아헝가리 제국 출신으로 미국에서 활동한 경제학자로, 오스트리아 학파에 많은 영향을 주었다. 1911년에 출간한《경제 발전론*Theorie der wirtschaftlichen Entwicklung*》으로 잘 알려졌다.

스미스, 애덤 Adam Smith(1723~1790): 스코틀랜드의 도덕 철학자이자 스코틀랜드 계몽주의를 주도한 인물이다. 1776년 출간한《국부론》으로 유명한 경제학자이다.

스위프트, 조너선 Jonathan Swift(1667~1745): 영국계 아일랜드인 작가이자 수필가. 풍자 문학을 대표하며, 정치 홍보용 책자를 쓰기도 했다. 1699년《통 이야기*The Tale of a Tub*》로 종교계와 학계에 만연한 부패를 풍자해 인기를 끌었다. 대표작《걸리버 여행기*Gulliver's Travels*》는 1726년에 출판된 직후부터 현재까지 널리 읽히는 고전이다.

스콧 경, 월터 Sir Walter Scott(1771~1823): 스코틀랜드의 역사 소설가이자 극작가, 시인이다. 19세기〈호수의 연인The Lady of the Lake〉등의 시,《웨이벌리*Waverley*》와《로브로이*Rob Roy*》와 같은 역사 소설로 유명해졌다.

스타로뱅스키, 장 Jean Starobinski(1920~): 스위스 제네바 출신의 사상가이자 문학 비평가이고 정신과 의사이기도 하다. 존스홉킨스 대학교와 스위스 바젤 대학교에서 가르쳤으며, 오랜 기간 동안 장자크 루소 학회 회장으로 활동했다.

스탈 부인 Madame de Staël(1766~1817): 본명은 안루이즈 제르멘 드 스탈홀스타인Anne-Louise Germaine de Staël-Holstein이고 흔히 마담 드 스탈, 스탈 부인이라 부른다. 스위스 태생의 프랑스 낭만주의 소설가이자 비평가로, 샤토브리앙과 함께 프랑스 낭만주의를 이끌었다. 나폴레옹에 맞선 중요한 반대자이기도 했다.

스탕달Stendhal(1783~1842): 스탕달은 필명이며, 본명은 마리앙리 벨Marie-Henri Beyle이다. 프랑스 사실주의 문학의 개척자로 알려졌다. 생전에는 거의 인정받지 못했지만, 현대에 이르러 19세기 프랑스를 대표하는 작가로 꼽힌다. 최초의 사실주의 소설로 불리는《적과 흑*Le Rouge et le Noir*》을 써서 왕정 복고기 특권 계급에 도전했고,《파름의 승원*La Charteuse de Parme*》에서는 전제 군주를 예리하게 비판했다.

스텁스, 윌리엄 Stubbs William(1825~1901): 영국의 역사가이자 옥스퍼드 교구의 주교이다.

스펜서, 허버트 Herbert Spencer(1820~1903): 영국 빅토리아 시대에 활약한 영국의 철학자이자 사회학자, 생물학자이다. 당대 최신 과학 사상을 수용해 진화 철학을 세우고, 진화가 우주의 원리라고 생각하여 인간 사회에도 강한 사람만이 살아남을 수 있다는 '적자생존설'과 '사회 유기체설'을 주창했다.

스피노자, 바뤼흐 Baruch Spinoza(1632~1677): 네덜란드의 철학자이다. 나중에 베네딕투스 드 스피노자Benedictus de Spinoza로 개명했다. 18세기 계몽주의와 근대의 성서 비판의 토대를 놓은 중요한 합리주의 철학자로 평가된다. 《윤리학*Ethica*》에서 데카르트의 정신과 육체 이원론에 반대하면서 정신과 육체는 한 실체의 두 양상이라는 일원론을 제안했다. '신이 곧 자연'이라는 그의 주장은 근대 범신론을 대표한다.

시니어, 나소 Senior Nassau(1790~1864): 영국의 경제학자이다. 당대 정부의 경제와 사회 정책 담당 고문으로 활동했다.

실러, 프리드리히 Friedrich Schiller(1759~1805): 독일의 시인이자 번역가, 역사가이자 극작가이다. 괴테와 더불어 독일 고전주의의 양대 문호로 일컫는다. 인간의 자유와 존엄성을 추구하는 그의 작품은 1848년 혁명기 독일인들의 자유 투쟁에 영향을 많이 끼쳤다.

ㅇ

아가시, 루이 Louis Agassiz(1807~1873): 스위스의 생물학자이자 지질학자, 물리학자이다. 생애 후기에 하버드 대학교 교수를 역임했다.

아널드, 매슈 Matthew Arnold(1822~1888): 영국의 시인이자 비평가이다. 시인으로 출발했으나 40대 이후 비평에 전념하여 비평 이론과 종교를 비롯한 문화 이론에 영향을 크게 미쳤다. 평론집 《교양과 무질서*Culture and Anarchy*》에서 빅토리아 시대 영국의 독선과 속물근성, 금전 숭배 경향을 신랄하게 비판했다.

아른트, 에른스트 모리츠 Ernst Moritz Arndt(1769~1860): 독일의 애국주의 작가이자 시인이다.

아우구스티누스, 아우렐리우스 Sanctus Aurelius Augustinus(354~430): 성 아우구스티누스로 알려져 있다. 알제리와 이탈리아에서 활동한 그리스도교 신학자이자 주교로, 로마 가톨릭 교회에서 교부로 존경받는 인물이다.

아이스킬로스Aeschylus(기원전 525/524~456/455): 그리스의 3대 비극 작가 가운데 한 사람이다. 다른 두 작가는 소포클레스와 에우리피데스이다.

아인슈타인, 알베르트 Albert Einstein(1879~1955): 독일 태생 이론 물리학자이다. 뉴턴 물리학을 넘어서 과학 탐구와 철학 탐구에 혁명을 일으켰다. 물질 입자가 엄청난 양의 에너지로 바뀔 수 있다는 에너지질량 방정식을 가설로 제시했고, 공간과 시간, 중력에 관해 새로운 사고방식인 특수 상대성 이론과 일반 상대성 이론을 고안했다.

얀센, 코르넬리우스 Cornelius Jansen(1585~1638): 네덜란드 출생의 가톨릭 신학자이자 이프르의 주교이다. 성년기에 파리로 이주하여 신학을 연구했으며, 루뱅 대학 교수가 되어 저술한《아우구스티누스》에서 신이 내린 은총의 절대성을 강조함으로써 가톨릭 교회 내에 큰 파문을 불러일으켰다. 얀센주의는 그의 사상에서 유래했다.

액턴 경, 존 Lord John Acton(1834~1902): 영국의 가톨릭 역사가이자 정치가, 작가이다. 어떤 형태이든 사악한 국가에 저항해야 한다는 가르침을 설파한 사상가로 "권력은 부패하는 경향이 있으며, 절대 권력은 반드시 부패한다"는 격언이 유명하다.

에그, 오거스터스 레오폴드 Augustus Leopold Egg(1816~1863): 영국 빅토리아 시대의 화가이다. 1858년작 세 폭 제단화 〈과거와 현재〉로 유명하다.

에드워즈, 조너선 Jonathan Edwards(1703~1758): 미국에서 널리 인정받는 개신교 장로교파 목사이자 신학자이다. 독창성과 체계성을 갖춘 그의 저술은 개혁 신학이 생겨난 뿌리로 평가받는다. 프린스턴 대학교의 총장을 역임했다.

에머슨, 랠프 월도 Ralph Waldo Emerson(1803~1882): 미국의 수필가이자 시인이다. 유럽 대륙의 관념론과 낭만주의 철학을 미국에 전달한 문화 전달자였다. 19세기 중반 미국의 문예 부흥기 동안 문화를 인도한 사상가로서, 초절주의transcendentalism를 대표하며 19세기 중반 미국의 종교와 철학, 윤리의 발전에 새로운 방향을 제시했다.

에우리피데스Euripides(기원전 480경~406): 아이스킬로스와 소포클레스와 더불어 고대 그리스 3대 비극 시인 가운데 한 사람이다. 당대 사회의 소외 계층과 희생자들의 입장에 공감하고 대변한 거의 유일한 작가였다.

에이브럼스, 메이어 하워드 Meyer Howard Abrams(1912~2015): 미국 출신의 문학 비평가로, 낭만주의 연구로 유명하다. 탁월한 저작《거울과 등불The Mirror and the Lamp》에서 시인은 캄캄한 밤에 등불을 들고서 어둠 속을 헤매는 영혼들에게 길을 밝혀주는 인도자여야 하는지, 아니면 시대를 물끄러미 비추는 거울이어야 하는지 논의했다.

엘리엇, 조지 George Eliot(1819~1880): 영국 빅토리아 시대의 소설가이자 번역가로 당대를 선도한 인물이다. 여성 작가에 대한 사회적 편견 때문에 본명인 메리 앤 에번스Mary Anne Evans 대신 남성 필명인 조지 엘리엇으로 활동했다. 소설이 단순한 재미를 위한 도구가 아니라 중요한 예술 형식으로 자리 잡는 데 기여했다. 또한 섬세한 예술성과 지식인으로서 통찰력을 보여줌으로써, 여류 소설가들이 무익하고 형편없는 이야기만 쓴다는 세간의 인식을 바꾸었다.

엥겔스, 프리드리히 Friedrich Engels(1820~1895): 독일의 사회 과학자이자 정치 이론가이다. 1848년에 카를 마르크스와 함께《공산당 선언》을 썼다.

영, 토머스 Thomas Young(1773~1829): 영국의 과학자이자 문헌학자였다.

오스틴, 찰스 Charles Austin(1799~1874): 영국의 법률가이자 벤담 신봉자이다.

오언 경, 리처드 Sir Richard Owen(1804~1892): 영국의 생물학자이자 고생물학자. 찰스 다윈에 맞선 거침없는 반대자였다.

와일드, 오스카 Oscar Wilde(1854~1900): 19세기 말 '예술을 위한 예술'을 주창한 영국 유미주의 운동의 대표 작가이다.《윈더미어 부인의 부채Lady Windermere's Fan》와《진지함의 중요성The Importance of Being Earnest》같은 유명한 희곡을 썼으며, 장편 소설《도리언 그레이의 초상The Picture of Dorian Gray》도 널리 읽힌다.

우바로프, 세르게이 Sergey Uvarov(1786~1855): 러시아의 고전 학자이다. 니콜라이 1세 치하에서 유력한 정치가였다.

울스턴크래프트, 메리 Mary Wollstonecraft(1759~1797): 여성의 교육과 평등한 사회 참여를 주창한 영국의 선각자이다. 대표 저술《여성의 권리 옹호》에서 인간은 누구나 이성을 지니고 있으며 이성을 지닌 모든 인간은 평등하다는 근거로, 여성에게도 평등한 교육 기회를 부여해야 한다고 주장했다.

워드 부인, 험프리 Mrs Humphrey Ward(1851~1920): 영국의 소설가이며, 결혼 전 이름은 메리 오거스타 아널드Mary Augusta Arnold이다. 매슈 아널드의 조카이다. 적극적인 사회 참여를 주장하면서, 기적 같은 초자연 현상을 중심에 두는 그리스도교 신앙을 거부했다. 종교란 인류에 봉사할 때만 존재할 가치가 있다는 신념으로 돌아서는 젊은 성직자 이야기를 그린 대표작《로버트 엘즈미어》는 당대 최고 인기 소설이었다.

워싱턴, 조지 George Washington(1732~1799): 1775년부터 1783년까지 벌어진 미국 독립 전쟁에서 총사령관으로 활동했으며, 1789년 미국 대통령 선거에서 처음이자 마지막으로 만장일치로 대통령에 당선되었다. 연방 정부가 수립된 이후 대통령으로 재임하는 동안 정부의 역할 수행에 초석을 놓아 존경 받는 미국 대통령 중 하나로 칭송받는다.

워즈워스, 윌리엄 William Wordsworth(1770~1850): 영국의 낭만주의 시인이자 계관 시인을 지냈다. 그가 새뮤얼 테일러 콜리지와 함께 지은《서정 민요집*Lyrical Ballads*》은 낭만주의 운동의 시발점이었다.

월리스, 앨프리드 러셀 Alfred Russel Wallace(1823~1913): 영국의 박물학자이자 탐험가였다. 찰스 다윈과 별개로 자연 선택에 따른 종의 기원을 밝혔으며, '적자생존'이라는 용어를 고안했다. 다윈은 월리스가 보낸 원고를 읽고 자극받아《종의 기원》을 출판했다.

웨슬리, 존 John Wesley(1703~1791): 영국 국교회 성직자이자 그리스도교 신학자이다. 동생 찰스 웨슬리와 함께 영국 국교회에서 감리교파 운동을 이끌었다. 믿음으로 구원을 얻을 수 있다는 복음을 전파하는 데 일생을 바쳤다.

웨지우드, 조사이어 Josiah Wedgwood(1730~1795): 영국의 도자기 업자로, 도자기 제품 생산으로 유명한 웨지우드사의 창립자이다. 저명한 노예제 폐지 운동가이기도 했다.

위고, 빅토르 Victor Hugo(1802~1885): 프랑스의 시인이자 소설가이며 극작가이다. 낭만주의를 대표하는 핵심 인물이다. 고전주의와 낭만주의가 대립하는 문학 논쟁에서 참여해 낭만주의 문학 이념의 기초를 놓고 주도했다. 대표작으로《노트르담의 꼽추》와《레미제라블*Les Misérables*》이 있다. 교회 제도와 끝까지 맞서 가톨릭 종부 성사를 거부하고 '신과 영혼, 책임감만 있으면 충분하다'고 주장했다.

윌리엄스, 로저 Roger Williams(1603경~1683): 영국의 개신교 신학자이다. 최초로 교회와 국가가 분리되어야 한다고 주장했다.

윌버포스, 새뮤얼 Samuel Wilberforce(1805~1873): 영국의 주교이다. 1860년에 벌어진 자연 선택을 둘러싼 논쟁에서 토머스 헉슬리에 맞선 것으로 유명하다.

윌슨, 우드로 Woodrow Willson(1856~1924): 미국의 28대 대통령이자 프린스턴 대학 총장을 지낸 학자 출신 정치가이다. 윌슨의 민족 자결주의 외교 정책은 19세기까지 국제 정치를 지배하던 힘의 균형 원리에 대립되는 도덕주의와 이상주의를 내세웠으며, 이를 바탕으로 연합국이 독일의 패권주의를 견제할 도덕적 명분도 마련했다.

입센, 헨리크 Henrik Ibsen(1828~1906): 노르웨이의 극작가이자 연극 감독, 시인이다. 개인의 해방을 목표로 현대 사회의 문제를 다룬《인형의 집*Et Dukkehjem*》,《유령*Gengangere*》,《민중의 적*En Folkefiende*》 등을 써서 유럽 연극계에 반향을 불러일으켰다. 유럽 문학사에서 가장 급진적인 작가로 평가된다.

ㅈ

자우엣, 벤저민 Benjamin Jowett(1817~1893): 영국의 신학자이자 저명한 그리스어 문헌학자이자 교육자이다. 플라톤의 주요 작품을 번역하여 명성을 얻었으며, 옥스퍼드 대학교 베일리얼 칼리지 학장을 역임했다.

잔트, 카를 Karl Sand(1795~1820): 민족주의로 기운 독일의 대학생이다. 1819년 만하임에서 보수주의 극작가 아우구스트 폰 코체부를 암살하고 이듬해 처형되었다.

존스 경, 윌리엄 Sir William Jones(1746~1794): 앵글로웰시어 문헌학자이자 고대 인도어를 연구한 학자이다.

ㅊ

체임버스, 로버트 Robert Chambers(1802~1871): 스코틀랜드의 출판업자이자 지질학자, 진화 사상가이다. 《창조의 흔적*Vestiges of Natural History of Creation*》을 익명으로 출판하여 당대 일대 파란을 일으켰다.

체임벌린, 휴스턴 스튜어트 Houston Stewart Chamberlain(1855~1927): 영국의 작가이자 독일의 작곡가 바그너의 사위이다. 유럽 문화에서 아리아족의 우월성을 주창하여 범게르만주의와 독일 민족주의에 영향을 미쳤다. 영국인이었으나 바그너의 찬미자가 되어, 바그너의 작품을 연구하며 전기까지 출간했고 독일로 귀화했다.

친첸도르프, 니콜라우스 루트비히 폰 Nikolaus Ludwig von Zinzendorf(1700~1760): 독일의 종교 개혁가, 사회 개혁가이다. 개신교의 한 교파인 모라비아 교회의 주교였다.

ㅋ

카시러, 에른스트 Ernst Cassirer(1874~1945): 독일의 철학자이자 교육자, 작가이다. 신칸트 학파의 영향을 가장 많이 받았으며, 문화의 가치에 대한 해석과 분석으로 유명하다.

칸트, 이마누엘 Immanuel Kant(1724~1804): 독일의 철학자로 근대 합리론과 경험론을 비판함으로써 종합 비판 철학의 체계를 세웠다. 《순수 이성 비판》에서 이성 자체를 비판함으로써 현상계 안에서 객관적인 인식이 가능함을 밝히고 사물 자체는 알 수 없다고 한계를 그었다. 《실천 이성 비판》에서는 모든 도덕 판단과 도덕 행동의 가능 근거로서 정언

명법을 제시했고, 《판단력 비판》에서는 아름다움과 숭고의 의미를 밝혔다.

칼라일, 토머스 Thomas Carlyle(1795~1881): 스코틀랜드 출신의 평론가이자 역사가로 이상주의에 근거한 사회 개혁론을 주창해 19세기 사상계에 영향을 미쳤다. 독일 낭만주의 철학과 문학의 영향을 받았고, 당대 공리주의와 물질주의에 반대해 신과 영혼의 가치를 되살려 인류애와 자유가 넘치는 이상 사회를 꿈꾸었다. 《의상 철학》의 저자로 유명하다.

칼뱅, 장 Jean Calvin(1509~1564): 프랑스의 신학자이자 목사로 개신교 종교 개혁을 이끌었다. 예정설을 주장했으며 스위스 제네바에서 개혁 운동을 주도했다.

코체부, 아우구스트 폰 August von Kotzebue(1761~1819): 독일의 극작가이자 문필가이다. 독일의 대학생 카를 잔트에게 암살당했다. 오스트리아 당국은 이 암살 사건을 이용하여 독일 대학생들의 정치 활동을 엄격히 통제했다.

코페르니쿠스, 니콜라우스 Nicolaus Copernicus(1473~1543): 폴란드 출신으로 독일에서 활동한 천문학자이다. 1543년 《천체 회전론*De revolutionibus orbium coelestium*》을 출간하여 지구가 자전축을 중심으로 자전하고 태양 주위를 공전한다고 주장함으로써, 근대 과학의 발전에 크게 기여했다. 이후 지구는 우주의 중심이 아닌 수많은 천체들 가운데 하나로 여겨지고 수학으로 천체 운동을 기술하게 되었다.

콜리지, 새뮤얼 테일러 Samuel Taylor Coleridge(1772~1834): 영국의 시인이자 문학 비평가이다. 1795년 윌리엄 워즈워스와 영국의 시 역사에 길이 남을 《서정 민요집》을 펴냄으로써 영국 낭만주의 운동을 이끌었다.

콩트, 오귀스트 Auguste Comte(1798~1857): 프랑스의 철학자로 사회학과 실증주의 학설의 창시자이다. 과학과 실증 정신에 기초한 도덕을 진보시켜 인류를 구원할 수 있다고 주장했다.

크루프, 알프리트 Alfried Krupp(1907~1967): 독일의 기업가로 제2차 세계 대전 당시 무기 생산 회사와 납품 업체를 운영했다.

클로젠, 조지 George Clausen(1852~1944): 영국의 화가이다. 인상파의 영향을 받았으며, 풍경화 속에 당대 사회를 살아간 평범한 사람들의 일상을 담아냈다.

키츠, 존 John Keats(1795~1821): 영국의 낭만주의 시인이다. 뛰어난 감각으로 고대 전설을 소재로 철학이 담긴 시를 썼다. 대표 시로 〈엔디미온Endymion〉, 〈잔인한 미녀La Belle Dame sans Merci〉, 〈나이팅게일에게Ode to a Nightingale〉, 〈그리스 항아리에게 부치는 송가Ode on a Grecian Urn〉, 〈성 아그네스 축일 전야〉, 〈히페리온Hyperion〉이 유명하다.

키플링, 조지프 러디어드 Joseph Rudyard Kipling(1865~1936): 영국의 소설가이자 시인이다. 인도에서 경험을 바탕으로 쓴 단편 소설들과 시를 남겼으며, 《정글북*The Jungle Book*》의 저자로 유명하다.

ㅌ

터너, 조지프 맬로드 윌리엄 Joseph Mallord William Turner(1775~1851): 19세기 영국의 낭만주의 풍경 화가이다. 초기 작품은 자연의 세부를 정확히 묘사하고 있으나, 후기 작품은 전체적으로 빛과 색채의 효과를 강조했다. 당대에 인기를 누린 성공한 화가로서 특히 빛이 가득 찬 색채로 웅대한 자연을 낭만적이고 숭고한 모습으로 그려냈다.

테니슨 경, 앨프리드 Lord Alfred Tennyson(1809~1892): 영국 빅토리아 시대를 대표하는 계관 시인이다.

토런스, 로버트 Robert Torrens(1780~1864): 군사 지도자이자 정치 경제학자이다. 하원 의원을 지냈으며, 데이비드 리카도에 앞서 국제 무역에서 비교 우위 원리를 발견한 것으로 유명하다.

토크빌, 알렉시 드 Alexis de Tocqueville(1805~1859): 프랑스 귀족 가문 출신의 정치사상가이자 역사가이다. 프랑스 혁명 이후 귀족의 특권이 몰락하는 현상이 불가피한 역사의 진행 방향이라고 생각했다. 어떤 사회든 민주주의 체제로 조직될 때 자유를 누릴 수 있다는 신념을 피력해 정치학자로서 명성을 얻었다.

트웨인, 마크 Mark Twain(1835~1910): 본명은 새뮤얼 랭혼 클레먼스Samuel Langhorne Clemens이고, 19세기 미국을 대표하는 소설가이다. 주요 작품으로 미시시피 강 유역을 배경으로 개구쟁이 소년 톰 소여와 허클베리 핀의 모험을 그린 소설 《톰 소여의 모험*The Adventures of Tom Sawyer*》이 있다. 미국의 위대한 소설의 모범으로 여겨진다.

ㅍ

파스칼, 블레즈 Blaise Pascal(1623~1662): 프랑스의 수학자이자 물리학자, 작가이자 그리스도교 철학자이다. 근대 확률 이론을 창시했고, 압력에 관한 파스칼의 원리를 세웠으며, 신의 존재는 이성이 아니라 심정을 통해 체험할 수 있다고 종교적 입장을 설파했다.

페리클레스Perikles(기원전 495경~429): 고대 그리스의 정치가이자 웅변가이다. 기원전 5세기 후반에 아테네 민주주의와 아테네 제국의 번영기를 이끌었으며, 아테네를 그리스의 정치와 문화의 중심지로 만들었다.

페일리, 윌리엄 William Paley(1743~1805): 영국 국교회의 성직자로 그리스도교 옹호론자이자 공리주의 철학자이다.《자연 신학》에서 그는 자연에서 계획의 증거를 관찰할 수 있으므로, 신은 존재한다고 주장했다.

포이어바흐, 루트비히 Ludwig Feuerbach(1804~1872): 독일의 철학자이자 인류학자이다. 《그리스도교의 본질》을 출간하여 유명해졌다. 이 책에서 유물론의 시각에서 그리스도교를 인류의 삶에서 추방해야 한다고 주장했다. 이 사상은 후에 카를 마르크스의 사상에 영향을 미쳤다.

포프, 알렉산더 Alexander Pope(1688~1744): 영국의 신고전주의를 대표하는 시인이자 작가이다. 호메로스의 서사시를 번역했고, 고전 취미가 드러난《전원시*Pastorals*》와 운문체로 쓴《비평론*An Essay on Criticism*》으로 인정받았다. 셰익스피어와 밀턴에 이어서 가장 빈번하게 인용되는 작가이다.

폴리비오스Polybios(기원전 200~118): 아카이아의 정치가이자 역사가로 로마가 세계 강국으로 등장하는 과정을 기술한《역사*Historiae*》로 유명하다. 역사와 비극을 혼동한 이전의 많은 역사가들과 달리 실제로 일어난 일과 실제로 한 발언을 그대로 기록하는 것이 역사 기술의 목적이라고 주장했다.

푀르스터, 베르나르트Förster Bernard(1843~1889): 극단적인 반유대주의 선동가이다. 철학자 프리드리히 니체의 여동생 엘리자베트 니체와 결혼했다.

푀르스터니체, 엘리자베트 Elizabeth Förster-Nietzsche(1846~1935): 프리드리히 니체의 여동생이다. 프리드리히 니체가 죽은 다음, 저작권 대리인이자 유고 관리자로서 니체의 저술을 편집하여 출간함으로써 니체 철학에 대한 수많은 오해를 낳게 만들었다.

표트르 1세 Pyotr I(1672~1725): 러시아 제국 로마노프 왕조의 황제로 1682년부터 1725년까지 재위했다. 표트르 대제로 불리기도 한다.

프라고나르, 장오노레 Jean-Honoré Fragonard(1732~1806): 프랑스의 화가. 로코코 회화의 거장으로 꼽히며, 대표작〈그네〉처럼 섬세하고 쾌락주의에 기운 작품들로 유명하다.

프로이트, 지크문트 Sigmund Freud(1859~1939): 오스트리아 출신의 정신과 의사이자 정신 분석 이론의 창시자이다. 프로이트는 무의식과 억압의 방어 기제 이론, 환자와 정신 분석가의 대화로 정신 병리 증상을 치료하는 방법을 고안했다. 또한 성욕이 인간 생활에서 주요한 동기를 부여하는 힘이라고 주장했고, 자유 연상과 환자와 분석가의 치료 관계에서 일어나는 감정 전이 이론, 꿈 해석을 통한 무의식 탐구로 유명해졌다.

프리드리히, 카스파르 다비트 Caspar David Friedrich(1744~1840): 독일 낭만주의 회화를 대표하는 작가로 주로 풍경화를 그렸다. 특히 계절의 독특함, 새벽, 안개, 달빛이 어우러진 정경을 고요하고 숙연한 느낌으로 표현했다. 20세기 초부터 작품에 나타난 실존적 고독감 같은 독특한 분위기가 재평가되면서 오늘날 19세기 전반을 대표하는 최고 화가로 꼽힌다. 〈산중의 십자가Das Kreuz im Gebirge〉, 〈북극의 난파선Das Wrack im Eismeer〉, 〈안개 바다 위의 방랑자Der Wanderer über dem Nebelmeer〉 등의 그림이 유명하다.

프리먼, 에드워드 오거스터스 Edward Augustus Freeman(1823~1892): 영국의 역사가이자 자유주의 정치가이다.

프리스틀리, 조지프 Joseph Priestley(1733~1803): 영국의 신학자이다. 영국 국교회에 반대한 성직자로 자유주의 정치학, 종교, 실험 과학을 비롯해 여러 방면에 기여했다. 산소의 발견자로 널리 알려졌지만, 자신을 과학자보다는 성직자로 생각했다고 전한다. 18세기 자유주의를 대변했고, 인간성과 인류의 진보를 믿었다.

플라톤Platon(기원전 428/423~348/347): 고대 그리스의 철학자이자 수학자이고, 소크라테스의 제자이고, 아리스토텔레스의 스승이었다. 아테네에 서양 대학교의 원형인 아카데메이아를 세워 기하학과 철학을 가르쳤다. 형이상학, 인식론, 윤리학, 정치학, 미학에 관한 대화편을 남겼으며, 이성을 중심에 두는 합리주의, 물질보다 정신을 우위에 두는 관념론 전통을 세웠다. 이런 철학 전통은 서양 문명의 주류를 형성했다.

피어슨, 칼 Karl Pearson(1857~1936): 영국의 수학자이자 수리 통계학과 우생학의 창시자이다.

피히테, 요한 고틀리프 Johann Gottlieb Fichte(1762~1814): 독일의 철학자이자 독일 관념론의 창시자이다. 칸트가 세운 비판 철학을 계승하고, 칸트의 사상과 헤겔의 사상을 잇는 다리 역할을 했으며, 지식학Wissenschaftslehre을 제안했다.

ㅎ

하이네, 하인리히 Heinrich Heine(1797~1856): 독일 후기 낭만주의를 대표하는 시인이자 신문과 잡지에 글을 실은 문필가이자 문학 비평가이다.

하틀리, 데이비드 David Hartley(1705~1757): 영국의 의사이자 철학자로 연상 심리 학파의 창시자이다. 연상 이론은 생각이 어떻게 일어나는지 설명하는 학설로, 현대 심리학에 수용되어 발전했다.

허드, 리처드 Richard Hurd(1720~1808): 영국 우스터 교구의 주교이자 작가이다. 1762년에 쓴《기사도와 모험담에 부친 편지*Letters on Chivalry and Romance*》는 최초로 낭만주의 운동을 촉발했다.

허친슨, 앤 Anne Hutchinson(1591~1643): 미국 청교도의 정신적 조언자로 1636년부터 1638년까지 매사추세츠 만 식민지를 뒤흔든 반율법주의 논쟁에 참여했다. 제도로 굳어진 신앙과 목회자들의 가르침을 따르는 것보다 개인의 직관이 하느님과 구원에 이르는 길이라고 주장하여, 도덕 폐지론자라는 비난을 받았다.

허턴, 제임스 James Hutton(1726~1797): 스코틀랜드 출신 지질학자이자 물리학자, 화학자이며 박물학자이다. 성경 연대가 아니라 지질 연대로 지구의 지질 현상을 설명한 동일과정설의 창시자이다.

헉슬리, 토머스 헨리 Thomas Henry Huxley(1825~1895): 영국의 생물학자이다. 젊은 시절 의과 대학교에서 공부하고 해양 생물 연구에 힘썼다. 1859년 이후 진화론을 둘러싼 수많은 논쟁에서 진화론을 지지하는 논객으로 유명했다.

헤겔, 게오르크 빌헬름 프리드리히 Georg Wilhelm Friedrich Hegel(1770~1831): 독일 관념론 철학을 대표하는 인물이다. 칸트의 현상계와 사물 자체, 오성과 이성의 이원론을 극복하고 일원론으로 통합했다.

헤르더, 요한 고트프리트 Johann Gottfried Herder(1744~1803): 18세기 독일에서 일어난 질풍노도 운동을 이끈 인물로, 역사와 문화 철학에서 새로운 견해를 제시한 낭만주의 운동의 선구자이다. 또한 역사를 개체와 전체가 갈등하면서 발전하는 모습으로 그려 역사 철학의 선구자로 평가받기도 한다.

호메로스Homeros: 기원전 9세기나 8세기 무렵 활동한 고대 그리스의 시인으로, 서양 문화에서 걸작으로 인정하는 두 편의 서사시《일리아스*Ilias*》와《오디세이아*Odysseia*》의 저자로 추정한다. 두 편의 서사시는 고대 그리스의 교육과 문화의 바탕으로 로마 제국 시대에 그리스도교 신앙이 널리 퍼질 때까지 사실상 인문 교육의 뼈대였다.

홉스, 토머스 Thomas Hobbes(1588~1679): 영국의 정치 철학자로 1651년 출간한 정치 이론서《리바이어던*Leviathan*》으로 유명하다. 철학사에서 영국 경험론자로 분류하지만, 순수 수학뿐 아니라 응용 수학에 관한 수학 방법의 가치를 인정한 유물론자로서 현대 물리주의 철학과 흡사한 철학 체계를 세웠다.

후커 경, 조지프 돌턴 Sir Joseph Dalton Hooker(1817~1911): 영국의 뛰어난 탐험가이자 식물학자이다. 다윈의 아주 가까운 친구로서 진화론을 열렬히 지지했다. 식물 탐사 여행으로 식물의 지리적 분포와 특이한 변이를 설명했으며, 진화론이 식물학과 식물 지리학에 중요한 역할을 할 수 있다고 최초로 입증하기도 했다.

휫필드, 조지 George Whitfield(1714~1770): 영국 국교회의 설교자이다. 영국과 미국의 식민지에 대각성 운동을 전파했다. 감리교를 창시하고 복음주의 운동을 이끈 중요한 인물이었다.

휴얼, 윌리엄 William Whewell(1794~1866): 영국 국교회 성직자, 철학자, 신학자이자 과학사 연구자였다. 케임브리지 트리니티 단과대 학장을 지냈다.

흄, 데이비드 David Hume(1711~1776): 스코틀랜드의 철학자이자 역사가이자 경제학자이다. 서양 철학사에서 영국 경험론자로 분류되며, '이성은 정념의 노예'라고 선언함으로써 합리론의 토대를 흔들었고, 경험론을 논리 차원에서 끝까지 밀고 나가 회의론에 도달했다.

흄, 조지프 Joseph Hume(1777~1855): 스코틀랜드의 의사이자 급진주의 정치가이다.

|더 읽을 자료|

강의에 함께 사용할 교과서

• 도널드 캐건Donald Kagan, 스티븐 오즈먼트Steven Ozment, 프랭크 터너Frank M.
Turner 엮음,《서양의 유산The Western Heritage》, 10판(Upper Saddle River, NJ: Prentice
Hall, 2010)

두 권으로 출판된 책과 한 권으로 묶어 출판된 책이 있다. 원래 지성사 강의에 함께 사용
하도록 만들었다. 개론서나 교과서의 주요 장점은 학문 연구에 필요한 기준과 아주 긴 연
대표를 제공하는 것인데, 이 책은 고대 세계에서 시작한다.

• 제임스 리빙스턴James C. Livingston,《근대 그리스도교 사상Modern Christian
Thought》, 2판(Upper Saddle River, NJ: Prentice Hall, 2006)

계몽 시대부터 20세기 후반까지를 개관한 두 권의 책. 이제는 익숙하지 않은 신학 개념
과 논쟁을 다룬 매우 유용한 자료이다.

단행본 역사서와 개념서

• 마이어 하워드 에이브럼스Meyer Howard Abrams,《거울과 등불: 낭만주의 이론과 비
평 전통The Mirror and the Lamp: Romantic Theory and Critical Tradition》(Oxford:
Oxford University Press, 1953)

주관주의 또는 낭만주의 미학에 대해 서로 다른 수사법으로 표현한 여러 견해를 고전주
의에서 벗어나므로 구별된다고 개관하고 분류한 고전이다.

• 존 위언 버로우John Wyon Burrow,《이성의 위기: 유럽 사상 1848~1914The Crisis of
Reason: European Thought 1848~1914》(New Haven, CT: Yale University Press, 2000)

읽기 쉽지 않지만, 주목할 만한 책이다. 아주 넓은 영역을 다루었고, 과학에 주의를 기울
였으며, 영어권을 넘어선 세계, 특히 독일을 의식하고 저술했다.

• 에른스트 마이어Ernst Mayr,《생물학 사상의 성장: 다양성, 진화, 유전The Growth
of Biological Thought: Diversity, Evolution, and Inheritance》(Cambridge, MA: The
Belknap Press, 1985)

탁월한 역사서로 진화론을 이해하는 데 필요한 맥락을 자세히 서술한다.

• 캐런 오펀Karen Offen,《유럽의 여성주의 1700~1950: 정치사*European Feminisms 1700~1950: a Political History*》(Stanford, CA: Stanford University Press, 2000)
개관 필수.

• 앤서니 팩든Anthony Pagden,《계몽주의, 왜 아직도 문제인가*The Enlightenment and Why It Still Matters*》(Oxford: Oxford University Press, 2013)
계몽주의의 실상을 진술한다.

• 대니얼 팔스Daniel L. Pals,《일곱 가지 종교 이론*Seven Theories of Religion*》(Oxford: Oxford University Press, 1996)
팔스는 종교를 설명한 일곱 가지 고전 이론을 간략하고 설득력 있게 소개한다. 이런 이론들은 대부분 20세기에서 시작하지만, 4장은 마르크스를 다룬다. 이 책은 종교에 관심을 두고 현대를 이해하는 자기의식과 이질성을 지배하는 정통성의 붕괴를 분명하게 보여준다. 위에서 소개한 리빙스턴의 책과 함께 읽으면 유용한 지침서이다.

• 피터 한스 레일Peter Hanns Reill,《계몽 시대의 자연에 활력을 불어넣기*Vitalizing Nature in the Enlightenment*》(Berkeley: University of California Press, 2005)
계몽 시대를 도구 이성으로 환원할 수 있다는 속설을 뒤집는 데 많은 기여를 한 책이다.

• 레슬리 스티븐슨Leslie Stevenson, 허버먼David L. Haberman, 피터 매슈스 라이트Peter Matthews Wright,《인간 본성에 대한 열두 가지 이론*Twelve Theories of Human Nature*》, 6판(Oxford: Oxford University Press, 2013)
필독서.

• 조너선 울프Jonathan Wolff,《정치 철학 입문*An Introduction to Political Philosophy*》(Oxford: Oxford University Press, 2006)
출중한 정치 철학 입문서로 장자크 루소부터 스튜어트 밀까지 설득력 있게 다룬다.

제1강

• 리처드 콥Richard Cobb,《프랑스 혁명에 보인 반응*Reactions to the French Revolution*》(Oxford: Oxford University Press, 1972)
루소의 영향을 실용적인 측면에서 지나치게 문자 그대로 논의한 점에 주의할 것.

• 니콜라스 덴트Nicholas Dent,《루소*Rousseau*》(UK: Routledge, 2005)

루소에 대한 선행 지식이 없는 학생들에게 루소라는 인물과 그의 사상을 소개하려고 기획된 책이다.

• 칼 포퍼Karl Popper,《열린 사회와 그 적들*The Open Society and its Enemies*》, 1권(London: Routledge, 1945)

플라톤까지 거슬러 올라가는 루소의 유산과 거칠게 충돌한다.

• 패트릭 라일리Patrick Riley,《케임브리지 루소 지침서*The Cambridge Companion to Rousseau*》(Cambridge: Cambridge University Press, 2001)

루소의 정치사상뿐 아니라 교육과 종교, 음악, 연극, 심리학에 대한 관심까지 포함한 유용한 기본 지침서.

• 데이비드 트림블David Trimble, 〈존경하는 데이비드 트림블의 노벨 평화상 수락 연설 Rt. Hon. David Trimble's Nobel Peace Prize Acceptance Speech〉

1998년 12월 오슬로에서 한 연설문으로, 다음 인터넷 사이트에서 전문을 읽어볼 수 있다. http://www.davidtrimble.org/speeches_nobelprize.htm. 장래 북아일랜드의 첫 수상이 루소의 정치사상이 현대에 어떤 공명을 일으키는지 숙고한 내용이 주목할 만하다.

제2강

• 휴 브로건Hugh Brogan,《알렉시 드 토크빌의 생애*Alexis de Tocqueville: A Life*》(New Haven, CT: Yale University Press, 2007)

토크빌을 이해하기 쉽고 폭넓게 다룬 최신 자서전.

• 하비 맨스필드Harvey Claflin Mansfield,《토크빌: 짧은 입문서*Tocqueville: A Very Short Introduction*》(Oxford: Oxford University Press, 2010)

토크빌이라는 인물과 그의 사상을 쉽게 개관한 입문서.

• 알렉시 드 토크빌Alexis de Tocqueville,《미국의 민주주의*Democracy in America*》, 아이작 크램니크Isaac Kramnick 엮음(New York: Norton, 2007), 673~683쪽

영국이 토크빌의 사상에 처음 반응한 정취를 맛보려면 1835년부터 존 스튜어트 밀이《런던 논평*London Review*》에 증쇄한 글을 보라.

제3강

• 니컬러스 캐펄디Nicholas Capaldi,《존 스튜어트 밀의 자서전*John Stuart Mill: A Biog-*

raphy》(Cambridge: Cambridge University Press, 2004)
이해하기 쉽고 학문적 가치도 충분한 전기이다.

• 스테판 콜리니Stefan Collini,《영국의 공공 도덕주의자들, 정치사상과 지성 생활*Public Moralists, Political Thought and Intellectual Life in Great Britain 1850~1930*》(Oxford: Clarendon, 1991)
자유주의를 의도적으로 더 긴 연대표에 걸쳐 놓는다.

• 제임스 앤서니 프루드James Anthony Froude,《토머스 칼라일: 초기 40년의 생애 1795~1835*Thomas Carlyle: A History of the First Forty Years of his Life 1795~1835*》, 2권(London, 1882)
행복은 덕이 이끈다는 밀의 신념을 당대에 비판한 책이다.

• 앨런 겔조Allen Carl Guelzo,《에이브러햄 링컨: 사람을 구하는 대통령*Abraham Lincoln: Redeemer President*》(Grand Rapids, MI: Eerdmans, 1999)
3장은 밀이 젊은 링컨에게 어떤 영향을 미쳤는지 멋지게 설명하는데, 특히 밀의 종교 회의론과 '철학적 필연'이라는 학설에 영향을 받았다고 서술한다.

• 보이드 힐턴Boyd Hilton,《나쁘고 위험한 미친 사람? 영국 1783~1846*A Mad, Bad and Dangerous People? England 1783~1846*》(Oxford: Oxford University Press, 2008)
밀의 사상을 초기 빅토리아 시대 중요한 사회, 정치, 재정과 뒤얽힌 논쟁 속에서 살핀다.

• 존 스튜어트 밀John Stuart Mill,《자유론과 그밖에 저술*On Liberty and Other Writings*》, 슈테판 콜리니Stefan Collini 엮음(Cambridge: Cambridge University Press, 1989)
학술 연구자를 위한 책. 밀의 세계가 형성된 지성의 맥락을 개괄한 귀중한 서론이 들어 있다.

• 존 스튜어트 밀John Stuart Mill,《자유론*On Liberty*》, 데이비드 브롬위치David Bromwich, 조지 케이텁George Kateb 엮음(New Haven, CT: Yale University Press, 2003)
원전 비평 연구서로 밀의 유산을 21세기 초반의 쟁점들과 연결시킨 논문이 들어 있다.

• 윌리엄 토머스William Thomas,《철학적 급진주의자들: 이론과 실천에 관한 여섯 가지 연구1817~1841*The Philosophical Radicals: Nine Studies in Theory and Practice, 1817~1841*》(Oxford: Oxford University Press, 1979)
젊은 밀이 자신의 사상을 형성한 정치 문제에 적극적으로 개입하며 쓴 저술을 상세히 다룬 고전이다.

제4강

• 브라이언 머기Bryan Magee, 《쇼펜하우어의 철학The Philosophy of Schopenhauer》, 개정판(Oxford: Oxford University Press, 1997)
쇼펜하우어의 생애와 사상의 모든 면을 상세하게 다룬 탁월한 책.

• 로저 스크루턴Roger Scruton, 《칸트Kant》(Oxford: Oxford University Press, 2001)
유달리 복잡한 철학을 경쾌하고 명료하게 소개한다.

• 로버트 워클러Robert Wokler, 《루소Rousseau》(Oxford: Oxford University Press, 2001)
루소의 철학은 인간이 개인으로서 무조건적인 자유를 얻으려는 자기실현의 이상을 예견했다고 서술한다.

제5강

• 윌리엄 부스마William James Bouwsma, 《문예 부흥기의 쇠퇴 1550~1640The Waning of the Renaissance 1550~1640》(New Haven, CT: Yale University Press, 2000)
부르크하르트와 더불어 시작된 문예 부흥기에 대한 이해를 수정한 뛰어난 저술이다.

• 제이컵 부르크하르트Jacob Burckhardt, 《이탈리아 문예 부흥기 문명The Civilization of the Renaissance in Italy》(London: Phaidon Press, 1945)
1860년에 최초로 출간되었다. 이 작품은 문예 부흥기의 인문주의 가치가 중세의 가치를 압도하고 승리했다고 설명한 가장 영향력 있는 19세기의 저술일 것이다.

• 월터 페이터Walter Pater, 《문예 부흥기 역사 연구Studies in the History of the Renaissance》(Oxford: Oxford University Press, 2010)
19세기에 문예 부흥기를 설명한 고전으로 최신판이다. 특히 서문을 보라.

• 로이 포터Roy Porter, 미컬러스 테이크Mikulas Teich, 《민족의 맥락에서 살펴 낭만주의 Romanticism in National Context》(Cambridge: Cambridge University Press, 1988)
19세기 유럽 전역에서 당대 세계를 어떻게 외면했는지 보여준 중요한 논문이 수록되어 있다.

• 윌리엄 윔샷William Kurt Wimsatt, 클린스 브룩스Cleanth Brooks, 《문학 비평: 짧은 역사Literary Criticism: A Short History》(New York: Knopf, 1957)
24장을 보라. 서로 다른 세대가 자신들의 조상을 이해한 방식을 숙고한 영향력 있는 저술이다. 저자들은 문예 부흥기 사상가들이 어떻게 초기 황금 시대를 숭배하며 되돌아보았는지 보여준다.

제6강

• 닐 길레스피Neal Gillespie, 《찰스 다윈과 창조 문제*Charles Darwin and the Problem of Creation*》(Chicago: University of Chicago Press, 1979)
다윈이 창조론자에서 진화론자로 전향한 배경에는 신학과 사회학적 근거가 있었다고 설명한다.

• 윌리엄 어빈William Irvine, 《원숭이, 천사, 빅토리아 시대 사람들: 다윈과 헉슬리, 진화 이야기*Apes, Angels, and Victorians: The Story of Darwin, Huxley, and Evolution*》(New York: McGraw-Hill, 1955)
최고 수준의 고전.

• 로버트 리처즈Robert J. Richards, 《다윈과 정신 행동 진화론의 출현*Darwin and the Emergence of Evolutionary Theories of Mind and Behavior*》(Chicago: University of Chicago Press, 1987)
다윈이 심리학에 미친 충격과 영향이 무엇인지 설명한다.

• 프랭크 터너Frank M. Turner, 《과학과 종교 사이: 후기 빅토리아 시대 과학적 자연주의에 보인 반응*Between Science and Religion: The Reaction to Scientific Naturalism in LateVictorian England*》(New Haven, CT: Yale University Press, 1974)
종교로 기운 '과학적 자연주의자들'이 어떻게 다윈 이후 자신들의 영혼과 정신을 만족시키려고 다른 신앙의 길과 형식을 찾아냈는지 보여준다.

제7장

• 피터 보울러Peter J. Bowler, 《진화 관념의 역사*Evolution: The History of an Idea*》, 4판 (Berkeley, CA: University of California Press, 2009)
가치 있는 설명이 담긴 단행본.

• 피터 보울러Peter J. Bowler, 《다윈설의 퇴색*The Eclipse of Darwinism*》(Baltimore, MD: The Johns Hopkins University Press, 1983)
1900년 즈음 '다윈의 혁명'이 크게 위축된 시기가 있었는데, 다윈이 유전과 종 형성의 기제를 설명할 능력이 없었던 탓이라고 다시 한 번 설명한다.

• 애이드리언 데즈먼드Adrian Desmond, 제임스 무어James Moore,《다윈: 괴로움에 시달린 진화론자의 생애Darwin: The Life of a Tormented Evolutionist》(London: Michael Joseph, 1991)
학술 연구자를 위한 다윈의 전기.

• 도브 오스포밧Dov Ospovat,《다윈 진화론의 발전: 자연사, 자연 신학, 자연 선택 1838~1859The Development of Darwin's theory: Natural history, Natural Theology and Natural Selection 1838~1859》(Cambridge: Cambridge University Press, 1981)
다윈이 1838년부터 1844년 사이에 최초로 세운 진화론에 얼마나 많은 신학적 근거가 포함되어 있었는지 보여준다.

제8강

• 롤프 호스펠트Rolf Hosfeld,《카를 마르크스, 한 지식인의 전기Karl Marx, an Intellectual Biography》, 베르나르 하이제Bernard Heise 옮김(New York: Berghahn, 2013)
얇은 책이지만 인물을 생동감 넘치게 묘사했는데, 시기적절한 재평가에 알맞은 마르크스의 유산이 무엇인지에 대한 논쟁을 불러일으켰다.

• 조너선 스퍼버Jonathan Sperber,《카를 마르크스: 19세기의 삶Karl Marx: A Nineteenth-Century Life》(New York: W.W. Norton, 2013)
신뢰할 만하고 폭넓게 다룬 전기.

• 에드먼드 윌슨Edmund Wilson,《핀란츠키 역으로: 역사에 대한 글쓰기와 행동 연구To the Finland Station: A Study in the Writing and Acting of History》(London: Penguin, 1991)
1940년 미국에서 최초로 출간되었으며, 유럽 지성사의 혁명 전통에 관해 연구한 고전이다. 마르크스의 사상은 역설적이게도 그 사상이 파괴하고 했던 종교 전통에 의지했다고 논의한다.

제9강

• 로즈메리 애슈턴Rosemary Ashton,《독일 사상: 네 영국인 작가와 독일 사상의 수용, 1800~1860The German Idea: Four English Writers and the Reception of German Thought, 1800~1860》(Cambridge: Cambridge University Press, 1980)

독일의 낭만주의가 토머스 칼라일, 새뮤얼 콜리지, 조지 엘리엇, 조지 헨리 루이스 등 영국 낭만주의의 핵심 인물들에게 어떤 영향을 미쳤는지 보여준 명료한 연구서이다.

• 에른스트 벨러Ernst Behler,《독일 낭만주의 문학 비평German Romantic Literary Criticism》(Cambridge: Cambridge University Press, 1993)
독일 낭만주의 철학자들 가운데, 셸링과 피히테, 노발리스에 관해 다룬 구절이 유용하다.

• 휴 아너Hugh Honour,《낭만주의Romanticism》(New York: Harper & Row, 1979)
여전히 높이 평가받는 단행본으로 낭만주의 혁명이 무엇인지 고찰한다.

• 리처드 로프트하우스Richard A. Lofthouse,《현대 예술에 나타난 활력론, 1900~1950년경: 딕스, 스펜서, 베크먼, 엡스테인Vitalism in Modern Art, c. 1900~1950: Otto Dix, Stanley Spencer, Max Beckmann and Jacob Epstein》(Lewiston, NY: Edwin Mellen Press, 2005)
19세기 말 신학과 미학의 범주가 뒤섞인 복잡한 상황이 어떻게 20세기 초반 영국과 독일에 나타났는지 고찰한다.

• 피터 파레트Peter Paret,《독일과 근대 문화의 만남, 1840~1945German Encounters with Modernism, 1840~1945》(Cambridge: Cambridge University Press, 2001)
독일의 근대 예술 수용을 독일에서 일어난 사회, 정치의 발전을 통해 살펴본다.

• 윌리엄 본William Vaughan,《낭만주의와 예술Romanticism and Art》, 개정판(London: Thames & Hudson, 1994)
낭만주의 시대의 순수 예술로 안내하는 책.

제10강

• 이사이야 벌린Isaiah Berlin, 〈민족주의의 익숙하지 않은 원천으로서 칸트Kant as an unfamiliar source of nationalism〉, 하디Henry Hardy 엮음,《현실감: 관념의 역사 연구 The Sense of Reality: Studies in Ideas and their History》(London: Farrar Straus Giroux, 1998)
민족보다 위에 있는 제국 정치 체제에 드러낸 적대감 같은 계몽주의의 몇몇 양상이 나중에 민족주의가 번성할 통로를 여는데 분명히 기여했다고 암시한다.

• 제임스 조이스James Joyce,《율리시스Ulysses》(London: Penguin, 2000)
제임스 조이스는 1922년 발표한 이 현대 소설의 키클롭스 장에서 19세기 말 유럽을 휩

쓴 새로운 문화 민족주의에 따른 국수주의와 자만을 비웃었다.

• 위르겐 하버마스Jürgen Habermas,《공공 영역의 구조 변형: 자본가 계급 사회의 범주 탐구The Structural Transformation of the Public Sphere: An Inquiry into a Category of Bourgeois Society》, 토머스 버거Thomas Burger 옮김(Cambridge, MA: MIT Press, 1989)
근대 민족 국가가 세워진 조건을 성숙시킨, 한 언어만 사용하는 매체의 역할이 두드러진 현상들 가운데 근대 민족주의에 대해 연구한 영향력 있는 저술이다.

• 엘리 케도리Elie Kedourie,《민족주의Nationalism》(London: Hutchinson University Library, 1983)
민족주의에 대해 이른바 '근대주의자의' 해석을 내놓은 고전. 이런 해석에 따르면 민족주의는 '19세기 초 유럽에서 발명된 학설'이다.

• 칼 쇼르스케Carl Emil Schorske,《세기말 빈: 정치와 문화Fin-de-siecle Vienna: Politics and Culture》(Cambridge: Cambridge University Press, 1992)
19세기 중반 대독일주의라는 이상 같은 민족주의가 '비민족 군주 국가 체제'에 대한 강력한 비판으로 빈에서 호소력을 지녔다고 기술한다.

• 프리츠 스턴Fritz Stern,《문화 절망의 정치학: 독일 지배 이념의 발흥 연구The Politics of Cultural Despair: A Study in the Rise of the Germanic Ideology》(Berkeley: University of California Press, 1961)
민족주의 세계관의 현실 도피와 피해망상에 관해 숙고한 여전히 영향력이 있는 저술.

제11강

• 브리기테 하만Brigitte Hamann,《히틀러의 빈, 젊은 독재자의 초상Hitler's Vienna, A Portrait of the Tyrant as a Young Man》(London: Tauris Parke, 2010)
수많은 히틀러 전기의 부정확한 내용을 학술 연구자를 위해 수정했으며, 특별한 지성과 문화가 놓인 환경도 탁월하게 묘사했다.

• 윈스롭 조던Winthrop D. Jordan,《백인의 책무: 미국 인종주의 역사의 기원The White Man's Burden: Historical Origins of Racism in the United States》(Oxford: Oxford University Press, 1974)
겉으로는 비유럽의 주제를 다루지만, 앞의 여러 장에서 영국과 유럽에 귀중한 맥락, 곧 초창기 제국주의와 광범위한 노예 제도가 어떤 경로를 밟았는지 보여준다.

• 로버트 마일즈Robert Miles와 맬컴 브라운Malcom Brown, 《인종주의Racism》, 2판 (London: Routledge, 2003)
세계화에 대해 설명할 때 필요한 핵심 사상을 개괄한 탁월한 책.

• 패니코스 파나이Panikos Panayi, 《영국 이민의 역사: 1800년 이후 다문화 인종주의 An Immigration History of Britain: Multiculural Racism Since 1800》(Harlow: Pearson, 2010)
다문화주의의 부상과 의미가 무엇인지 개괄하고 고찰한 유용한 역사서이다.

• 케빈 렙Kevin Repp, 《개혁가, 비평가, 현대 독일이 밟은 경로: 반정치학과 대안 탐색, 1890~1914Reformers, Critics and the Paths of German Modernity: Anti- politics and the Search for Alternatives, 1890~1914》(Cambridge, MA: Harvard University Press, 2000)
세기말 독일에 생겨난 사상의 종류가 얼마나 많고 복잡하게 얽혀 있었는지, 특히 반유대주의를 떠올리게 하는 탁월한 저술이다.

제12강

• 조너선 카Jonathan Carr, 《바그너 일가The Wagner Clan》(London: Faber & Faber, 2007)
바그너가 한 인간을 넘어서 독일 문화사의 대표자로 떠오른 현상을 탁월하면서도 재미있게 설명한다.

• 브라이언 매기Bryan Magee, 《바그너와 철학Wagner and Philosophy》(London: Penguin, 2000)
바그너의 지성이 밟은 역사를 보여주는 책으로, 선정적인 설명이 난무하는 분야에서 명쾌한 기준점을 제시한다. 브라이언 매기가 1968년과 1988년에 각각 출간하여 여전히 가치를 인정받는 《바그너의 여러 모습Aspects of Wagner》을 확장한 저술이다.

제13강

• 팀 돌린Tim Dolin, 《조지 엘리엇George Eliot》(Oxford: Oxford University Press, 2005)
19세기 역사와 문학의 맥락에서 최고 자리를 차지한 인물들 가운데 한 사람을 시기적절하게 재평가했다.

• 벨린더 잭Belinda Jack,《조르주 상드: 대서특필된 여성의 생애George Sand: A Woman's Life Writ Large》(London: Vintage, 2001)
조르주 상드가 어떤 점에서 의미와 가치를 지닌 인물인지 폭넓게 필요한 만큼 많이 고찰했다.

• 사라 노트Sarah Knott,《여성, 성별, 계몽 Women, Gender and Enlightenment》, 바버러 테일러Barbara Taylor 엮음(Basingstoke: Palgrave Macmillan, 2005)
계몽과 성별을 다룬 책으로 광범위한 영역에 걸친 다양한 논문이 들어 있다.

• 바버러 테일러Barbara Taylor,《울스턴크래프트와 여성주의자의 상상력Wollstonecraft and the Feminist Imagination》(Cambridge: Cambridge University Press, 2003)
울스턴크래프트의 여성주의를 급진적이고 공상적인 영국 계몽주의의 산물로 다시 읽는다.

제14강

• 피터 보울러Peter J. Bowler,《과학과 종교의 화해: 20세기 초 영국의 논쟁Reconciling Science and Religion: The Debate in Early-Twentieth-Century Britain》(Chicago: University of Chicago Press, 2001)
20세기 초에 일어난 수많은 논쟁을 주로 다루지만, 그런 논쟁이 일어난 맥락은 빅토리아 시대이다.

• 앤 해링턴Anne Harrington,《다시 마법에 걸린 과학: 빌헬름 2세부터 히틀러까지 독일 문화를 지배한 전체주의Reenchanted Science: Holism in German Culture from Wilhelm II to Hitler》(Princeton, NJ: Princeton University Press, 1996)
독일을 다룬 점을 빼면 보울러와 비슷한 영역을 연구하여 자리를 확실하게 잡은 책이다. 요지는 '확신'과 '불신'이 명료하게 구별되지 않은 시기를 정하는 일이 대단히 복잡하다는 데 있다.

• 리처드 헬름스타터Richard J. Helmstadter,《빅토리아 시대 신앙의 위기: 19세기 신앙심의 연속성과 변화Victorian Faith in Crisis: Essays on Continuity and Change in Nineteenth- Century Religious Belief》, 버나드 라이트먼Bernard Lightman 엮음(Stanford, CA: Stanford University Press, 1990)
이전에 '이성의 진보'가 곧바로 '신앙의 상실'로 이어진다고 보았던 관점에 내재한 미묘하고 애매한 점을 탐구한 여러 논문이 실린 탁월한 저술로 이제 고전으로 인정받는다.

제15강

• 키스 안셀 피어슨Keith Ansell- Pearson, 《니체 대 루소Nietzsche contra Rousseau》
(Cambridge: Cambridge University Press, 1991)
니체의 도덕과 정치사상을 루소의 사상과 비교한다.

• 피터 버코위츠Peter Berkowitz, 《니체, 비도덕주의자의 윤리Nietzsche, The Ethics of an
Immoralist》(Cambridge, MA: Harvard University Press, 1995)
사랑과 정의, 공정과 인간의 존엄성 같은 관념에 오래 몰두했던 니체의 생애를 이해하기
쉽게 설명한다. 니체의 철학이 무도덕하며 힘과 권력을 지나치게 칭찬하는 관점에 근거
했다는 주장을 거부한다.

• 레슬리 체임벌린Lesley Chamberlain, 《토리노의 니체: 은밀한 전기Nietzsche in Turin:
An Intimate Biography》(London: Picador, 1997)
니체는 제정신으로 살았던 마지막 해인 1888년에 《즐거운 학문》을 완성했는데, 이 시기
에 창조적으로 작업한 과정을 자세하게 묘사한다.

• 마이클 알렌 길레스피Michael Allen Gillespie, 《니체 이전 허무주의Nihilism before Ni-
etzsche》(Chicago: University of Chicago Press, 1995)
지금까지 소홀히 여긴 허무주의 기원과 발전사를 재구성한다.

• 리처드 홀링데일Richard J. Hollingdale, 《인간으로서 니체와 그의 철학Nietzsche: The
Man and His Philosophy》(Cambridge: Cambridge University Press, 1999)
니체를 이해하기 쉽게 소개한 전기이자 그의 사상을 비판한 입문서이다.

• 앤서니 젠슨Anthony K. Jensen, 《니체의 역사 철학Nietzsche's Philosophy of History》
(Cambridge: Cambridge University Press, 2013)
니체의 역사 철학과 뒤이어 나타난 사학사의 관련성을 진지하게 설명한 첫 시도로서 가
치가 있는 저술이다.

• 애덤 렉즈나르Adam Lecznar, 〈아리아인, 독일인 또는 그리스인? 고대와 근대 사이에
선 니체의 프로메테우스Aryan, German or Greek? Nietzsche's Prometheus between antiq-
uity and modernity〉, 《고전 수용 학술지Classical Receptions Journal》, 5.1 (2013), 1.35.
니체가 고대 그리스 신화 속의 인물인 프로메테우스에 대한 견해를 바꿈으로써 고대를

수용했다고 기록한다.

• 벤 맥킨타이어Ben Macintyre, 《잊힌 조국: 엘리자베트 니체 탐색Forgotten Fatherland: The Search for Elisabeth Nietzsche》(London: Bloomsbury, 1993)
니체의 여동생에 대해 재미있게 다루며 이미 나왔어야 할 책이다. 그녀는 자신의 목적으로 위해 오빠의 평판을 유용했다.

• 마크 대처Mark S. Thatcher, 《영국에서 니체, 1890~1914Nietzsche in England, 1890~1914》(Toronto: Toronto University Press, 1970)
니체가 후기 빅토리아 시대와 에드워드 시대 영국에서 어떻게 수용되었는지 설명한 책으로 여전히 중요하다.

• 줄리언 영Julian Young, 《니체의 예술 철학Nietzsche's Philosophy of Art》(Cambridge: Cambridge University Press, 1992)
미학 사상이 여러 가지 점에서 니체의 전체 철학을 꿰뚫는 핵심이라고 설명한 저술로 호평을 받았다.

|도판 출처

1 리처드 파크스 보닝턴, 〈해양화A Sea Piece〉(1824) ⓒ 월리스 소장품 관리자, 런던.

2 존 컨스터블, 〈헤이들리 성, 템스 강 어귀─폭풍이 친 다음 날 아침Hadleigh Castle, The Mouth of the Themes–Morning after a Stormy Night〉(1829). 폴 멜런 수집품, 예일 대학교 영국 예술 본부.

3 윌리엄 홀먼 헌트, 〈샬럿의 아가씨The Lady of Shalott〉(1886~1905). 맨체스터 미술관/브리지먼 미술 도서관.

4 존 마틴, 〈대홍수The Deluge〉(1834). 폴 멜런 수집품, 예일 대학교 영국 예술 본부.

5 조지프 맬로드 윌리엄 터너, 〈햇빛 속에 서 있는 천사The Angel Standing in the Sun〉(1846) ⓒ 테이트, 런던.

6 조지프 라이트, 〈태양계의에 관해 강의하는 철학자A Philosopher Giving a Lecture on the Orrery〉(1776). 더비 미술관/브리지먼 미술관.

7 카스파르 다비트 프리드리히, 〈창가의 여자Frau am Fenster〉(1822) ⓒ 국립 미술관, 베를린 국립 박물관/외르크 안데르스Jörg P. Anders가 찍은 사진.

8 장오노레 프라고나르, 〈좋은 어머니La Bonne Mère〉(1777경). 로버트 트리트 페인의 유증, 2차, 보스턴 미술관.

9 장오노레 프라고나르, 〈그네L'escarpolette〉(1767경) ⓒ 월리스 소장품 관리자, 런던.

10 자크루이 다비드, 〈소크라테스의 죽음La Mort de Socrates〉(1787). 캐서린 로릴러드 울프Catharine Lorillard Wolfe 수집품, 울프 재단, 1931. Acc.n.: 31.45 ⓒ 2014. 그림 저작권 메트로폴리턴 미술관/미술 자원/스칼라, 피렌체.

11 자크루이 다비드, 〈브루투스에게 그의 아들들의 시신을 돌려주는 호위병들Les licteurs rapportent à Brutus les corps de ses fils〉(1789). 루브르 박물관, 파리. 화이트 이미지/스칼라, 피렌체.

12 오거스터스 에그, 〈과거와 현재Past and Present 1번, 2번, 3번〉(1858) ⓒ 테이트, 런던, 2014.

13 조지 클로젠, 〈여학생들, 하버스톡Schoolgirls, Haverstock〉(1880). 폴 멜런 수집품, 예일 대학교 영국 예술 본부, 클로젠 재단의 허가.

14 프레더릭 윌리엄 버턴 경, 〈조지 엘리엇의 초상화〉(1865) ⓒ 국립 초상화 미술관, 런던.

|찾아보기 · 인명|

예일대 지성사 강의

감정과 의지, 이성으로 풀어 쓴 정신의 발전사

초판 1쇄 발행 2016년 2월 5일
초판 6쇄 발행 2021년 2월 22일

지은이 프랭크 터너
엮은이 리처드 로프트하우스
옮긴이 서상복

펴낸이 김현태
펴낸곳 책세상
등록 1975. 5. 21. 제1-517호
주소 서울시 마포구 잔다리로 62-1, 3층(04031)
전화 02-704-1250(영업) 02-3273-1334(편집)
팩스 02-719-1258
이메일 editor@chaeksesang.com
광고·제휴 문의 creator@chaeksesang.com
홈페이지 chaeksesang.com
페이스북 /chaeksesang **트위터** @chaeksesang
인스타그램 @chaeksesang **네이버포스트** bkworldpub

ISBN 979-11-5931-042-3 03100

이 도서의 국립중앙도서관 출판예정도서목록(CIP)은 서지정보유통지원시스템 홈페이지
(http://seoji.nl.go.kr)와 국가자료종합목록 구축시스템(http://kolis-net.nl.go.kr)에서
이용하실 수 있습니다.(CIP제어번호: CIP2016000988)